U0492428

"十三五"国家重点出版物出版规划项目

知识产权经典译丛（第4辑）

国家知识产权局专利复审委员会 ◎ 组织编译

国家出版基金项目
NATIONAL PUBLICATION FOUNDATION

创新、知识产权与经济增长

[英] 克里斯汀·格林哈尔希
[英] 马克·罗格 ◎ 著

刘劭君　李维光 ◎ 译

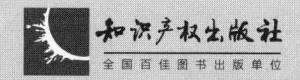

知识产权出版社
全国百佳图书出版单位

图书在版编目（CIP）数据

创新、知识产权与经济增长/（英）克里斯汀·格林哈尔希（Christine Greenhalgh），（英）马克·罗格（Mark Rogers）著；刘劭君，李维光译. —北京：知识产权出版社，2017.10
（2019.7 重印）

书名原文：Innovation, Intellectual Property, and Economic Growth
ISBN 978-7-5130-5168-2

Ⅰ.①创… Ⅱ.①克…②马…③刘…④李… Ⅲ.①技术革新—研究②知识产权—研究③经济增长—研究 Ⅳ.①F062.4②D913.4③F061.2

中国版本图书馆 CIP 数据核字（2017）第 236367 号

内容提要

本书从经济学视角出发，采用宏观经济学和微观经济学的一些模型，重点讲述了如何理解创新的复杂过程以及创新是如何促进经济增长的；同时也分析了创新是如何影响人们的生活和社会的发展。

适用于经济学及知识产权相关领域教学科研人员及相关决策部门工作人员。

Copyright © 2010 by Princeton University Press
All Rights Reserved. No part of this book may be prouduced or transmitted in any form or any means, electronic or mechanical, including photocopying recording, or by any information storage and retrieval system, without permission in writing from the publisher.

责任编辑：卢海鹰　王玉茂	责任校对：潘凤越
特约编辑：孙　玮	责任印制：刘译文

知识产权经典译丛
国家知识产权局专利复审委员会组织编译

创新、知识产权与经济增长

Innovation, Intellectual Property, and Economic Growth

[英]克里斯汀·格林哈尔希　　[英]马克·罗格　著
刘劭君　李维光　译

出版发行：	知识产权出版社有限责任公司	网　址：	http://www.ipph.cn
社　址：	北京市海淀区气象路 50 号院	邮　编：	100081
责编电话：	010-82000860 转 8541	责编邮箱：	wangyumao@cnipr.com
发行电话：	010-82000860 转 8101/8102	发行传真：	010-82000893/82005070/82000270
印　刷：	三河市国英印务有限公司	经　销：	各大网上书店、新华书店及相关专业书店
开　本：	720mm×1000mm　1/16	印　张：	20
版　次：	2017 年 10 月第 1 版	印　次：	2019 年 7 月第 2 次印刷
字　数：	382 千字	定　价：	88.00 元
ISBN 978-7-5130-5168-2			
京权图字：01-2015-1154			

出版权专有　侵权必究
如有印装质量问题，本社负责调换。

序

当今世界，经济全球化不断深入，知识经济方兴未艾，创新已然成为引领经济发展和推动社会进步的重要力量，发挥着越来越关键的作用。知识产权作为激励创新的基本保障，发展的重要资源和竞争力的核心要素，受到各方越来越多的重视。

现代知识产权制度发端于西方，迄今已有几百年的历史。在这几百年的发展历程中，西方不仅构筑了坚实的理论基础，也积累了丰富的实践经验。与国外相比，知识产权制度在我国则起步较晚，直到改革开放以后才得以正式建立。尽管过去三十多年，我国知识产权事业取得了举世公认的巨大成就，中国已成为一个名副其实的知识产权大国。但我们必须清醒地看到，无论是在知识产权理论构建上，还是在实践探索上，中国与发达国家相比都存在不小的差距，需要为之继续付出不懈的努力和探索。

长期以来，党中央、国务院高度重视知识产权工作，特别是十八大以来，更是将知识产权工作提到了前所未有的高度，作出了一系列重大部署，确立了全新的发展目标。强调要让知识产权制度成为激励创新的基本保障，要深入实施知识产权战略，加强知识产权运用和保护，加快建设知识产权强国。结合近年来的实践和探索，我们也凝练提出了"中国特色、世界水平"的知识产权强国建设目标定位，明确了"点线面结合、局省市联动、国内外统筹"的知识产权强国建设总体思路，奋力开启了知识产权强国建设的新征程。当然，我们也深刻地认识到，建设知识产权强国对我们而言不是一件简单的事情，它既是一个理论创新，也是一个实践创新，需要秉持开放态度，积极借鉴国外成功经验和做法，实现自身更好更快的发展。

自2011年起，国家知识产权局专利复审委员会携手知识产权出版社，每年有计划地从国外遴选一批知识产权经典著作，组织翻译出版了《知识产权经典译丛》。这些译著中既有涉及知识产权工作者所关注和研究的法律和理论问题，也有各个国家知识产权方面的实践经验总结，包括知识产权案件的经典判例等，具有很高的参考价值。这项工作的开展，为我们学习借鉴各国知识产权的经验做法，了解知识产权的发展历程，提供了有力支撑，受到了业界的广泛好评。如今，我们进入了建设知识产权强国新的发展阶段，这一工作的现实意义更加凸显。衷心希望专利复审委员会和知识产权出版社强强合作，各展所长，继续把这项工作做下去，并争取做得越来越好，使知识产权经典著作的翻译更加全面、更加深入、更加系统，也更有针对性、时效性和可借鉴性，促进我国的知识产权理论研究与实践探索，为知识产权强国建设作出新的更大的贡献。

当然，在翻译介绍国外知识产权经典著作的同时，也希望能够将我们国家在知识产权领域的理论研究成果和实践探索经验及时翻译推介出去，促进双向交流，努力为世界知识产权制度的发展与进步作出我们的贡献，让世界知识产权领域有越来越多的中国声音，这也是我们建设知识产权强国一个题中应有之意。

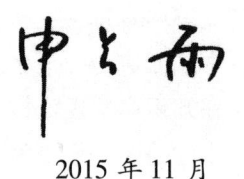

2015 年 11 月

《知识产权经典译丛》
编审委员会

主　任　申长雨

副主任　张茂于

编　审　葛　树　诸敏刚

编　委　（按姓氏笔画为序）

　　　　　马　昊　王润贵　石　竞　卢海鹰

　　　　　朱仁秀　任晓兰　刘　铭　汤腊冬

　　　　　李　琳　李　越　杨克非　高胜华

　　　　　温丽萍　樊晓东

译者简介

刘劭君 中国人民大学商学院　管理学博士后　法学博士

中国知识产权法学研究会　理事

翻译第 1~2 章、第 4 章、第 6 章和第 9~12 章

李维光 中国人民大学商学院　管理学博士研究生

翻译第 3 章、第 5 章、第 7~8 章和附录部分

前　言

本书讲述了什么内容？

本书重点讲述了如何理解创新的复杂过程以及创新是如何促进经济增长的。"知识产权"这一定义之所以在书名中出现是因为这个制度的规则对激励创新起到了至关重要的作用。世界经济史一直将研究重点聚焦在对经济增长的最主要的特征的思考和研究方面。无论是在那些成功的国家还是贫穷的国家，这种持续的经济增长已经改变了数十亿人的生活。经济增长为每个人带来了更丰富的商品和服务，这些商品既可以是住房、教育、医疗保健，也可以是汽车、航空旅行和军事装备。经济高速增长往往可以巩固政治权力、产生社会变革，使政府的社会政策得以推行。这意味着，在理解创新何时以及如何带来经济增长时，我们更关注的是知识产权制度在经济增长的过程中所发挥的作用是积极的还是消极的。

本书适合哪些读者？

本书的主要读者群体是那些主修创新经济、知识产权或经济增长课程的本科生或者是研究生，但也不限于上述读者。本书采用"教科书"的方式，每一章后边都附有一些基础问题供学生讨论，旨在将一些问题讨论清楚。本书假定读者有一定的数学和微观经济学的基础，并且，还附上了一些数学基本概念以便学生重温这些知识。然而，不同于一些经济学的教科书，本书采用了实证的分析方法，讨论历史和政策问题，同时兼顾经济理论。我们认为，如何理解创新、知识产权和经济增长是至关重要的。换句话说，本书对于经济学家、研究人员和政策制定者对创新、知识产权和经济增长的理解是非常有意义的。同时，本书也适用法律和管理等其他领域的基础课程。

本书的特点有哪些？

很多人认为创新是自由市场进程的必然结果。人们通常认为，资本主义就是建立企业，然后在产品价格、质量和发布新产品等领域形成竞争态势。这一

"创新机器"创造了"资本主义的增长奇迹"。本书主要探讨上述这些思想,并支持这些观点。然而,如果自由市场能够独立实现创新与经济最佳增长的话,那么经济学家的工作就简单到只剩下去描述这一体系,并在可能出现危险的时候发出警告而已。显然本书并不认同上述观点。相反,我们认为,创新的过程会受到诸多"市场失灵"的影响,在这种情况下,市场往往达不到获取最优回报的程度。这就使得在研究创新和增长的问题时,讨论市场失灵是非常重要的。此时,就需要通过设计公共政策来纠正市场失灵。

制造业历来被看作研发和创新的中心地带,比如在发动机行业里拥有内燃机、电机技术或对高速飞行发动机的先进发明。近几十年来,无形产品诸如计算机服务和互联网,已成为对创新和经济增长同样重要的贡献者。如今,同样是创新产物的移动电话和互联网,也通过有形的硅芯片和无形的计算机软件共同驱动着经济发展。本书将影响经济的所有因素放在一个优先讨论的位置来重新考虑创新,认为服务类的创新与产品类的创新具有同等重要的地位。尽管我们更多的是从商业的(私人因素)角度来考虑创新,但是我们仍然会从公共因素的角度来讨论一些问题。

客观地说,经济学家们并不完全理解经济增长的机制。主流学者会使用诸如"难以捕捉的增长"(Easterly,2001)或"经济增长的神秘面纱"(Helpman,2004)等表述作为其文章的题目。同时,有数以万计的专著、论文和研讨在讨论这一议题。本书与其他文献的区别主要有两点:其一,我们同时考虑微观经济和宏观经济两个方面。这种方式并不多见,因为现有经济学中的专业化程度非常强,经济学家通常只研究某个领域。而研究创新对经济增长贡献的过程则要求对宏观经济和微观经济两个方面都要有所分析。其二,本书突出强调了知识产权的作用,它是针对公司之间在无约束的自由市场中的竞争的解决方案。因此,从微观经济学的角度来看,知识产权是理解经济增长的关键。同样的,从宏观经济学的视角,在欠发达地区和主要经济体之间,何时可以并应该使用知识产权制度的争论是理解那些最贫穷国家所面临挑战的基础。

创新作为经济增长的驱动力

创新是经济增长的驱动力似乎是不言而喻的,但是,仍然有很多其他因素影响着经济增长,其中有些源于微观经济学家和宏观经济学家对同一概念的表述不同,归根结底,创新就是企业家和企业通过创造改变经济,从而促进经济增长。然而,一些关于经济增长的文献则孤立地选取这个变化过程中的某一个阶段来建立一个看似确凿可信的数学模型,而我们所做的则是选取更为基础的、正式的数学模型来讨论经济增长的问题,以使读者能够更为深入地理解经济模型。虽然我们对经济数学模型的选择仍然主要依据直觉，本书试图将经济学中的概念与创新的微观经济增长模型的假设联系起来。

与国内市场相同，国际市场的竞争过程需要通过质量、种类和价格这三个维度来对创新进行衡量。过去的几十年里，这种竞争日益加剧。更好的交流平台和物流成本的下降，以及来自新兴市场资源供给的显著提升，加速了市场的竞争。所有这些因素在企业和国家竞争的趋势下，扩大了整个世界的市场。国际贸易的增速比任何一个国家的 GDP 增速都要快。同时，在与生产特点类似的国家之间的同类产品贸易的快速增长，使所谓产业内的贸易也越来越多。

当企业通过创新获得竞争优势的时候，国内外的市场情况是一样的，创新本身提升了企业在国际市场上的竞争力。有研究表明，为了获取市场份额，产品的多样性和质量保证在国际市场上与价格一样具有同等重要的作用。但是如果创新本身也是一种商品，可以被交易的话，企业之间可以交易创新信息，那么我们就可以通过国际贸易从其他国家获取创新的实体产品或服务。

本书概述

我们对创新和经济发展的研究始于对创新的微观经济学分析。在第一部分和第二部分中，我们研究的是众多的发明人、企业家和公司是如何将创新持续不断地输送到经济中去的。在接下来的第三部分，我们将这种分析与宏观经济和国家之间的贸易模式建立了联系，从而解释经济的增长。第四部分则着眼于经济政策的问题。

第 1 章先从寻找创新的过程入手，同时这也是创新的微观经济学。这一章概述了一系列问题，将在后面的章节中给予详细的分析。第 2 章着眼于知识产权的作用和本质。在这一章中，我们更详细地分析由知识产权建立的激励机制，每种类型的知识产权制度是如何运行的，以及如何使用其他类型的激励。第 3 章着重于创新、生产率和经济增长的衡量。尽管这些问题非常重要，但它们往往被教科书删去或忽略。第 4 章着眼于国家创新体系，即企业、政府、大学以及其他机构是如何通过相互作用来驱动创新的。第 5 章着重讨论创新如何对企业和市场产生影响，包括激励创新的实证证据。第 6 章主要讨论企业是如何运用知识产权的。企业的知识产权策略或其他的议题对企业来说是至关重要的。第 7 章着眼于讨论创新的传播。到了这个阶段，前几章的分析已经表明，为了使社会从创新中获得回报，广泛传播创新是非常重要的。

在本书的第三部分，我们将焦点切换到宏观经济学视角下的创新和经济增长。在许多经济学家经济增长的基础观点上，第 8 章讨论了标准的经济增长模型，对过去 50 年经济增长模型给予了简要回顾。第 9 章将讨论的视野拓宽到全球化和创新的问题上。第 10 章讨论的是创新、技术和就业问题和证据。这些章节一起构成一个体系，解释了创新和经济增长在宏观经济上的表现。

本书的第四部分讨论了政策问题，将前几章的调查研究联系到一起。第 11 章采用了微观经济学的视角，讨论政策对于创新公司的激励作用，如知识产权制度。第 12 章的重点是两个重要的国际政策问题：TRIPS 与全球化问题的研究和发展。最后用一个附录来解释一些关键的数学概念。

致　　谢

本书两位作者都已经为这本书"工作"了很多年，作者主要教授微观经济学和宏观经济学的相关课程。在牛津大学教学的经历使我们认识到"从一只手的角度来看，通常，我们并不知道另一只手是如何工作的"。创新的微观经济学视角得出的结论甚至往往是不承认创新对宏观经济增长的贡献，反之亦然。当微观经济学家争论知识产权的效用的时候，宏观经济学却可以给出一个完美的经济增长模型。微观经济学家强调创新在增长中的作用，却不能理解宏观经济增长模型或如何计算增长。这些分歧都可能是源于专业的经济学理论（以"收益专业化"为核心的概念），这就可能为学生、政策制定者或其他人造成理论困扰。因此，解决上述理论矛盾的最好方式就是著书立说，结合微观经济学和宏观经济学的角度，以及政策的问题来解释说明这些问题。

要开始和完成这样一本书需要许多机构和个人的帮助。我们必须感激我们的学院——哈里斯曼彻斯特大学（Mark Rogers）和圣彼得学院（Christine Greenhalgh）——以及牛津大学经济系的支持。牛津大学知识产权研究中心，我们的同事如 Derek Bosworth 和 Robert Pitkethly，也启发了我们许多的研究和思考。同样，我们与澳大利亚知识产权研究所进行了合作，特别是得到了 Paul Jensen 和 Beth Webster 的很大帮助。Christine Greenhalgh 从 2007 年作为访问学者，在美国斯坦福大学研究经济政策期间，她还与加州大学伯克利分校的 Bronwyn Hall 一直保持紧密的交流，对本书给予了极大的帮助。英国知识产权局经济与社会研究处、世界知识产权组织以及英国政府的其他部门为我们的研究提供了非常多的理论与研究支持，对本书观点的形成给予了有力的支撑。另外，由欧洲知识产权政策处、欧洲专利局、欧盟内部政策协调司、知识产权研究会、牛津大学知识产权研究中心等机构举办的一些会议、论坛和讲座也为我们提供了很好的机会来阐述我们的观点，并与其他人进行交流，与如下的专家 Ray Corrigan、Padraig Dixon、Christian Helmers、Mark Longland 和 Yo'av Mazeh 的合作也非常重要。正是这些因素，促使我们开始本书的创作。

普林斯顿大学的 Richard Baggaley 以专业的素养和热情促成了本书的问世，

经过普林斯顿大学出版社三位匿名审稿专家重要的指导,我们最终完成了这本书的出版。与以往一样,家人的支持是很重要的,对我们的学生和同事在本书上的思考(如何完成本书?),我们也表示由衷的感谢。当本书接近完成之时,很多同事都提出了大大小小的建议,提高了这本书的最终质量。其中包括Esteban Burrone、Bob Cowley、Panos Desyllas、Padraig Dixon、Georg von Graevenitz、Bob Gomulkiewicz、Mary Gregory、Mary Hallett、Christian Helmers、Paul Jensen、Cédric Schneider、Teresa da Silva Lopes、Anthea Rogers、Beth Webster,以及普林斯顿大学出版社的许多匿名评稿人。另外,我们非常感谢来自T&T制作有限公司的文字编辑Sam Clark,他耐心地协助我们纠正文中的语法和拼写问题,并确保引用参考文献的一致性和完整性。这种细致的关怀和关注显著改善了本书的质量。

我们希望这本书能够以经济学的理论清晰地解释创新是如何转化为经济增长的,通过引入知识产权制度和经济政策的良好运转来解释创新的作用。诚然,如有不足之处,恳请批评指正。

参考文献

[1] Baumol, W. 2002. The Free – Market Innovation Machine: Analyzing the Growth Miracle of Capitalism. Princeton University Press. Department of Trade and Industry. 2003.

[2] Innovation Report. Competing in the Global Economy: The Innovation Challenge. London: Her Majesty's Stationery Office. (See also the accompanying Economics Paper No. 7 with the same title.) Easterly, W. 2001.

[3] The Elusive Quest for Growth: Economists' Adventures and Misadventures in the Tropics. Boston, MA: MIT Press. Helpman, E. 2004. The Mystery of Economic Growth. Cambridge, MA: Harvard University Press.

目　　录

第一部分　创新的本质

第 1 章　创新的本质和重要性 ⋯⋯⋯⋯⋯⋯⋯⋯⋯⋯⋯⋯⋯⋯ (3)
　1.1　介　　绍 ⋯⋯⋯⋯⋯⋯⋯⋯⋯⋯⋯⋯⋯⋯⋯⋯⋯⋯⋯ (3)
　1.2　创新是什么? ⋯⋯⋯⋯⋯⋯⋯⋯⋯⋯⋯⋯⋯⋯⋯⋯⋯⋯ (4)
　1.3　创新的微观经济影响 ⋯⋯⋯⋯⋯⋯⋯⋯⋯⋯⋯⋯⋯⋯⋯ (8)
　1.4　创新在生产者与用户之间的相互作用 ⋯⋯⋯⋯⋯⋯⋯⋯ (14)
　1.5　创新与市场失灵 ⋯⋯⋯⋯⋯⋯⋯⋯⋯⋯⋯⋯⋯⋯⋯⋯⋯ (15)
　1.6　恢复创新动机的激励机制 ⋯⋯⋯⋯⋯⋯⋯⋯⋯⋯⋯⋯⋯ (20)
　1.7　依托创新的企业竞争 ⋯⋯⋯⋯⋯⋯⋯⋯⋯⋯⋯⋯⋯⋯⋯ (23)
　1.8　结　　论 ⋯⋯⋯⋯⋯⋯⋯⋯⋯⋯⋯⋯⋯⋯⋯⋯⋯⋯⋯ (24)

第 2 章　知识产权的本质和作用 ⋯⋯⋯⋯⋯⋯⋯⋯⋯⋯⋯⋯⋯ (26)
　2.1　介　　绍 ⋯⋯⋯⋯⋯⋯⋯⋯⋯⋯⋯⋯⋯⋯⋯⋯⋯⋯⋯ (26)
　2.2　为什么会授予知识产权? ⋯⋯⋯⋯⋯⋯⋯⋯⋯⋯⋯⋯⋯ (26)
　2.3　专　　利 ⋯⋯⋯⋯⋯⋯⋯⋯⋯⋯⋯⋯⋯⋯⋯⋯⋯⋯⋯ (28)
　2.4　商　　标 ⋯⋯⋯⋯⋯⋯⋯⋯⋯⋯⋯⋯⋯⋯⋯⋯⋯⋯⋯ (32)
　2.5　外观设计与实用新型 ⋯⋯⋯⋯⋯⋯⋯⋯⋯⋯⋯⋯⋯⋯⋯ (36)
　2.6　版　　权 ⋯⋯⋯⋯⋯⋯⋯⋯⋯⋯⋯⋯⋯⋯⋯⋯⋯⋯⋯ (37)
　2.7　知识产权的其他问题 ⋯⋯⋯⋯⋯⋯⋯⋯⋯⋯⋯⋯⋯⋯⋯ (40)
　2.8　结　　论 ⋯⋯⋯⋯⋯⋯⋯⋯⋯⋯⋯⋯⋯⋯⋯⋯⋯⋯⋯ (43)

第 3 章　创新、生产率和经济增长的衡量标准 ⋯⋯⋯⋯⋯⋯⋯ (47)
　3.1　介　　绍 ⋯⋯⋯⋯⋯⋯⋯⋯⋯⋯⋯⋯⋯⋯⋯⋯⋯⋯⋯ (47)
　3.2　如何衡量创新? ⋯⋯⋯⋯⋯⋯⋯⋯⋯⋯⋯⋯⋯⋯⋯⋯⋯ (47)
　3.3　图解创新的统计数据 ⋯⋯⋯⋯⋯⋯⋯⋯⋯⋯⋯⋯⋯⋯⋯ (53)
　3.4　企业、行业和经济层面的生产率 ⋯⋯⋯⋯⋯⋯⋯⋯⋯⋯ (58)
　3.5　国家之间生产率和经济增长的比较 ⋯⋯⋯⋯⋯⋯⋯⋯⋯ (61)

3.6 结　　论 ·· (66)

第二部分　国家创新体系

第 4 章　国家创新体系 ·· (73)
 4.1　介　　绍 ·· (73)
 4.2　国家创新体系 ·· (73)
 4.3　研发的核心作用 ·· (74)
 4.4　政府—学校层面 ·· (77)
 4.5　大学—商业层面 ·· (80)
 4.6　政府—商业层面 ·· (86)
 4.7　新兴市场的国家创新体系 ·· (88)
 4.8　结　　论 ·· (91)

第 5 章　创新性企业和市场 ··· (97)
 5.1　介　　绍 ·· (97)
 5.2　创业与新企业 ·· (97)
 5.3　创新与企业 ·· (100)
 5.4　市场与创新 ·· (101)
 5.5　创新回报的实证证据 ·· (110)
 5.6　竞争与创新交互的证据 ·· (116)
 5.7　结　　论 ··· (118)

第 6 章　知识产权和企业 ·· (125)
 6.1　介　　绍 ··· (125)
 6.2　企业如何从知识产权中获益？ ··· (126)
 6.3　对知识产权回报的研究 ·· (127)
 6.4　知识产权市场 ··· (132)
 6.5　获取和实施知识产权的成本 ·· (134)
 6.6　知识产权战略 ··· (136)
 6.7　对于知识产权价值的实证研究 ··· (138)
 6.8　结　　论 ··· (143)

第 7 章　扩散与社会回报 ·· (149)
 7.1　介　　绍 ··· (149)
 7.2　创新采用率模型 ·· (150)
 7.3　采用率的统计依据 ··· (156)

7.4　创新的溢出和社会回报 ……………………………………………… (160)
7.5　社会回报的实证研究 …………………………………………………… (167)
7.6　溢出效应的维度 ………………………………………………………… (171)
7.7　结　　论 ………………………………………………………………… (172)

第三部分　创新的宏观经济学

第8章　经济增长模型 ………………………………………………………… (179)
8.1　介　　绍 ………………………………………………………………… (179)
8.2　新古典经济增长模型 …………………………………………………… (180)
8.3　内生经济增长模型 ……………………………………………………… (189)
8.4　演化模型和其他模型 …………………………………………………… (199)
8.5　结　　论 ………………………………………………………………… (200)

第9章　创新与全球化 ………………………………………………………… (204)
9.1　什么是全球化？ ………………………………………………………… (204)
9.2　历史角度的全球贸易 …………………………………………………… (206)
9.3　贸易和经济增长理论 …………………………………………………… (206)
9.4　国际知识和技术流动：理论和证据 …………………………………… (209)
9.5　国际金融流动 …………………………………………………………… (215)
9.6　国际知识产权情况 ……………………………………………………… (218)
9.7　结　　论 ………………………………………………………………… (220)

第10章　技术、报酬和就业 ………………………………………………… (225)
10.1　介　　绍 ……………………………………………………………… (225)
10.2　创新的微观经济模型和劳动力市场 ………………………………… (225)
10.3　创新与劳动力市场：企业层面的证据 ……………………………… (230)
10.4　创新和劳动力市场的宏观经济和贸易模式 ………………………… (234)
10.5　结　　论 ……………………………………………………………… (242)

第四部分　经济政策

第11章　提升企业水平创新能力的微观经济政策 ………………………… (249)
11.1　介　　绍 ……………………………………………………………… (249)
11.2　知识产权体系有用吗？ ……………………………………………… (249)
11.3　激励机制对公司水平的研发的促进 ………………………………… (261)
11.4　其他创新政策 ………………………………………………………… (265)

11.5 结　　论 ··· (270)

第12章　宏观经济问题和政策 ································· (276)
12.1 介　　绍 ··· (276)
12.2 关于知识产权和经济增长的宏观经济证据 ··············· (277)
12.3 知识产权贸易的相关方面 ·· (280)
12.4 知识产权、权利用尽和平行进口 ······························· (285)
12.5 盗版和假冒 ·· (286)
12.6 全球经济中的研发 ··· (288)
12.7 熟练工人的国际迁移 ··· (290)
12.8 结　　论 ··· (291)

数学附录 ··· (296)
A.1 生产函数 ·· (296)
A.2 折　现　值 ··· (297)
A.3 导　　数 ·· (298)
A.4 边际产出和报酬递减 ·· (299)
A.5 累计方程和增长率 ··· (300)
A.6 对数与生产函数 ··· (301)
A.7 微分方程和追赶模型 ·· (301)
A.8 估计生产函数 ··· (302)

第一部分

创新的本质

第 1 章　创新的本质和重要性

第 2 章　知识产权的本质和作用

第 3 章　创新、生产率和经济增长的衡量标准

第 1 章
创新的本质和重要性

1.1 介　　绍

本章首先阐述经济学家是如何定义"创新"的。经济学家主要关注的创新有两种类型：产品和方法。产品创新是指在市场上从需求范围或质量上为消费者提供全新的产品，比如与传统的音乐随身设备 Sony Walkman 相比，苹果的 iPod 就是一款全新的产品。方法创新是指制造或生产一种全新的产品或服务的方式。比如，当人们就医时使用与计算机屏幕互动的方式，而不需要通过接待处进行到访登记。我们关注的是在发现或是获取新知识的过程中，创新的基础是什么。这里首先从创新的整个供应链进行概述：列举一些基础性的活动，诸如科学发明、数学原理、运算法则以及信息集成活动。

本章第 1.3 节关注了创新对微观经济的影响。运用微观经济学中成本、需求和消费者剩余的标准概念来分析产品与方法创新的产出。即便是在这个层面，我们也能够看到，由于知识产权的有效性和相关产业的市场结构的不同所带来的差异。第 1.4 节关注的是创新的互动性，即生产者与消费者通过哪些经济领域实现创新的相互作用。第 1.5 节考察了一个很重要的问题，即非公开市场能否使创新最优化。如果存在市场失灵，对创新的要求将会比理想社会少。这里我们强调可能在创新过程中产生市场失灵的两个主要方面，其一是新的知识源自创新的过程中——被经济学家定义为公共品和那些往往在私人市场供给不足的产品；其二是创新所带来的正外部性，当企业无法从消费者或其他企业对创新使用产生的溢出效益中获取回报时，就会导致创新不足。第 1.6 节介绍了哪种公共政策能够使私人企业和市场在创新需求方面重塑效率。第 1.7 节简要介绍了企业通过创新竞争的途径，这一点将在下一章进行详细的描述。

1.2 创新是什么？

创新可以是新的产品、生产模式或者是企业经营过程中可以创造"价值"的活动。这种"价值"源于非常广泛的方式，包括企业可以获取的更高的价值以及顾客和其他企业可以获取更多的好处。两个重要的定义是：

＊产品创新：全新的产品进入市场，或者是在现有产品中有实质性的改变。

＊方法创新：全新的生产或销售商品或服务的方式或是过程。

一些学者强调创新还有第三种途径，认为企业组织内部的变革也是一种创新，但是我们将这种创新的方式归为上述定义中的第二种，即一种方法创新。❶

产品创新可以是有形的产品、无形的服务，或者是以上两者的结合。近年来许多创新产品对人们的生活产生了明显的影响，例如，有形产品创新包括个人计算机、手机和微波炉式的烤箱。无形的产品包含各种用于控制硬件设备的计算机软件、信息传递、信息交流服务，甚至可能是晚餐的送达服务。同样地，方法创新指的是制造或实施新事物的方式或过程，可以从有形的和无形的结合中提升新的用途。在汽车组装的过程中，全自动的机器人可以比人工焊接更为精准，当然，这需要一个完善的计算机控制系统作为支持。

以上描述告诉我们，创新的本质就是具备新颖性。随之而来的问题是，什么程度的新颖性可以将这些改变从产品或服务的原型中区别出来，从而将其定义为"创新"。区分创新的核心要素就是，在市场原有的产品或服务中产生全新的事物。一个产品或方法可以是企业意义上的新事物、特定市场上的新事物或是全球市场上的新事物。显然，全球性的新事物，即全球范围的新颖性具备了最为显著的"创新"特质。而那些未能在国际贸易中进行交易的产品或服务，则需要检验它们是否是"特定市场上的新事物"。我们认为，仅仅是"企业意义上的新事物"不能作为检验创新与否的标准，对于企业层面而言，其所追求的可能仅限于简单的对产品设计的调整、生产方式的改变或是区别于其

---

❶ Joseph Schunpeter 不仅列出了 3 种创新的类别，还将创新定义为开创了新的市场，或是对原材料供应新来源的开发（OECD，1997，第 28 页），我们倾向于将这些归于商业行为而非创新。

竞争对手。本书中，我们将之称为"创新扩散"❷。我们定义的创新是指，无论这个相关市场是区域范围的还是全球范围的，这个企业层面上的或是相关市场上的新事物，需要在全球的或者是区域范围的竞争环境中进行考察。❸

我们所谈及的两种创新的另一个特征是强调新的产品或者方法必须被引入市场，使消费者或者其他企业受益，从而将创新与发明或发现相区别开来。虽然一项发明或发现增加了知识总量，但它并不能立刻以一种完善的全新产品或方法的形式出现在市场上。而在应用现有知识和新知识，产生新产品和方法时，就给商品市场带来了创新。因此，我们可以看到的是，一个具有复杂过程的创新的核心就是，它为消费者带来了一种全新产品的类别，或是被大多数企业充分检验。我们将这个最终的阶段称之为"扩散"，任何创新在这个阶段没有发生之前，都无法真正实现创造经济收益。

定义知识和技术

尽管我们已经引入了知识和技术这两个名词，但经济学家究竟如何定义它们呢？从经济学的意义上讲，知识是关于科学证据以及被人类所掌握的专业知识，那些可能对生产或是用于商品化的、可以融入创造新的产品和服务的所有知识的总和。知识是可以被"记录编纂的"，比如一个化学配方或者是运算法则；知识也可能是"无形的"，比如某人知道如何做某事，而其做事方法并没有反映在书面上，比如勾兑一款诱人的鸡尾酒。相对于生产设备或建筑等有形资产，当一个人具备某种知识的时候，他通常被视为"人力资本"。就个体而言，人们可以通过接受教育和培训等方式来获取新的技能和知识以增加其人力资本。技术包括一系列的元素，如设计、制造、包装以及产品和服务在整个经济中的推广活动。所以技术是将特定的知识转换为生产活动的实际应用。对企业而言，综合其他的投入后，技术决定了其生产能力。有一些类型的创新，如前面提到的方法创新，在生产过程中的技术，产品创新在被提供给最终消费者之前，有更多可能的生产方式。

---

❷ The Oslo Manual（OECD，1997），在社区创新调查中，将创新定义为"企业的新事物"，没有划分"传播"和"创新"（尽管他们关注到了这个问题，第35—36页）。因此，这一有关企业创新的调查旨在询问新产品和方法的创新，这也就无法区分那些市场意义的创新。英国政府在这个调查报告中，引用了一个更大的范围，即英国的创新作为指标。

❸ 我们将在第2章讨论一些知识产权的事实问题，比如专利，是受地域范围限制的，对全球市场而言，它会对交易地区产生影响。

创新过程的阶段

创新的过程是由几个显著不同的阶段构成的，如图 1.1 所示，❹ 在创新过程的每个阶段，都需要知识的输入、专业人员的参与以及设备的投入，当然也还需要一定的时间将上述几个要素结合起来。另外，在每个阶段，如果获得成功，实现创新产出，最初的无形知识将最终成为有形的可供市场销售的产品（有时也会是无形的服务）。

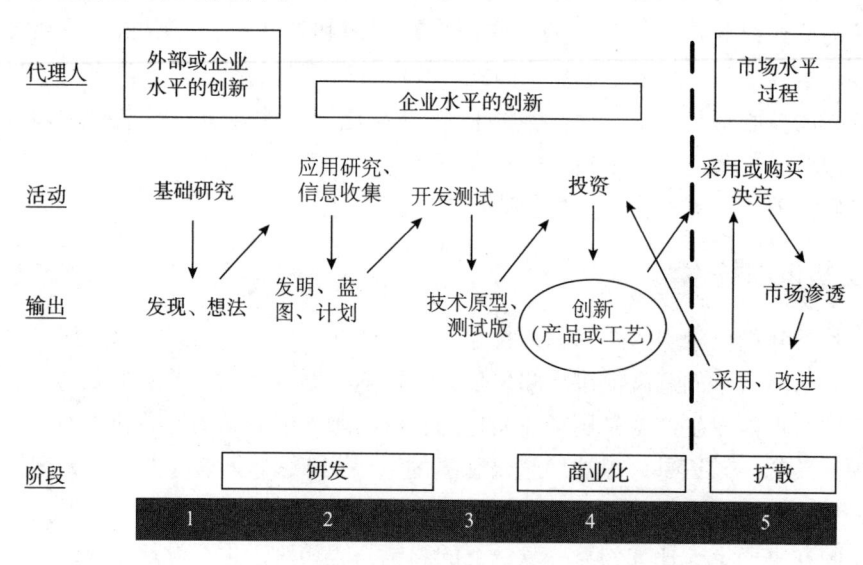

图 1.1 创新过程的主要阶段

在创新的最初几个阶段（阶段 1~3），我们可以获得基础的科学知识，为新产品或制作工艺设计蓝图，为新的产品制作最初的样本。这正是我们所说的"创新进行时"，这些阶段通常被统称为"研究与开发"（研发），但这个阶段可能是由不同的机构来实施的，包括公共科研机构、大学、独立发明人和企业。只有到达第 4 个阶段，即当一种产品或者生产方法可以实现市场化的时候，这项创新才算完成。这个商品化的环节是撬动另一个链条的关键因素，它使得新的产品或服务得以在市场上扩散（第 5 个阶段）。另外，很重要的一点是，通过多个阶段的反馈，创新在各个阶段中很少进行线性演进。在扩散和创

---

❹ Rosegger（1986）在其著作《生产与创新经济学》(*The Economucs of Produotion and Innovation*) 中，根据技术的变化区分出 5 个创新的阶段。这个框架全面解释了创新产出的来源和过程。我们对该图进行了改进，加入了更多的关于知识生产的现代观点，包括计算和服务，但需要强调的是其核心内容来自 Rosegger。

新阶段也会出现反馈。作为消费者或其他企业，他们会在使用之初就开始改变或改进这些创新，或者是将这些改进信息直接反馈给提供这些产品或服务的企业。❺ 这种类型的优化或改良创新，通常对原始产品或服务非常有益。

渐近式创新可以与颠覆式创新进行比较。第一种仅在现有产品或方法的基础上作出了很小的改进。而颠覆的或激进的创新是在广泛应用的基础之上，为市场引入了全新的生产过程，并为消费者提供了全新的创新性产品。❻ 蒸汽机、内燃机、电力、微处理器和互联网都是颠覆式创新的例子。当它们在市场上出现的时候，整个经济受到了巨大的影响，同时不计其数的与这些产品相关的创新随之而来。方框1.1讲述了20世纪50年代末一个关于原始发明与专利的故事——激光。这一技术的出现，使得与之相关的颠覆式创新产品涌现，如激光唱片、激光打印机等，在这些产品中，又有多种多样的渐近式创新出现了。进一步讲，激光技术也引发了许多颠覆式方法创新，比如在焊接和测量领域中的运用。

对一些单一的创新而言，阶段1～4并不总是在单一企业里出现。在许多经济领域，公共研究机构或是高等院校才是新知识的贡献者，而企业将运用这些新知识进行创新。我们将在第4章中讨论私人企业与所谓的基础科学之间的关系。即使相关新知识的产出可以从企业中分离出来并通过交易的方式获取，但是在某些领域（如生物医药产业）中，特定企业的存在是因为它们是阶段1和阶段2中从事研发工作，同时，在阶段3中，有些企业负责提供检验药物疗效的服务。在产品在最终市场上流通之前，所有这些阶段的活动和创新成果，在多个企业之间的协议下，都可能是各自独立交易的，这样成功的新产品才有可能在市场上出现。创新过程的任何一个组成部分之间，都可以相互独立和依托协议来维系，所以，这也就意味着可以订立并执行合理的协议。

方框1.1　激光

"激光"向我们展示了一个有意思的发明与创新的案例。激光的原意是"利用辐射激发光来放大光谱"。一些观点认为，激光是由贝尔实验室的 Arthur L. Schawlow 和 Charles Hard Townes 在1957年发明的，尽管与之相关的基础科学已经存续一段时期，且有一些科学家也从事相同领域的研究。贝尔实验室于1958年提交了专利申请并于1960年获得授权。1959年由 Schawlow 和 Townes 撰写发表了一份激光理论的学术报告。哥伦比亚的

---

❺　这些内容在 Hippel（2005）和 Rosenberg（1982）早期的文章中讨论过。这里将在本章后面就反映的影响展开详细分析。

❻　对"颠覆式创新过程"具备理论基础的规范性描述，将在第2.2节进行阐释。

> Gordon Gould 在 1957 年也撰写了激光的设计方案，尽管直到 1959 年，他才递交了专利申请。同许多国家一样，自从美国专利体系遵循"发明在先"而不是"申请在先"的原则后，在随后的 30 年中，引发了许多知识产权的权属争议。
>
> 学术文章和原始专利刺激了激光技术的发展，而且促进了它的性能改进。随后，产生了许多与激光改进相关的专利。当激光作为一项基础发明时，诞生了众多的改进性研究和产品，表现在波长、能量、大小以及成本等诸多方面。在过去的 50 年里，激光技术在科学、工业以及消费领域被广泛应用。工业上的应用包括测量、武器和机械等。同时也是条形码扫描、激光唱片以及激光打印机工作的基础技术。在计算机与互联网的信息传送过程中，激光还是光纤电缆的核心技术。

1.3 创新的微观经济影响

我们已经看到创新有两种主要表现形式：①方法创新——生产方式中引入了新的技术；②产品创新——在市场上销售全新类型或设计的产品或服务。当然，这两种方式往往不是各自独立的：通常，新生产过程的引进允许一系列新产品的设计与开发，并且新的中间产品的引进也允许企业改变它的生产过程。就此，让我们考虑一下这两种创新的不同本质，来看一下它们是如何影响价格和成本的。反过来，这两种创新的影响，又依赖于企业经营所处的市场结构。"市场结构"是指市场中企业之间竞争的本质。[7] 它的两种极端情形是"完全竞争"——市场中有大量的企业，和"垄断"——一家企业控制了市场。

方法创新的影响

方法创新的重要影响是生产成本的降低。在经济学中，总成本被分为了固定成本和可变成本，并依次定义了平均成本（AC）和边际成本（MC）。图 1.2 显示了一种简单的情形。在这一情形中，企业在创新之前存在平均成本 AC_1 和边际成本 MC_1，并且两者保持相等（这意味着不存在固定成本）。产业需求曲线也如图 1.2 中所示（并且我们假设在方法创新的情形下，需求曲线是不变的）。如果产业是完全竞争的，我们假设存在大量的企业，并且每家企业

---

[7] 创新也会通过两种方式互为因果来塑造市场结构。

都将把它们的价格设为等于 MC_1，因此产业中的产品或服务的产量和销售量都是 Q_1（价格为 P_1）。[8] 经济学家用消费者剩余作为收益的一种指标——它是需求曲线与价格线之间的区域，被表示为图 1.2 中的阴影部分。方法创新被认为将会降低生产的平均成本或边际成本。在这个简单情形中，边际成本与平均成本是保持相等的，因此方法创新的影响可以通过从 $AC_1 = MC_1$ 降低到 $AC_2 = MC_2$ 来说明。这也意味着对消费者的产品或服务价格降低了（P_2），而且消费者剩余增加了（即它是 P_2 以上与需求曲线以下之间的区域）。需要重点提到的是，在这一例子中并不存在知识产权。如果市场是完全竞争的，关于生产的所有知识被认为是所有企业所共知的。因此，一旦方法创新出现，我们假定所有的企业将会立即采用它（这一假定存在的问题将在第 7 章进行讨论）。在这种情形下，企业将没有进行方法创新研发的经济动机。要注意到，当发生价格等于边际成本和平均成本时，对创新者而言，这意味着没有经济利润的回报。[9]

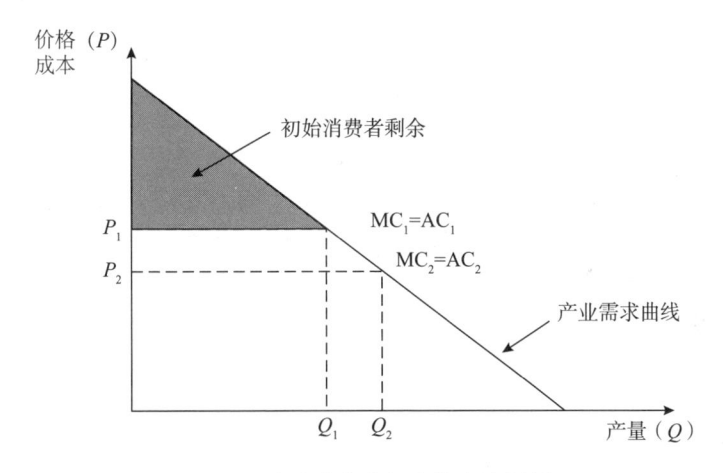

图 1.2　完全竞争市场中的方法创新

上面的例子关心的是存在大量企业销售同质性产品的完全竞争市场。考虑到这一情形，以及知识立即扩散的假设，企业没有进行方法创新的经济动机。方法创新将产生于偶然，或者由那些不受经济动机驱动的企业所创造。现在我们考虑存在知识产权并且方法创新会受到完善保护的情况。如果产业中的某个企业开发了上面所讨论的方法创新，并且通过专利保护了它，那么创新者可以

---

[8] 如果对完全竞争市场不熟悉，请参阅数学附录或其他微观经济学书籍。

[9] 就规范来说，平均成本的定义中包括了对资本所有者和企业经理人的一些回报；但是，平均成本不包括由于创新或创业的任何额外的回报。"经济利润"这一术语标志着这些回报的存在。

制定低于任何其他企业的价格。创新者可以以 $P_{1-\varepsilon}$ 的价格生产和销售产品（在这里 ε 是一个很小的数字）。在这一价格下，创新者几乎可以销售 Q_1 数量的产品，这意味着它能获取的利润大约为 $(P_{1-\varepsilon} - MC_2) \times Q_1$。创新者其实并不会生产所有数量的市场需求，原则上它可以把创新许可给其他企业，并且获得等于这些利润的特许使用费。所以，引入专利会提高创新的经济动机。

在很多产业中，完全竞争不太可能发生，因此经济学家也对研究市场结构的另一种极端情形——垄断——感兴趣。假设存在一个市场需求的固定的垄断供应商，并且初始的成本条件也如前面所设定的，它有进行方法创新的动机吗？图1.3中所示的需求曲线和初始成本与图1.2中的相同，但是在垄断情形下，该企业将会在边际收益（MR）等于边际成本 MC_1 的点进行生产以实现利润最大化。这意味着此时产品的价格为 P_3，产量和销售量都为 Q_3——这比完全竞争时要少，获得的利润为 $(P_3 - AC_1) \times Q_3$。如果垄断者开发了一种方法创新，并且把边际成本降到了 MC_2，这一新的、更低的边际成本意味着垄断者将在 $MR = MC_2$ 的点进行生产。这意味着更低的产品价格（P_4），更多的产量（Q_4），更高的消费者剩余，以及更高的利润。因此，即使有一个垄断者，方法创新也会降低价格，并使消费者获益。然而，如果垄断者没有受到进入者的威胁，知识产权是没有作用的。既然市场中只有一个卖方，那么垄断者便会获得创新产生的额外利润。❿ 这一发现认为垄断者将总是通过削减成本和创新来寻求利润最大化——很多经济学家认为这一假定过于笃定。

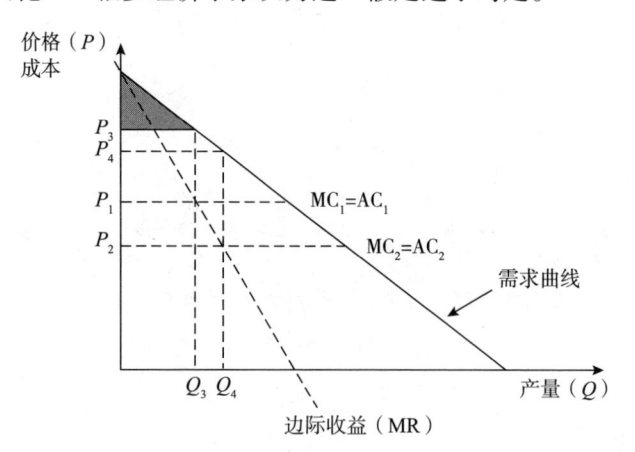

图1.3　垄断市场中的方法创新

---

❿ 如果垄断者受到进入者的威胁，这将改变其动机。将在第5章探讨进一步的情形。

产品创新的效应

新产品的成功开发会导致不同的成本和收益变化的形态。在完全竞争市场,并且缺乏知识产权的情况下(也就是说,我们假设任何的产品创新都能被立即复制),创新者将没有任何利益的增加。但这种被市场中其他所有企业立即模仿的可能性是很小的。更加现实的是,创新者会利用某种形式的知识产权,或者如果做不到的话,依靠保密或先行者优势来延迟模仿(在前面讨论的方法创新中同样如此)。考虑到这点,我们可以用一条新的需求曲线来代表新产品的引进。图 1.4 显示了一种新的消费品的需求曲线。这条需求曲线的位置和弹性依赖于这一新产品的价值,反过来又依赖于替代品的可获得性。如果我们假定企业有阻止模仿者的知识产权,那么它的行为将像垄断者一样,并且将最大化其利润。因此,除了代表的新产品创新外,图 1.4 与图 1.3 是相同的。要注意的是,这一新产品创造了"消费者剩余":即价格线以上、需求曲线以下的三角区域。这是表示高于消费者所需要支付的价格的剩余价值的一种方式。⑪

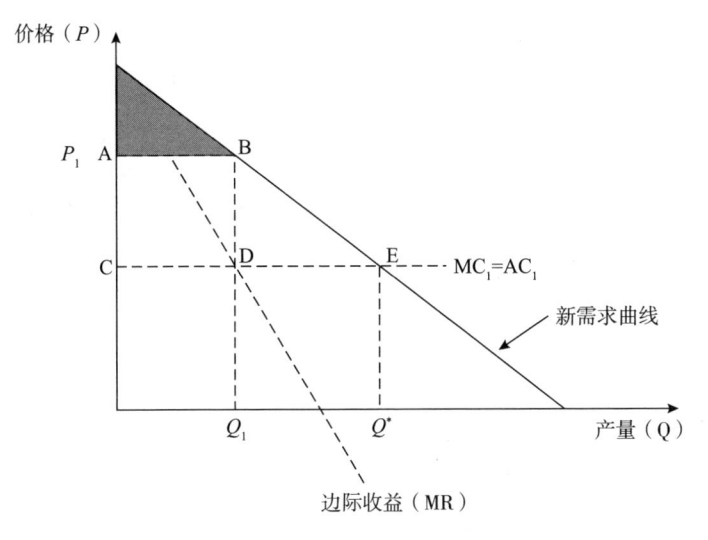

图 1.4 垄断市场中的产品创新

然而,因为产品价格(P_1)要高于产品的边际成本(MC_1),所以此时消

---

⑪ 如果企业能够采用价格歧视,大部分的消费者剩余都可以被企业榨取。同样地,在一些情况下,新产品现在可能以低价出售(即低于 P_1)以获取市场份额,并意在以后提高价格。图 1.1~图 1.3 都将市场视为静态的,所以这些图并未考虑这种动态利润最大化的可能性。

费者剩余也并不是最大的，最大值发生在产量为 Q^* 时。很明显，有利润回报的创新（也就是说，允许 P 大于 MC）造成了进一步的问题。从图 1.4 中我们可以看到，一些损失的消费者剩余实际上变成了创新者的利润（即图中的 ABCD 区域），但是还有一些损失的消费者剩余却被浪费了（即图中的 BDE 区域）。因此，BDE 区域被称为与垄断定价相关的"无谓损失"。考虑下治疗一种重要疾病的新药被研发的例子，在专利保护期间，它会以高于生产边际成本的价格出售。一些能够支付起边际成本价格的患者在更高的价格时却不能得到该药品，这些受到影响的人的数量与 $Q^* - Q_1$ 之间的距离是成正比的。

如果产品创新创造的是一个新的品种或改进了现有产品的质量，那么画一条新的需求曲线并不是理解这种变化的最好方式。假设在这一产品创新之前，市场是不完全竞争的，那么企业面临着向下的需求曲线。企业旨在通过引进新产品来实现产品需求曲线的向外移动和增加斜率（类似于广告的效果，提高了对企业产品的忠诚度）。图 1.5 显示了这种需求变化。要注意的是，即使消费者支付了更高的价格，他们却购买更多产品，并且有了更多的消费者剩余。当然，一段时间后，随着更多产品创新的产生，市场会变得更有竞争性，并且可能降低产品价格。通常描述这种情形的方式说明了"消费者得益于产品种类的增加或者产品质量的提高"。即使新产品比现有产品更昂贵，但如果它的特性准确地匹配了消费者的口味，他们可能更乐意购买这一产品。如果比起早期的产品种类，新产品有更广泛的和更令人满意的特性，即使有一个更高的价格，它仍将被视为物有所值（将在第 3 章和第 5 章给出这些可能情形的进一步分析）。

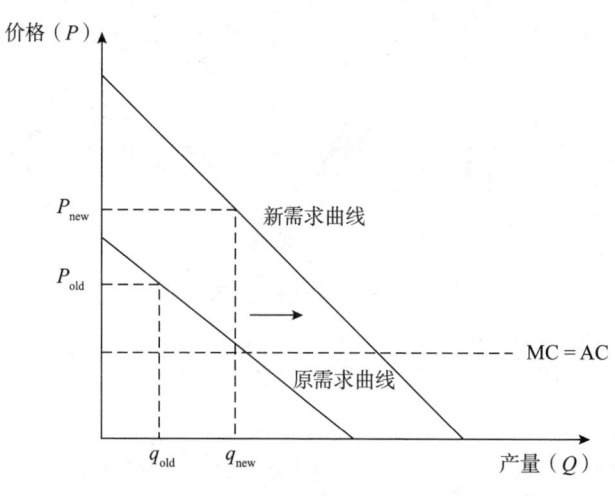

图 1.5　产品创新在现有需求曲线中表现的变化

可以区分产品创新与方法创新吗?

从概念上来说是可以区分的,但是在实际条件中,产品创新与方法创新通常是很难进行区分的。基本原因是,在很多情况下,一个企业的最终产品可以是另外一个企业生产过程中的一部分。企业层面的创新评估表明产品创新占多数(参见 Scherer,1984),然而在大的经济背景下,这些产品创新却也导致了大量的方法创新。例如,提高了农业生产率的新型肥料;使纺织业可以生产更好纺织品的新型织布机;使银行业能够为客户提供全天现金业务的自动提款机;以及使分布于很多地域的企业可以更有效组织信息的新型计算机软件。

方框1.2 对这一问题进行了详细的解释和说明,其中我们略述了一个简化的里昂惕夫(Leontief)经济投入—产出模型。❷ 虽然经济理论在分析供给时通常将它视为单阶段的生产过程——将原材料直接转变成出售给消费者的最终产品或服务,这是极度简单化的模型。实际上,很多的经济活动是致力于中间产品和服务的生产,它们作为半成品又被供给给其他企业。事实上,每个部门的总产量(在方框1.2中以 X 来表示)——它反映的是在扣除作为投入而被再吸收的产出量之前的经济活动——比它对国内生产总值(GDP,在方框1.2中以 F 来表示)的贡献要大得多。比如,最近的数据显示,英国的总产量大约是其 GDP 的1.7倍。即使从所谓的最终产品 F 来看,随着在下一个时期生产过程中的资本投入,企业为了投资(I)而购买的那部分在 GDP 中占有比重的物品也会重新回到生产。

方框1.2 里昂惕夫投入—产出流动矩阵(Leonitief's input – output flow matrix)

里昂惕夫投入—产出矩阵是一种将经济如何被整合进行可视化的方式。举例来说,我们将考虑两个部门的经济,包括生产部门 M 和服务部门 S。

在当前的生产阶段,每个部门都购买另外一个部门的一些产品作为自己的投入(分别为 A_{MS} 和 A_{SM})。每个部门也会使用部分它们自己的产出作为投入(分别为 A_{MM} 和 A_{SS})。由于部分总产出被作为中间产品吸收了,因此总产出 X($X = X_M + X_S$)要大于成为最终需求 F 的净产出($F = F_M + F_S$)。

$$F_M = C_M + I_M$$
$$F_S = C_S + I_S$$

---

❷ 这一模型的详尽论述参见 Leonitief(1986)。

IP 创新、知识产权与经济增长

进一步的相互关系发生在下一阶段，而且是由投资引起的。每一个部门的最终产品 F 又可以分为消费品 C 和投资品 I 两部分。因此，有

$$\text{流量来自于}\begin{cases}\underset{I_M}{MB_{MM}} + B_{MS} = I_M \\ \underset{I_S}{SB_{SS}} + B_{SM} = I_S\end{cases}\overset{\text{流向}}{M\ \ \ \ S}\text{投资}$$

但每个部门中的投资也包含所购买的另外一个部门的一些产出（分别为 B_{MS} 和 B_{SM}）。同时，每个部门中的投资也包含部分他们自己的产出（分别为 B_{MM} 和 B_{SS}）。这些投资流动再次产生了部门产出的混合。

其中，每行的总和是每个部门所生产的用于投资的产品和服务的总量；每列的总和（此处并未列出）则是每个部门内投资的产品和服务的总量。

经济中的创新流动

部门内的每项方法创新导致了创新采用企业的投入成本降低。部门内的每项产品创新导致了创新采用企业的新的产品种类。由于新的中间产品 A、新的投资产品 B 或成本的变化使得不同的技术更加有利可图，从而可能促成产业采用新的生产工艺。

1.4 创新在生产者与用户之间的相互作用

如图 1.1 所示，针对研发、创新以及扩散的特性，给出了一个简明扼要的、具有先后顺序的过程，你可能发现了在第 5 阶段和第 4 阶段从右到左的向下箭头。如前所述，企业的经营活动可能涉及所有的或是一部分创新的阶段，一个创新企业从基础研发到随后的商业化应用，然后通过扩散阶段将创新传递到其他企业和消费者手中。并非所有学者将这个线性模型视为从创新到扩散过程的充分描述。里昂惕夫投入—产出矩阵提出了一个问题，就是哪些提供创新的因素影响了其他方面，是什么因素使生产者和用户之间建立了联系。[13] 一旦这种联系被建立起来，我们可以看到许多使用者对创新反馈的信息，诸如产品的表现，为产品的改进提出建议，这将为使用者所购买的下一代产品的变化提

---

[13] 里昂惕夫投入—产出矩阵的应用对创新的产生和使用的考察，见 Scherer（1984，第 3 章和第 5 章）。

供帮助。这一观点使线性模型发生了改变，使其可以在发明人和用户之间实现互动。有些企业鼓励消费者提供反馈意见，尤其是在创新方面。宝洁，世界领先的消费品企业，每年都会花费几百万美元用于跟踪和研究用户的需求（包括跟踪博客和网站内容）。在软件产业，发布试用版的主要目的是用于检测并获取用户的反映。例如，微软企业的 Windows Vista 操作系统发布于 2005 年 1 月，经过多次改进，最终于 2006 年 2 月才发布正式的版本。

Pavitt（1984）在早期的观念中认为创新是一种复杂的相互作用的过程，创新是源于企业内部还是以一种全新的形式由专业的生产者所提供。他将技术变革进行了模式分类，用以验证各个产业组群中具备优势的产出模式，同时也验证了方法和工艺创新的运用。他最初依据不同的技术获取应用条件，将产业进行分类：

供应商主导的，即由供应商引入新的技术，并由企业组织内部研发贡献一小部分的改进；

规模集约型生产商，它们通过自身能力为创新作出了主要贡献，并且通过集约化的大规模生产实现利润；

专业供应商，它们主要聚焦于产品创新在更新换代过程中的半成品，或者是固定资产；

科研基础机构，主要从事产品或方法创新的研发，包括大学、研究机构等。他的这一分类随后被细化并扩展到服务产业，被称为信息密集型的企业，包括金融、零售和出版业（Tidd 等，2001）。随着信息技术企业的崛起，Greenhalgh 和 Rogers（2006）从 Pavitt 的理论中延伸出第四种分类，即软件相关的企业。

1.5 创新与市场失灵

我们已经看到，创新可以造福更多的人类和企业，而收益的不仅仅是创新企业自身。如果企业不能对创新的所有受益者负责，或者在奖励措施与创新活动价值的匹配中出现问题，便会导致创新的供给不足。私营企业独立行动所构建的市场体系，将可能达不到市场最优效果的现象被称为"市场失灵"。微观经济学家尤其对市场失灵的案例感兴趣，现在，我们来分析 4 个案例。第一个案例，创新背后的新知识是公共产品。第二个案例，创新是具有积极外部性的私人商品。第三个案例关注创新是否具有不确定性并需要巨大的固定成本，再加上资本市场不完善，可能导致投资不足。第四个案例研究的是在竞争形态中首先进行创新的企业，是否会产生重复和多余的成本。

案例1：新知识是公共产品吗？

公共产品定义的特征是非竞争性的（非稀缺的），这意味着任何人使用公共产品的时候不影响其他用户的使用。一个非竞争性的产品可以同时被许多人使用，一个人使用它，不会为别人的使用行为带来障碍，也不会降低该产品的使用价值。典型的教科书式的例子就是国家的国防，它为全体国民提供了服务；一条数学定理也可以作为非竞争性知识产品的例子。

公共产品也可能是非排他性的：有人使用它，别人也可以使用，这种使用机会不会轻易受阻。这种情况下，我们就将它称为一个纯粹的公共产品。因此在国防的例子中，谁都不可能阻止社会的一些成员享受国防的价值。在知识的例子中，关键问题是获取知识的难易程度。在印刷术流行的年代，数学定理的复制也很容易；另外，随着互联网的出现，这些定理在全世界的传播是无法阻挡的。可以反映这些问题的一个重要的例子便是人类基因工程（HGP）。1990年，由美国领导的联合组织启动了人类基因工程计划，旨在了解DNA的化学构成。这项公共资助的计划于2003年正式完成，研究结果可在互联网上查询。有趣的是，一个成立于1998年的私人企业Cerela，希望与公共资助的人类基因计划相竞争。该企业提出了数千份专利申请，试图获取知识产权（也就是想独占这种知识）。然而，美国专利商标局（USPTO）的审查以及法院的裁决使得该企业获取的专利微乎其微。Celera最终在2005年将自己的研究成果献给了公有领域（详见Angrist和Cook-Deegan，2006）。

一旦一项非竞争性的公共产品被公之于众，或者是某项知识被发现的时候，那么任何一个额外使用者的边际成本均为零。经济学理论告诉我们，在价格与边际成本相等时，资源被有效分配。如果支付一个正价格，则意味着非竞争性产品的价格高于零，则会因为将潜在用户排除在外而造成对产品使用率的降低。如果价格为零就意味着，私人企业的趋利特性就会导致它们不会生产或开发这类产品。这一观点由Arrow（1962，第616页）的文章在讨论企业研发活动的时候提出的，他认为：

> 当任何一个信息被获取的时候……应当从福利的角度出发，应该是被免费提供的……从而保证了对该信息的最优利用，但是同时也意味着对研究的投资没有任何的激励了。

Geroski（1995，第91页）认同创新是一种非排他性的产出的概念：

> 发明和创新活动明显区别于企业制定的其他战略投资的特性就是相近似的问题。

近似性的问题是指发明人无法从其潜在用户那里获得发明本身所创造的全部价值这一观点。或许我们应该探讨的是，为什么会在新的知识和创新之间存在不同的类型范畴，并不是所有的创新都被定义为"纯粹公共产品"。

所有类型的新知识都是非竞争性的吗？我们来讨论一项基于生物科技领域研究的新技术的发现，针对某一药物的重要治疗性质的设计。一个经济实体对这个技术的衍生使用，并不阻止其他主体的使用，然而，不同于一项数学原理被多人运用，某项技术的第二个和第三个使用者可能影响首个生产者在市场上的地位。尽管，模仿者并没有消耗发明者的知识存量，但是它对发明者的利润造成了损失。因此，在商业世界中，新知识所带来的价值就可能是竞争性的，尽管该知识自身是非竞争性的本质。

所有的知识都是非排他性的吗？显然，在有些案例中，他们可以利用知识产权来保护发明的价值，但是，即便没有知识产权，他们也可以通过保密的方式对其价值进行保护。如果某食品或饮料的生产者向市场推广一种新的产品，他完全不需要将他们产品的配方公之于众。他们也可以通过协议的方式要求他们的供货商对其产品配方进行保密（我们可以从可口可乐的经验上获取端倪）。因此，在很多情况下，商业秘密在很多国家受到法律的保护，此时，一些生产者可以禁止其他厂商因免费得到新的知识而获取利益。

案例2：外部性是源于创新活动吗？

为了进一步证明导致市场失灵的原因，我们可以将新知识从它在不同的实际应用中分离出来，然后再来考虑商业化创新经济模型的应用，这就是私人产品的外部性。[14] 此时企业从事追求利润的活动对其他企业带来正面的或负面的影响，并且这种影响不能以实际价格所体现，也不能在市场上进行销售。正如我们在新的中间产品的例子中所见到的，或当创新改善消费者的福利超过任何产品收费所降低的消费者的福利程度时，就好比一款质量更好的最终产品以相同的价格与之前的产品一起出现在市场上。[15]

在图1.1中，对研发、创新以及扩散阶段的分类对于区别公有领域产品和私有产品更具有意义。而基础研究就更具备公有领域产品的属性，因为它可以被应用到不同的领域。例如，最近的关于蜘蛛是如何生成和吐蜘蛛丝的研究就被应用在药品的研究，用于帮助研究培养人体组织，而且还被应用在洗发水里

---

[14] 消极负面外部性，诸如污染，是微观经济学书籍中经常讨论的问题，但是知识产出的积极外部性是同等重要的。

[15] 有些经济学家将这称为"金融外部性"，因为它的发生与价格相关。同时，在微观经济学中，与消费者盈余这一概念相关联，即消费者没有为他们购买的产品支付相应的预定价格。当面对这些不同的情况时，将这些概念厘清是明智的。

(《物质世界》节目，BBC 频道 4）。并且，当一项科学规律被发现的时候，它很难被隐藏起来，因此基础科学知识更倾向于非排他性的。相反，让我们回过头来看某个知识的特定应用，公司会根据贴近市场的研发进行具体的创新，从而为用户提供特定的私人产品，这时创新就具有了外部性。

案例 3：不可分割性、不确定性和资本市场

另外一些关于市场失灵的解释来自于其他的经济学理论，例如，很多研发投入的本质就是投资的不可分割性和不确定的回报。不可分割性指的是有许多思想无法被分解为更小的、更为可控的单元，这种不可分割性意味着有一定的前期投入，而且是"固定成本"。[16] 如果这一成本过大，它就可能起到限制的作用。当建立新的知识需要很大的固定成本和很小的边际成本时，很好的例子就是开发新的软件：编写和调试软件代码需要比较大的固定投入，同时生产和销售成本可以被忽略不计。这种低的生产与销售成本，或经济学所称的边际成本建议软件应该售以较低的价格（大概等于边际成本），但是低售价将只能获取很少的收益，并且不能补偿开发者所发生的固定成本。

不确定性是创新过程中所固有的，在等待投资回报的过程中，研发投入的风险并不能被独立当作一个要素来考虑和选择，正如 Arrow（1962）所提出的。这是因为没有一种保险机制会为基于某种重要的或可获取回报的研发投入的最终失败结果来买单。对于一些特定的公司，实施研发的风险可能是研发投入不足，尤其是小型公司，它们无法利用产品多样性来分散研发风险。[17]

如果资本市场运作完好，那么不确定性和不可分割性都可以解决。即投资者会正确评估任何投资项目（包括研发项目）的预期价值，并用最高回报将资金分配给项目。投资者多样化其投资组合可以解决不确定性。然而，预料投资创新中的问题是有一些道理的。银行、风险投资家和其他投资者试图找到最好的项目，但如果是与创新有关的话，那么在理解和评估项目上就有难度。简单地说，创新者可能是第一个完全理解这个项目的人；因此投资者必须相信创新者的判断。风险资本家在评估创新方面有相当丰富的经验，但他们自己已经确定了成本。例如，对一个项目的全面评估可能需要 40000 美元；因此如果创新者只寻求 10 万美元的投资，那么这可能打消风险资本家

---

[16] 如果这些成本是不可收回的，利用这些成本所实施的购买无法转换为再销售的价值，那么这类成本就叫作"沉没成本"。

[17] 这一结论实际上远比它看起来更复杂。这里基于一个假设，即企业家和公司具备风险控制的能力。如果它们具备这样的能力，则"市场失灵"就不会发生。进一步而言，大公司也许有能力减少研发活动所带来的不确定性，从而减少"市场失灵"。最后，有一点应该提出的是，当面临对不确定回报的项目进行投资且不知道市场反应的时候，社会选择会是什么。

参与的念头。

案例4：专利竞赛和重复

最后一种可能涉及市场失灵的现象是企业之间可能在创新过程中以针锋相对之势来进行竞争。之前我们的假设是以企业之间从事的是不同的产品或生产方式的创新。然而，一种很大的可能性是企业之间是在完全相同的创新领域内展开竞争的（比如，寻找针对某种特定疾病的治疗方法），在这种情形下，企业的研发投入就可能是重复的。诚然，大多数情况下，企业无法预见，所以，重复的研发往往无法避免。经济文献称这种现象为"专利竞赛"，在这个竞赛中的赢家往往能够获取这个领域研究投入的全部回报。但是，在接下来的讨论中，我们会发现，在相同领域内进行研发投入往往是必要的，这些公司也希望能够与其他公司进行信息和技术的交换，并且从其他公司的先进成果中获得回报。我们将会在第6章和第11章中进一步讨论这个问题。

小　　结

上述几个问题，讨论强调了在创新的过程中发生的各种市场失灵的可能性。第一点来自企业对新知识的投入的独占性问题。如果一个新的发现很容易被复制，发明的收益就会被消耗掉，这将非常容易造成对新资源的投入不足而产生市场失灵。

第二点来自许多创新都需要大量的研发投入的经费支持这一事实。这种投资往往是高度不确定的，没有保险市场可以承担这些风险，因此这可能阻碍投资达到最佳水平。此外，一些投资项目可能需要非常大的固定成本，所以即便是大公司，在没有政府支持的前提下，它们也很难有信心对这些领域进行投资（比如，核电或开发建造大型客机）。如果资本市场能够完美运转，这些都不是问题，但现实中又不太可能，因此就意味着某些类型的创新投资可能过低或自始就没有投入。

第三点需要考虑的问题是对一项创新对价的思考。一旦一种创新被实施，相对于公共产品而言，作为私有财产，其可利用性就会很低，因为其价格会被定得很高，而且这一垄断的价格会阻碍传播。但是我们如果一味坚持最接近边际成本的定价，就会降低对投资的激励。因此，Arrow（1962，第616－617页）给出了如下的结论："在自由市场经济条件下，创新的营利寻求资源配置的次优分配。"对于一些可能被归为公共产品的领域，为了实现激励产出的目的，一些奖励制度或一定程度的私有化是必要的。

1.6 恢复创新动机的激励机制

现在我们可以检索一些文献，来寻找解决市场失灵的标准方案，看看是否能为研发和创新提供解决方案。在有积极外部性的公共产品和私人产品的情况下，解决供应不足的问题主要有四个方案。

解决方案1：公众的公共产品

许多国家存在政府补贴，通过对大学研究和特殊研究机构进行资助的方式来进行国防和农业等领域的基础研究。这源于基础科学是公众产品的想法。从税收中提供资金，研究结果免费公开，不需要使用该知识的用户支付超过其再生产的边际成本支出。这种资金支持的方法不太适合商业研究，在这个市场，企业会有利益冲突，但更适合基础科学研究，尽管各种领域的运用不完整，我们将在下面进行讨论（第4章）。现在许多接受公共资助的机构也开始利用知识产权制度将其产出进行私有化，并向使用者收取高于其边际再生产成本的许可费。

解决方案2：以俱乐部形式所提供的本地公共产品

当大量的消费者认为他们所接受的服务和设施具备非竞争性的表象时，一个本地的、非纯粹意义上的公共产品就会在这样的情形下出现，然而产品过剩或者竞争行为也可能随之显现。

有研究表明，合资的方式为多个企业或者是在政府与一个或几个私人企业之间共同分担研发费用提供了一种方案，这些主体可以协议共同享有创新的回报。通过这种方式，参与其中的多方主体（同时也是潜在使用者）都可以从中获利，从而减少因排他性权利而造成的市场扭曲，使社会资源配置达到最优状态。[18]当使用者之间的竞争交集不明显的时候，就会有更多的这种形式的合作，比如相对于关注贴近市场研究的企业，日本企业的特点是，它们可能更多地与基础领域研究的主体进行合作，从而使它们的创新更具有竞争力（Goto，1997）。在一些案例中，两个或几个企业的合并行为，也可以解决一些公共产品的问题，这一解决方案通常被称为"外部性的内在化"。

另外两个解决创新不足的主要方案来自展示生产外部性的市场经济中。

解决方案3：庇古补贴（Pigovian Subsidies）

外部性的经典解决方案是由 Pigovian（1932）提出来的，他主张使用税收

---

[18] 如前所述，当价格与边际成本相等时，资源被最优分配。如果有大量的潜在用户处于合资的外围，无法共享专利，他们就会被要求通过授权的方式支付高于边际成本的使用费。

第 1 章 创新的本质和重要性

或补贴的方式来解决相应的负外部性或正外部性问题。在创新来自生产的情况下，这就需要对有益于其他生产者的活动进行补贴。通过这种方式，创新者能获得社会边际成本的回报，并由此有正确的动机去产生创新性的产品和想法。在创新来自研发的情况下，补贴的作用是将研发的个人收益率提高到等于社会收益率（见图 1.6）。政府通常会资助大学和研究机构的基础研究；然而，并非总是有对贴近市场的研究进行政府补贴。在 G5 国家中，美国、日本和法国对从事研发的企业提供税收减免，但是德国并不提供这一政策，而英国直到 2002 年才开始提供补贴（除小企业之外）。

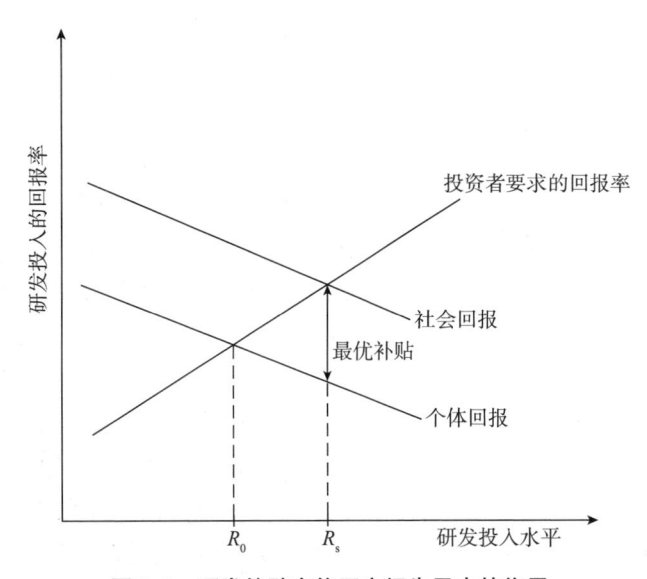

图 1.6 研发补贴在修正市场失灵中的作用

注：没有补贴时，个体投资者会使他们期望的个体回报率等于他们要求的回报率（这一回报率涵盖了投资资金的成本），并且此时得到的投入水平为 R_0。社会最优的研发投入水平是社会回报等于投入资金机会成本。由于研发的正外部性，社会回报会高于个体回报。通过对研发的补贴，政府能够有效地将个体回报提高到等于社会回报，并由此个体投资者也会选择社会偏好的更高的研发投入水平 R_s。

为什么政府不愿意为研发提供补贴？一个主要的困难是识别企业的哪些费用应该被归于研发，哪些值得税收减免或补贴，相对于通常的生产和营销费用，哪些不值得。另外一个困难是虽然一些研发项目是非常成功的，但其他项目并不成功。如果不管项目是否成功而对所有的研发按同一比率进行补贴，那么政府会既奖励了那些产生正外部性的项目，也奖励了那些没有产生正外部性的项目。同样有疑问的是，很多研发在缺少任何研发补贴的情况下仍在进行。在这种情形下，政府的资助对那些坚持积极从事研发的企业来仅象征着一份礼物。我们将在第 11 章进一步探讨这些问题——我们将考察促进创新的一些政策工具。

解决方案 4：定义财产权利

Coase（1960）在其理论中认为，在处理外部性问题上，如果财产权利是明确的，市场机制将有效地作用于资源配置。一旦财产权利界限确定，交易双方即可签订协议并由市场发挥其自身的作用。那些制造正外部性的企业可以向制造负外部性企业征收费用，例如污染，受害者可以向污染者索取补偿。现在我们回过头来看创新活动，如果知识产权的权利界限清晰（并且受法律保护），对创新或相关信息的使用能够建立在一个具备私人议价和协议的体系下，则市场可能会向创新的社会最优水平靠近，其前提就是外部性是可分割、可评估的。

专利、版权、商标和外观设计保护制度都可以遵循下述轨迹（尽管它们先于科斯定理）。在解释知识产权时，有两个重要的附加说明。第一个是在共同外部性问题上所得出的科斯对称结果，比如污染问题。不论将污染的权利分配给污染者还是被污染者，对于社会效益的实现并没有区别。在这个例子中，污染的产生是因为它是企业主要经营活动的副产品。这个结果不会带来知识产权，此处从创新中获取的、考虑权利归属的所有收益未被发现。创新者需要一个创新的动机，即它能够在未来获得其创新的财产权利。如果所有的回报都预先分配给未来的其他受益者，那么他们可能就没有意愿和能力去进行创新，尤其是在充满不确定性的研发阶段，而且使用者很难为尚不存在的事物买单。诚然，在一些阶段中，进行中的研发可以通过分包的形式被分离出去，在合同订立之初，可以将所有权的归属进行明确，同时也可以约定技术授权所带来回报的归属。

从科斯定理的角度理解知识产权的第二个附加说明是，非竞争性的公共产品与竞争性的商品之间有多少知识上的差距。有时非竞争性产品是以排他的方式制造出来的（排他性的产品是指它可以防止其他人的使用）。利用知识在特定的发明上获取知识产权就是一个使非竞争性产品具备排他性的例子。[19] 经济学家们特别关注知识产权的这一特性，他们与其他学者一直争论的是，强知识产权保护要求竞争性产品更具有竞争性（更具有稀缺的特性），另外，使非竞争性产品发挥一种平衡作用。

---

[19] 诚然，由于权威定义的困难和竞争对手从在先文献中获取信息的可能性都导致了任何一种知识产权的边界都是"模糊的"。

创新动机和垄断权力的平衡

为了激励创新，知识产权允许某种非竞争性商品的发明人从其创新成果中获取适当的回报。但是，由于知识产权赋予非竞争性产品以排他性，这就使得价格会高于生产这一商品的边际成本，从而导致效率降低的情况发生。换言之，授予一项知识产权就等同于授予了垄断。而知识产权法律制度的关键在于能够很好地将垄断与利益进行平衡，既要激励创新，使发明人获取相应的回报，又要避免创新本身因过度垄断而造成的社会利用低效的现象。已经有很多学者就鼓励创新和承担垄断后果的利益平衡的论题进行了讨论，Nordhaus（1969）运用了一种现代方法对它进行了规范的分析。我们将在第2章中，对垄断收益及扭曲进行充分的探讨。另外，知识产权的垄断成本少于因知识产权给予创新的刺激作用而产生的社会收益的问题，将在本书第二部分第5章中给予说明。

1.7 依托创新的企业竞争

以上所讨论的主要集中在创新的本质以及独立企业的创新动机等问题上，而没有涉及市场范围内多个企业之间的相互作用。最初对这个问题进行研究的是Schumpeter（1942），他提出了一个现在非常著名的理论——"创造性破坏"——用以描述市场上竞争性企业相互作用为创新带来的结果。对于那些持续关注产品设计和技术的企业而言，这一理论对创新所获取的收益和成本之间的对立给予了一个恰当的评估。"创造性"意指被发明人抓住的获利机会，同时创新所带来的收益最终并不仅仅归于发明人，而是使整个社会获利。"破坏"意指创新者从现有的生产者那里带走了消费者，并获取利润（这部分利润本归于现有生产者）。在这种市场竞争形态下，通过引入全新产品和方法获取的市场占有率，是一种可持续的市场领导力。对于任何企业而言，如果它缺乏创新，那么就需要通过迅速模仿市场领导者的方式来寻求生存。

企业之间相互作用的这种描述指出了一个基本的冲突，即完全竞争（忽略知识产权制度）与现代创业活动的对立，因为迅速的模仿活动会将创新动机毁之殆尽。此时的完全竞争的市场便不如一个（对创新有益的尤其是知识产权不那么容易被随意使用的）相对集中的市场结构。[20] Schumpeter 在随后的一些文章中倡导寡头垄断的市场结构，相对于完全竞争和垄断的市场形态而

---

[20] 在大多数混合市场经济的今天，反垄断或竞争政策的制定者——考虑到反垄断法的实施——对创新是负有责任的。

言，他认为理想的市场结构是在少数的几家大型企业之间形成竞争，开发新的产品并可以降低成本，从而获取更多的社会福利。诚然，时至今日，创新者是来自大企业还是小企业的孰优孰劣、什么水平可以使市场集中度达到最优的争论依然存在，我们将在第 5 章进一步讨论这个问题。

从上述讨论中，我们应该明确的是，在创新过程中知识产权的重要地位。一个由来已久的争论就是：知识产权制度设计了一个临时性的垄断权利，这是社会不想接受的，但为了激励创新，社会又希望接受它。无论如何，知识产权为企业提供了一个复杂的制度设计。第 6 章将详细说明企业如何从知识产权体系中受益，同样也包括说明该制度在哪些情形下可能对特定企业产生负面影响。在随后的第 7 章中，我们考察了创新如何波及整个经济，使新的产品或方法最终成为整个消费领域或生产领域的新标准，创新的扩散过程是在什么节点上完成的，使整个社会得以完全从新知识中获益。

1.8 结　论

本章主要介绍和概括了创新的本质。创新是一个复杂的过程，诚然，能否为创新作出准确的定义可能是值得商榷的。创新源自一个复杂的过程，需要多方面的资源、不同的发展阶段，同时还伴随着可观的投资。尽管我们可以罗列出创新的不同阶段（见图 1.1），但是这些阶段并非是线性演进的，其中每个环节都会产生很重要的影响。当企业家与私人企业是创新过程的核心参与者时，政府能够提供的法律制度基础和基础科学知识将会起到非常关键的作用。在创新过程中，会出现许多可能导致市场失灵的因素，此时知识产权制度将为避免一些因素的发生产生作用。这些论题将在本书的第二部分展开讨论。在第一部分的其他内容中，第 2 章将继续在微观经济学的分析中，阐述知识产权的作用，在第 3 章中讨论如何观察和衡量创新和生产率这一更为尖锐的问题。

关键词

发明　创新和扩散　产品和方法创新　知识产权　市场失灵　公共产品外部性　独占性　科斯定理中的财产权利　庇古补贴　创造性破坏

讨论问题

（1）你如何区分发明和创新？

（2）一个公共产品的核心特征是什么？是不是所有新的知识都属于公共产品？

（3）什么是正外部性？如何区别于公共产品？

第 1 章 创新的本质和重要性

(4) 创新如何产生正外部性？为什么它们是一个问题？
(5) 困扰着创新投资所带来的市场失灵的核心问题是什么？
(6) 知识产权的设立是帮助还是阻碍了创新型产品和方法的市场？

参考文献

[1] Angrist, M., and R. Cook – Deegan. 2006. Who owns the genome? The New Atlantis: A Journal of Technology and Society Winter: 87 – 96.

[2] Arrow, K. 1962. Economic welfare and the allocation of resources for invention. In The Rate and Direction of Inventive Activity (ed. R. Nelson). National Bureau of Economic Research/Princeton University Press.

[3] Coase, R. 1960. The problem of social cost. Journal of Law and Economics 3: 1 – 44.

[4] Geroski, P. 1995. Markets for technology: knowledge, innovation and appropriability. In Handbook of the Economics of Innovation and Technical Change (ed. P. Stoneman), chapter 4. Oxford: Basil Blackwell. Goto, A. 1997.

[5] Co – operative research in Japanese manufacturing industries. In Innovation in Japan (ed. A. Goto and H. Odagiri). Oxford: Clarendon. Greenhalgh, C. A., and M. Rogers. 2006.

[6] The value of innovation: the interaction of competition, R&D and IP. Research Policy 35: 562 – 80.

[7] Leontief, W. 1986. Input – Output Economics, 2nd edn. Oxford University Press.

[8] Nordhaus, W. 1969. Invention, Growth and Welfare: A Theoretical Treatment of Technological Change. Cambridge, MA: MIT Press.

[9] OECD. 1997. The Oslo Manual: Proposed Guidelines for Collecting and Interpreting Technological Innovation Data. Paris: Organisation for Economic Cooperation and Development.

[10] Pavitt, K. 1984. Sectoral patterns of technical change. Research Policy 13: 343 – 73.

[11] Pigou, A. C. 1932. The Economics of Welfare, 4th edn. London: Macmillan.

[12] Rosegger, G. 1986. The Economics of Production and Innovation, 2nd edn. Oxford: Pergamon Press.

[13] Rosenberg, N. 1982. Inside the Black Box. Cambridge University Press.

[14] Scherer, F. M. 1984. Innovation and Growth: Schumpeterian Perspectives. Cambridge, MA: MIT Press.

[15] Schumpeter, J. A. 1942. Capitalism, Socialism and Democracy, reissued 1975. New York: Harper & Row.

[16] Tidd, J., J. Bessant, and K. Pavitt. 2001. Managing Innovation: Integrating Technological, Market and Organisational Change. John Wiley.

[17] von Hippel, E. 2005. Democratizing Innovation. Cambridge, MA: MIT Press.

第 2 章
知识产权的本质和作用

2.1 介　　绍

本书在前言中强调了创新在推动经济增长方面的基础性作用。第 1 章中，我们看到知识产权在激励创新方面起到了至关重要的作用。而在这一章里，我们将介绍更多有关知识产权性质和作用的内容以及概述一些管理者、企业家和政策制定者在实际工作中可能遇到的法律问题。因此，第 2.2 节的内容回到了为什么授予知识产权的问题上，并补充了更多的细节。法律所建立和保护的知识产权的形式主要有专利、商标、外观设计和版权。这些知识产权形式居于知识产权法律、管理和经济讨论的主导地位，其他知识产权形式还包括商业秘密、数据库、植物品种和表演者权利等。第 2.3~2.6 节将详细说明知识产权的每一种主要形式，包括它涵盖了什么，如何获取该项权利，该知识产权的权利范围到底有多大，其地理覆盖范围如何，是否存在此类知识产权的市场，不同行业是否会使用该权利。第 2.7 节解释了另外三个重要问题：专利总是最佳选择吗，其最佳有效期限为多久，还有其他激励创新的方法吗？

2.2 为什么会授予知识产权？

正如在第 1 章中所看到的，知识产权出现的理由是当满足社会需求的创新产生时，它能够给予创新以激励。在没有私有产权保护的情况下，创新者可能不会对创新活动投入资源，因为他们的成果将会被快速模仿，使得他们仅获取很少的或零利润。之所以发生这种情况，是因为知识具有公共产品属性：知识是非竞争性的，意味着它可以被很多人使用而不会被耗尽；知识也是非排他性

第2章 知识产权的本质和作用

的，即它不能被很容易地保护，从而免受模仿者的侵害。因此，知识产权可以帮助非竞争性产品（创新性的知识或设计）的创造者独占创新的收益。但是即便知识产权使得非竞争性产品具有了排他性，它也会在产权存续期间引发无效的问题。实际上，知识产权赋予了创造者一项垄断权利，这会导致产品的价格高于生产的边际成本。消费者福利会因为垄断者为提高价格而限制产出的行为而受到损失；也就是说，消费者福利会因为市场上没有足够的创新性产品而受到影响。

在第1章中，我们阐明了特定过程和产品创新的微观经济学效应（见图1.2~图1.4），这里我们将进一步展开论述。特别地，图1.2显示了一个过程创新的情形，其中的成本降低相对较小，这种情形被称为非颠覆的过程创新。图2.1显示的则是一个颠覆式创新过程的情形，关键区别是这一过程的创新导致了新的边际成本（MC_2）要远低于原来的边际成本（MC_1）。这意味着此时创新者将如同垄断者一样。

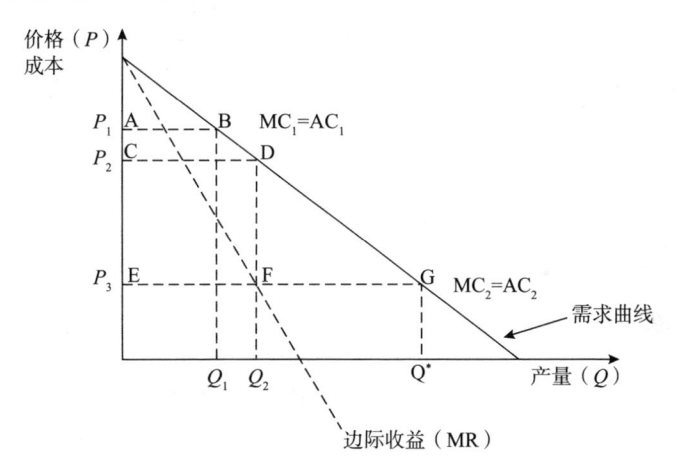

图2.1 颠覆式过程创新

现在我们将详细描述图2.1中表示的情形。在降低成本的过程创新发生之前，很多的企业会在价格 $P_1 = MC_1 = AC_1$ 状态下进行生产和销售（也就是，市场是完全竞争的状态）。创新发生后，某一个企业获得了可以使它在 MC_2 成本下进行生产的创新性技术的专利。在新成本 MC_2 下，企业利润最大化的产品价格为 P_2（利润最大化发生在 $MR = MC_2$ 时，因此产量为 Q_2，销售价格为 P_2）。专利的拥有者既可以以 P_2 的价格向所有的市场提供产品，也可以特许其他的企业使用这项专利技术，并向它们（单位产品）收取 $P_2 - MC_2$ 的费用。当专利终止后，产品的价格会降低到 $P_3 = MC_2$。

经济学家们对这种情形下的社会福利变化特别感兴趣,现在我们将详细介绍这个问题。长期来看,从创新中获得的社会总福利为图2.1中的ABGE区域,这些都可以归于消费者剩余的增加。消费者剩余计算的是消费者对一定数量的产品愿意支付的最高价格与实际支付之间的差额。在专利存续期间,创新者会生产少于Q^*数量的产品,并获得CDFE区域代表的利润。这些利润提供了创新的激励,它产生于$P_2 > MC_2$的事实。然而,这一创新的激励要少于长期福利的增加——在图2.1中,它们之间的差额等于垄断带来的福利损失(三角形区域DFG)加上价格降低带来的消费者剩余的短期增加(区域ABDC)。❶

这意味着即使有知识产权,比如上面情形中的专利,对创新资源的投入也是次优的激励,因为暂时的垄断利润要少于总体社会福利的增加。这表明可能存在市场失灵问题,或者有时候提到的专有性问题。在上面的情形中,专有性问题来自对市场中的消费者剩余的分析。前一章中也讨论过正外部性发生的情形。正外部性的存在使得与创新相关的知识对其他的企业也会产生有利的影响。由于创新者不能占有归于其他企业的利益,因此一些学者也用"专有性问题"这一术语来指代正外部性。

2.3 专　　利

可以申请专利的客体

为了获得专利,发明家必须满足USPTO规定的专利授权的三个条件。发明必须具备新颖性(在全球领域内),必须体现出显著的创造性(所以必须具备非显而易见性,即使是该领域的专家也如此认定),而且必须具备实用性。即使发明满足这些苛刻的条件,一些地区的发明依然受法律限制而排除在专利申请之外,这些例外情况在不同国家之间略有差别。欧洲和英国大致列出了受限申请专利的项目。❷ 其中包括一些发现(先前存在的东西并不是由发明人创造的)、科学理论、数学方法、审美创造、商业方法、数据库和计算机程序、动植物品种以及治疗和诊断方法。相比之下,美国允许计算机软件和商业方法

---

❶ 如果创新者可以"价格歧视"——意思是对不同的客户收取不同的费用。在完全价格歧视的极端情况下,创新者可以在利润中提取所有消费者的剩余(区域ABGE)。然而,价格歧视一般是困难的,完全的价格歧视只是极端的情况。

❷ 英国1977年专利法案是以1973年欧盟专利公约为基础,因此英国和欧盟的专利法类似。

申请专利，这些我们将在下文作进一步讨论。除了一些相关专利之外，一些排除类别还包含其他知识产权，如版权或外观设计。

在《从爱迪生到 iPod》(*From Edison to iPod*) 一书中，Mostert（2007）举了许多有关专利和其他形式的知识产权案例，并对保护和如何进行保护给出了建议。其标题反映出了从 1881 年 2 月 15 日托马斯·爱迪生在 USPTO 获取专利的电灯泡到如今无处不在的便携式媒体播放器 iPod（由苹果设计、销售的并于 2001 年 10 月 23 日上市）之间漫长的时间跨度。即便如此，爱迪生专利绝不是美国授予的第一项专利——Eli Witney 的轧棉机机械装置早在 1794 年就获得了专利。依据第 1 章第 8 节，对发明和写作的保护实际上非常重要，应该写入美国宪法：

> 国会有权促进科学和实用艺术的进步，在有限时间内保护作家和发明家为其各自著作和发明申请专利的权利。

据此，美国改革了专利及其他知识产权的具体立法，但这远不是最早的立法。众所周知，第一件正式的欧洲专利于 1426 年在佛罗伦萨城市颁发给了负责大理石船舶运输的布鲁内莱斯基。第一部专利法于 1474 年在威尼斯颁布，奖励发明者或者是保护某些特定产品（长达 10 年）(Guellec 和 Van Pottelsberghe, 2007)。在许多情况下，专利授予是任意的，可能由腐败分子所掌控。英国议会在 1623 年通过了垄断法，以确保专利可以有效地授予发明者。即便如此，对于发明者而言专利制度在于追求统一性、相对低成本和具有激励性 (Macleod, 1988)。

正如我们所看到的，目前每年有成千上万件专利申请。尽管大多数专利最终很少有价值或根本没有价值（见第 6 章），但我们可以讨论一下最近有重要影响的 3 个专利案例。1989 年，任天堂"使用主处理器装置时决定计算机软件真实性的系统"被授予美国专利（US4799635），这对维护其市场份额起到了很重要的作用。1987 年，布鲁斯·罗斯研制降低血液胆固醇的化合物被授予美国专利（US4681893），这是除辉瑞药物立普妥之外的治疗高血脂药物的专利之一。商标产品立普妥已成为世界上最畅销的药物（年销售额约为 100 亿美元）。英国发明家詹姆斯·戴森于 1970 年开始从事高真空环境清洁器研究工作。20 世纪 80 年代初，戴森申请了一系列专利，为双重气旋（商标）吸尘器奠定了基础。戴森创办的公司现在是世界上最大的吸尘器生产商，占市场份额 30% 左右，尽管其专利有效性面临着一系列的法律挑战。

如何获得专利？

专利申请需要完整的发明文档加以保护。然后该文档会由专利审查员审查，即审查是否符合新颖性、创造性、适合工业应用三个条件。专利授予必须成功满足上述三个条件。公司或发明者必须在申请之初缴纳费用，使专利在一定期限内保持效力，并需遵循更新程序。在许多国家，该过程的所有阶段都需要收费，边际成本会随着专利的持续时间而上升。

专利规模：时效、保护范围和保护区域

专利授予后可以维持多长时间？发明者获得的发明专利所有权可长达20年，产权到期后，如果没有付费或进一步限制，则其使用权便对大众开放。❸ 相对于20年的专利保护期限，药品属于例外，因为这方面的专利可能多年都无法生效，且新药要通过监管机构的检测和批准，如美国食品药物管理局（FDA）或欧洲药品局。在这种情况下，专利持有人可以申请最多5年的额外保护，延长理由是药品在市场上可以销售的时间很短，而制药商需要收回药物的研发成本。❹ 但这类延期只为了维持药物和其他产品之间的平衡，不能成为其提供长期保护的借口。

专利的第二个重要维度是保护范围，它决定了与原始发明间的接近程度，且不属于侵犯专利持有人的权利。在审查程序中，其独创性声明在某种程度上由专利审查员决定。而科学发明链中形成的专利也对此产生了重要影响。显然，一项专利是由一个非常基本的组件或程序元素构建的，其应用范围很广泛，对一系列用户和潜在竞争者产生了更广泛的影响，而专业性产品或程序对用户造成的影响则相对较小。

专利权在地理上会受到注册登记的法律管辖地区的限制。例如，如果要在美国和欧洲均获得保护，该公司就要在上述地区分别申请并获得专利。在欧盟，公司可以通过国家申请或欧洲专利局（EPO）实现多国覆盖；因此在英国获得保护的公司也可以通过英国知识产权局或EPO申请专利。❺ 但一些小国家仍然没有申请专利的机会。世界贸易组织（WTO）在全球范围内通过TRIPS制定了知识产权体系，该规定要求WTO的申请主体遵守知识产权体系的最低标准。❻

---

❸ 历史上专利的保护期限各有不同。近期，TRIPS要求所有成员应当制定不少于20年的保护期限。在此之前，美国的专利保护期为17年。另外应注意的是，专利保护要求持有人定期支付更新费用。

❹ 这一制度在美国称为"专利期延长"，欧盟专利制度称为"补充保护"。

❺ 申请人可以根据PCT向位于日内瓦的WIPO提交多于单一国家的国际保护申请。但是这并不意味着全球范围内的授权；这有助于帮助企业减少向不同国家分别提交申请的成本。

❻ 第12章将会进一步讨论TRIPS的问题。

专利权的市场？

一旦专利权被授予，就意味着关于该权利的权属、内容和覆盖范围都成为可以出售的客体（如果权利人希望立即获取完全的私人利润）。另外，这项技术的使用或其他步骤可依据持有人的自由裁量权而授权于他人，与此同时，因授权而产生的回报将归还给那些不愿将发明转换为产品的发明人。❼ 公司也可以与一个或多个其他公司共享专利池，通过提供自己的知识产权来换取其他公司的知识产权；它们甚至可以通过协议的方式让企业间实现技术交流，以减少不确定性，同时避免合约中的时间滞后问题。所有这些特性都意味着专利市场的建立，但该描述还无法穷尽新专利的影响。

专利制度的一个关键特性是要求披露发明信息。不只是在美国，大多数国家的专利申请都会在申请后 18 个月内公布，并同时对其进行有效性审查。这一制度设计将新知识带入公共领域，如果人们认为该专利不应被授予，则允许他人对该申请提出异议。在美国，历史上曾没有"公开"要求，这意味着需要维持更长时间的保密工作（即直到专利授予，这可能需要好几年的时间），这样人们就无法提出反对意见。1999 年，美国对专利法作出了修改，如果发明者要在有 18 个月审查制度的国家寻求保护，则要求其公开申请内容（Landes 和 Posner，2003，第 362 页）。因此，无论是在专利授予之前还是独占权利期间，以专利为基础的新技术都要被记录备案并公开。所以当技术内容处于公共领域时，为降低重复研究创造了可能。❽ 美国专利制度与其他国家不同，通常将专利权授予第一发明人，而非像其他国家那样授予第一申请人。❾ 如果一家公司提交文件后另一家公司可以证明它们的发明早于之前那家公司，则第一家公司所提出的专利申请将被拒绝。欧洲专利制度将专利权授予提交申请文件的第一人，但如果专利申请内容已经在公共领域出现，则还是会面临挑战（即不满足新颖性要求）。

专利的这一特点意味着存在学习和研究的机会，且有益于其他研究人员，因为它尚未在市场交易中形成定价。因此当其他公司和个人可以依赖专利持有

---

❼ Arora 等（2001）给出了关于此结论更详细的论述。

❽ 此外在许多国家，关于研究豁免许可费用的法定条文可用于使用专利材料。在 OECD 国家关于这些条款和规定变化讨论的综述见 Dent 等（2006）的报告。

❾ 然而，2009 年美国专利改革法案正计划将专利授予人改为"第一申请人"，该法案已于 2013 年正式通过并生效。——译者注

者的技术实现技术进步时，正外部性则由此产生了。❿ 这时为取得突破创造了条件，而具有巨大的商业价值可以弥补研发支出。我们可以将这类连续性发现和专利申请的特点称为"站在巨人的肩膀上"。因此，这对发明家而言绝不是一个完善的市场，即使他们选择通过申请专利来保护发明。所以在试图评估以专利作为公司的投资机制是否有效时，我们不得不认为这种做法是不完美的。它们最多是对公司创新的社会效益部分做出了补偿。

谁最常使用专利？

在整个经济形态下，使用专利最多的用户多来自制造业和采掘业。这类用户一般是有大量研发支出或需要生产许多组成部分或程序的复杂产品企业，因此多集中于制药业、航空航天、汽车、电子/电气商品以及石油和天然气开采等行业。但不是所有这些行业的每一次创新都能够或者将会获得专利，专利变化很可能低于创新速度，所以任何行业专利数量的增加都将反映出创新活动。因此，如果我们将专利作为创新的潜在衡量指标（见第3章），专利记录至少可以允许经济学家评估这些行业中创新活动的变化率。在专利授予方面，表2.1显示了USPTO和EPO十大专利。我们可以看到，日本企业非常活跃，特别是在美国的日本企业。根据它们的专利数量，虽然排名公司提供了一些信息，但还需要评估"质量"或专利的终极价值，这些内容我们稍后将详细讨论。⓫

2.4 商　　标

获取知识产权的根本原因是激励创新，而获取商标的情况下则增加了一个新的问题。商标为消费者提供了一定的产品信息和稳定的产品质量。这意味着商标可以减少消费者的搜寻成本，因此该公司可以收取更高的价格，公司利润也会随之增加。标记的需要是由于买家和卖家之间存在"信息不对称"现象。⓬ 商标的信号作用与知识产权的本质有关：如果新产品无法与仿制品区别，公司则不愿意投资新产品的创新。

---

❿ 正如第1章所讨论的，外部性可以定义为，当某个代理活动影响其他代理商效用或生产率时，并没有相应付款。这些外部性会造成市场运作效率低下。

⓫ 2005年，USPTO停止发布其专利排名，声称"停止公布前10名名单，USPTO注重质量而不是数量"[EB/OL]. http://www.uspto.gov/web/patents/notices/ceasingpatentslist.htm.

⓬ 信息不对称是市场失灵的一个潜在原因，也是微观经济学的一个主要论题。Lands和Posner (1987, 2003) 对商标经济学曾有过分析。关于商标和品牌功能的理论性研究可见Tadelis (1999) 和 Choi (1998) 的著作。

第 2 章　知识产权的本质和作用

表 2.1　美国和欧洲前 10 位专利申请人

企业名称	2006 年美国专利授权量/项	企业名称	2006 年欧洲专利授权量/项
IBM	3621	Phillips	4425
Samsung	2451	Samsung	2355
Canon	2366	Siemens	2319
Matsushita	2229	Matsushita	1529
Hewlett-Packard	2099	BASF	1459
Intel	1959	LG Electronics	1214
Sony	1771	Robert Bosch	1093
Hitachi	1732	Sony	1088
Toshiba	1672	Nokia	882
Micron	1610	General Electric	

来自美国专利：part B of "Patenting By Organizations 2006"（available at www.uspto.gov/go/taf/topo_06.htm）。EPO 专利："Facts and Statistics 2007"（available at www.epo.org/about-us/office/statistics/top-applicants-2006.html）。

许多领域的公司都会通过水平的和垂直的维度来促进产品的差异化以提升竞争力，包括在市场上推出新的产品或将现有产品的品质升级。它们可能为新产品的名称申请商标，包括用符号来区分新的商品和服务从而形成新品牌，典型的是广告行为和促销活动。因此新商标的申请可以被视为公司推出新产品或在新领域进行商业活动的信号。它们的商标价值成为其公司无形资产的一部分，且将在公司合并或恶意收购方面体现价值。

商标本身作为产品的例子随处可见。我们之前已经提到过两个重要的商标——立普妥和双气旋——但还有许多其他例子。宝洁公司是一家全球领先的消费品公司，拥有的注册商标包括 Always、Bounty、Crest、Folgers、Gillette、Pampers 和 Tide 等。商标也与营销短语和标识相关——例如"帮宝适婴儿干爽"和"佳洁士美白溢"。能量饮料"红牛"由迪特里希·马特希茨于 1987 年在奥地利成立（尽管它类似于亚洲饮料 Krating Daeng——红牛）。红牛作为一个全球品牌，其成功的营销策略使它现在占有大约 70% 的能量饮料市场。使用商标来建立维护其品牌已经成为成功的要素之一。而且，商标不仅代表"红牛"的名称，还代表了相关短语和标识，如"永远不要低估红牛能做什么"（美国商标 3315026，2007）。

可以注册商标的客体

商标可以是任何记号（文字、标志或图片），用来区分一个交易的商品或服务异于其他人所提供的商品和服务。❸ 自 1993 年以来英国商标也可以是独特的形状、颜色或声音，虽然这类申请很少。商业标记必须具有独特性，不能是一个常见词，不能欺骗或违反法律或道德，也不能是类似的或相同的任何标志。几乎所有常见的品牌都属于这一类知识产权，如 Heinz 57 Varieites，或星巴克咖啡馆连锁店，以及许多可以立即辨认的标志，比如象征壳牌的黄色和红色，耐克产品上的图案，以及一些容器的设计，如可口可乐的波状外形瓶。

如何获取商标？

第一种方式类似于专利权获得的过程，即经历申请、检验、授予的程序。然而，公司也可以拥有未注册的商标：公司基于特定的交易行为或意愿可以在商业行为中使用带有商业标记的产品。与申请专利不同，寻求注册商标的申请人不需要透露太多产品信息就有权依据给定的名称或标志实现贸易。而且在一个或多个产品类型上都可提出注册申请，同时注册商标不能自动转移至公司新的经济活动区域。❹

期限、保护范围和地理区域

不像专利和其他形式的知识产权，商标保护是不确定的，只要生产商继续生产，其商标就要覆盖所有产品类型。在欧洲和英国十年前注册的商标，可以继续续费注册。与专利一样，申请的法律领域限制了保护领域，所以对于国家覆盖而言，公司可以直接申请当地办公室，或者在欧洲（1996 年以来）可以寻求多国社区商标。基于 WIPO 和相关的马德里协议，许多国家也可以通过系统来简化同步申请。

---

❸ 法律上讲，你不需要在知识产权局通过注册商标来实现这一知识产权，诚然，注册行为可以降低法律纠纷中的诉讼成本。注册商标可以使用®标记来表示。

❹ 在英国、美国、欧洲、澳大利亚和其他一些国家，法律规定有 45 个商标类别。在英国，一个新的商标可以在 3 个类别上进行申请而没有额外的注册费用，申请人需要为更多的其他类别的申请付费。除此之外，大多数商标申请的类别大约是两个，公司可以将其商标用于（或将要使用）其希望保护的产品类别中。

商标权市场

如上所述,商标的主要作用是为买方提供产品品牌的标识,为出售的产品提供质量保证。出于这个原因,经营一个商标要求公司重视产品或服务的质量。因此,商标的出售通常是与公司所有权或公司部分权利转让有关。换句话说,商标与专利不同,一般不能简单地进行注册商标,然后随意卖掉。

谁使用商标?

所有行业部门都可以注册商标,包括制造业、公用事业、服务业,甚至是政府机构。表2.2显示了2006年美国和欧盟公司的商标情况。对美国而言,消费品公司占主导,电信公司排第二位,保险公司排第四位。居第一位和第三位的欧盟商标为制药公司,第二名为护肤品欧莱雅公司和奢侈品公司,第四名为西班牙零售公司。

表2.2 美国和欧洲前10位商标申请者

企业名称	2006年美国注册商标量/个	企业名称	2006年欧盟注册商标量/个
Mattel	639	Glaxo	154
Deutsche Telekom	429	L'Oreal	138
Novartis	134	Novartis	135
American Int'l Group	126	El Corte Ingles	127
Disney Enterprises	120	Barilla	115
Proctor & Gamble	117	Bristol-Myers Squibb	106
Mars	101	Proctor & Gamble	105
IGT	96	Viacom International	104
Beautybank	93	Lidl Siftung	87
Nedboy, Robin	90	Sony	76

来源:美国商标来自USPTO的"2007 Performance and Accountability Report"(p.138)。欧盟商标数据来自欧洲内部市场协调局。

表2.3显示了不同行业在1996~2000年通过英国知识产权局和欧洲专利局申请商标和专利的大型英国企业比例。在1996~2000年,12个行业中9个行业(除了农业、建筑和房地产)有超过一半的公司申请了英国商标,超过1/4的公司申请了欧盟商标。通过对商标和专利的申请活动比较,专利活动范围更加受限,较高的活跃率局限于制造业和公共事业领域。跨部门并基于制造

业分析商标的情况可以看出，零售服务行业中英国标识的出现率更高，酒店和餐饮行业的商标使用水平与制造业类似。❺

表 2.3 各行业申请知识产权的企业占比

行业	样本中的企业数量	英国商标	欧盟商标	英国专利	欧洲专利
1. 农业/采矿业	67	0.19	0.12	0.21	0.12
2. 制造业	640	0.67	0.55	0.40	0.35
3. 公共事业	26	0.85	0.62	0.50	0.42
4. 建筑业	89	0.39	0.22	0.22	0.09
5. 金融	191	0.52	0.26	0.05	0.06
6. 房地产	112	0.22	0.12	0.03	0.01
7. 批发	181	0.52	0.33	0.12	0.07
8. 零售	132	0.75	0.40	0.08	0.05
9. 酒店	54	0.65	0.35	0.06	0.00
10. 交通运输	115	0.57	0.43	0.10	0.05
11. 商业服务	259	0.57	0.43	0.08	0.06
12. 其他服务	188	0.56	0.37	0.10	0.12

来自 Greenhalgh 和 Rogers（2008，表 A2）。上述数据调查了 1996~2000 年英国的大型企业。

2.5 外观设计与实用新型

可以受保护的客体

外观设计可以保护产品的外观明显特征。包括一些物品的设计以实现产品的整体性能；例如，该权利保护半导体芯片的设计。为了注册一种设计，创造者必须提供所有详细的图纸和/或照片、尺寸和特征项。

在许多国家——不包括美国、英国、加拿大——也存在"实用新型"的知识产权。根据 Suthersanen（2006）的报道，有 75 个国家有着某种形式的"实用新型"，这是形容混合设计和专利的最佳描述，通常需要限制审查，但只能在短期内有效。例如，2001 年澳大利亚推出了一个"创新专利"，其独创性低于完整专利，但只能保护 8 年。澳大利亚的"创新专利"是"实用新型"

---

❺ 请注意，在这两种情况下它们的欧盟活跃率较低，如预想的那样，这可能是因为它们的销售服务主要在英国。

的一种形式。如果通过基本审查，通常会在1个月后授予专利，但必须通过强制性认证（一个更完整的、高成本的流程）。因此，实用新型有时被称为二线专利制度，通常用于帮助小公司和个人发明家。

如何获取外观设计权利？

可以注册外观设计，但非必要，因为创造者以独创行为所创造的新颖性设计可以自动获得知识产权的保护。如果他们认为这可以为解决法律纠纷提供更好的基础，防止另一家公司的复制而产生侵权现象，公司则可能仍然希望注册它们的设计。

外观设计的时效和地理覆盖范围

美国的"外观专利"（作为设计权利）保护期长达14年。在英国，一个产品自上市以来，其设计权利可以持续10年，该产品自发明以来受到15年的保护。[16] 作为一种专利，其保护会受到国家制度设计的限制。欧洲于2003年引入设计权。实用新型因各国国内法的规定不同，其保护期限也不同。[17]

谁使用外观设计权利？

作为专利，制造部门管理设计权利的统计，但其模式不同于专利，外观设计在研发活动中占用相对少的资源，而在纺织品、玩具和家具等行业的公司中占主导地位。表2.4显示，英国十大专利公司包括那些提供高科技产品的企业；在外观设计上拥有领导地位的公司主要分布在家居用品和服装领域。但是商标数量领先的企业则呈现多样化的分布，其范围覆盖从制药和航空航天企业到化妆品和国家彩票等领域。

2.6 版　　权

受保护的对象

该权利涵盖了文学和创意作品，包括书籍、戏剧，以及这些作品发表的版

---

[16] 此处规定略显复杂，除了生产半导体芯片，在10年保护期中的5年过后，该外观设计专利可以被强制许可给那些希望复制原设计的厂商。

[17] 实用新型制度不是TRIPS中的强制性条款，因此，各国可以根据国内的实际情况来设计具体的相关知识产权制度。

— 37 —

本和演出、舞蹈表演、音乐、绘画、雕塑、录音、电影/视频和广播等。计算机软件也包含在版权保护范围内，欧洲特别重视计算机软件版权且通常不允许申请软件专利。⑱ 版权为创造者带来了专有复制权、发行权、改编权、展览权或是表演作品的权利。

如何获得版权？

版权通常是一种未注册权，这意味着它是因创作行为而自动获取的。作者可以使用书面声明版权，但这并不是绝对必要的，只要他们有证据表明，他们写了这本书。然而在美国，在1989年之前版权确实需要注册（和续展），甚至到1989年之后，创造者也还可以在美国版权局登记他们的版权。英国没有同等效力的机构，尽管高尔评论（HM Treasury，2006）确实曾建议创建一个注册机构。⑲

版权被要求注册并续展的美国在1989年加入了《伯尔尼公约》（公约禁止强制登记）。《伯尔尼公约》是国家之间达成的一项协议，在1886年由维克多·雨果（法国著名诗人和小说家，第1802~1885页）发起。公约秉承作者获得版权是依据所谓的精神权利，而非盎格鲁-撒克逊法系所强调因经济利益而产生的财产权利，该公约允许版权受保护的期限为作者有生之年加去世后50年。相比之下，在美国版权保护期限为28年（如果作者还活着可增加14年）。《伯尔尼公约》也申请了"国民待遇"，这意味着对本国公民享有版权的保护必须扩展到外国人。事实上，在19世纪美国给予外国作者以国民待遇是一个有争议的问题，如查尔斯·狄更斯和维克多·雨果，他们的作品一经面世便立即在美国出版和销售。目前，大约有163个国家签署了《伯尔尼公约》。

时效、保护范围和覆盖范围

现在文字和艺术作品的版权有效期一般为作者的一生加上去世之后70年，这将为作品原作者及其继承人带来收益。音乐和其他录音制品的版权保护期限

---

⑱ 关于软件专利是复杂的和不断发展的。在美国软件专利是更为常见的，现在大约有200000项被授予专利（Bessen 和 Meurer，2008，第22页），相比欧洲专利局授予的30000项专利（2002年欧洲委员会新闻发布会上，备忘录/ 02/32）。法律和政策问题的讨论中可以参见 Bessen 和 Meurer（2008）以及 van Pottelsberghe Guellec（2007）。

⑲ 美国注册数据这一事实意味着经济分析可以进行（见第8章兰德斯和波斯纳，2003）。例如，在1940~1970年只有大约5%的唱片版权更新。

是50年，所以一个歌手可能发现他的录音制品的版权在他死之前就已经过期。[20] 这里重要的一点是，版权不保护包含在给定作品中的思想，而是保护承载思想的文本或艺术创作这一类特定的表达方式。但它涵盖了广泛的传播媒介，包括互联网。因此，当它不是以一个幽默或讽刺的目的来对原作进行复制的时候，未经作者许可而发布版权作品是违反版权保护制度的。[21]

版权在地理范围上的保护是因为全球范围意义上的这些国家共同认可的法律（即签署《伯尔尼公约》的国家），因此该条约有很多条款是与地理范围相关的，而保护内容的条款相对较少。其中，"合理使用"（美国术语）和"公平交易"（英国术语）为例外情形。简而言之，这意味着大多数国家允许有一次性的对作品使用的例外，而其目的应是私人研究、研究和教育、档案和报告。这些使用的例外仅限于复印、引用以及在法律规定的限度内进行的复制和引用。如今，一个对于复制权限的挑战就是，在数字时代，应当如何区别什么样的合理使用的行为是可以被保留的。

版权市场？

由于现代技术的支持，版权作品非常易于被复制，合法市场和"灰色市场"都在广泛经营版权作品。合法市场的例子就是将成功的戏剧或小说改编成了电影并通过电影版权向作者支付报酬。其他的例子是音乐会推广机构支付的版税，或通过广播和电视等媒体，表演版权作品。有时这些版税支付给"集体组织"，即这些付款不受双方合同的约束而直接支付给这些作家和作曲家。

然而，在"灰色市场"中，却很大程度上存在非法或盗版等问题。主要来自两种形式，第一类是个人通过复制或拷贝行为将作品传递给一个朋友。在著名的 Napster 案中，文件共享服务通过点对点的方式复制音乐，这种方式在20世纪90年代末无需支付版税。这个系统最终被质疑并被法院裁定为违反版权保护。随后，这个非常成功的品牌被一家上市公司 Roxio 接管了，现提供音乐和其他数字文件使用的付费服务。第二类侵权行为发生在一些故意生产并销售版权作品的地区。中国是这种情形的典型国家之一，尽管自2001年12月中国加入 WTO，且该国家被提示应该重新重视并控制盗版问题的发生，但仍然

---

[20] 作为第一个于1950年开始录音的英国歌手，提议增加保护的期限。英国财政部的高尔审查机构（2006）拒绝这种延展，但欧盟委员会在2008年7月提出保护期限从50年扩展到95年。

[21] 模仿是比较复杂，法院要考虑各种因素来判断有关一个特定的实例是否侵犯版权或允许"公平使用。"例如，在1994年关于模仿的流行歌曲，坎贝尔诉 Acuff – Rose 音乐公司，美国联邦最高法院认为，模仿是一种批评或评论，可能被视为合理使用受版权保护的作品。

有很多非法产品的市场（参见第12.5节）。

谁使用版权？

显然，版权不仅对媒体和出版业非常重要，同时也对那些作品取得成功的作者个人和他们的家庭非常重要，他们可以从行使版权中获得利益。经济学家试图阐明版权的使用程度和价值之间关系的问题，当一种权利是未经注册的，那么我们很难确定这种知识产权所产生的现金流大小［见 Corrigan 和 Roger（2005）的一个完整调查］。

关于版权价值的间接证据，可鉴于一些侵权诉讼的纠纷案件，但这也是限于个别案件，同时这些赔偿的金额足以去支付高昂的律师费。有些案例以庭外和解来作为最终选择，所以和解金额并不被外界所知。另外还有一些版权的价值体现在集体管理组织记录的向作者支付的版费。这也从部门层面展示了版权作为知识产权，该如何鉴定其真正价格。版权是一个重要的知识产权形式，作为知识产权的重要指标，而政府报告在关于创新的内容中，往往会降低版权对 GDP 的影响。

2.7　知识产权的其他问题

专利制度是最好的保护途径吗？

如上所述，专利申请要求发明人公开他们所希望保护的所有事情。相比之下，一家公司也可能选择将其新知识作为商业秘密，这在法律中也受到保护。因此，选择不申请专利的公司可以获得与商业秘密有关法律的保护，以便对其私人信息进行保护。所以，即使在一个产生可能获得专利的创新类型的行业，如果公司认为他们保护发明秘密可以获得最大的收益时，那么他们便不会总是照着专利这条线路走。

为了成为法律意义上的商业秘密，必须有一些能获取经济优势的信息，这在企业外部一般是不为人知的，并且在企业中被称为秘密的核心。采用这种替代方式最大的好处是新知识可以无限期地得到保护。商业秘密或保密信息可以是技术性质的，但是这种无形资产也涵盖了许多商业或市场信息。可以作为知识产权的技术信息包括用于食品的专用设备、配方和烹饪方法的设计，新颖的制造方法和计算机软件。相比之下，诸如对价格、产品、市场预测、投入成本和人员合同、经营计划等商业信息，是不容易获取知识产权的保护。如果有泄密的情况发生，商业秘密法通过提供给公司寻求补救的机会来授权公司采取合理的步骤防止商业间谍窃取其秘密。公司可以要求其员工签署合同，禁止他们向竞争对手披露保密信息。即使离开了公司的工人也不得披露这些信息。法律还规定了公司有权在合同约定下销售或购买保密的"专有技术"而不用担心损失。因此，技术服务的合同可以包括防止泄密的保密条款。显然，当对产品的逆向分析或其他方式分析，例如对产品组成成分分析难以实现时，保护技术信息秘密就是一个很好的策略。一个著名的例子就是可口可乐的配方，虽然一些替代品牌模仿这个产品很成功，但是其配方从未正式披露过。

如果设立了知识产权，则是否应当设定保护期限？

如果设立了知识产权，则是否应当设定保护期限？或者说，经济学是否提供了某些理论，来指导对不同的产权设定保护期限？授予知识产权的初衷是提供创新的激励机制，或者更具体地讲，是提供从事研发的激励。知识产权保护的时间越长，所带来的激励也会越高。然而，一旦被授予，知识产权将倾向于提高消费者支付的价格和限制产品的产出量。因此，保护时间越长，产品保持高价的时间也会越长（假定当知识产权终止时，价格才会降低）。鼓励创新和尽快降低产品价格之间的基本权衡暗示着这样一种政策——它只提供刚好足以确保创新发生的激励。但与之相关的一个问题是，不同创新的成本不同（取决于研发的本质）、营利潜力也不同（取决于需求），而且没人能提前知道这些。这意味着知识产权需要有某种统一的时间长度，至少对那些有相似的研发成本结构和需求结果的创新而言是如此。方框 2.1 讨论了经济学家们是如何研究了最优的专利时间长度，但在正文中，我们将简单陈述两个一般原则。

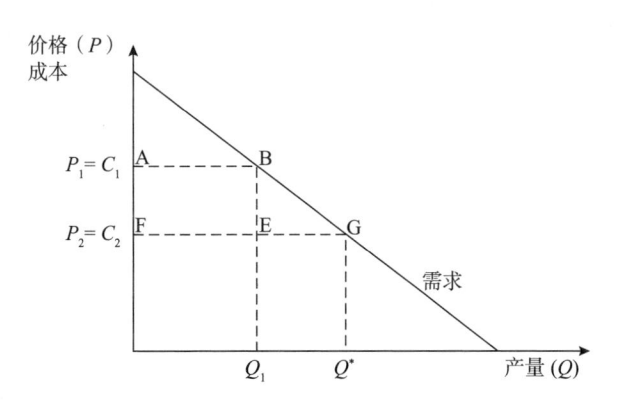

图 2.2 竞争市场中的过程创新

- 保护的持续时间应该根据产品需求的本质而变化，对富有价格弹性的需求持续时间更短，而对缺乏价格弹性的需求持续时间更长。这意味着，知识产权应该对那些没有相似的、可以最小化专利垄断造成的社会福利损失的替代品的产品提供更长时间的保护。

- 保护的持续时间应该随着取得重大突破需要的研发边际成本的改变而改变，这样创新者的回报就会与他的边际资源投入成正比。因此，对那些非常昂贵的创新而言，保护的时间应该更长

这也说明，在应用这些原则的时候会存在一些重要的实际问题，因此知识产权政策很大程度上是一种"一刀切"的政策。

方框 2.1　专利保护的最优时间长度

图 2.2 显示了与一个新的过程创新相关的成本降低，从 C_1 到 C_2。一项专利能够保护该创新 T 年。在创新发生之前，我们假定市场上的产品价格为 $P_1 = C_1$（也就是说，市场是完全竞争的）。创新发生后，我们假定创新者许可经营该创新，并收取图中 ABEF 区域表示的特许使用权费（利润）。从第 1 章和第 2.2 节的讨论我们可以知道，社会总体将更喜欢 Q^* 数量的产出以实现福利的最大化，这将会发生在专利终止时。在专利存续期间，按 Q_1 产量进行生产意味着，区域 BEG 是损失的消费者剩余，这一区域通常被称为无谓损失（形式上，福利被定义为消费者剩余加生产者剩余，但是在边际成本和平均成本不变的例子中，不存在生产者剩余）。

为了理解政策的选择，我们必须假定研发与成本降低之间的一些关系。标准的假设是更多的研发产生更多的过程创新，在我们的例子中通过更低的 C_2 来表示，但成本是以递减的速度降低。因此，如果我们提高 T，企业将会对研发分配更多的资源，导致更多的过程创新（虽然创新对成本降低的边际效用会越来越小）。这暗示着提高 T 是一个好主意，因为将会有更多的过程创新。然而，随着 T 的提高，无谓损失也会存续更长的时间，这不利于社会福利。因此，这里存在一个权衡：更长的 T 刺激更多的研发和创新，但它也导致无谓损失存续更长的时间。

在大部分的经济学中，考虑到这一权衡，如果我们知道所涉及的所有参数和函数，我们可以找到最优的 T。直觉上，我们可以发现特定的点 T^*，在此处，提高 T 带来的边际收益（更多的创新和利润）等于延迟无谓损失存续时间导致的福利损失的边际成本。为了计算 T^*，我们需要知道两

> 个重要的关系。第一个是研发和成本降低之间的准确关系或函数形式。当创新非常容易并且较小的研发可以实现较大的成本降低时，T^*会更小。第二个是需求的本质，特别是需求弹性。明白这一点要注意三角形 BEG 区域（表示无谓损失的区域）——它取决于需求曲线的斜率。一般来讲，其他条件不变时，高弹性的需求曲线将产生更大的无谓损失，这也意味着更短的 T^*。
>
> Nordhaus（1969）进行了第一个最优专利期限的分析，Scherer（1972）扩展了这一分析并提供了一个图解分析。其他学者已经将讨论扩展到了专利的最优宽度（Klemperer，1990）以及当存在专利竞赛带来的研发重复时的最优分析（Wright，1983；Gilbert 和 Newbery，1983）。Scotchmer（2004）、Stoneman（1987）和 Tirole（1988）给出了分析回答。

是否有其他可以激励创新的方法？

最常用的替代工具是研发补贴。知识产权政策机构是否需要通过知识产权和研发补贴来提供奖励吗？我们已经在图 2.1 中证明了，即使在产品市场中，知识产权所有者也不会获得所有关于他的发明的全部社会奖励，并且我们还注意到了，该技术还会外溢到其他研发类公司研发产生的创新，可以是获得知识产权保护的真正的创新，也可以是建立在最近的突破基础上但不能获得任何专利的渐进式创新。此外，研发还通过采用和吸取他人的知识来支持公司在"最佳实践"技术和"最先进产品设计"领域中不会落后（Cohen 和 Levinthal，1989；Griffith 等人，2004）。因此，即使公司作为一个创新者从未进入一线，如果进行研发，那么它可以使自身和整个经济受益。

这些论点表明研发补贴和知识产权可以是创新的补充激励政策，因为比起获得专利或其他知识产权，研发创造了更大范围的社会福利活动。即使这个将知识产权与研发补贴相结合的政策可能不会应用于从事创新活动的所有经济部门。虽然服务类公司报告的专利很少，研发工作很少，如果根据它们对新商标的申请来判断，也会变得越来越具有创新性（见 Greenhalgh 和 Rogers，2008）。

2.8 结 论

本章从对专利的福利效应开始进行分析。分析表明，专利制度确实建立了激励创新的机制，但是这些激励低于全社会从创新那里所获取的回报。这种情形被称为独占性问题,而这主要是因为市场失灵,甚至由减少市场失灵的政策本身造成的。

本章的主要部分是对不同的知识产权类型进行具体的讨论。在不同的知识产权形式下,我们详细描述了哪些元素是可以被保护的,这些知识产权形成应该被如何运用。有一点需要明确的是,知识产权制度本身为企业提供了复杂多样的知识产权类型来对它们的创新进行保护。每一种权利体系都有其自身的优势和缺点,因此,这些法律制度是律师、经济学家和分析师持续关心的问题。而他们的根本目的都是促进发明、创造、创新和研究与开发并促进技术革新,从长远来看,这对个人和企业都是有益处的。

在本章的最后一部分,我们开始检验,知识产权制度是否"与其制度目的相契合",比如我们讨论专利制度是否是保护的最佳途径,专利权的最佳保护期限是多久,研究与开发如何与之相适应。对于知识产权如何发挥其功能,以及它是否对政策工具产生影响的问题,将在随后的章节中进行讨论。

关键词

激励效应　独占性　专利　商标　外观设计　版权　福利和消费者剩余　最优保护期限　商业秘密和其他相关权益

讨论问题

(1) 知识产权与有形财产(诸如房产或汽车)的区别在哪里?
(2) 专利是否可以提供社会最佳的激励机制?
(3) 企业为什么使用商标?
(4) 对于现在的制度,版权的保护期应该更长还是更短?
(5) 为什么不同的产业会使用不同的权利类型?
(6) 什么因素影响知识产权保护期限?

参考文献

[1] Arora, A., A. Fosfuri, and A. Gambardella. 2001. Markets for Technology: The Economics of Innovation and Corporate Strategy. Cambridge, MA: MIT Press.

[2] Bessen, J., and M. J. Meurer. 2008. Patent Failure: How Judges, Bureaucrats, and Lawyers Put Innovators at Risk. Princeton University Press.

[3] Choi, J. 1998. Brand extension as informational leverage. Review of Economic Studies 65: 655 – 69.

[4] Cohen, W., and D. Levinthal. 1989. Innovation and learning: the two faces of R&D. Eco-

nomic Journal 99: 569 – 96.

[5] Corrigan, R., and Rogers, M. 2005. The economics of copyright. World Economics: The Journal of Current Economic Analysis and Policy 6 (3): 53 – 174.

[6] Dent, S., P. Jensen, S. Waller, and E. Webster. 2006. Research use of patented knowledge: a review. STI Working Paper 2006/2, OECD Directorate for Science, Technology and Industry.

[7] Gilbert, R., and D. Newbery. 1982. Pre – emptive patenting and the persistence of monopoly. American Economic Review 72: 514 – 26.

[8] Greenhalgh, C. A., and M. Rogers. 2008. Intellectual property activity by service sector and manufacturing firms in the UK, 1996 – 2000. In The Evolution of Business Knowledge (ed. H. Scarbrough). Oxford University Press.

[9] Griffith, R., S. Redding, and J. Van Reenen. 2004. Mapping the two faces of R&D: productivity growth in a panel of OECD countries. Review of Economic Statistics 86 (4): 883 – 95.

[10] Guellec, D., and B. van Pottelsberghe. 2007. The Economics of the European Patent System. Oxford University Press.

[11] HM Treasury. 2006. Gowers Review of Intellectual Property. London: Her Majesty's Stationery Office.

[12] Klemperer, P. 1990. How broad should the scope of patents be? Rand Journal of Economics 21: 113 – 30.

[13] Landes, W. M., and R. A. Posner. 1987. Trademark law: an economic perspective. Journal of Law and Economics 30 (2): 265 – 309.

[14] 2003. The Economic Structure of Intellectual Property Law. Boston, MA: Belknap/Harvard University Press.

[15] MacLeod, C. 1988. Inventing the Industrial Revolution: The English Patent System, 1660 – 1800. Cambridge University Press.

[16] Mostert, F. 2007. From Edison to iPod: Protect your Ideas and Make Money. London: Dorling Kindersley.

[17] Nordhaus, W. D. 1969. Invention, Growth and Welfare. Cambridge, MA: MIT Press.

[18] Patent Office. 2003. Facts and Figures. London: Her Majesty's Stationery Office.

[19] Ramello, G. 2006. What's in a sign? Trademark law and economic theory. Journal of Economic Surveys 20 (4): 547 – 65.

[20] Scherer, F. 1972. Nordhaus' theory of optimal patent life: a geometric reinterpretation. American Economic Review 62 (3): 422 – 27.

[21] Scotchmer, S. 2004. Innovation and Incentives. Cambridge, MA: MIT Press. Stoneman, P. 1987. The Economic Analysis of Technology Policy. Oxford University Press.

[22] Suthersanen, U. 2006. Utility models and innovation in developing countries. Issue Paper Number 13, International Centre for Trade and Sustainable Development, Geneva.

[23] Tadelis, S. 1999. What's in a name? Reputation as a tradeable asset. American Economic Re-

view 89 (3): 548 – 63.

[24] Tirole, J. 1988. The Theory of Industrial Organization. Cambridge, MA: MIT Press.

[25] Wright, B. 1983. The economics of invention incentives: patents, prizes and research contracts. American Economic Review 73 (4): 691 – 707.

第 3 章
创新、生产率和经济增长的衡量标准

3.1 介 绍

本章第一部分探讨的是,对企业和产业而言,如何研究和测量创新所带来的影响。在实际探索创新对经济活动影响之前,我们应该确定所需的量化指标。第 1 章(详见图 1.1)提到过,创新过程是漫长而复杂的。我们只是研究了科学创新、商业创新复杂过程中某个特定节点的方法,这些方法最终会扩散到整个创新过程中。某些指标将被运用在创新过程中,但是这些指标有很大的不确定性。某些指标可能与创新取得的成果非常接近,但是替代指标有很多,这些指标在不同的部门、不同的产业中运用的程度不同。为了更全面地了解创新,我们必须在更大的范围中量化创新。尽管如此,仍然存在许多我们可能无法了解的影响创新的某些因素。

本章第二部分主要对生产率和经济增长进行衡量。企业和产业的衡量问题要考虑经济水平。衡量的目的之一是界定与生产率和经济增长有关的概念(专业术语),因为这些概念可能引起混淆。例如,讨论全要素生产率的含义以及质量调整对我们认定的经济增长的概念所带来的影响。第二部分还比较了主要市场和新兴市场的增长率,其目的是向读者提供与"生产率和经济增长的定义、衡量问题、发展趋势"有关的背景知识。

3.2 如何衡量创新?

创新调查

衡量企业创新程度的一种方法是对创新活动进行问卷调查,这种方法也是欧洲近几年定期调查采取的方式。欧洲每个国家都进行了社区创新调查（CIS）。这种方法听起来是获得数据的简单方法，但是每个国家、每个企业对创新概念的理解不同，因此这种方法实施起来相当复杂。1991年，创新调查开始时，只是调查了企业推出的新产品和新工艺，并没有区分这些创新活动是否是针对整个市场而言都是新的，还是仅针对企业。这混淆了很多经济学家所认为的真正创新活动（第一次进入市场）与新的发明可能被引入其他的领域，而后者被经济学家称为创新的扩散（详见图1.1）。后来进行的创新调查补充了一些问题，用来区分是市场的创新还是产业创新，但是很多政府刊物倾向引用所有的创新措施，这使得企业看起来特别有创新能力。❶

对于采用数据衡量企业创新活动的另一种建议是"基于文献的创新产出指标"，这种类型的数据集合是通过统计企业在贸易和科技刊物上发布的新产品数据而建立起来的。❷ 这类信息来源的优势是，在创新调查中，那些被排除的小企业的数据可以被收集起来用于研究。❸ 尽管具有创新能力的小企业所占比例非常小，但是其数量很多，因此在特定领域或者整个经济范畴中的创新仍起着重要作用。1982年，美国小企业创新数据库收集了8072项创新，而这对创新原因和结果的研究提供了大量资料（例如，1990年进行的阿茨斯和奥德斯研究）。英国科学政策研究组（SPRU）数据库，聘请了行业专家小组评估英国1945~1983年重要的创新企业。SPRU数据库收集的4300项重要创新后来用于各种实证研究（例如，Geroski, 1990）。

评估创新"投入"

从概念上讲，我们认为创新需要一项或者多项投入。通常认为最重要的投入是研究与开发。企业聘用技术人员进行研发（生产所需的研究开发除外）并且同时使用支持研发所需要的专用设备。在某些企业（并不是所有的企业）都设有单独资金开展研究开发活动。在那些政府通过税收优惠来鼓励研究开发的国家，企业可能更乐于设立独立核算的财务账户用于研究开发。❹

---

❶ 最新的定义可参考OECD/欧洲统计局（2005）。该指南仍沿用"企业新采用"的概念，即认为创新包含了发明本身及其创新的扩散。

❷ Gort和klepper（1982）首次给出了一个例子，使用的是托马斯美国企业制造商名录。

❸ 在欧洲共同体创新调查中，许多国家将少于10名雇员的企业排除在外了。

❹ 有些税收优惠政策倾向于鼓励增加企业的研发费用（见第1章和第10章）。

第3章 创新、生产率和经济增长的衡量标准

企业研发支出的记录是我们创新活动的第一个衡量指标。❺ 它仅作为一个参考"指标",因为研发开支并不能准确地衡量出发明新产品和设计新工艺的产出。但是,分析表明很多研发支出主要用在开发而不是研究,因为任何新技术必须体现在企业的生产活动和产品系列中。在很多经济领域里,统计研发费用就可以计算出引进新产品和新工艺中的成本。即使这样,成果的不确定性表明并不是所有的研发支出都能产生创新。此外,用于研发活动的资源的支出与产品的商业交付之间存在时间间隔,尤其在需要进行严格产品安全测试的行业中,例如新药品的研发。❻ 因此,即使研发支出是衡量企业创新率差异使用最广泛的重要指标,但是它仍不能确定创新的精确水平和具体时间。

企业的研发活动也能帮助企业向竞争对手学习,有利于探索新技术。很多学者注意到了所谓的"研发的两面性"。❼ 可以说,处于技术飞速发展领域的公司开展研发工作是必要的——如果他们不能处于实践前沿的地位——为了能够明白他们的竞争对手已经发明了并能够采用最佳的实践技术和设计。Griffith等(2004)利用研发"两面性"的概念在12个OECD国家中研究研发与工业生产率的关系。❽ 一个企业的创新能力以及对新技术的吸收能力,同时企业聘用的高度熟练工人,尤其是科学家和工程师的数量也是体现创新能力的指标。这项指标是与研发支出同样重要的另一项衡量创新能力的方法。

衡量创新中的"产出"

知识产权的产生用于确保创新在被抄袭之前企业能在研发中获利,并提供了创新的另一种衡量方法。正如我们在第2章所看到的那样,知识产权有几种重要类型而且在不同的经济领域保护的强度不同。在经济创新的分析中,专利统计已被非常广泛地认为是创新"产出"的指标。❾ 相反地,商标和外观设计在经济文献中并没有被作为衡量创新的因素,也没得到详细的阐述,尽管与专

---

❺ 详见Griliches(1990)的讨论和调查。他讨论了思想的起源:研发是"知识生产函数"的投入,知识生产函数是通常使用的理论增长模型(详见第8章)。Pavitt(1985)对这一解释提出了不同意见,认为研发支出是衡量投入的方法。

❻ 根据一些经验的研究显示,企业的研发支出可以对企业的产出或利润产生长达10年的影响。

❼ Cohen和Levinthal(1989)的著作经常被引用为开创性著作。

❽ 特别是研究者用"全要素生产率"(TFP)(详见后文讨论)建立模型,认为经济增长取决于研发以及研发和TFP与国家前沿创新的差距。他们也用贸易和人力资本来解释通过加紧弥补产生的TFP增长,发现只有人力资本(体现在教育程度数据中)是最重要的。

❾ 专利作为创新指标的早期研究详见Pavitt的研究(1982,1985);最近的调查详见Archibugi(1992),Patel和Pavitt(1995)以及Griliches(1990)所做的调查。Schmookler(1996)对专利进行了开创性的研究。

利相比，商标和外观设计被注册和使用在更广阔的领域。

专利作为创新指标的优点有：

* 专利通常被认为是创新的先导；
* 代表了预期收益值高于发明的成本；
* 创新要进行新颖性和创造性检验；
* 按技术领域分类的专利能够提供有关发明研究方向变化的信息；
* 很多国家在很长时间内可以获得相关数据。

将专利作为创新指标的缺点包括：

* 专利标志着创新，但并不是所有的专利都会成为创新；
* 不是所有发明都会被企业申请为专利，因为它们可以通过商业秘密的方式来替代；
* 有些类别的发明不能获得专利；
* 专利系统内会因使用强度的不同而区分权利；
* 有些专利只是竞争策略；
* 有些国家对获取专利的审查要求严格些，而另一些国家的要求会宽松些。

鉴于这一系列的问题，与知识产权相关的数据很少采用其他形式。尤其是，商标的使用似乎与下面的因素有关。

* 商标注册需要支付费用，因此商标注册意味着一种净期望值。
* 商标在各个领域广泛使用，但是专利在制造业占主导地位。
* 相对于专利而言，商标不需要寻求像专利一样高水准的创新，比如说现有产品的新品种，因为这不需要进行新颖性审查。❿
* 新的小企业更愿意使用商标。

Greenhalgh 和 Rogers（2008）在研究 20 世纪 90 年代英国经济时发现，在服务领域，比如说零售业、酒店、餐饮的小企业在注册英国商标的意愿方面与制造企业差不多或者更多（详见表 2.1）。但是在 5 年内，各行业注册商标的企业数量远远超过了获取专利的企业。这些研究表明，从数据来看商标和专利各有优势。

创新指标的运用

很多潜在的衡量创新的方式，如它们本身的复杂性与重叠性一样，都可以作为创新指标，比如说一个指标可以从企业、产业和国家等不同层面来计算。

---

❿ 这个方法的缺点是如果新产品和现有产品类似，商标和其他元素结合在一起会被更多地论述而不是创新。

简而言之，创新指数试图将一系列指标合并成单一的数字。构建类似指标的主要问题是如何将衡量方法结合起来。且对于这个问题，一个解决方案是根据每项因素重要性不同赋予不同权重，再加权求和。例如，Feeny 和 Rogers （2003）将研发、专利、商标信息结合起来，为澳大利亚企业建立了一项衡量创新的指标。在对企业市场价值影响因素进行回归分析的基础上使用加权和。⑪ 方框3.1 讨论了构建欧洲国家级创新积分榜中采用的衡量方法，其中构建了很多其他指标，但是这些指标都遵循类似的原则。

方框3.1 2006年欧洲创新积分榜的组成要素

目前已经设计出许多不同的创新积分表用于比较各企业、城市甚至国家的创新能力。基本的方法是收集各种不同的变量数据，然后将这些变量结合起来形成指标。以下是欧洲创新记分榜的组成要素：

1. 投入：创新驱动
(1) 每1000人中20~29岁理工科毕业生的人数（欧盟统计局）；
(2) 每100人中25~64岁受过高等教育的人数（欧盟统计局）；
(3) 宽带普及率（每100人中使用宽带的人数）（欧盟统计局）；
(4) 每100人口中参与终身学习的人数（欧盟统计局）；
(5) 青年人受教育程度（20~24岁青年人完成高中教育的人数）（欧盟统计局）。

2. 投入：知识创造
(1) 公共研发支出（国内生产总值的百分比）（欧盟统计局/OECD）；
(2) 企业研发支出（国内生产总值的百分比）（欧盟统计局/OECD）；
(3) 中等科技和高科技研发比例（制造业研发支出比例）（欧盟统计局（第四次欧盟创新调查））；
(4) 企业接受公共资金进行创新的比例（欧盟统计局（第四次欧盟创新调查））。

3. 投入：创新与创业精神
(1) 中小企业（SMEs）内部创新（所有中小企业的比例）（欧盟统计局（第三次欧盟创新调查））；
(2) 创新型中小企业与其他企业合作（所有中小企业的比例）（欧盟

---

⑪ 事实上，他们还分析了具有市场价值的设计应用间的关系，但未发现显著关联性，设计应用不再出现在创新指数中（例如，已知它们的加权和为零）。

统计局（第四次欧盟创新调查））；

（3）创新支出（总营业额的比例）[欧盟统计局（第四次欧盟创新调查）]；

（4）早期风险投资（国内生产总值的百分比）（欧盟统计局）；

（5）信息与通信技术（ICT）支出（国内生产总值的百分比）（欧盟统计局）；

（6）中小企业组织创新（中小企业的比例）[欧盟统计局（第四次欧盟创新调查）]。

4. 产出：应用

（1）高科技服务业就业情况（占全部劳动力的比例）（欧盟统计局）；

（2）高科技产品出口占出口总量的比例（欧盟统计局）；

（3）新上市产品的销售（占全部营业额的比例）欧盟统计局（第四次欧盟创新调查）；

（4）企业新产品的销售（占全部营业额的比例）欧盟统计局（第四次欧盟创新调查）；

（5）中等科技和高科技制造业的就业情况（占全部劳动力的比例）欧盟统计局。

5. 产出：知识产权

（1）每百万人口拥有的欧洲专利局认可的专利欧盟统计局；

（2）每百万人口拥有的美国专利商标局认可的专利欧盟统计局/经合组织；

（3）每百万人口拥有的第三方专利群体数量欧盟统计局/经合组织；

（4）每百万人口拥有的新共同体商标欧洲内部市场协调局第八次创新调查；

（5）每百万人口拥有的新共同体设计欧洲内部市场协调局第七次创新调查。

在每行末尾处标明了数据的来源（例如欧盟统计局、OECD、社区创新调查、欧洲内部市场协调局）。很明显，研发数据具有重要作用，第2部分有3种不同的变量（公共、企业、中高科技）。知识产权对于专利和商标的变量来说很重要。"第三方专利群体"是指专利已经获得欧洲专利局、日本特许厅、美国专利商标局认可。而且在清单中我们也看到了教育、通信、中小企业活动、风险投资。第4章将讨论创新需要得到很多经济活动的支持。

3.3 图解创新的统计数据

创新调查数据

正如上面所讨论的,创新调查的目的是收集企业数据。很多小型调查是由政府部门开展的,但是近年来最大的调查是社区创新调查。表3.1显示了第三次社区创新调查收集的创新活动数据。这次调查是2001年开展的,调查了1998~2000年的创新活动。表格第一栏是在引进新产品或者创新工艺的企业比例。注意这是最广义的定义,可能包括模仿和演绎。可以看出,创新比例相当高,而且各个国家比例不同。

表3.1 1998~2000年参与创新活动的企业占比

单位:%

	创新活动	产品创新	新上市产品创新	工艺创新
比利时	50	40	14	31
丹麦	44	37	19	26
法国	41	29	10	21
德国	61	42	13	34
意大利	36	25	14	26
瑞典	47	32	12	20
英国	36	21	6	17

备注:表格显示了1998~2000年参与创新活动公司(员工人数多于10人)的比例。百分比是根据每个公司的调查数据得出的。每个国家对调查的反馈率差异很大,其中德国为21%、法国为64%,这表明很难就不同国家的数据进行对比。

表3.1的后续列从其他角度更接近创新的经济学定义。很明显,例如,新的市场产品创新更少见。比如说,1998~2000年只有6%的英国企业报告了创新,然而大多数欧洲国家报告的数字是该数字的两倍。这些统计数据可以用于评估国家的绩效,但需要强调的是,统计数据在不同的国家可能不一致。例如,企业对调查的回应率为21%~63%。

欧盟、美国和日本的研发

为了说明不同国家的研发水平,通常会研究研发支出占GDP比例。但是对于研发来说绝对量或者创新活动"规模"很重要,正如第1章所讨论的一样，通过研发活动而创造的知识可以被看作"公共产品"。换句话说，我们可以说研发产生溢出效益（或者正外部性）。研发的溢出效益可能在不同国家之间传播，因为通常大多数有共同语言的发明家之间会有直接交流，从而打破了国家的界限。❷ 表3.2 显示了欧洲、日本和美国的研发支出占 GDP 比例支出额以及年增长率。

表 3.2 欧洲、日本和美国的研发支出对比

国家	研发/GDP（%）	研发产值/百万欧元	研发年增长率（%）
EU15	1.99*	149231	4.31*
EU25	1.93*	154941	3.98*
德国	2.50	43507	2.70
法国	2.19	27727	2.36
英国	1.87*	23314	3.52*
日本	3.12*	87968	2.18*
美国	2.76	227030	2.69

备注：2003 年研发占国内生产总值的比例（或者 2002 年标星号的）引用的研发支出额全部是 2002 年与 1995 年相比的固定价格，采用购买力评价标准都转化为欧元。在 1998~2003 年（或者标星号的 1998~2002 年）研发的实际值年平均增长率。表 3.2 显示了欧洲、日本、美国的研发占国内生产总值比、绝对值、研发年增长率等。

日本研发支出占国内生产总值的比例最大，为 3% 以上，其次是美国比例为 2.76%，欧盟 15 个国家的平均比例接近 2%。❸ 这种不同的情况已经存在很多年了，有些国家认为需要增加研发投入。2010 年，欧盟设定的目标是研发强度达到 3%。目前，欧洲只有几个国家达到了此标准。❹ 瑞士和芬兰研发支出占国内生产总值的比例分别为 4.27% 和 3.51%。就绝对支出而言，德国、法国、英国是欧洲国家中研发支出最多的国家（占了欧洲研发总支出的 60%）。因此，欧洲研发支出占国内生产总值的比例主要由三个支出大国组成。从历史上看，大多数研发是在制造业而不是服务业，支出金额将随着经济发展

---

❷ 上述结论来自 Griffith 等（2004）一项与研发在国家间溢出的实证研究。其他的包括 Coe 和 Helpman（1995）和 Keller（2002）的研究。这一类研究发现国际的研发溢出很重要，但仍然对国内经济存在偏见。更广泛的讨论国际知识溢出的研究可见 Rogers（2003）。

❸ 这些数据与研发的支出总额相关，包括了从私人到政府的总支出。我们会在第 4 章对来自私人的和政府的支出进行细分。

❹ 这属于 2000 年 3 月里斯本协议的一部分。

的均衡而变化。⑮

从历史上看，美国的绝对支出水平比任何国家支出的两倍还多，其次是日本，德国排第三位。20世纪90年代中期，美国的研发支出进一步增加，从1994年到2000年，其实际研发支出年增长率达到38%。即使与整个欧盟的研发支出相比，目前美国的支出比欧盟高50%。美国的研发支出远远超过了日本，是日本的2.5倍。而在欧盟，德国投入最多，其研发支出几乎比法国多60%，比英国多87%。

全球三大研发强国的研发支出额主要受各自经济规模和目前研发支出占其国内生产总值的高比例驱使。即便如此，在1998~2003年绝对支出的增长率与研发占GOP比例成反比，这表明英国和研发支出较低的欧盟国家在研发方面做出了巨大努力（至少是研发占国内生产总值的比例）。

研发的从业者

通过表3.3与表3.2对比，可以发现在发达国家，研发的从业者占整个劳动人口比例要低于研发支出占GDP的比例。我们希望研发人员的平均工资能够超过总劳动力的平均工资，也就是说，他们工资总额占GDP比例要超过其占整个劳动人口的比例。似乎有些员工也在从事新产品和新工艺的测试和营销工作，但是公司并不认为他们是熟练的研发工作人员。似乎熟练的研发工作人员只限于从事新项目的开发和设计工作的人员。⑯ 也可能从全国范围来看，与典型的生产活动相比，研发的资金密集程度更高。更奇怪的是，同一个国家的研发从业人员比例和支出比例排名不同，现在日本的人员比例排名就低于德国和法国。即便如此，根据欧洲统计局2007年的报告显示，两个研发最为密集的国家，瑞士（2003）研发人员占劳动力的比例为2.51%，芬兰（2004）为3.24%。

---

⑮ 例如在2005年，在美国制造业计入了约70%的研发投入，而英国计入了约73%（国家科学基金，2007；国家统计局，2006）。

⑯ 获取秘密进行研发的工作人员的信息并不容易。从历史上看，20世纪初期，美国公司内正规研发部门进行的研发有显著增长，这种增长持续到第二次世界大战后（Nelosn和Wright，1992）。通用电气、杜邦、柯达等公司在第一次世界大战前就建立了正规的研发实验室。第二次世界大战后，在美国设立研发部门的公司增多（Nelson和Wright，1992，第1951页）。即使研发总经费没变，研发的规范化增加了审批的研发经费。因此，比较这一时段各国的数据，就会发现问题。例如，Jones撰写的专著（1995，第760页）指出1950~1978年从事研发的科学家和工程师增加了5倍，但是将此作为罗默研发模型的证据是不现实的。然而准确评估正规研发部门建立后一段时间内的研发投入是很困难的。但是Nelson、Wright等认为美国在20世纪建立了世界一流的研究基础设施（详见Rosenberg，1994）。

创新、知识产权与经济增长

表 3.3　2004 年欧洲和日本的研发人员汇总

国家	研发人员/劳动力（%）	研发人员（FTE）	BES 中的劳动份额（%）	GOV 中的劳动份额（%）	HES 中的劳动份额（%）
EU25	1.49	2010667	53.7	14.3	31.0
EU15	1.59	1867505	56.2	13.2	29.5
德国	1.85	469100	63.5	15.3	21.1
法国	1.71*	346078*	55.8*	14.8*	27.5*
日本	1.66*	882414	65.8	7.0	25.4

来源：第 1 列来自 Eurostat（2007）的图 3.2；上述比例基于人口调查数据；FTE（完全时间对等）反映了兼职工作调整后的数据；第 2～5 列数据来自 Eurostat（2007）的表 3.1。

注："BES"指企业经营部门，"GOV"指政府部门，"HES"指大学部门。标星号数据为 2003 年的数据。

各国知识产权趋势

图 3.1 和图 3.2 显示了自 20 世纪 70 年代以来，七个主要国家国内申请专利和商标的情况。美国和日本申请专利和商标比其他几国更多，是其他国家的 3～4 倍。具体的数值显示在图 3.1 和图 3.2 的右侧。此外，日本的专利减到了原来的 1/3。目前普遍认为日本的专利只有美国专利的 1/3（例如，日本的做法是把一项发明分成更多的离散阶段）[17]。

图 3.1 显示自 20 世纪 80 年代开始，日本和美国的专利申请开始增长，但是其他国家并没有随之增长。但是到了 90 年代，日本的专利申请开始表现出平稳的态势，而美国的专利活动则在这个时期开始加速。美国在专利方面的快速增长引发了对美国专利体系作用是否正确的讨论［见 Jaffe 和 Lerner（2004），Hall（2005），这一讨论将在第 11 章中进行］。无论如何，相比其他国家在研发投入上的数据，无论以研发投入的角度衡量还是从专利的角度来看，在 20 世纪 90 年代，美国无疑是创新活动增长最为显著的国家。德国是另一个在 90 年代专利显著增长的国家，而同一时期，英国相对于 70 年代，其专利数量还有所下降。

---

[17] 将日本专利申请分为三部分是国际比较原始的方法。这样做的原因是所有的专利申请都有一定的权利要求，这些权利要求确定了发明的标的物。1988 年以前，大部分日本专利只有一项权利要求，但是其他国家的专利允许有多项权利要求。这种体制就是著名的"生鱼片"——或者叫"薄切片"以日本的一道鱼食命名。1988 年，日本的专利系统发明了变化，和其他国家一样允许多种独立的权利要求。这意味着，很难比较 1988 年前和 1988 年后专利申请的数据。Sakakibara 和 Branstetter（1999）提供了上述信息。他们还分析了 1988 年的变革是否对日本的专利活动造成了影响，有少量证据表明此次变革确实影响了日本的专利活动。

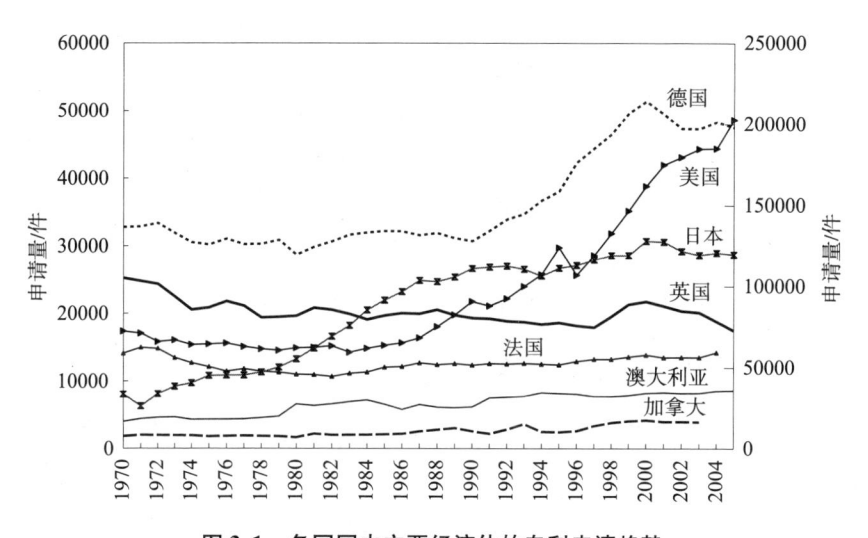

第3章 创新、生产率和经济增长的衡量标准

图3.1　各国国内主要经济体的专利申请趋势

注：美国和日本的申请量以右侧纵轴为准。

图3.2显示的是国内居民商标申请的数量。相较于专利数据而言，商标的数据变化更大，这一特点是因为，商标展现了新的产品创新和相关的市场活动，更多的是受到经济条件的影响而非创新的影响，更具有持续性。[18] 大部分国家都在20世纪90年代有很大的增长，而在2000年却戛然而止，这主要受到90年代末期"互联网"泡沫的影响。

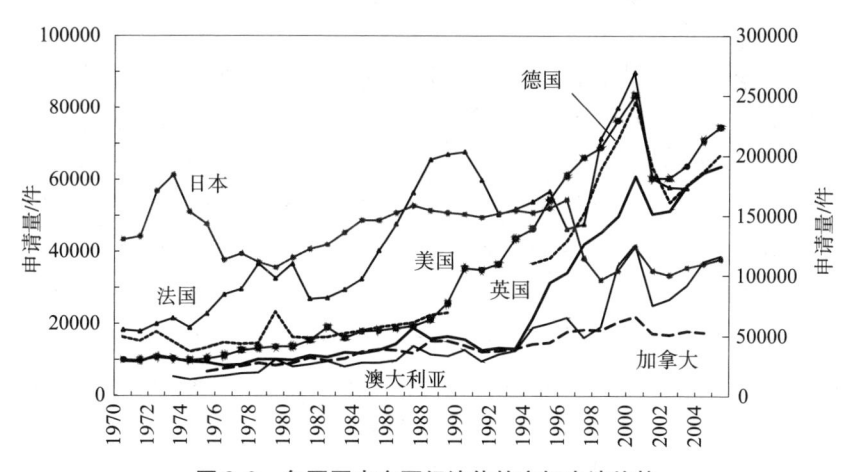

图3.2　各国国内主要经济体的商标申请趋势

注：美国和日本商标申请量以右侧纵轴为准。

---

[18] 我们将在第6章讨论是否新的产品推出通常需要一定的周期。

3.4 企业、行业和经济层面的生产率

本书的关注点是将微观经济的创新与宏观经济的增长联系在一起。前面已经探讨了衡量微观创新中涉及的复杂性，现在我们将考虑一些与技术进步相关的企业、行业和宏观经济增长的指标。这一部分概括了一些衡量和比较企业、行业和经济层面的生产率水平和增长率时遇到的关键问题。

分要素生产率和全要素生产率

虽然生产率（productivity）这一术语得到了广泛的应用，但它的准确含义常常存在混淆。从最基本的意义来看，生产率意味着"每单位投入的产出量"。对投入和产出的定义本身就存在很大差异，因此生产率的定义也存在混淆的可能性。比如，一个汽车厂可以计算一年中（或者一周等）每个工人生产的汽车数量。但这是对劳动生产率的一个非常粗糙的计算，因为这一计算没有根据生产过程中使用的其他互补性的要素进行调整。很明显，使用好的设备和高质量的投入的工人将比没有好设备和原材料的工人生产得要多[19]。类似地，汽车厂商也可以计算每百万美元资本生产的汽车数量——这是对资本生产率的一个非常粗糙的计算。我们可以很容易地想到，雇用了更多高技能水平工人的企业将能够更有效地利用它的资本、生产更多的汽车。

对于市场领域，产出通常以货币名义来定义，并且特别地，通常被定为价值增值。价值增值是销售额减去使用的原材料的价值，它表明了企业在将原材料转变成最终产品的过程中真正创造的价值。因此，它与宏观经济层次的 GDP 类似。在非市场领域中，比如教育和执法机关，产出不能通过货币单位衡量。这使得生产率的计算更加困难，只能采用一些部分反映这些服务产出的指标，比如"考试通过率"或"犯罪拘捕率"。

最常见的投入是劳动和资本。因此我们可以定义一个劳动生产率和资本生产率的计算——劳动生产率是每单位劳动的价值增值，资本生产率是每单位资本的价值增值。这些指标被称为分要素生产率（partial measures of productivity），因为它们都只表明了生产率的一部分内容。比如实际上，高劳动生产率通常很大程度上也可以被每个工人的资本水平解释（例如，在矿业和钢铁行

---

[19] 比如，在 2006 年，尼桑大约用 20.5 个劳动工时可以组装一辆汽车，之后是本田（21.1）、丰田（22.1）通用（22.2）和福特（23.2）。正如可能期望的，不同的车型、不同的组装工厂有不同的劳动生产率（见 Harbour Consulting, 2007）。

业中);相似地,高资本生产率也可以出现在劳动力密集使用的情况下。

经济学家使用生产函数来表述他们关于投入和产出的关系。一个常见的生产函数是柯布-道格拉斯(Cobb-Douglas)生产函数,其函数形式为

$$Y = AK^{\alpha}L^{\beta}, \quad 0 < \alpha < 1, \quad 0 < \beta < 1. \tag{3.1}$$

在公式3.1中,Y表示价值增值,K表示物质资本,L表示劳动,A表示技术。在这一函数中,"技术"一词实际代表了除资本(K)或劳动(L)之外的所有对Y产生影响的要素。它可以包括能够提高价值增值的过程创新或产品创新(需要注意的是,过程创新包括新的组织方法)。这一函数的详细讨论可以参见本书的数学附录,在第8章中也会再次用到。公式3.1清晰地表明产出是同时使用资本和劳动两种投入创造的,这也再次说明了分生产率指标的缺陷。同时也表明,在给定资本和劳动水平的情况下,技术(A)水平将会影响产出。

虽然在宏观经济增长的理论讨论中A通常被认为是技术体系,在生产率的研究中,A通常被称作全要素生产率(total factor productivity,TFP)或多要素生产率(multifactor productivity,MFP)。[20] TFP最常用于产出(价值增值)随时间增长的研究中。TFP增长是指产出中不能被劳动和资本投入提高所解释的那部分产出增长。根据公式3.1,它可以表述为下式形式(其中g_x表示要素x的增长率)

$$g_A = g_Y - \alpha g_K - \beta g_L \tag{3.2}$$

也就是说,TFP增长等于价值增值增长减去α乘以资本投入增长和β乘以劳动投入增长之和。公式3.2的推导以及一些计算TFP的困难将在数学附录中进行解释。总而言之,TFP的计算源于大量简化的假设,这意味着使用TFP时必须谨慎。[21]

计算的困难

虽然劳动生产率和资本生产率的定义较为明确,但需要注意到在计算时仍然存在大量的困难。价值增值的计算需要关于销售额和原材料(包括能源)价值的数据。大企业的财务账目通常会报告销售数据,也会报告产品成本——关于原材料和劳动力成本的会计条目。只有当企业也单独报告劳动力成本时,我们才可能从公开的企业财务数据中获得计算价值增值的数据。此外,政府统

---

[20] 实际上,A有不同的解释,这是非常令人困惑的,并且已经引起了关于"哪一个才是根本解释"的讨论(Lipsey 和 Carlaw,2004),但从本书的目的来看,我们可以简单地强调这两个解释。

[21] 这一问题的介绍可以参见 Hulten(2000)。

计部门也会收集可以用于计算价值增值的数据。

如果研究者想估计价值增值增长，他们会遇到一个更大的困难。研究者需要调整价值增值数据以便获得排除通胀因素的真实的价值增值增长。国家统计局通常会报告 GDP 调整指数和部门与行业调整指数，它们可以被用来调整价值增值数据。然而，一些学者认为除非可以获得企业层次的调整指数，或者至少是详细的行业特定层次的调整指数，否则生产率增长计算时就存在偏见的可能。比如，如果某一企业或行业由于竞争不激烈而可以提高它的产品价格，那么即使它真实的生产率可能较低，也会表示为快速的价值增值增长，以及最终的高生产率增长。调整问题也与统计指数（index numbers）和特征价格（hedonic prices）相关。围绕着这些问题的困难意味着我们不得不担忧自己计算真实生产率增长的能力。方框 3.2 中更详细地讨论了这些问题。

方框 3.2　计算产出增长中的质量调整和困难

　　理解这些问题的好的方式是思考光（light）的价格和产出从 1800 年开始是如何变化的。Nordhaus（1998）讨论了这个问题，其他一些学者在一篇题目为"价格指数中的质量变化"的论文也进行了讨论。一方面，随着技术的改变——从蜡烛到油灯再到电灯，光的产出已经显著增加。这一产出可以用每小时的流明（lumen，物理学中的光通量单位）来计算，因此可以计算出一流明小时（lumen-hour）的成本是多少。另一方面，统计部门也记录了蜡烛、油灯和电灯的价格，这些价格可以用来计算发光体的官方价格指数。Nordhaus 发现官方指数和真实指数之间存在很大的差异——官方的价格数据极大地高估了光的价格。这是因为官方的或传统的指数没有考虑实质性的技术变化，这些技术变化提高了用于照明的每一美元产生的流明的量。传统指数和真实指数之间的差距有多大呢？Nordhaus（1998，第 63 页）提到，在 1800～1992 年，"相对于真实的价格指数，传统的光价格指数要高 1000 倍"。

　　另一个追踪产出真实增长问题的例子来自信息和通信技术（ICT）领域，特别是计算计算机的产出。过去的 20 年中，计算机在速度、存储容量、可便携型和质量方面快速提高，同时计算机的价格却在降低。因此，仅使用计算机的销售总额计算将会低估计算机的真实价值。所以，相比于以前的模型，最好是调整计算机的价格来反映它所表示的真实价格。许多国家进行了这一调整过程，比如美国、法国和丹麦，但不是所有的 OECD 国家。具体地，调整通常使用的方法是特征价格指数（hedonic price index）。

> 这是一种评价计算机性能每一方面价值的方法，比如处理器速度和存储。
>
> 这一方法牵涉价格（P）对数对速度（S）对数、存储（M）对数和其他计算机特性（称为X）对数的回归：
>
> $$\ln(P) = a_0 + a_1\ln(S) + a_2\ln(M) + a_3\ln(X) + e.$$
>
> 系数 a_1、a_2 和 a_3 给出了估计具有新速度和存储水平计算机价格的方法。转而可以以多种方式用于产生一个价格指数——它可以更加准确地反映随时间发生的技术或质量变化（参见 Triplett，2004）。不同国家之间采用不同技术的事实也暗示了，进行国家之间的 ICT 比较时必须谨慎（Wyckoff，1995）。

企业的资本和劳动投入的准确计算也存在一系列问题。大企业公布的账目通常包含详细的资产负债表，比如有形的固定资产和流动资产。账目中还有可能包含无形资产的信息，比如知识产权（一般情况下，除非资产有明确的市场价值，否则会计人员不会对它估价，比如企业购买的知识产权会被纳入在内，但企业内部产生的知识产权可能不会被估价）。很多企业还会租借资本设备，因此为了获得真实的资本投入，可能还必须加入资本服务的价值。相似地，一些研究还尝试控制资本的利用——因为在不同的商业周期阶段，它可能不同。劳动投入的最佳指标可能是工作时间，但是在企业层面常常是不可行的——计算工作时间价值时存在兼职和加班的问题（Rogers（1998）提供了一个对这些问题的综述）。

上述讨论的困难并不存在一个简单的解决方法。学生、研究者和政策制定者要意识到对生产率的研究远非一门精确的科学，比如，即使已经对生产函数的计量估计投入了大量实质性的努力（Ackerberg 和 Caves，2004），但仍然存在对使用的基本核算资料产生问题的担忧（Felipe 等人，2008）。

3.5 国家之间生产率和经济增长的比较

本节我们简单归纳了不同国家生产率和增长率的方法，包括技术、问题和数据等方面。经济增长率是人均国内生产总值的增加值。[22] 最初的任务是如何

---

[22] 国内生产总值衡量的是某年某个经济体总产出或者增加值。"国内"是指个人或者公司在某个国家的地域范围内。"总的"是指国内生产总值，没有考虑损耗。国民生产总值（GNP）与国内生产总值类似，只包括本国公民（例如，外国企业赚取的利润除外）。请参照教科书有关宏观经济的详细讨论。

将人均 GDP 进行分解：

$$\text{人均国内生产总值} = \frac{\text{GDP}}{\text{人口数量}} = \left[\frac{\text{GDP}}{\text{工作小时}} \times \frac{\text{工作小时}}{\text{工人数量}}\right] \times \frac{\text{工人数量}}{\text{人口数量}} \tag{3.3}$$

这表明人均国内生产总值由三个组成部分。首先，平均每小时国内生产总值是与劳动生产率类似的衡量方法（例如，是部分生产率的衡量指标，尽管现在被定义为经济水平，反映了每小时的工作产出）。其次，每个工人的工作时间，类似告诉我们工人工作的平均时间。例如，美国工人的年平均工作时间为 1908 小时，日本工人的年平均工作时间为 1784 小时，英国工人的年平均工作时间为 1648 小时，法国工人的年平均工作时间为 1468 小时，德国工人的年平均工作时间为 1355 小时。工人占总人口的比例——活动率或者就业率——反映了社会上有不能工作的老人和小孩，也包括因接受高等教育的人群或者由于身体原因不能工作的群体；以及失业人群。美国和英国参加工作的人占总人口的 0.72，德国为 0.67，法国为 0.62，日本为 0.70。[23] 每个劳动者的工时和活动比率都会影响国家的人均国内生产总值。但是比例的变化相当缓慢，因此生产率的变化是影响人均产出增长率的主要因素。

如何比较各国的人均产出增长率？首先要说的是，世界上最贫穷和最富有国家之间的差别很大。2000 年，刚果是世界上最贫穷的国家，据估计，其人均国内生产总值为 359 美元。美国的人均国内生产总值为 34364 美元——大约是刚果的 96 倍。[24] 这种巨大的差异是由国内生产总值每小时工作量或者说劳动生产率决定的。劳动生产率，反过来由人均资本和技术水平决定。第 8 章和第 9 章将讨论经济增长的模式和全球化，为阐述巨大差异产生的原因提供背景知识。第二个重要的问题是不同国家比较国内生产总值的方法。很显然，进行比较之前需要将各国国内生产总值转换成通用货币，通常是转换成美元。通常用市场汇率进行转换，但是市场汇率波动较大并且受到特定因素推动。标准的解决办法是使用"购买力平价"（PPP）汇率。PPP 是计算每个国家的广义价格——包括可交易商品和非可交易商品——将平均价格比作为汇率。计算 PPP 会遇到很多困难，也可能造成误导性比较，但是最常见的方法是将国内生产总

---

[23] 所有统计数据均摘自 OECD 2007 年就业前景统计附件。

[24] 所有的数据都出自 Heston 等（2006）建立的 Penn World Trade 数据库，该数据库是专门为对比数据而设计的。实际上人均国内生产总值最高的国家是卢森堡（48217 美元）。

值转换成美元。㉕ 比较历年人均国内生产总值的另一个问题是用所谓的固定价格表示数字，也就是说排除了通货膨胀的影响。

从2005年，OECD国家人均GDP的差异来看，大多数国家的人均GDP只有美国的70%~85%。有几个国家——法国、比利时、荷兰、爱尔兰和挪威——每小时GDP生产水平超过了美国，但是由于平均工作时间更少、就业率更低，上述国家的人均GDP仍然较低（OECD，2006）。和美国相比，OECD更应该关心人均GDP吗？有些人指出工作时间更短是明智的选择，因为休闲时间的价值是不能用GDP衡量的，人均GDP更低并不重要。但是人们经常关心每小时GDP差异以及较低的就业率。

2000年欧盟推出里斯本议程旨在通过提高创新力促进欧洲生产力发展。里斯本议程将采取措施使欧洲成为世界上"最有活力、最有竞争力的知识型经济体"，具体的目标是到2010年研发支出占国内生产总值的比例提高到3%——此目标看起来很难实现。正如上面所提到的，里斯本议程也关注提高竞争力、减少管控、完善知识产权、减少人才流失。这种政策立场反映了1945~1995年，主要欧盟国家与美国的差距不大，而从1995年开始美国扭转了这一趋势，比较不同国家的增长率，我们可以看到这些趋势。

表3.4比较了8个国家在1970~2006年每小时GDP增长率。在这个时间段，8个国家中，澳大利亚、加拿大、美国的增长率最低。美国增长率较低表明上述讨论的差距不存在了，尽管从1995年起，尤其是从2000年起可以看到这个过程的逆转。其间，美国年平均增长率稳定在1%~2%，但是其他国家增长率变化更大。例如，20世纪70年代，法国、德国、意大利、日本的增长率接近4%——尽管十年里生产率受到世界石油危机和通货膨胀的影响。表3.4也显示了20世纪90年代日本每小时GDP增长为2%以上，但是在这十年日本经济整体停滞。㉖ 劳动生产率增长与GDP增长总量不一致的现象是怎么发生的呢？通过研究公式3.3可以发现某些原因，这些原因表明每小时GDP是人均GDP的唯一组成部分。例如，20世纪90年代日本的人口增长率较低，每年的增长率大约为0.3%（而美国的人口增长率是1.2%）。

㉕ PPP对国内生产总值比较的影响很大，例如，2007年国际比较项目（www.worldbank.org/data/icp）为包括中国和印度在内的新兴市场调低了PPP。中国占世界GDP的比例从15.8%下降到10.9%（印度占世界GDP的比例从6.4%下降到4.6%）。Penn World Trade数据库对PPP进行了广泛的讨论。Dowrick和Quiggin（1997）讨论在比较不同国家人均国内生产总值时用其他的方法来代替PPP。

㉖ 20世纪90年代日本GDP年平均增长率为0.5%；而美国GDP年平均增长率为2.6%。日本经济增长放缓的可能是因为糟糕的财政政策、流动性陷阱、20世纪80年代经济繁荣期间的低投资、银行业效率低下、低生产率增长。详细讨论参见Hayashi和Prescott的著作（2002）。

表 3.4　每小时 GDP 的年平均增长率（1970～2006 年）

	澳大利亚	加拿大	法国	德国	意大利	日本	英国	美国
1970～1980 年	1.5	1.8	4.0	3.7	4.0	4.2	2.7	1.6
1980～1985 年	2.2	1.6	3.1	2.1	1.2	2.5	2.5	1.6
1985～1990 年	0.2	0.4	2.7	2.5	2.3	4.2	1.4	1.3
1990～1995 年	2.0	1.4	1.9	2.9	2.3	2.3	2.8	1.1
1995～2000 年	2.5	2.3	2.1	2.0	0.9	2.1	2.3	2.2
2000～2006 年	1.5	1.0	1.4	1.4	0.2	2.1	2.0	2.1
1970～2006 年	1.6	1.5	2.7	2.6	2.0	3.0	2.3	1.7

数据来源：OECD 2008 年统计数据库。

表 3.4 表明 1990～1995 年美国每小时 GDP 增长率为 1.1%，1995～2000 年为 2.2%。劳动生产率成倍增长备受关注，某种程度上与信息技术（IT）高额投资有关。但在 1995 年之前美国有个令人奇怪的现象广为流传，即在 20 世纪 80 年代到 20 世纪 90 年代间信息革命对美国劳动生产率几乎没有影响。[27] 但在 20 世纪 90 年代末生产率加速增长被誉为期待已久的生产率增长。Jorgenson 等（2007）研究了 20 世纪 90 年代到 21 世纪初美国私营部门劳动生产率的增长率。他们发现 20 世纪 90 年代末信息技术投资确实提高了劳动生产率，但是 21 世纪初非信息技术投资和劳动力素质成为劳动生产率增长更重要的因素。这提醒我们每小时 GDP 只是衡量局部生产率的一种方式，它受到其他相关收入要素的影响，特别是资本。

全要素生产率与增长率的计算

正如上面所讨论以及公式组（公式 3.2）所表示的，测量全要素生产率的增长应该将创新和技术变革联系起来。例如，Jorgenson 等人（2007）预计在 2000～2005 年美国每年全要素生产率的增长率为 1.2%。这是运用资本增长（单独计算信息技术资本和非信息技术资本）和劳动力增长（根据劳动力素质进行调整）进行的计算。研究人员经常控制各种投入，而不仅是公式显示的基本劳动和资本（公式 3.2）。这类计算就是所知的增长计算。

让我们仔细思考 Jorgensen 等估计的数字（2007）。Jorgensen 等人认为 2000～2005 年每年劳动生产增长率为 3.1%，[28] 其中包括信息技术资本增长率

---

[27] 没有证据表明对信息技术的投资能够提高生产率，这就是著名的"计算机生产率悖论"，1987 年 7 月 12 日罗伯特·索洛在《纽约书评》中写道："电脑时代也仅在生产率统计领域里无处不在。"

[28] 请注意 3.1% 是指美国私营部门的劳动生产率，而表 3.4 是指所有经济范畴内的劳动生产率。

（0.63%）、非信息技术资本增长率（0.94%）、劳动力素质增长率（0.36%）以及全要素增长率（1.17%）。这些数字看上去没问题，但是对资本、劳动、劳动力素质（也叫人力资本）进行各种计算获取的数据很容易受到错误计算方法的影响。而且，全要素增长率的数字真的是多余的，而且是无法解释的。在其他方面投入变化之后剩下的就是生产率增长。比较自然的解释是全要素增长率来源于效率的提高或者技术的改善——从最广泛的意义来说，一个国家的产出潜力是利用了该国过去在创新方面的投资以及采用了其他方面的新技术——但是这种计算方法仍是多余的，因为不能够直接衡量效率或技术。

虽然以前曾对全要素生产率进行过研究（详见 Griliches，1996），但 Solow（1957）进行的研究，在历史上是非常出名的。Solow 发现全要素生产率增长——或者他所谓的技术变革——在 1909~1949 年美国人均 GDP 增长中全要素生产率增长占 88%。后来很多人对巨大的增长率进行了各种各样的研究，很多研究发现全要素生产率增长对 GDP 增长的贡献很小（例如，Denison，1967；Jorgensong 和 Griliches，1967）有时候几乎是零。接下来的一些研究利用不同的计算劳动和资本的方法对美国和欧洲国家进行了分析，同时也根据其他相关因素对计算方法进行调整。[29] 例如，除了计算劳动力数量，工人的教育水平也可以衡量技能。结论就是纳入了"人力资本"这个新的生产要素。增长的计算方法揭示了增长过程，但需要强调的是，它仅仅计算了增长的程度，但没有解释增长的原因。例如，我们可以发现人力资本很重要，但并没有解释这是由政府政策决定的，还是由公司层面的投资所驱动的。同样地，可能是新技术或者创新为资本投资创造了新机会。这并不是增长计算需要阐述的。只是将增长归因于资本但并没有解释资本增长的原因。揭露增长的原因需要增长模型和实例分析（详见第 8 章和第 9 章）。

新兴市场

最近几十年中国经济快速增长对世界经济产生了巨大影响。30 年前，很少有人会想到，邓小平领导改革会使中国占世界 GDP 的 11% 左右。中国的经济增长在现代史上确实是独一无二的吗？

表 3.5 摘录了一些其他成功的新兴市场人均 GDP 增长率的数据，有助于

---

[29] Young（1992）对中国香港和新加坡开展了有影响力的研究，研究表明 1970~1990 年新加坡只有 4% 的快速增长率是由归因于全要素生产率增长贡献的（而中国香港有 35% 增长率是归因于全要素生产率增长贡献的），这些数字再次引起争论（例如，美国国家经济研究局宏观经济杂志对杨格论文的评论）。整体而言，如正文强调，这些研究很重要，因为"计算"了增长但没有"解释"增长的原因。

我们回答这个问题。[30] 首先值得说的是日本，日本现在是高收入经济体。但是 20 世纪初期，日本还是一个比较贫穷的国家，20 世纪 50 年代到 60 年代日本的增长率非常高——20 世纪 60 年代平均增长率为 9.74%。20 世纪 60 年代，巴西、韩国、中国台湾、泰国经济快速发展，值得注意的是，此时中国和印度并没有这样成功。中国的增长率直到 1981 年才开始快速增长。20 世纪 80 年代到 90 年代中国经济平均增长率超过日本 20 世纪 50 年代到 60 年代的增长率，但是超额并不大。因此，中国的快速增长是特殊的，但不是唯一的。此表也说明了增长率高于 6%~7% 的国家后来经济发展均减缓。

表 3.5 新兴市场的 GDP 平均增长率

	巴西	中国	印度	日本	韩国	中国台湾	泰国
1951~1960 年	3.93	4.11	1.57	7.54	1.03	4.44	0.15
1961~1970 年	4.34	1.45	2.69	9.74	5.82	7.04	5.07
1971~1980 年	5.38	4.18	1.61	3.18	5.93	7.75	4.62
1981~1990 年	0.21	8.43	3.48	3.43	7.90	6.59	6.08
1991~2000 年	0.53	9.15	3.41	1.01	5.19	5.49	3.03
2001~2004 年	0.09	7.44	4.19	0.72	4.09	2.16	3.97

数据来源：Penn World Trade 2.0 版。

备注：以固定价格计算人均国内生产总值（2000 年）。

经济快速增长的原因很多，落后国家追赶先进国家时首先要考虑自己的起点。学习和模仿较发达国家的生产技术有助于快速增长，被称为"技术转让"。

技术转移可以降低成本、增加交易、加大投资、促进增长。随着很多国家的赶超，增长的机会开始快速减少，导致增长率下降。第 9 章将讨论赶超模式和全球化可能带来的利益。

3.6 结　　论

本章讨论了衡量创新和生产率的一系列问题，不弄清楚这些问题可能被很多统计数据误导。设计良好的创新政策、制定创新和生产率衡量指标需要正确

---

[30] 值得注意的是，报纸和综合性的讨论通常只讨论 GDP 增长（例如，评论员不会根据人口增长而调整），第 8 章讨论的增长模式将解释清楚这个差别。例如，一个国家 GDP 增长率是 5%，人口增长率也是 5%，很明显人均国内生产总值是静止的。因此，如果只采用 GDP 增长来衡量生活水平会让人产生误解。

评估现有情况以及对政策影响的后续评估。

本章调查了一系列衡量创新活动的方法，不同经济领域的不同创新活动既有优点也有缺点。由于在公司局面很难区分创新和传播，创新调查数据通常和统计健康预警系统一起使用。研究创新生产过程中会发现衡量"产出"的指标要远远多于"投入"指标，但这并不是意味着产出数据的质量比投入的质量高。通过强制登记活动获得知识产权（专利）收集的数据与选择性登记（商标、版权、设计）收集的数据反差很大。而且，认为每项知识产权的价值和意义都一样是有问题的——这个问题我们在第5章讨论专利和商标价值的可变性时会进一步研究。整体上说，衡量创新的方法不是单一的，也没有最佳的方法。相反地，在任何情况下都有很多可能性，研究人员或者政策制定者需要做出合适的选择。

在宏观经济层面，我们希望能观察到创新通过新技术传播带来的效益。其他国家的技术转让以及模仿国外创新都得到收益。知识的增长、技术的提高都能提高现有资源的生产率，从而增加人均GDP。了解生产率和增长率研究中的概念以及计算范围很重要。本章第二节讨论了相关概念以及计算范围，最后，本章研究了"二战"以来不同国家经济增长的经验。

关键词

创新投入　创新产出　生产职能　劳动力或者资本的局部生产率

讨论问题

（1）列出创新的投入、产出、衡量方法。如何应用各种衡量方法？

（2）为什么研发是唯一重要的创新措施？

（3）对公司、国家的创新进行排序或者制作创新记分牌。

（4）什么是局部生产率方法？只能使用全要素生产率吗？

（5）比较各国人均GDP需要考虑哪些指标？比较不同时间人均GDP的时候需要考虑哪些指标？

（6）增长核算研究的作用是什么？

参考文献

[1] Ackerberg, D., and K. Caves. 2004. Structural identification of production functions. Mimeo, University of California, Los Angeles.

[2] Acs, Z., and D. B. Audretsch. 1990. Innovation and Small Firms. Cambridge, MA: Harvard/MIT Press.

[3] Archibugi, D. 1992. Patenting as an indicator of technological innovation: a review. Science and Public Policy 19 (6): 357 – 68.

[4] Coe, D., and E. Helpman. 1995. International R&D spillovers. European Economic Review 39: 859 – 87.

[5] Cohen, W., and D. Levinthal. 1989. Innovation and learning: the two faces of R&D. Economic Journal 99: 569 – 96.

[6] Denison, E. 1967. Why Growth Rates Differ. Washington, DC: Brookings Institute.

[7] Dowrick, S., and J. Quiggin. 1997. True measures of GDP and convergence. American Economic Review 87 (1): 41 – 64.

[8] Eurostat. 2007. Science, Technology and Innovation in Europe. Luxembourg: The European Commission.

[9] Feeny, S., and M. Rogers. 2003. Innovation and performance: benchmarking Australian firms. Australian Economic Review 36 (3): 253 – 64.

[10] Felipe, J., R. Hasan, and J. McCombie. 2008. Correcting for biases when estimating production functions: an illusion of the laws of algebra? Cambridge Journal of Economics 32: 441 – 59.

[11] Frank, S. 2005. R&D expenditure in the European Union. in Statistics in Focus: Science and Technology, Volume 2. Brussels: The Statistical Office of the European Communities/ Eurostat.

[12] Geroski, P. 1990. Innovation, technological opportunity and market structure. Oxford Economic Papers 42: 586 – 602.

[13] Gort, M., and S. Klepper. 1982. Time paths in the diffusion of product innovations. Economic Journal 92: 630 – 53.

[14] Greenhalgh, C. A., and Rogers, M. 2008. Intellectual property activity by service sector and manufacturing firms in the UK, 1996 – 2000. In The Evolution of Business Knowledge (ed. H. Scarbrough). Oxford University Press.

[15] Griffith, R., S. Redding, and J. Van Reenen. 2004. Mapping the two faces of R&D: productivity growth in a panel of OECD industries. Review of Economics and Statistics 86 (4): 883 – 95.

[16] Griliches, Z. 1990. Patent statistics as economic indicators: a survey. Journal of Economic Literature 28 (December): 1, 661 – 707.

[17] 1996. The discovery of the residual: a historical note. Journal of Economic Literature 34 (3): 1, 324 – 30.

[18] Hall, B. 2005. Exploring the patent explosion. Journal of Technology Transfer 30 (1/2): 35 – 48.

[19] Harbour Consulting. 2007. "The Harbour Report" (available at www.harbourinc.com/resources/files/media/2007PressRelease.pdf).

[20] Hayashi, F., and E. Prescott. 2002. The 1990s in Japan: a lost decade. Review of Economic Dynamics 5: 206–35.

[21] Heston, A., R. Summers, and B. Aten. 2006. Penn World Table Version 6.2. Center for International Comparisons of Production, Income and Prices at the University of Pennsylvania.

[22] Hulten, C. 2000. Total factor productivity: a short biography. NBER Working Paper 7471.

[23] Jaffe, A., and Lerner, J. 2004. Innovation and Its Discontents: How Our Broken Patent System is Endangering Innovation and Progress, and What to Do About It. Princeton University Press.

[24] Jones, C. 1995. R&D – based models of economic growth. Journal of Political Economy 103 (4): 759–84.

[25] Jorgenson, D., and Z. Griliches. 1967. The explanation of productivity change. Review of Economic Studies 34 (3): 249–83.

[26] Jorgenson, D., M. Ho, and K. Storoh. 2007. A retrospective look at the US productivity growth resurgence. Staff Report 277, Federal Reserve Bank of New York.

[27] Keller, W. 2002. Geographical localization of international technology diffusion. American Economic Review 92 (1): 120–42.

[28] Lev, B., and T. Sougiannis. 1996. The capitalization, amortization, and value – relevance of R&D. Journal of Accounting and Economics 21: 107–38.

[29] Lipsey, R. G., and K. I. Carlaw. 2004. Total factor productivity and the measurement of technological change. Canadian Journal of Economics 37 (4): 1, 118–50.

[30] Lucking, B. 2004. International Comparisons of the Third Community Innovation Survey (CIS3) (available at www.berr.gov.uk/files/file9657.pdf). London: U. K. Department of Trade and Industry: Technology, Economics, Statistics and Evaluation (TESE).

[31] National Science Foundation. 2007. Expenditures for US industrial R&D. Info – Brief 07 – 335 (September).

[32] Nelson, R. R., and G. Wright. 1992. The rise and fall of American technological leadership: the postwar era in historical perspective. Journal of Economic Literature 30 (4): 1, 931–64.

[33] Nordhaus, W. D. 1998. Quality change in price indexes. Journal of Economic Perspectives 12 (1): 59–68.

[34] OECD. 2006. OECD Compendium of Productivity Statistics. Paris: OECD Publishing.

[35] OECD/Eurostat. 2005. Oslo Manual: Guidelines for Collecting and Interpreting Innovation Data, 3rd edn. Paris: OECD Publishing.

[36] Office of National Statistics. 2006. Business Enterprise Research and Development 2005. London: Office of National Statistics (www.statistics.gov.uk).

[37] Patel, P., and K. Pavitt. 1995. Patterns of technological activity: their measurement and interpretation. In Handbook of the Economics of Innovation and Technical Change (ed. P. Stoneman), chapter 2. Oxford: Basil Blackwell.

[38] Pavitt, K. 1982. R&D, patenting and innovative activities: a statistical exploration. Research Policy 11 (1): 33 – 51.

[39] 1985. Patent statistics as indicators of innovative activities: possibilities and problems. Scientometrics 7 (1 – 2): 77 – 89.

[40] Rogers, M. 1998. The definition and measurement of productivity. Working Paper, Melbourne Institute for Applied Economics and Social Research.

[41] 2003. Knowledge, Technological Catch – up and Economic Growth. Cheltenham, U. K.: Edward Elgar.

[42] Rosenberg, N. 1994. Exploring the Black Box: Technology, Economics and History. Cambridge University Press.

[43] Sakakibara, M., and L. Branstetter. 1999. Do stronger patents induce more innovation? Evidence from the 1988 patent law reforms. NBER Working Paper 7066.

[44] Schmookler, J. 1966. Invention and Economic Growth. Cambridge, MA: Harvard University Press.

[45] Solow, R. 1957. Technical progress and the aggregate production function. Review of Economics and Statistics 39: 312 – 20.

[46] Triplett, J. 2004. Handbook on hedonic indexes and quality adjustments in price indexes: special application to information technology products. STI Working Paper 2004/9, OECD.

[47] Wyckoff, A. 1995. The impact of computer prices on international comparisons of labour productivity. Economics of Innovation and New Technology 3 (3 – 4): 277 – 93.

[48] Young, A. 1992. A tale of two cities: factor accumulation and technical change in Hong Kong and Singapore. NBER Macroeconomics Annual 7: 13 – 54.

第二部分

国家创新体系

第 4 章　　国家创新体系

第 5 章　　创新性企业和市场

第 6 章　　知识产权和企业

第 7 章　　扩散与社会回报

第4章
国家创新体系

4.1 介 绍

本章介绍并讨论了学校和政府是如何在创新过程中发挥基础性作用的。企业的发展固然需要专注于创新,但是它们创新的成效需要依赖学校和政府的支持。当消费者购买一款新产品时,或者受益于技术创新而为产品支出更少时,从表面看是企业通过独立的创新行为实现的,而事实上,创新之源可能是来自一所大学已经完成的研究报告,而这一项研究本身是来自政府的资助。正如我们在第3章中所看到的,知识产权在最近几十年里,发挥着越来越重要的作用,本章主要讨论的是大学的知识产权逐渐被实际应用的问题。对整个创新体系的认识和避免误读相关政府政策有着重要的作用,进一步而言,可以使创新与产业的增长最大化。而其复杂性在于,如何理解一个在创新发生之前可以相互作用的体系,即我们通常所称的国家创新体系。

4.2 国家创新体系

> 国家创新体系的核心要素应当表现在三个方面:产业、学校和政府,这三个要素之间相互作用,同时遵循其各自的规律。
>
> Goto(2000,第104页)

这一定义简洁阐明了在经济利益驱动下的商业性创新中的三个相互影响的

要素。❶ 显然，私有商业的创新是不能独立于其他要素或研究机构而独自完成的。这三个主要的群体在创新过程中发挥着各自作用。

大　学

这些研究机构专注于基础科学和技术研究，目的在于发现新的知识和传播基础知识。在这个环节上，一些新的技术就可能被商业化应用。大学培养政府和企业需要的科学家和工程师，同时也培养着新一代科学家。在很多国家，科学研究和培训同样也是由公共研究实验室完成的。

政　府

政府负责设计创新政策，并制定与知识产权系统相关的一系列制度。政府部门可能专注于一些与公共产品相关的研究，比如国防和医疗。同时给大学或公共研究机构以财政税收支持，同时也可能对企业的研发给予财政支持。

企　业

企业通过利用整个知识产权体系和研发政策框架所带来的限制和机会，通过对基础科学知识的研究，来开发新的商用产品。企业家利用新产品和创新行为来抓住市场机会，如果成功的话，那些新的企业就有机会成为未来的大型企业。

此处过于强调了这三个要素的不同作用和客观表现。事实上，当今社会大学自己也可以生产一些商业化的产品，同时，也有一些私人企业会从事基础性研究而不仅仅专注于那些与市场更为贴近的应用。政府本身对商业化运行中的创新的成效也有着特别强烈的兴趣，因为这些产业的成功可以创造就业，实现利润，同时为税收做贡献。政府同样也对学校给予支持，如此才能将政府税收用于公共科学的建设，同时保证未来的基础科学的发展和产业研发投入。

4.3　研发的核心作用

研发支出的本质和程度通常在国家创新体系中起到非常重要的作用。第3章已经阐述了一些有关研究和开发的内容，但是我们此处关注的是经济水平的指标。第一个问题是谁对研究和开发进行了投入。

---

❶ Leydesdorff 和 Meyer（2006）把这种三方面的关系定义为"三股螺旋"模型。"创新国家体系"的定义通常源自 Lundvall（1992）的著作，尽管它可以被追溯到几个世纪以前。广义的讨论可见 Nelson（1993）和 Freeman（1995）的著作。

谁资助研发？

历史上，政府和企业是从事研发的两大主体。近几年来，在很多国家，有1/3的研发资金来自海外资本。另外一些资助来自"非营利性机构"，包括公益信托，其中有一部分是由产业中的成功企业共同出资组成的财团。比如比尔和梅琳达·盖茨基金会，它来自个人的捐赠，目的在于专门从事某一领域的研究，比如英国的癌症研究。

通过对一些由国家主导的研发投入的分析，政府在研发投入中的差异较大，从日本财政的1/4以下到法国高于40%。（见表4.1）然而，日本政府资助的研发投入产出在GDP中的比重跟欧洲的平均值接近。这并不意味着日本政府的影响是负面的。日本企业（商业）的发展与研发高度相关，因此，日本的GDP受研发影响的比重要高于其他的国家。在G5国家中，英国和法国出现的新现象是跨国研发投入显著增加，尽管这两个国家在G5中的研发投入是最低的。对研发投入的资助很大一部分来自国外可能是在这些对研发资助较低的国家，有很多未经开发的科学基础领域的研究需要得到资金的支持。❷

表4.1 政府和企业资助的研发

国家	2004年研发的GDP占比	2005年GOV资助研发的GDP占比	GOV资助研发占总研发比例	2003年BES资助研发的比例
EU25	1.86	0.74	39.8	54.3
EU15	1.92	0.76	39.6	54.6
德国	2.49	0.76	30.5	67.1
法国	2.16	0.94	43.5	50.8
英国	1.79	0.73	40.8	43.9
日本	3.20	0.71	22.2	74.5
美国	2.66	1.06	39.8	61.4

来源：Eurostat（2007）.

注："GOV"指政府部门，"BES"指企业经营部门。第1列和第4列来自Eurostat（2007）的表2.1，第2列来自图1.2，其中，第3列为计算值。尽管这些数据来自不同年份，但是研发占GDP的比例每年变化不大。

---

❷ 在英国，来自海外的研发投入资助比例为19.2%，法国为7.3%，德国为3.7%，日本为0.3%（见OECD（2005）；暂缺美国的资料）。相对于OECD国家，在与研发投入相关的投资研究，可见Dougherty等人（2007）的研究。他们认为，在与美国的研发费用成本进行比较时，美国为（100%），英国在1997年为89%，同时法国是96%。特别是，在英国和法国，给予科学家、工程师和其他研发人员的相关成本并不高。鉴于劳动力成本占整个研发成本的50%，较低的劳动力费用的影响很大（在原材料、资本以及管理的费用上，英国和法国的成本要高于美国）。与研发相关的费用的差异也意味着，在对比不同国家研发投入在GDP占比的问题上，如表4.1和表4.2所显示的，非常容易产生误导（例如，基于Dougherty等人的研究认为，英国的研发投入应该按照比例增加到1.12（而实际上是1/0.89））。

研发投入从何而来？

当检验国家在哪些方面开展研发时，我们可以从三个方面入手，即私营企业、政府研究机构和高等教育机构。（见表4.2）企业的研发投入平均占国家投入的2/3，但是这一比例在美国和日本更高而在英国和法国较低。日本是一个例外，大约有1/3的研究开发是由非企业完成的。尽管日本通过教育支出的研发投入产出在国民生产总值占比很高，但是政府总的研发投入以及研发投入产出比例很低。

表4.2　2003年政府、企业和大学的研发行为

国家	BES主导研发的GDP占比	GOV主导研发的GDP占比	HES主导研发的GDP占比	总计	总研发的GDP占比
EU25	1.22	0.25	0.41	1.88	1.90
EU15	1.26	0.25	0.42	1.93	1.95
德国	1.76	0.34	0.43	2.53	2.52
法国	1.37	0.36	0.42	2.15	2.18
英国	1.24	0.18	0.40	1.82	1.88
日本	2.40	0.30	0.44	3.14	3.20
美国	1.86	0.33	0.37	2.56	2.67

来源：Eurostat（2007）的表2.8。

注："BES"指企业经营部门，"GOV"指政府部门，"HES"指高等教育部门。美国、日本和英国有显著的"其他机构"研发行为（例如，私人非营利机构），因此，三者之和少于总研发的GDP占比。

一项来自Bloom和Griffith（2001）的分析显示，从1980~2000年的趋势来看，在G5国家中，英国是唯一一个研发在GDP占比中呈下降趋势的国家。为什么会发生这样的情况？一个相关的研究显示商业的影响越来越广泛，但是该比例的下降主要是因为20世纪80年代英国政府资助研发支出的预算缩减了。❸ 预算减少的领域是国防相关的产业，而这部分减少的预算并没有被民用的研究所替代，所以（当国防经费减少时）和平时期的公共事业经费也整体下降，从而使国民的赋税也减轻了。尽管英国并不是唯一一个以减少国防方面的研发投入的国家。从20世纪80年代中期开始，美国和法国也同样削减了在国防领域的研发投入，因此从GDP的百分比中来看研发投入，上述两个国家

---

❸ 20世纪80年代的英国，正是众所周知的"撒切尔时代"，玛格丽特·撒切尔为首相的时期，英国发生了许多政策变化。

在20世纪90年代有所减少。

从表4.3可以看出，不同的国家，研发投入模式及已投入领域均不相同。在欧洲和日本，大约1/3的政府研发奖金是给了大学，尽管联邦机构支持大学人员独立完成研究项目，而这一分类并没有体现在美国的数据上。❹

政府的研发投入主要集中在以下三个领域：国防、医疗和太空研究，在美国，大约超过一半的投入用于国防。在欧洲，不同国家在国防研发领域的支出比例差别很大，在英国和法国的比例越来越高，而在德国则很低，同样在日本也很低，这是由于"二战"的历史原因。在德国和日本，更高比例的研发投入直接用于产业和大学。

表4.3 2005年政府资助的研发项目占比 单位：%

国家	土地	卫生	能源	工业	大学	国防	其他
EU25	9.6	7.3	2.8	10.9	32.0	13.6	24.0
EU15	9.3	7.3	2.7	10.9	32.4	13.8	23.8
德国	8.9	4.4	2.9	12.4	40.3	5.8	26.0
法国	6.5	6.1	4.5	6.2	24.8	22.3	29.5
英国	8.5	14.7	0.4	1.7	21.7	31.0	22.0
日本	10.3	3.9	17.1	7.1	33.5	5.1	23.0
美国	4.5	22.8	1.1	0.4	—	56.6	14.6

来源：Eurostat（2007）的表1.4，日本的数据来自2004年。

注：社会经济项目列表是指（上述分类按照科学项目和预算的分析比较命名法（NABS））。土地：开发和利用土壤；基础设施和总体计划的土地使用；控制和关注环境；农业生产和技术。卫生：人体健康的保护和改善。能源：能源的生产、分配和合理利用。工业：工业生产和技术。大学：普通大学基金的研究预算。国防：国防。其他：社会结构和关系；其他社会研究。（除了美国，最大的"其他"组成是不定向研究。美国最大的"其他"组指空间的开发和利用。）

4.4 政府—学校层面

第1章讨论了新知识是否最好被定性为公共产品（在使用中是非排他性的和非竞争性的）或具有正外部性的私人物品。我们认为从基本的科学研究得出的任何发现都更接近于公共产品的经济概念，因为它有可能被用于各种非竞争性用途（所以是非竞争性的）。在学术期刊上发表科学研究意味着该研究是非排他性的（只要对期刊的获取没有限制）。这表明基础科学研究的提供可能、也应该遵循公共产品的公共供给模式，由于投入均来自纳税人，研究成果

---

❹ 根据政府关系委员会（1999），1997年，联邦机构为美国的大学提供60%的研究资助，主要的机构有国家健康研究会、国家科学基金和海军研究处。

IP 创新、知识产权与经济增长

均应实现免费传播（例如，通过公共图书馆的期刊）。❺ 如果在商业应用与科学应用之间没有限制的话，将有可能使公共利益最大化。

科学的历史传统

18 世纪和 19 世纪时期，大多数大学是回避商业世界的。❻ 而在 20 世纪，大学成为科学探究的中心，其性质在某些方面更接近于商业创新。然而，探索的一般主体和特定的主题选择往往是科学家个人及其学术部门所作出的决定。科学及利用其开发新技术对新科技、对社会至关重要的观点慢慢变得清晰，尤其是在第二次世界大战之后。1945 年之后，政府在影响和指导科学研究方向这一问题上变得更加积极。❼ 如今，在美国，教授个人效力于由政府基金支持的研究机构，他们的研究项目需要由其他科学家进行同行评审，而评审标准主要关注项目的科研价值，而不是潜在的商业应用。在英国和欧洲，大量的政府资金按照它们的选择被分配给大学，通过像美国那样的同行评审分配系统分配后续的资金，这样至少额外的资金可以被分配给最高质量的竞投人。

当研究完成并被记录下来的时候，这些公共资助的研究成果会出现在研讨会上，并在专业科学期刊中以论文的形式出版，使研究结果得以完全、即时的披露。在这种环境中，负面的研究成果或伪造他人作品也被视为是对知识的贡献。1980 年以前，大学使用专利来保护它们的发明并通过许可使用它们的技术获得收入的例子很少。虽然书籍和期刊的出版当然受版权的保护，但这些创意作品中的思想本身并没有受到保护，只是其表达的特定形式受到保护。因此，这种方法显示财政资金促进科学进步的重要作用之一，它能够使科技成果应用于公共领域，从而促进其商业发展和应用，但直接剽窃知识除外。这种实

---

❺ 最近人们关注研究实际上是如何获得公共资助的，因为许多学术期刊有（越来越）高的访问成本。最近对英国的评估表明，学术期刊的订阅费用在 1998～2003 年增长了 50%（House of Commons, 2004, 第 5 页），人们担心高成本会损害英国的研究和教育能力。这已经造成了一场对学术出版的市场结构以及"开放访问"商业模式是否能成功的辩论（McCabe 和 Synder, 2005）。

❻ 这种说法也有例外。18 世纪的苏格兰大学就已具有商业意识：例如，詹姆斯·瓦特是格拉斯哥大学的仪器制造者。在 19 世纪，几所德国大学就与化学和采光也有关，例如吉尔森大学，据卡德维尔（Cardwell）（1994，第 253 页）提到，它有一个有机化学学院是"第一所现代国际研究学院"。然而，英国、法国和德国的中世纪大学对商业毫无兴趣。在美国，从 19 世纪中叶通过联邦政府向州赠予土地的方式所建立起的"政府赠地"大学特别针对农业、机械和家庭经济的进步（见 Mowery 和 Nelson (2004) 对美国大学和创新的分析）。大学个体及其之间的网络在科技进步及其在英国工业革命中对工业的应用发挥了重要作用。例如，Jenny Uglow 2002 年关于《月球社会》的书籍，其成员包括 Arkwright, Erasmus Darwin, Priestley, Watt 和 Wedgwood。

❼ 在 1945 年，Vannevar Bush 对美国总统的报告中强调需要训练有素的科学家来"加强基本研究的中心，主要是学院、大学和研究机构"。（摘自执行摘要）

际安排，模仿了公共物品的公共供给的理论模型，在这种情况下，以公共资金承担着知识生产的成本，从而使科学知识以零边际成本提供给所有人，反映其在使用中的非竞争性性质。❽

因此，在工业化经济中进行的大量研发活动，而有关科学家并不会从他们帮助开发的任何创新中获得私人回报。考虑到纯粹研究并不能获得货币回报，是什么激发了这些研究人员的积极性？科学研究人员可能是由于对知识的热爱或解决问题中获得的满足感而具有积极性（Hall，1988），而经济学家已经认识到对这种行为最合理的解释是，科学家对建立优先权和从获得优先权而产生的（高）地位和（适度的）货币奖励感兴趣。优先权的概念首先由 Merton（1957，1988）提出，他认为科学家关心的是在他们的领域成为第一个传达重要新发展的人。Stephan（1996）将创建优先权的报酬或收益描述为"对科学界第一人的认可"。优先权的重要性赋予这种科学研究则从某些赢家通吃的竞技特征。这种类型科学家的经济报酬是额外的激励，虽然在科学界，学术方面的回报相对单一，但 Stephan 注意到各种机构的额外奖励是如何通过奖金和咨询费激励成功的科学家的。

在英国，随着科技展望计划出现，这种公共财政资助科学研究的旧模式在 20 世纪 90 年代初开始改变。这类计划的目的是将政府资金集中到技术研究的"热点"上，在这些热点似乎可以对社会投资给予更高的回报（即有许可可能的应用在商业上可行）。1993 年，由政府、学术界和工业界三方代表组成了的委员会，其职责是要确定科研基金的战略研究领域，从而使资金能集中使用。这种政策的可能结果是减少了对商业应用不明确的基础研究项目的资金。

在美国，诸如 Kornberg（2007）等首席科学家们也表现出对近期资金分配变化的类似关注。他认为，对财政科研资金的分配，美国历史上一直采用的通过同行评审方式直接将资金划拨给科学家个人的方式要比欧洲国家采用的划拨大学或科研机构的方式更加有效。这是基于同行评审更能激发最令人振奋的以及原创的科学思想的信念。在历史上，在美国的这种系统下，这些资金常被用于进一步深入的研究，而不是仅限于原始提案中所列的项目，造成意想不到的突破。目前提供给诸如美国国家卫生研究所等资助医疗科学研究的资金有了最

---

❽ Adams（1990）调查了科学文章的出版是否与随后的生产率增长有联系。他通过对世界各地的科学文献（从 1868 年起）的统计计算出了一个在 1953~1980 年美国 27 个行业的相关知识库。他发现知识是"生产率增长的主要贡献者"，虽然有 20 年左右的滞后时间。重要的是，科学知识库和生产率之间的关系取决于致力于这个行业的科学家和工程师的数量。换句话说，行业必须具有从科学知识中获益的"吸收能力"。

高额度，对资金的竞争越来越激烈。这将具有降低探索前沿科学风险的效果——无论是在对新补助的建议中还是在现有补助的实施中——这对创新率都有巨大的影响。在 Kornberg 看来，每一个主要的新治疗方案都是由不针对商业产品的基本科学研究发现引起的。

4.5 大学—商业层面

科学研究制度的环境变化

在 20 世纪的最后 25 年，科学研究机构与私营企业之间的关系发生了巨大变化，引起了高校主导技术的商业化的大幅增加。变革的力量包括政府的科技政策，旨在增加公共财政资助科学的商业化应用的数量和科学研究的日益复杂化和费用不断增加，进而推动公司部门寻求与研究部门的合作。此外，许多国家的大学一直面临着招收更多学生的压力，往往没有来自政府匹配的资金，导致大学管理者寻求其他资金来源。科学—工业协作过程中的这种巨变已经通过四个方面实现。

大学知识产权：大学专利化其科学发明，然后许可行业进行使用。

研究合资企业（RJVs）：大学和公司共同参与研究的资助，并通过未来专利和许可的合同就如何共享研究成果达成一致意见。

衍生公司：来自学术机构的科学家们积极建立新公司来开发和制造应用了他们科学研究的产品。

人才库：在商业公司和科研部门之间交换和分享科学家和工程人员。

大学知识产权的增长

美国大学拥有进行科学发明与商业密切合作的悠久历史。[9] 各大学知识产权在这些合作中的作用各不相同，特别是，关于谁拥有联邦资助的研究产生的知识产权的问题［1970 年，70% 的大学研究是联邦资助的，而仅有 2.6% 是由企业资助的（Mowery 等，2001，第 102 页）］。一些大学与特定联邦部门谈判达成协议，以持有知识产权，但是很多大学并没有这么做。到 1980 年，导致联邦政府拥有大约 28000 件专利，但不到 5% 的专利被授予给产业部门（Council on Gov-

---

[9] Mowery 等（2001，第 101 页）有以下说法：在 1900～1940 年，美国大学，特别是公共大学，追求与工业界进行广泛的研究合作。事实上，化学工程的学科主要是通过美国石油和化学品公司与麻省理工学院、伊利诺伊大学之间的合作而开发的。

ernmental Relations，1999，第2页）。阻碍科研成果从实验室到实际产品商业化转化的一个主要因素是政府通过非专用许可使这些公共资助的发明公之于众。因为公司不能获得专有权，它们不愿意投资和开发新产品。这表明知识的基本"公共产品"观点可能存在问题，即新知识可以被简单地免费使用。这个问题是在知识的竞争性使用存在的情况下由知识和创新之间的差异造成的。创新建立在新知识之上，但在知识的商业化利用之前通常需要大规模的开发投资，因此倾向于选择独占许可。在不确定能否获得许可的情况下，公司可能不愿意投资。

在1980年通过美国专利和商标法修正案（Bayh‐Dde Act）之后，美国大学和工业之间的关系得到很大的改善。该法案规定所有的大学和科学家个人要保留对联邦资助的研究所产生的发明的所有权。作为回报，大学被期望不仅申请专利保护，还要通过许可确保商业化。只要能在美国境内生产产品，那么独占性许可是被允许的。该法案的目的是加速从实验室到市场的技术转化。美国大学因此从专利授权许可中获得新的收入，但要产生这种收入需要它们通过建立技术转化办公室（TTO）将资源用于申请专利和授权技术的过程。这些办公室配备了熟练的管理员和大学技术管理者，他们协助专利申请和授权许可。这些办公室还完善了与工业界的合作伙伴关系，增加由企业委托的科研项目的资金。通过旨在增加大学研究的商业导向并提高来自私营企业的资助份额的类似发展政策，在英国和欧洲也出现了这种趋势（见方框4.1），这说明人们对这种政策有所关注。

研究中的合作

不仅是在美国，大学—商业联系的重要性和普及性在许多工业化国家中都有增长。联合协作可以采取许多形式，正如Poyago‐Theotoky等（2002）所讨论的。企业可以联合大学内的学术团队来代表公司进行研发，或者大学研究人员可以接近企业，将一个具体的创新或想法商业化。Hall等（2002）调查的另一种越来越常见的中间类型的合作关系是大学和公司联手致力于开发新产品或新技术。在这种情况下，任何一方都不能仅依靠自己的资源来生产或商业化该创新。

大学—商业联系的是启示含义拥有更多知识的一方（通常是大学的科学家）暴露给拥有知识较少的一方，从而使知识更广为人知，这可以被描述为有益的研究溢出。行业合作的另一个积极效应是对基础知识的更多利用，正如Poyago‐Theotoky等（2002）所指出的，只有在知识的创造者可以将他的想法传达给有能力将该想法商业化的人时，知识才是可使用的。大学—商业联系的负面影响可能包括对基础研究的数量和质量的不利影响、对学术教学时间的不利影响以及对"开放科学"文化的不利影响。

英国和美国政府对大学科学资助的政策变化的结果是在许多大学建立了技术转化办公室（见方框4.1）。如上所述，它们的主要目标是管理专利和将技术授权许可给产业。它们的影响在专利的增长、授权许可收入的增长以及与大学建立关系的新公司数量的增长是显而易见的。即使如此，授权许可的收入与研究资助的总额相比仍然很小。事实上，Thursby（2007）估计，"非常多的"美国技术转化办公室是对大学资金的净消耗（即，现成的使用费甚至不能涵盖自身的成本）。❿ 根据 Unico（2005）的调查数据，2004年英国大学平均每年的许可收入（版税）约为研究经费的1%。这个数据在美国为接近研究经费的3%。此外，技术协会（2007）最近调查发现，在由英国公共部门直接资助的研究机构中授权许可协议的数量大幅增长，并且来自知识产权授权许可和来自商业咨询的收入有所增加。

方框4.1　牛津大学和斯坦福大学的研究资金来源

为了了解大学的研究活动和商业间的联系，我们来看看两所世界知名大学的研究资助情况。每所大学都有以各种不同方式进行实质上创新并获得收入的记录。牛津大学著名的衍生公司包括牛津仪器和宝得洁。牛津大学的技术转让由ISIS创新机构进行管理，自1997年它已经帮助了40个衍生公司，并管理了超过200份授权许可协议。斯坦福大学的记录更令人印象深刻，它包括惠普公司、太阳微系统公司、思科公司和硅谷图形公司在内的衍生公司。斯坦福大学的技术授权许可办公室监督技术转让。它在2006～2007年度终止了77个许可证，每年带来5000万美元的收入。下表显示了每所大学是如何为其研究分类的。

牛津大学（2006～2007年）	万英镑
研究总收入	34600
研究补助和外部赞助	24800
来自英格兰高等教育基金会的一揽子拨款	9800
斯坦福大学（2004～2005年）	万英镑
美国政府资助的研究	57800
非美国政府资助的研究	10500

来源：2006/7斯坦福大学经济预算，附录14（P97）；牛津大学年度审查网站。

注：牛津大学从英格兰高等教育基金会（HEFCE）获得了大量的一揽子研究拨款，由牛津大学分配。牛津大学还接收了竞争性（政府）研究补助金和来自"私人非营利性"基金会，例如惠康基金会的外部资金。

---

❿ 它们有大约140所美国技术转让办公室的收入数据，但是并不是所有这些都会报告成本，因此需要估计。

衍生公司、初创公司和科学园的增长

当大学通过创立新公司将其科研成果商业化时，这些新公司在英国通常被称为衍生公司，而在美国被称为初创公司（见方框 4.1 中的一些例子）。优尼柯（Unico）的比较调查证据表明英国每单位研究资源创建的衍生公司相对更活跃：在 2004 年，英国每 1000 万英镑的研究经费就创建一个这样的公司，而在美国是每 5000 万英镑的研究经费创建一个这样的公司。许多初创公司最初位于大学附近。事实上，发展大学与产业之间关系的一个共同特征就是建立大学科学园，在英国通常称为研究园或在亚洲称为科技园。这些新的和现有的公司集群靠近大学科学部门的地方。因此，科学园是一种可以将大学的技术转让给公司更顺利的方式。科学园性价比高吗？Siegel 等人（2003）使用公司"配对"的数据库对位于大学科学园内外的英国企业进行了比较研究，探索企业位于科学园内衍生出什么好处，如果有的话。他们发现无论是在生产新产品方面还是在专利数量方面，科学园企业的表现都优于非科学园的企业。

在美国，研究园并不像在英国那样围绕着大学而建立。这里可以研究大学和研究园之间正式联系的价值，以及二者之间距离的影响（见 Link 和 Scott，2003）。美国研究园的增长率与其距离大学的远近度有着正面的关系。大学和科学园之间的正式联系使大学产生了更多的学术出版物和专利，与科学园的邻近增加了从基础科学向应用研究课程转变的可能性。

人才联系

大学和私营企业之间关系的另一个作用是在公司中增加大学人员的直接就业。科学家们以多种方式帮助公司，包括促进大学实验室的知识转让、向金融市场公告该公司研究的质量以及形成公司的发展战略。Audretsch 和 Stephan（1996）对美国生物技术行业进行了有趣的统计，分析了 45 个在 1990～1992 年与 445 所大学有科研关联的生物技术公司。他们的样本表明科学家们在公司中扮演着如下正式角色：9% 是创始人，82% 成为科学咨询委员会的一员，5% 担任咨询委员会的主席，9% 是主要股东（当然同一个人可以拥有不止一个职位）。他们还发现，大学科学家和美国生物科技产业 70% 的企业之间的合作研究是在公司所在地区之外。当知识是非正式传播的时候，地域的邻近性很重要，但对于正式的知识传播来说，地域上的邻近性就不那么重要了，因为这种知识的转让将会提前详细规划。然而，地域上的邻近性仍然关系重大，Audretsch 和 Stephan 发现相比科学顾问来说，地域上的邻近性对于创始人更重要。

Mason 及其合作者（Mason 和 Wagner，1999；Mason 等，2001）对这方面在欧洲的情况也进行了两项相关研究。Mason 等人认为大学和相关研究机构是"知识基础设施"的一部分，并利用国家知识基础设施的差异比较了英国和法国的电子企业样本。这两个国家的电子部门与大学研究员之间有着广泛的正式联系。约有一半的法国企业与大学有一些联系，相比而言，英国80%的企业与大学有联系。这种差异部分由于法国公司与公共研究实验室之间长期存在的关系。据了解，法国大学和企业之间的关系比英国大学和企业之间的关系更稳定。作者认为英国新关系建设的速度更快是由于英国大学需要解决财政问题，这在一定程度上是由中央政府资金减少所导致的。因此，作者发现英国大学倾向于更积极地为它们的电子研究筹集资金，并更倾向于进行市场为导向的研究。

新的大学—商业关系的后果

大学—商业关系的性质变化提出了一些重要的问题。

* 增加的商业化是否将基础研究转向应用性、发展性研究？如果是，从长远来看，这种转变对经济增长有害吗？

* 大学研究的独占专利和授权许可是否减少了商业化尝试的多样性？

* 与专利和授权许可相关的交易成本是否会阻碍一些公司，特别是较小公司尝试商业化？[11]

* 一些大学是否考虑到技术转让办公室的真正成本以及找出许可证持有人的真正成本？

* 将许多专家聘为公司顾问或管理者对科学教育有什么影响？

大学专利和相关授权许可的增长是否会偏离基础研究领域？[12] Thursby 和 Thursby（2002，2007）美国在这个问题仅讨论了某些有限的证据，总的来说，他们几乎没有发现关于研究导向转变的证据。[13] 反而，专利和授权许可的增加

---

[11] 对于较小的企业，许可成本可能阻碍其执行商业化项目。即使对于较大的企业，如果有多个许可需要进行商业化，那么也会发生较高的交易成本。这种交易成本与"反公共的悲剧"的概念相关联，这个概念指的是在一个具有许多专利的环境中，确保一个人研究的所有方面都被正确地授权许可的成本是令人望而却步的。Heller 和 Eisenberg（1998）认为生物医学的研究就是这种情况。Heller（1997）在"莫斯科商店租赁"的讨论中引入了"反公共"这个术语。

[12] Mowery 和 Shane（2002）认为授权许可所涉及的美国大学的数量在 1980~2000 年增长了800%；同时，大学的专利数量增长了400%。

[13] 他们在"基础性"科学期刊上将出版物作为跟踪研究方向的一种方法来使用。他们的数据表明了在20世纪90年代中期，在大学的技术转让办公室登记了的教职工（在博士授予部门）约占10%，剩余90%的教职工——在任何特定的一年——没有直接的兴趣（Thursby 和 Thursby，2007，第634页）。Mowery 和 Shane（2002，第 vi 页）也引用了证据，即从麻省理工学院的机械和电器工程部门转让给产业的知识中仅7%涉及专利。

反映了教职工的意识、意愿、专业知识和技术转让办公室的增加。

Jensen 和 Thursby（2001）在拜杜法案出台之后就分析了美国大学授权许可的问题。他们提出了问题，如果没有大学专利许可，政府资助的研究进行商业用途是否会增加或减少。问题的难点是研究的激励措施，例如大学专利许可，是否是发明商业化不必要的额外步骤，或是否这种激励措施有助于将有用的发明从研究实验室应到市场上。Jensen 和 Thursby 的研究结果表明大多数许可都处于萌芽期，没有发明者的进一步合作和协助，商业化是不可能的，这意味着大学专利许可对于商业成功往往是必要的。事实上，71%的案例显示了发明者和被许可方之间的合作是成功发展所必需的。

David（2005）反对在欧洲采用拜杜模型。正如欧盟委员会（2003）所建议的，[14] 他认为，大学调动其专家"输出"的运动（即，知识的进步）常常忽略了对大学的"沉没"成本评估，并夸大了潜在的收入增长。他列举了欧洲几项研究的证据，这些证据表明在 20 世纪 80 年代和 90 年代有较高专利转化率的意大利、法国和德国，最终专利的所有权属于个人，而不属于大学。David 认为大学拥有专利所有权然后再许可给私营企业的话，发明就不会增加。他还认为美国的大型研发密集型企业通常不再热衷于拜杜法案。他还在早期的一篇论文中指出，加强对版权和数据库的保护会对研究人员继续自由共享科学数据造成困难。他建议科学数据库的所有权应包括以边际成本将数据库内容强制授予感兴趣的研究机构。尽管有这些警告，一些顶尖的研究型大学仍然对以大学为主导的专利及其商业化充满了热情。[15]

有趣的是，Zucker 和 Darby（1996）的一项研究发现生物技术领域的著名研究人员即使在参与了专利申请和其他形式的商业化之后也有出色的研究记录。Siegel 等（2003）发现对商业化感兴趣的研究人员倾向于从商业来源中获得一些资金再投资到新设备和学生劳务中。另一方面，并不是所有涉及商业的研究人员的例子都似乎有积极的教育成果。Stephan（2001）指出产业联系会减少学术界更多传统职责的时间，包括教学、行政和监督。Louis 等（2001）的研究发现具有商业联系的大学和研究机构的科学家们更倾向于拒绝向有商业联系的学者提供研究人员；Blumenthal 等（1997）也发现了非常相似的结果。

---

[14] Mowery 等（2001）认为拜杜法案对 3 个美国大学有影响：加利福尼亚大学、哥伦比亚大学和斯坦福大学。他们的结论是，专利活动在 20 世纪 80 年代增加，主要原因在于有关生物技术的研究（开始于 20 世纪 70 年代）以及使人们更容易获得生物医学专利和专利执法力度更强的联邦专利政策的变化。

[15] 其中一些原因是授权许可的收入可能很高。美国大学在 2005 年获得了 14 亿美元的收入（Siegel 等，2007，第 640 页）。

4.6 政府—商业层面

政府有许多形式来激励和管理国家创新阶段的其他两位参与者。政府有关创新的重点政策有：

（1）知识产权政策（在某种程度上与立法一样，知识产权的实施可能受到国家政策的影响）。

（2）税收政策（企业税收政策可以以各种方式影响创新，主要包括研发税费优惠，围绕知识产权的规则和风险投资）。

（3）竞争政策（竞争政策的立场，特别是当涉及创新的决策时，例如当公司具有主导市场地位时，而且在创新方面也引领行业）。

（4）政府—企业层面针对特定科研、技术和小企业的资助。

（5）标准制定（政府参与制定尺寸、性能、安全、测试和互操作性的各种标准）。

（6）采购政策（作为商品和服务的大买家，政府可以其影响商业活动，例如其购买计算机的决定）。

这些政策领域涵盖了一系列广泛的问题，其中大部分内容将在本书的其他章节进行讨论。第（1）点和第（2）点将在第11章讨论。第（3）点在第5章进一步讨论，同时第11章还有一些讨论。第（5）点和第（6）点也将在第11章讨论。下面我们讨论一下第（4）点。

Audretsch等（2001）研究了这样的计划，即美国的小企业创新研究（SBIR）计划。1977年国家科学基金会（NSF）开始启动该计划，旨在鼓励被评为具有商业价值的小型企业的活动。1982年法案要求政府中超过1000亿美元的外部研究项目的部门，拨出其中0.2%的研究预算资金作为SBIR的启动资金。1987年，该资助水平提高到了1.25%，1996年增加到2.5%。Audretsch等发现，SBIR许多项目的社会回报率远远高于私人回报率。这表明，SBIR有助于纠正在"新兴技术的社会价值研究"中投资不足导致的市场失灵。他们还计算了社会回报率，并将其与政府部门资助SBIR的机会成本进行了比较，在此基础上进行计算时发现，这些项目具有较高的经济价值。作者得出结论：

> 有充分的证据表明，SBIR计划正在刺激研发；以及从未发生的商业化努力。

> Audretsch等（2001，第1页）

方框4.2讨论了美国的另一项政策

> **方框4.2　美国新一代车辆合作伙伴关系**
>
> 　　美国一个有意思的公私合作计划是1993年的"新一代车辆合作伙伴关系"(PNGV)。该计划的目的是进一步研究节能车辆(Sperling, 2001)。他提出的问题是,为3家私营部门参与者(福特、通用汽车和克莱斯勒)提供研发资金是否显著影响其表现。Sperling对汽车行业的评论表明,在采用商业可行的节能技术上,较小的非PNGV汽车公司更加有效和快速。PNGV确实为集中联邦政府的运输研发预算提供了好处,也帮助刺激了燃料电池技术的进步。但是很难评估这些好处,Sperling认为,该计划最大的好处可能就是他所说的"回旋镖效应"。飞镖效应开始于PNGV对欧洲和日本汽车制造商的积极性,反过来,也促使它们在自己的研究中获得更大的效益,从而进一步加速美国的发展。关于这些项目的公共研发经费有效性的另一个有趣的结论是,当潜在利润丰厚的项目接近市场化时,由于制造商有强大的动力来自己提供资金,虽然目标技术离商业化还很远,这种资助应该发生。Sperling的分析表明,更有效地利用研发资金将是在PNGV之外的竞争基础上资助小公司、大学和其他研究中心。
>
> 　　在私营企业之间可能会自发地产生研究联盟,或者政府可能会选择直接补贴这样的联盟。研究联盟和企业的潜在收益包括内在化和最大化研究的溢出效应、消除重复劳动的浪费、降低成本及整合风险。分享研究成果的协议也可以在一系列可替代应用中改善发明的扩散。研究联盟也可能允许研究规模经济。最后,研究型合资企业可以避免全面并购的需求(这种趋势可能适用于制药行业中的大型和超大型合并)。

　　Branstetter和Sakakibara(2002)研究了涉及政府事务(1980~1992年)的日本合资企业的数据。结果表明,联盟在做基础研究时能够分享更大的收益。他们还发现,联盟的构思比专注于资源水平更为重要,这表明战略因素的重要性。关于联盟研究效率的三个主要特征是互补性研究资产、联盟内部巨大的溢出潜力、成员企业在最终产品市场之间缺乏竞争。正如作者所说的,这些结果可能适用于任何国家的研究联盟。然而,在日本,政府对这些计划的支持可能会有所减少,日本人越来越认识到,战后日本激进的公私合作伙伴关系可能与快速变化的高科技产业无关(Goto, 2000)。

4.7 新兴市场的国家创新体系

本章重点介绍了发达经济体的国家创新体系（NIS）。这种国家创新体系的方法也与新兴市场有关。为了说明这个问题，我们将探讨两个自20世纪60年代以来经历了快速增长的经济体：韩国和中国台湾地区。然后，我们将探讨中国和印度的最新发展。

韩国和中国台湾地区

在20世纪60年代初，韩国是世界上最贫穷的经济体之一，其人均GDP低于苏丹，不到莫斯科的1/3。在20世纪60年代，韩国公司的研究与开发在整个经济中只有2%～3%的比例。韩国大学也很少做研究（Kim 和 Kim，2005）。因此，在20世纪60年代，政府率先设立了研究所。这些机构重点关注如何复制和吸收海外技术，尤其是反向工程以尽快实现技术转化，同时为私营部门提供研究人员。随着韩国经济在20世纪70年代的增长（见表3.5），私营企业变得越来越重要，通过政府税收激励政策和便利的金融资助，这些公司受到激励而致力于开始加大研发投入。韩国的大型家族企业（财阀）开始主导研发。❶ 政府在1971年建立韩国先进科学技术研究所也开展了大学教育，目的是进行高质量的研究和培养高水平的科学家。在整个20世纪70年代和80年代，政府加强和扩大了其研究机构和大学。这些政策以直接税减免和财政补贴方式促进了私营机构的研发。总体而言，韩国从1970年的100亿韩元的研发费用增长至1995年的94400亿韩元，使研发/国民生产总值比从0.4%增加到2.7%（Kim 和 Yi，1997，表2）。

中国台湾地区虽然GDP比韩国略高，而且还有优良的教育体系，但在20世纪60年代也是一个贫穷的地区。像韩国一样，它在随后几十年的快速增长依托的是那些使用了新技术和生产方法的台湾公司。中国台湾地区政府在这个过程中发挥了重要作用，例如在1973年建立了"工业技术研究所"（TTRI）。到2003年，"工业技术研究所"在全球拥有6000项专利，帮助了中国台湾地区3万多家企业。"工业技术研究所"对于台湾半导体制造公司和联合微电子

---

❶ 三星、现代和LG等韩国公司在20家公司中占据了私人研发总额约70%。方框9.2讨论了三星公司。

公司（世界上两个最大的电脑芯片制造商）的建立至关重要（Peng 等，2006）❶。此外，许多台湾公司也成为发达国家的公司的分包商，这些公司提供生产方法的技术细节。与韩国的差别在于中国台湾地区的产业中占主要地位的是中小企业（SME），而不是大型财阀。一般来说，中小企业不能承担大型的研发项目，因此政府对研发的支持较高。❸ 此外，中国中小企业通常会围绕一个产业形成公司"集群"，这就鼓励了知识共享。❹ 因此在韩国和中国台湾地区，这个发展历程使得那些企业可以掌握更复杂的生产方式并获取生产更高价值产品的能力。做到这一点比较困难，需要政府和大学双方的支持。研发是整个过程的中心。最初的研发只是培养公司理解技术的能力，但在之后几十年，这些公司成了创新者。应该强调的是，韩国和中国台湾地区公司最初获取技术都是外来的，通过允许外部直接投资和许可协议与美国和日本的公司建立合资企业。❺ 此外，经济增长与出口密切相关，出口不仅提供了对产出的需求，还获得了新技术和客户需求的信息。（见第9章）

中国和印度

中国和印度是两个人口众多且近年来经济高速增长的国家。（见表3.5）在这两个经济体中应该如何描述国家创新体系呢？对于中国大陆来说，与韩国和中国台湾地区的经历有相似之处。中国大陆经常利用国外的技术激发经济增长，途径包括外国直接投资和合资企业。许多大型跨国公司在中国采购产品，从而将知识和技术转移到中国工厂，然后将产品出口到海外市场，通常是美国，进而实现了非常快速的增长。❻ 研发投入也有了大幅增长，研发与国内生产总值的比率从1995年的0.6%增长到2005年的1.3%。在这一时期，中国

---

❶ "工业技术研究所"有助于建立许多其他的衍生公司。重要的是，"工业技术研究所"将提供经费和技术，出借员工，并允许衍生公司使用"工业技术研究所"的研究实验室。

❸ 即使到了20世纪80年代中期，中国台湾在研发上的支出约为60%，而在韩国这个支出为20%（Mowery 和 Oxley，1995）。

❹ 例如，在1963年，美国的辛格公司在中国台湾进行了一笔小额投资。与辛格公司达成了一项协议，即80%的零件要在当地采购，这导致成立了许多中小企业。在20世纪70年代，出现了四家大型公司，台湾地区对缝纫机的出口从1964年的20万美元增长到1979年的7000万美元（Hobday，1995，第127页）。在这种情况下，初始动力均来自外国直接投资（FDI），这也发生在其他行业。

❺ 韩国和中国台湾地区都受到了美国良好政治、贸易和教育的极大帮助，都被允许进入美国市场，许多学生都在美国大学学习。

❻ 2006年中国出口占GDP比重约为40%，韩国的数据为43%，印度为23%。（世界银行国家指标网；该数据没有将中国台湾的数据单列出来）

大陆的国内生产总值增长了一倍以上，研发支出绝对值增加了4倍以上。[22] 在韩国，这一增长是由公司推动的，公司的研发份额从1990年的27%增长到2005年的68%。中国大陆研发的显著特点是跨国公司进行的研发占比较高。Lundin和Serger（2007）估计中国约29%的制造研发都是由外国公司引进的（见图12.1内的一些例子）。

印度在1947年独立之后的三十年里遵循的战略特征是进口替代和社会主义政策。其经济增长在1980年前相对较低，但在20世纪八九十年代有所增长（见表3.5），然后在2006年又进一步增长（根据国际货币基金组织的统计，每年增长约6%）。这些增长的变化涉及很多因素，最重要的是鼓励私营企业的政策发生，但我们在这里重点讲的是国家创新体系。[23] 印度的研发与国内生产总值的比率从1958年的0.17%增长至1987年的1%［自那之后下降到0.7%左右（Kumar，2001，第26页）］。自印度独立以来，印度政府就一直专注于科学和技术，包括扩大大学教育。到1999年，印度大学已有700万名学生入学，其中200万名学生学习技术学科。这些发展以及其他鼓励研发的政策对于印度两个最重要的行业至关重要：制药和计算机软件。

印度的软件行业经历了快速增长，其中大部分是基于美国和欧盟公司的外包，因此印度的软件出口从1990年的1.31亿美元增长到了2002年的78亿美元，占印度出口总额的16%（D'Costa，2003）。印度的制药业在1970年颁布新的专利法之后迅速增长。该法案取消了对药品、化学品和食物的专利保护，还缩短了对其他产品和加工发明的保护期。在20世纪七八十年代，印度形成了一个生产专利药物制剂的主要行业，也包括用于出口，经过一段时间，一些公司开发了它们自己的创新药物（Kumar，2003）。药品的出口量从1970年占总出口的0.5%增长到2000年的约4%。虽然软件和制药业的发展令人印象深刻，但有人担心印度的增长潜力仅限于这些和其他几个行业（Lall，1999）。

专利、国际创新体系和绩效

上面提到了很多问题。应该强调的是，要了解新兴市场高经济增长率的原因并不仅限于需要了解其国家创新体系（参见，例如第8章和第9章）。然而，重要的是要意识到无论是在发达经济体中还是在新兴市场上的公司经济增长确

---

[22] 本段落的数据来自Lundin和Serger（2007）与Schaaper（2004）。研发的增加要求有合格的科学家和工程师，Schaaper在其著作中描述了大学教育与研究的变化。

[23] Rodrik和Subramanian（2004）讨论了印度经济增长速度变化的原因。一些评论员强调1991年的国际收支危机所带来的宽松政策，尽管经济很显然在20世纪80年代有了改善。

实依赖这样一个体系。同样清楚的是，国家创新体系有很多方面的不同。表4.4 列出了一种经常使用比较知识和发明的综合指标：USPTO 授予的专利数量。该表显示了韩国和中国台湾地区专利申请的迅速增加，在 2007 年达到了 7000 多项专利。相比之下，在 2007 年中国有 1235 项而印度仅有 578 项专利。中国专利申请的快速增长也是值得注意的（自从同意了延迟申请之后，我们也知道这一比例仍将进一步上升）。相比而言，巴西、墨西哥和俄罗斯的专利水平都较低，没有明显的上升趋势，这表明这些国家的增长主要基于原材料和农产品企业，而不是工业的技术转型。

表4.4 新兴市场企业获得许可的美国专利数量

国家/地区	1987 年	1990 年	1995 年	2000 年	2005 年	2006 年	2007 年
巴西	35	45	70	113	98	148	118
中国	23	48	63	162	565	970	1235
印度	12	23	38	131	403	506	578
韩国	105	290	1240	3472	4591	6509	7264
墨西哥	54	34	45	100	95	88	88
俄罗斯	0	0	99	185	154	176	193
中国台湾	411	861	2087	5806	5993	7920	7491

来自：USPTO's *Patent Technology Monitoring Team Report*.

4.8 结 论

国家创新体系，一个知识、发明和创新相互作用的体系，是经济表现的核心。本章展示了商业、大学和政府之间相互作用的许多复杂的方面。这个体系的中心是由大学、政府和企业组成研发的核心。虽然没有简单的规则来做到这一点，但选择这三方之间的正确组合来获得研发的最大效率是至关重要的。在新兴市场上，研发虽然经常由政府发起，但是后来会逐步下放到私营机构，几个新兴市场的经验说明了上述内容。

本章的主要部分集中于发达经济体，即主要问题是研发的新环境。虽然政府、大学和公司之间合作的新趋势是不可能扭转的，但并不清楚所发生的变化是否具有统一的有益性。这对于整体创新率而言，仍然在很大程度上是未知的，它们对大学研发组成的影响（即用于延伸科学结果商业用途的研发与基础科学发现的研发相比，它们之间的影响）也是未知的。从免费的科学分配转向大学科学研究专利化政策的隐含意见认为，科学的商业化将通过建立一个有序的许可市场来加强。在公共科学知识的分配中，这种基于授权许可的模式已经取代了以前的公共产品模型，或有些人会说"对任何人都开放"。

支持基于授权许可模式的论据是什么？第一，可能仅仅是公司对它们所支付的款项的评估。第二，如果大多数大学的研究成果仍然需要额外的开发成本，那么公司不会愿意进行投入，除非提供独家许可。第三，许可有助于促进大学和商业之间的联系，从而可以将更多的资源用于协作和商业研究。然而，基于授权许可的模式——总的来说，大学——企业关系确实有压力——可能减少基本科学的研究。这会减少未来的创新率吗？一些杰出的科学家认为：Kornberg（2007）相信在他的研究领域——基因技术能够控制传染病或者治疗一些疾病，例如癌症——与之类似的许多在过去30年里取得突破的探索性研究在今天就不会得到资助。相比之下，Thursby 和 Thursby（2007）报告了美国11所主要大学的分析数据在研究性质上几乎没有改变的（见第4.5节）。因此，关于知识产权对大学的影响目前仍在辩论中。

关键词

国家创新体系　初创公司和衍生公司　科学园　技术转让办公室　基于授权许可的模式

讨论问题

（1）确定国家创新体系内的三个主要合作伙伴。它们在创新方面应该发挥互补或竞争的作用吗？

（2）大学和私营企业互相作用的主要方式是什么？

（3）大学科学部门或学者个人为他们的科技研究结果申请专利是个好主意吗？

（4）如果大学有专利，那么它们应该向一个或多个公司提供授权许可吗？许可费用是多少？政府应该调控这些活动吗？

（5）在公私伙伴关系中，政府的存在是"死亡之手"还是创新的必要催化剂？

（6）讨论政府在支持新兴市场的国家创新体系中的作用。

（7）国家有关专利数量的统计数据告诉了我们哪些重要的事情？

参考文献

[1] Adams, J. 1990. Fundamental stocks of knowledge and productivity growth. Journal of Political Economy 98 (4): 673-702.

[2] Audretsch, D., and P. Stephan. 1996. Company – scientist locational links: the case of biotechnology. American Economic Review 86 (3): 641 – 52.

[3] Audretsch, D., A. Link, and J. Scott. 2001. Public/private technology partnerships: evaluating SBIR – supported research. Dartmouth College Working Paper 01 – 01 (January).

[4] Bloom, N., and R. Griffith. 2001. The internationalisation of UK R&D. Fiscal Studies 22 (3): 337 – 55.

[5] Blumenthal, D., E. G. Campbell, M. S. Anderson, N. Causino, and K. S. Louis. 1997. Withholding of research results in academic life science: evidence from a national survey of faculty. Journal of the American Medical Association 277 (15): 1, 224 – 28.

[6] Branstetter, L., and M. Sakakibara. 2002. When do research consortia work well and why? Evidence from Japanese panel data. American Economic Review 92 (1): 143 – 59.

[7] Cardwell, D. 1994. The Fontana History of Technology. London: Fontana. Council on Governmental Relations. 1999. The Bayh – Dole Act: A Guide to the Law and Implementing Regulations. Washington, DC: Council on Governmental Relations.

[8] David, P. 2001. Will building good fences really make good neighbors in science? In "Intellectual property protection and internet collaborations." A report of the EC – DG Research Strata Working Party (April).

[9] 2005. Innovation and universities' role in commercializing research results: second thoughts about the Bayh – Dole experiment. Stanford Institute for Economic Policy Research Discussion Paper 04 – 27 (May).

[10] D'Costa, A. P. 2003. Uneven and combined development: understanding India's software exports. World Development 31 (1): 211 – 26.

[11] Dougherty, S., R. Inklaar, R. McGuckin, and B. van Ark. 2007. International comparisons of R&D expenditure: does an R&D PPP make a difference? NBER Working Paper 12, 829.

[12] European Commission. 2003. Communication on the Role of the Universities in the Europe of Knowledge. Brussels: Commission of the European Communities.

[13] Eurostat. 2007. Science, Technology and Innovation in Europe. Brussels: Commission of the European Communities.

[14] Freeman, C. 1995. The national system of innovation in historical perspective. Cambridge Journal of Economics 19: 5 – 24.

[15] Goto, A. 2000. Japan's national innovation system: current status and problems. Oxford Review of Economic Policy 16 (2): 103 – 13.

[16] Hall, B., A. Link, and J. Scott. 2002. Universities as research partners. Review of Economics and Statistics 85 (2): 485 – 91.

[17] Heller, M. A. 1997. The tragedy of the anticommons: property in the transition from Marx to Markets. William Davidson Institute Working Papers Series no. 40.

[18] Heller, M. A., and R. Eisenberg. 1998. Can patents deter innovation? The anticommons in

biomedical research. Science 280: 698 – 701.

[19] Hobday, M. 1995. Innovation in East Asia. Cheltenham, U. K.: Edward Elgar. House of Commons. 2004. Scientific publications: free for all? . House of Commons Scientific Committee HC399 – I.

[20] Hull, D. 1988. Science as a Process. University of Chicago Press.

[21] Jensen, R., and M. Thursby. 2001. Proofs and prototypes for sale: the tale of university licensing. American Economic Review 91 (2): 240 – 59.

[22] Kim, D. S., and D. K. Kim. 2005. The evolutionary responses of Korean government research institutes in a changing national innovation system. Science, Technology and Society 10: 31 – 55.

[23] Kim, L., and G. Yi. 1997. The dynamics of R&D in industrial development: lessons from the Korean experience. Industry and Innovation 4 (2): 167 – 82.

[24] Kornberg, R. 2007. Talk given at the seminar "Innovation policy for the next presidency" at Stanford University, June 1, 2007. See also R. Kornberg's statement to the Subcommittee on Science, Technology and Innovation, Senate Committee on Commerce, Science and Transportation, May 2, 2007 (supplied by the author).

[25] Kumar, N. 2001. National innovation systems and the Indian software industry development. Background paper for World Industrial Development Report 2001, UNIDO.

[26] 2003. Intellectual property rights, technology and economic development experiences of Asian countries. Economic and Political Weekly 18: 209 – 26.

[27] Lall, S. 1999. India's manufactured exports: comparative structure and prospects. World Development 27 (10): 1, 769 – 86.

[28] Leydesdorff, L., and M. Meyer. 2006. Triple helix indicators of knowledge – based innovation systems: introduction to the special issue. Research Policy 35 (10): 1, 441 – 49.

[29] Link, S., and J. Scott. 2003. U. S. science parks: the diffusion of an innovation and its effects on the academic missions of universities. International Journal of Industrial Organization 21 (9): 1, 323 – 56.

[30] Louis, K. S., M. S. Anderson, L. Jones, D. Blumenthal, and E. Campbell. 2001. Entrepreneurship, secrecy, and productivity: a comparison of clinical and non – clinical life sciences faculty. Journal of Technology Transfer 26 (3): 233 – 45.

[31] Lundin, N., and S. Serger. 2007. Globalization of R&D and China. IFN Working Paper 710, Research Institute of Industrial Economics, Sweden.

[32] Lundvall, B. 1992. National Systems of Innovation. London: Pinter.

[33] Mason, G., and K. Wagner. 1999. Knowledge transfer and innovation in Britain and Germany: intermediate institution models of knowledge transfer under strain? Industry and Innovation 6 (1): 85 – 110.

[34] Mason, G., J. P. Beltramo, and J. – J. Paul. 2001. Knowledge infrastructure, technical

problem solving and industrial performance: electronics in Britain and France. Discussion Paper 189 (November), National Institute of Economic and Social Research.

[35] McCabe, M., and C. Synder. 2005. Open access and academic journal quality. American Economic Review 95 (2): 453 – 58.

[36] Merton, R. 1957. Priorities in scientific discovery: a chapter in the sociology of science. American Sociological Review 22 (6): 635 – 59.

[37] ——. 1988. The Matthew effect in science. II. Cumulative advantage and the symbolism of intellectual property. Isis 79 (299): 606 – 23.

[38] Mowery, D., and R. Nelson. 2004. Ivory Tower and Industrial Innovation: University – Industry Technology Transfer Before and After the Bayh – Dole Act in the United States. Stanford University Press.

[39] Mowery, D., and J. Oxley. 1995. Inward technology transfer and competitiveness: the role of national innovation systems. Cambridge Journal of Economics 19: 67 – 93.

[40] Mowery, D., and S. Shane. 2002. Introduction to the special issue on university entrepreneurship and technology transfer. Management Science 48 (1): v – ix.

[41] Mowery, D., R. R. Nelson, B. Sampat, and A. Ziedonis. 2001. The growth of patenting and licensing by U. S. universities: an assessment of the effects of the Bayh – Dole act of 1980. Research Policy 30: 99 – 119.

[42] Nelson, R. (ed.). 1993. National Innovation Systems: A Comparative Analysis. Oxford University Press.

[43] OECD. 2005. Science and Technology Statistics. Paris: OECD.

[44] Peng, B. – W., H. – G. Chen, and B. – W. Lin. 2006. A Taiwan research institute as a technology business incubator: ITRI and its spin – offs. Comparative Technology Transfer and Society 4 (1): 1 – 21.

[45] Poyago – Theotoky, J., J. Beath, and D. Siegel. 2002. Universities and fundamental research: policy implications of the growth of university – industry partnerships. Oxford Review of Economic Policy 18 (1): 10 – 21.

[46] Rodrik, D., and A. Subramanian. 2004. From Hindu growth to productivity surge: the mystery of the Indian growth transition. IMF Working Paper 77.

[47] Schaaper, M. 2004. An emerging knowledge – based economy in China? STI Working Paper 2004/4, OECD.

[48] Siegel, D., D. Waldman, and A. Link. 2003. Assessing the impact of organizational practices on the productivity of university technology transfer offices: an exploratory study. Research Policy 32 (1): 27 – 48.

[49] Siegel, D., R. Veugelers, and M. Wright. 2007. Technology transfer offices and commercialization of university intellectual property: performance and policy implications. Oxford Review of Economic Policy 23 (4): 640 – 60.

[50] Siegel, D., P. Westhead, and M. Wright. 2003. Assessing the impact of university science parks on research productivity: exploratory firm – level evidence from the United Kingdom. International Journal of Industrial Organisation 21 (9): 1, 357 – 69.

[51] Sperling, D. 2001. Public – private technology R&D partnerships: lessons from U. S. partnership for a new generation of vehicles. Transport Policy 8: 247 – 56.

[52] Stephan, P. 1996. The economics of science. Journal of Economic Literature 34 (September): 1, 199 – 235.

[53] ——. 2001. Educational implications of university – industry technology transfer.

[54] Journal of Technology Transfer 26 (3): 199 – 205.

[55] Technopolis. 2007. Third annual survey of knowledge transfer activities in public sector research establishments. Report to the Department for Innovation, Universities and Skills (July).

[56] Thursby, J., and M. Thursby. 2002. Who is selling the ivory tower? Sources of growth in university licensing. Management Science 48 (1): 90 – 104.

[57] 2007. University licensing. Oxford Review of Economic Policy 23 (4): 620 – 39.

[58] Uglow, J. 2002. The Lunar Society. London: Faber.

[59] Unico. 2005. UK university commercialisation survey: financial year 2004. Report, Unico (available at www. unico. org. uk).

[60] Zucker, L., and M. Darby. 1996. Star scientists and institutional transformation: patterns of invention and innovation in the formation of the biotechnology industry. Proceedings of the National Academy of Sciences 93 (23): 12, 709 – 16.

第 5 章
创新性企业和市场

5.1 介　　绍

　　上一章讨论了创新过程是如何依赖企业、高校和政府三个关键角色之间的互动。本章聚焦于企业部门，因为普遍认为它是最关键的。企业部门通常引领实施了大部分的研发；它也为消费者和生产者提供了新的生产资料。我们也能更仔细地查看市场中的竞争与创新过程的交互方式。本章的总体目标是提供一个理解市场体系是否会产生最优创新水平的框架。为了实现这一目的，本章讨论了市场体系的不同方面，回答了一些问题，比如，创业者在创新过程中起什么作用？创新性新企业面临什么问题？市场条件如何影响创新率？

　　在回答这些问题时，我们主要采用了经济学的方法——聚焦于企业面对的激励结构和企业间的竞争互动。然而，我们也介绍了一些围绕创新的管理和法律问题。本章接下来的部分回顾了实证研究如何估计创新的私有价值，并且评价了市场结构会如何影响创新倾向。我们也关注了这些实证研究如何加深我们对市场的理解以及对创新政策的讨论做出贡献。

5.2　创业与新企业

　　在前面的章节中我们已经提到了发明者和创业者，现在是时候阐明他们在企业创新中的作用了。发明者被定为是那些产生新想法的人，这些新想法是创新的基础。企业要想变得有创新性，它可以雇用发明者，或者拥有获得外部想法来源（比如，高校）的好途径，或者两者兼具。创业者可以有多种不同的定义方式，但我们最喜欢的定义是"创业者是那些寻求新的想法并且将它们商业化利用的人"。❶ 因此，创业的本质是发现还没有被利用的机会。这可以通过"空隙填充"实现——发现还没有被供应的获利市场，或者可以通过获得核心市场的主要供应份额实现。想法的实现涉及创新（正如在第 1 章中所定义的），很多创业者通过开创业务来实现他们的想法；因此，创业者与企业有密切的联系。虽然成为一个成功的创业者需要的技能与成为一个发明者需要的技能是不同的，但是发明者可以通过建立新业务成为创业者。因此，创业行为是新企业创立背后的主要动力，而新企业的创立则将新的产品和生产方式引入了市场。这些企业运作的市场成为新想法的检验场；成功的想法将会使得新企业成为下一代更大企业中的一员——或者通过增长，或者被更大企业收购，然而不成功想法的企业则会失败。❷ 想法的产生、企业的创立和市场选择的过程会以最优方式运行吗？通常，经济学家和政策制定者不认为如此，有三个原因：

1）没有足够的创业者被"创造"；
2）创业者会选择非生产性的活动；
3）有好想法的创业者也不一定能成功。

这些失败可以被归结于无法获得关键性资源，缺乏培训和专业知识，或者因为存在进入现有市场的障碍。第三个原因需要更多关于市场的背景，将留到第 5.4 节介绍。这一部分我们考虑前两个原因。

社会会鼓励足够多的创业者和他们所选择的创业行为吗？Baumol（1990）做了一个大胆的假设：大概近似，有史以来的所有社会有相似的创业能力——从古罗马到中世纪的中国再到欧洲的文艺复兴——但是它们在创业能力如何被使用上存在很大不同。他采用了非生产性活动的思想，比如犯罪或暴利（也被认为是寻租），并且断言生产率较低的社会将太多的创业者转向了这些行为。这种转向的程度取决于社会的文化、管制和法律特性。Baumol 讨论历史上的社会来尝试证明他的假设。在现代，美国被认为是一个文化和教育体系强烈鼓励创业的国家，并且它的管制和法律体系允许将创业引导到有助于 GDP

---

❶ Joseph Schumpeter（1883~1950 年）是一个早期强调创业作用的经济学家。创业被定为不顾及现有控制的资源而对机会的追求。这传递了一个重要的观点，即创业者不会被他们现在的环境或者甚至现有的市场条件所约束，因此，他们的行为可以引导经济的重要转变。这也暗示了创业和管理（它是关于指导自己已经控制的资源）是如何不同的。Drucker（1985）和 Shalman（1999）对创业提供了一个好的介绍。

❷ 这一观点与行业的产品生命周期相关，可能存在拥有竞争性新产品的新进入者的最初增长。随着时间推移，会存在产品和企业的衰退——最有创新性的企业更有倾向于生存下来，并且行业中的企业数量会下降［参见 Gort 和 Klepper（1982）提供的一些案例研究和 Klepper（1996）提供的理论模型］。

第5章 创新性企业和市场

增长的新企业的创建（也就是，生产性活动）。❸ 相反，在一些发展中国家，通常被认为是复杂的监管和贪污腐败将创业者引导到了犯罪或者寻租行为。❹ 因此，这与 Baumol 的主要假设一致，即创业能力可以被转向不同的行为，但是潜在的创业能力在不同的国家相同吗？一个关于有多少人愿意个体经营的研究表明在国家之间存在很大的不同，这暗示了国家间的潜在创业能力确实会不同。❺ 更进一步讲，政策制定者通常热衷于确保教育体系能使学生意识到创业的可能性，这暗示了影响潜在的（创业）能力是可能的。

大的企业也可以是创业性的吗？对这个问题的回答是"是的，如果这一企业允许它的雇员以创业的方式行动"。然而，通常允许雇员以这种方式行动是非常困难的，因为这与大企业实施的标准计划和预算控制相冲突。一些企业尝试通过具有新想法的员工可以要求资助的方案来平衡这一情形，他们可以以任何他们认为合适的方式使用这些资金（如同一个独立的创业者能做的）。然而，很明显，大企业可以是创新性的。那么创业和创新的区别是什么呢？如上面所述，不同之处，创业并不是一个管理的、有计划的过程，存在一个所谓的"自助法"因素——创业者按照需要和时机寻求资源。大企业确实有时也这么做，但是它们通常将注意力集中于计划这一过程。Drucker（1985）认为大企业不需要过度依赖创业性，因为它们可以以一种小企业所不能的、有系统的方式追求创新。因此，Drucker 认为为了保持成功，大企业必须创新，但它们可以一种系统的、有组织的、理性的方式进行。

这意味着存在两种创新的路径。一种依赖于个体创业者的洞察力和决心；另一种是对现有企业而言，通过使用正式的研发或其他团队的基础行为来系统地寻找机会。在任何成功的经济体中，个体创业者和创新性企业两者都很重要。❻

---

❸ 存在一些研究使用关于创业的跨国调研数据来证明这些想法。比如，Ardagna 和 Lusardi（2008）使用世界银行全球创业观察（GEM）关于37个国家的数据分析了影响创业的因素，包括管制的影响（更高的管制会降低创业）。

❹ 一本关于这些想法的重要的书来自 Hernando de Soto（2000）。他认为，弱法律体系，特别是缺乏土地所有权登记，意味着穷人不能借到投资于小商业的资本。

❺ Blanchflower 等（2001，第683页）发现在波兰大约80%的工人愿意个体经营，美国是71%，英国是45%，法国和日本大约是41%（数据来自1997~1998年所做的调查）。个体经营与创业并不完全相同，但是它们非常可能是正相关的。

❻ Audretsch 和 Thurik（2001）认为小的创业企业在当代知识经济中发挥着越来越重要的作用。他们将当代与20世纪五六十年代进行了对比，那时大企业占主导（J. K. Galbraith's（1956）经典的管理资本主义书籍：American Capitalism：The New Industrial State）。一个经济中小企业重要性的指标是SMEs（小中型规模企业——那些雇员少于250的企业）所占的研发份额。OECD（2003）声明，SMEs的研发在美国占总研发的15%，在欧盟为25%。在意大利，65%的研发都由 SMEs 进行，然而在日本只有7%。

5.3 创新与企业

为什么企业需要创新？

对微观经济学家来讲，企业创新的最主要原因是需要最大化现在和未来的利润流。[7] 企业创新是为了调高销售或降低生产成本，继而提高利润。利润的提高是对创新投资（比如，通过往年的研发支出）的回报。由于研发投资的产出是不确定的，企业只有当期望回报为正时才会投资。[8] 这一创新的利润最大化观点有其优点，但是它同时也意味着所有的企业可以被认为是同质性的逐利机制。这使得历史、文化、组织结构、管理方式或者人事方面的不同没有了被允许（存在）的空间，而这些对创新而言可能是非常重要的。[9]

在管理文献中，创新的原因是更加多样化的，包括为了生存，为了提高市场份额，为了满足顾客需求。每一个原因都可以反过来联系到利润最大化的思想，但它们确实对企业和管理者面临的实际压力和机会给出了更大的洞悉。比如，von Hippel（1988）讨论了企业从顾客那里获得的反馈和想法如何能够导致创新。这一讨论也暗示了，虽然利润可能是最终的目标，但也存在很多企业层次的因素会阻碍或者改变创新的有效性。本书并不打算成为使企业变得更具创新性的管理指导，但是我们将会提到很多的方面：员工挑战权威的权利，对失败的容忍，对顾客和外部知识来源的开放式沟通，团队精神和灵活性。[10]

创新战略

对于任何一个已经处于某一特定市场的企业来讲，关键的选择是做一个领导者还是跟随者。领导者通过对研发进行投入和尝试使用知识产权保护创新成果来追求创新。跟随者依赖于围绕着其他企业发展的新创新来进行采用、模仿

---

[7] 这一点的理由包括（a）企业的股东通常希望尽可能多的利润，以及（b）如果企业不能最大化利润，它将在竞争中被那些能够最大化利润的企业驱逐出市场。这两个理由都遭到了争论。股东可能通常不能充分控制管理者来确保他们最大化利润。这就是所谓的代理——委托问题。参见 Hodgson（1993）对一个不断发展的市场中利润最大化争论是否现实的讨论。

[8] 有时研究者会区分两种不同类型的不确定性：技术的和市场的。技术不确定性发生在当创新过程可能涉及创造新的科学和工程知识时。市场不确定性来自这样一个事实，即除非产品被推出了，否则产品的实际需求是未知的。

[9] Nelson（1991）提供了一个企业为什么不同的讨论。

[10] 有很多关于这一话题的管理类图书。一些最近的书包括 Carlson 和 Wilmot（2006），以及 Skarzynski 和 Gibson（2008）。

或发明，这可能涉及获得许可和对创新者支付使用许可费。

对大部分的产品市场来讲，在技术上保持不变——无论是产品设计还是生产技术——的选项并不存在。因此，企业是不断地在以下的创新活动方面做出选择：应该在研发中投入多少，哪些发明要通过正式的知识产权来保护，什么时候推出新产品，什么时候采用新的生产方法，以及什么时候将技术许可给其他企业。[11] 每一项活动都有收益和成本，这些反过来是由企业的内部特性——比如它们先前存在的知识产权组合和产品范围——以及企业运营所处市场的外部特性所决定的。

另一系列决策关系到是否与其他企业、高校或公共机构合作。正如第 4 章所讨论的，某些创新可能来自高校或者公共研究机构。企业可能面临着是否与其他企业进行联合研发的战略选择，其中的一些企业可能还是竞争者。与其他企业合作有很多的优点，包括分摊固定成本、风险共担、避免重复研发、知识共享和想法的联合培育。小企业可能对其中的一些优点特别感兴趣。需要重点强调的是，在反垄断法之下，与竞争者的合作通常是不合法的，但是存在研发合作的豁免条款。特别地，研发的豁免条款强调不同的条件来确保研发的结果不会产生市场支配力或者降低竞争程度。[12]

5.4 市场与创新

创造性破坏与动态竞争

在关于资本主义经济本质的开创性研究中，Schumpeter（1942，第 7 章）描述了著名的"创造性破坏过程"。创业者和企业将新产品或工艺引入市场中，并因此享受了暂时的垄断利润。然而，通常，任何成功的新产品或工艺都会引发模仿，并且最终导致创新者的利润被侵蚀。因此，"创造性破坏"这一术语代表了创新的赢家和输家之间的张力："创造性"指的是对发明者、创新者和其顾客的盈利机会，然而"破坏"是指从现有生产者那里拿走市场份额和利润以及现有工人的失业。在这一动态情形下，市场份额和企业生产的持续

---

[11] 还有一些其他的创新相关的决策，比如是否聚焦于企业以往的核心业务还是去多样化，以及什么时候收购拥有互补性市场份额和知识产权的企业。

[12] Hemphill（2003）讨论了美国和欧盟的政策。在 2000 年，美国发布了"竞争者之间合作的反垄断指引"，欧盟在 2001 年 1 月 1 日引入了新的研发"整体豁免"条例。简而言之，这些政策规定了合作研发的成果必须可以被所有参与者利用。同时还存在一个市场份额条件：如果合作的竞争者的总市场份额等于或超过 25%，研发的整体豁免将不适用（在美国是 20%）。

变动是常态。

作为一个实例，考虑一下上面提到的市场是新想法检验场的观点。在英国，一项调查表明只有35%的新企业会在它们的前5年中存活下来；美国新企业的两年生存率约为80%。[13] 我们应该关心这样的高退出率吗？一方面，这可能是市场选择更好的产品和最有效企业的结果。这一破坏过程通常被认为是资本主义经济的一个长处，因此我们不应该关心高退出率。[14] 另一方面，事实上，很可能一些退出的企业确实有好产品，或者有成为高效企业的潜力，但是缺乏充分利用机会的互补性资产。[15] 互补性资产对创新成功的重要性最先是由Teece（1986，2006）提出的。互补性资产的例子包括熟练工人、金融、信息、知识产权、法律咨询和会计服务。同时，新企业还存在被现有企业强制驱逐的可能性，或者更麻烦的是，可能新企业由于现有企业设置的进入壁垒不能进入市场。

因此，一个增长的经济是以新企业进入和现有企业创新为特征的，并且所有企业之间存在竞争。这一竞争导致了创造性破坏，它鼓励最好的产品和工艺才能生存下去。经济学家对这一竞争过程的本质和结果非常感兴趣，特别是确认它是最优的。需要注意到，这里的"竞争"指的是市场中不同产品和工艺之间的竞争对抗。这一竞争类型随着新企业和产品的进入以及原有企业和产品的退出而发生，因此通常被称为动态竞争。相反的，很多微观经济学教科书只关注以价格为基础的固定数量企业间的竞争，这常被称为价格竞争或静态竞争。为什么动态竞争可能不是最优的？有很多可能的原因：

1）不充分的创业能力，或者这种能力被转移了，因此在市场中很少成立新企业（正如上面第5.2节中讨论的）；

2）新企业进入了，但是由于它们不能获得关键性资源，它们的失败率太高；

3）新企业由于进入壁垒——或者是由现有企业战略性设置的，或者来自管制型约束——被阻止进入市场；

4）现有企业间的动态竞争程度低，很少推出新产品或者开发新工艺。这是由缺少创新动机、管制约束或缺乏可利用的研发资金导致的。后者可能是由现有企业之间高水平的价格竞争导致的——降低了利润和投资的能力。

我们将在第5.4节中详细分析2）~4）的。在这之前，我们要注意两个重

---

[13] 生存率的数据是由OECD的创业指标项目编译的，美国的数据就来自其中。它们估计了英国的（两年期）比较数值为83%。35%的5年期生存率来自Disney等（2003，第92页）。

[14] 经济学家有时与达尔文的进化论进行类比——适者生存和自然选择的观点。参见Hodgson（1993）对这一类比优点和缺点的详细讨论。

[15] 这一点关系到上面第5.2节的第（3）点。

要的问题。第一个是可能存在太多的动态竞争，太多的企业或新产品被推出，产生浪费资源。这一点背后的直觉是每家企业都是追求它们自身的利润，而不是根据社会的最大利益行动。由于新企业需要利用资源（比如，劳动和资本），与社会所期望的相比较，可能太多的新企业被建立，太多的资源被利用。方框5.1回顾了一些关于最优产品数量的模型。研究表明，大部分的经济学家和政策制定者都关心在经济部门中存在太少的动态竞争以及相关的新产品。

最后一点是，动态竞争的理论允许我们对反垄断或竞争政策和知识产权之间的平衡进行一些了解。简而言之，反垄断政策是为了加强企业间的竞争，特别是阻止垄断。❶ 然而，知识产权给予了企业开发利用新产品和工艺的垄断权利。这一明显的冲突可以通过指出"反垄断法和知识产权法都是用来最优化动态竞争，从而最优化创新和经济增长"来解决。因此，对专利授予垄断权利是鼓励创新过程的一部分，这同时也意味着垄断权利将会短期存在。

方框5.1　竞争会产生最优数量的产品吗？

　　首先，我们需要澄清最优意味着什么。正如标准的微观经济学教科书一样，我们将最优定义为当社会福利最大化时（也就是说，当对所有社会成员的福利或利益时最高水平时）。福利可以被定义为是消费者剩余和生产者剩余的总和。让我们假定每家企业都只有一种产品。这意味着产品或企业都是可以交换的。我们也可以思考有多少家企业进入了新市场作为对新产品创造的一个明确的举例。

　　我们也应该清楚每一个产品与其他的产品都存在某种不同。通常指的是产品特性（比如，一辆汽车有很多特性，比如二氧化碳排放、安全、座位数量、颜色等）。在经济学文献中，存在水平差别和垂直差别的区分。水平差别是指不存在对市场中可获得的所有产品的普通消费者排名的情形：购买者喜欢哪一个产品仅仅是个体偏好的事情。垂直差别产品有一个对所有消费者的普遍排名——从最好到最差，为什么消费者不会都购买最好产品的唯一原因是价格的不同。

---

❶　反垄断法会如何实现这一结果存在很多争论。Hart（2001）提供一个关于美国在1890~2000年反垄断政策的历史。他表明，关于技术和创新的反垄断政策已经随时间发生了变化。比如，在20世纪70~90年代，芝加哥学派成功倡导了低干预或不干涉立场。它假定，创新将会自然发生，继而创造竞争者和新产品来挑战任何垄断。他们同时强调失败的企业如何可以利用反垄断法来尝试改变它们的命运。从2000年开始，Hart认为，存在对干预需求的转移。网络外部性和锁人将产生主导企业可以维持其地位的情形，即使它的产品不是最好的。

当考虑新企业的进入是否是最优时，有三个主要因素起作用。第一个是商业窃取效应。这意味着企业间对利润的竞争会导致太多新企业的进入。每家企业只考虑它可以获得的利润而不考虑对其他企业的影响。第二个方面是因为个体企业不考虑它们新产品所产生的消费者剩余。这通常也被称为专有性效应，因为通常一家企业不可能占有产品产生的全部消费者剩余。专有性效应意味着存在太少的新企业进入以及太少的产品。第三，新产品可能通过将新知识或技术展示给竞争者产生知识溢出效应。个体企业在它们的决策制定中不会考虑这种知识溢出效应。因此，通常我们不能确定是否市场包含了最优数量的产品，因为它取决于每种效应的相对权重。

效应	描述	结果
商业窃取效应	新企业忽视了现有企业的利润损失	太多产品
专有性效应	企业不能占有所有消费者剩余	太少产品
溢出效应	新产品向其他企业展示了知识	太少产品

不同的理论模型对最优产品范围问题提供了不同的答案。Salop（1979）提出了一个称为"圆形城市模型"（circular city model）的模型。这一模型考虑了一个商店坐落于一个圆形新城市。每家商店出售相同的产品，但是由于与消费者的距离不同而不同。消费者需要支付交通成本，因此如果它的价格等于或低于其他商店，最近的商店会更被偏好。这种模型可以代表有不同特性的产品，在这一情形中，圆形代表了消费者的偏好，因此只要价格不是太高，他们会选择最接近他们偏好的产品。这是一个产品水平差别的例子。假定每个产品（商店）有一个固定的进入成本，并且产品（商店）围绕着圆形的偏好区域是等距离的，Salop 的模型表明了存在太多的进入成本。Salop 使用的特定假设意味着商业窃取效应占主导。

产品垂直差别代表了一些其他的问题。如果所有的人赞同在市场中存在一种最好的产品，这意味着产品的最优数量是 1。然而，如果低质量的产品可以以低价格获得，并且人们的收入不同，这一结果将取决于性价比以及收入分布。模型化这一情形是非常复杂的，而且并不清楚竞争性进入将会创造多少种产品（Shaked 和 Sutton，1983）。一些研究者问了一个略微不同的问题：给定一种市场结构（或者垄断，或者竞争），哪一种将会产生最新（垂直差别的）产品？这一问题的答案同样是复杂的，它取决于是否现有垄断受到新进入者的威胁以及是否新产品会完全取代原有产品（Gilbert 和 Newbery，1982；Greenstein 和 Ramey，1998）。因此，会存在这

> 样的情形，即比起竞争市场中的生产者，受到威胁的垄断者有更大的引入新产品的动机（这与 Arrow（1962）的结果不一致，将在接下来的第 5.4 节进行讨论）。

新企业缺少资源

正如已经提到的，现实中存在很多新企业难以获得它们需要的资源。包括熟练工人（也被称为人力资本）；银行融资，股市和风险投资公司；以及标准的信息、技术、国外市场、知识产权、法律问题、管理实践和会计。实际上，一些研究者认为很多新企业失败是由于现金流管理较差。可能一些现金流问题是由企业产品不好引起的，因此我们可以认为现金流问题只是反映了公司的生存能力。另外，一些现金流预测和管理的基本知识可能对确保创新性企业在市场中生存是必须的。在评估其他可能的资源约束时存在相似的困境。比如，一家新企业可能声称银行不愿意贷款给创新性企业，但是银行的不情愿可能反映了银行对这些企业可能失败的评估。然而，这一评估通常是以企业准备的商业计划为基础的，因此针对如何准备商业计划和培训的教育会发挥一定的作用。

作为对这些困难的回应，普遍的政策响应是提供一系列针对新企业和创业者的支持项目。通常包括建立和运行小企业的免费建议，对企业所有者或员工的培训补贴、租金补贴（可能特别是面向小企业的商业园或商业中心）。政府也定期回顾和尝试简化新企业和小企业承担的行政和管制负担。对高科技企业，通常会有一系列的补贴、研究合作以及奖励来鼓励和支持研发。进一步的政策关注的领域是金融，特别是风险投资。政府通常会努力建立、资助和支持关注于小企业的风投行业。支持小企业的政策这一主题将在第 11.4 节进一步讨论。

进入壁垒

现有企业——即那些现在已经在市场中运营的企业——可能尝试设置进入壁垒。这些壁垒可以约束或阻止新企业的进入，并因此限制竞争，提高现有企业的收益性。第一个著名的研究是关于盈利以及它与产业集中度和进入壁垒关系，即 Bain（1956）关于美国制造业的研究。[17] 他采用了 8 家企业集中度和不

---

[17] 集中度是指市场中最大企业所控制的市场份额。比如，4 家企业的集中度可能是 0.6，这意味着最大的 4 家企业控制了 60% 的市场销售。

同的进入壁垒进行评估，包括现有产品差异化、现有规模经济和绝对资本需求。Bain 发现进入壁垒是盈利的最重要影响因素，当进入现有壁垒时，更高的集中度只造成了很少的利润提高。而且，只有当集中度提高 0.7 以上时，利润才会有所提高。Bain 的研究为接下来的大量实证研究开辟了路径，虽然近些年，这一类实证研究被认为是对复杂行为研究的简单尝试。一个理由是 Demsetz (1973) 提出的论点——通常被称为"效率观"。这一观点认为，高集中度是成功的、创新性的和有效率的企业主导了市场的结果。这些企业同时也有高的盈利，因此任何集中度和盈利之间的关系仅仅反映了行业的发展，而不是进入壁垒。另一个理由是，进入壁垒需要一个可行的阻碍。比如，现有企业可能对过剩生产力进行投资来作为一种可能的进入壁垒。这意味着如果进入，潜在进入者将会提高产出，并且降低价格。这种价格战的威胁可能被认为是一种进入壁垒。然而，这种威胁可信吗？如果进入确实发生了，既然价格战会同时损害新进入者和现有企业的利益，一个理性的现有企业将重新评估进行价格战的决策。因此，除非进入壁垒是可行的——或者时间一致性的，否则它不能作为一种阻碍（Tirole, 1988）。这些复杂性意味着难以进行进入壁垒的实证分析。

从我们的目的来看，我们特别感兴趣的是能够负面影响动态竞争和创新过程的潜在进入壁垒。有两种重要的可能性：研发费用和知识产权体系的使用。大量的研究者已经讨论了现有企业高研发费用可以作为一种进入壁垒。这些讨论认为，对进入者而言，很难成功地开展大量必须的研发项目以追赶现有企业的创新速度。虽然其中有一些事实，但并不清楚是否动态竞争会受到损害。无论新企业进入是否发生，现有企业高的研发支出率可能导致快速的创新。这也就是说，通常存在这样一种观念，提出根本性或破坏性创新的小企业可能面临大量的进入壁垒，即使这些壁垒并不明显。现有企业大规模的创新意味着，如果小企业要获取市场份额，除了进行创新，它还需要获得实质性的资产和分销能力。鼓励这类企业的进入是困难的，但是知识产权的目的在于为它们提供一些保护。同时，对现有企业而言，也可能利用知识产权体系作为一种进入壁垒，比如通过广泛的商标注册或者威胁使用专利诉讼。这些问题将在下一章中进行讨论。

市场结构和创新性企业

让我们考虑下市场结构会如何影响企业的创新潜力。我们聚焦于它们在生产和研发中是否有垄断或面临激烈的竞争。Schumpeter (1942) 认为，在集中性行业运营的大企业构成了技术进步的引擎。[13] 他认为垄断和寡头垄断企业更可能进行有意义的研发，因为它们可以利用从利润中获得的资金来资助研发。Schumpeter 论述到，比起完全竞争市场结构下表现出的激烈价格竞争，寡头垄断市场结构，随着企业感知到的产品和要素成本竞争强度，将产生更多的创新，并对社会福利做出更大的贡献。

从 Schumpeter（1942）的研究开始，针对为什么大企业可能是技术和创新进步的引擎，很多原因已经得到进一步研究了，并且这些原因随后被归纳为两个假设（Symeonidis，1996）。第一个假设是在创新的动机和市场份额或势力之间存在正向关系。大的市场份额意味着一个新产品会实现更高的市场份额和产生利润的更大确定性。归结于市场份额的更高边际利润也可以为研发提供资金，这是非常重要的，因为资本市场可能不愿意资助创新性项目。第二个假设表明大企业的规模和创新是相关的。这一假设部分以 Schumpeter 的理论为基础，即一个大的多元化企业将更可能收获创新利益，不管创新发生在行业的哪个产品范围中。进一步，一些研究项目需要很高的固定成本意味着只有大企业拥有必需的资源。最后，大企业可能更好地管理创新相关的风险（也就是，它们能够有多样化的研究项目组合）。

然而，Arrow（1962）的分析反驳了 Schmpeter 经济学说相对垄断企业而言创新可以让竞争企业获取相对报酬的观点。Arrow 论述到，当存在有效的知识产权时，竞争的生产者相比于垄断的生产者有更高的创新动机（参加图 1.2 和图 1.3，以及相关的讨论）。垄断者由于进入壁垒已经享受到了超额利润，并且创新回报只提供了很小的额外利润。[19] 然而，在 Arrow 的竞争行业中，知识产权提供了一个竞争者成为暂时垄断者的机会。但是，Arrow 的分析忽视了两个可能性。第一，可能存在对小的竞争企业进行研发投入的资金约束，因为借款时研发结果的不确定将需要较高的风险溢价。第二，它假设知识产权在保护企业免于模仿上完全有效，通常事情并非如此。

延续这些早期的研究，已经有大量的论文分析了市场结构与创新之间的关系；一些过程创新模型在表 5.1 中进行了总结。正如表 5.1 所显示的，是否我们会期望在更有竞争性的或者生产更加集中的市场结构中看到更快的创新，这取决于采用的知识产权制度和研发过程的动态性。

---

[13] 在早期的研究中，Schumpeter（1934）强调了创业者和他们创立的小企业作为创新驱动力的作用。看起来，Schumpeter 的思想随着时间推移发生了演化，虽然 Hagerdoorn（1996）论述到 Schumpeter 早期的研究也确实提高了大企业（并且它后来的研究仍然讨论了创业者）的地位。

[19] 这有时也被称为一个垄断利润流被另外垄断利润流替代的"替代效应"。

表 5.1　竞争与创新：模型和预测

作者（年份）	生产和研发中的市场结构	知识产权制度	模型预测	竞争政策启示
\multicolumn{5}{c}{确定研发成果下的静态过程创新模型}
Arrow（1962）	生产和研发都是完全垄断的；或者都是完全竞争的	知识产权是排他性的，只奖励第一个发明者（虽然对完全垄断是多余的）	比起垄断，投入研发的动机在完全竞争时更高	促进竞争以提高创新率
Gilbert 和 Newbery（1982）	创新前的生产是垄断的，但从潜在进入者开始研发是竞争的	知识产权是排他性的，并且奖励最高的"投标人"（研发投入最多的人）	垄断能够获得最多，可以通过成为发明者实现	相比垄断，双头垄断是不可取的
Dasgupta 和 Stiglitz（1980）	研发中有大量（N）同质性的企业竞争	知识产权是非排他性的（比如，创新是商业秘密，如果另外的发明者发现了相同的（创新）过程，他们也使用它）	企业数量的增加降低了行业的研发强度	比起竞争，更喜欢寡头垄断；但是这种寡头垄断是不经济的，因为它会重复研发
\multicolumn{5}{c}{不确定研发成果下的动态过程创新模型}
Reinganum（1981）	N 家企业在研发中竞争；发明的概率是研发支出的指数函数	知识产权是排他性的，并且奖励第一家发明企业	随着 N 的提高，发明的概率上升，因此发明的时间缩短	更喜欢有更多的企业来提高创新率，即使每一家不成功的企业从它的研发支出中一无所获
Reinganum（1983）	创新前的生产是垄断的，但从潜在进入者开始研发是竞争的；发明的概率是研发支出的指数函数	知识产权是排他性的，并且奖励第一家发明企业	对于一个激进的过程创新，潜在进入者会比在位者投入更多；对于非激进的创新则恰好相反	在一系列专利竞争中，市场主导地位可能易主

续表

作者（年份）	生产和研发中的市场结构	知识产权制度	模型预测	竞争政策启示
Doraszelski（2003）	研发竞争是在领先企业和跟随企业间进行；创新成功的概率取决于每家企业当前的研发和累积的过去研发	知识产权是排他性的，并且奖励第一家发明企业	一家企业占主导可能发生也可能不会发生，这取决于研发成功概率如何与累积研发相关	随着不断增加的研发经验回报，可以预期到现有企业的市场主导地位会持续；随着研发经验回报的不断减少，跟随者会比领先者投入更多以实现追赶

这些对立的观点导致了这样一种思想，即竞争和创新绩效之间存在一个潜在的非单一关系（参见图 5.1），这在经济学中也有相当长的历史了（Scherer，1992）。Schmidt（1997）认为，管理对避免破产的愿望在促进创新中非常重要，尤其是市场份额减少时。虽然市场中更高的竞争通过减少每家企业的产出降低了创新的回报，但也提高了破产的风险。对破产的恐惧鼓励管理者去创新来确保企业的生存和管理者的工作。当竞争非常激烈时，产出效应会占主导，但在这发生之前，创新的动机会在某个中间水平的市场集中度时达到顶峰。Aghion 和 Griffith（2005）也论述到在创新和竞争的关系中存在对抗性的力量导致产生了倒 U 型（参见图 5.1）。随着竞争的提高，创新提供了在企业成本和利润差别小的部门中提高利润的机会；与之相反的是，Schumpeter 效应——更高的竞争降低了存在一定技术和利润差别的部门创新的租金差异。

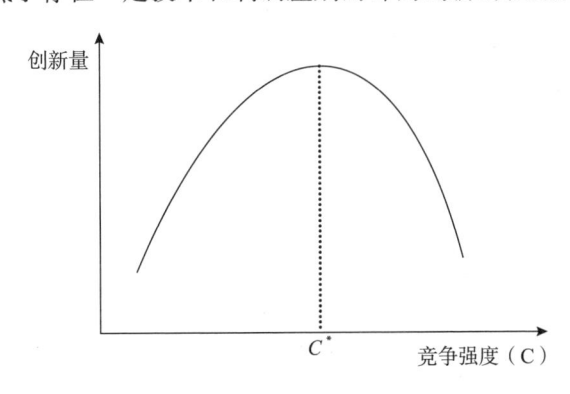

图 5.1 创新与竞争间的倒 U 型关系

5.5 创新回报的实证证据

这一部分将寻找创新对企业绩效影响的证据。很多的实证研究采用研发作为创新的替代指标，这里我们把这些研究作为寻找的起点。这也允许我们对一些关于研发投入回报率的证据进行讨论。知识产权也通常被用来评估创新，比如，一个企业的专利数量。在这里，一些关于知识产权的研究结果也会被提到，但更详细的讨论将在第6章进行。对企业绩效的评估有很多不同的方式，包括：

- 市场价值研究。这类研究只能对上市企业进行。这些研究通过企业股票价格或者总市场价值的变化来评估创新的影响。
- 生产率研究。很多情况下，生产率是可以计算出来的，这也允许了对生产率与创新关系的评估。
- 营利性研究。企业盈利的数据通常是可以获得的，这允许了对过去创新如何影响接下来营利的评估。
- 生存性研究。特别是对微型企业和中小企业，生存率分析可以对成功企业具有的特点提供一些见解和洞察。
- 增长研究。销售增长率、资产增长率、员工增长率和出口增长率的数据都可以用来评作绩效。特别是对微型企业和中小企业，这些评估常常从唯一的渠道获得。当然，也有兴趣来研究对高增长的小企业，因为其中一些将会成为下一代的大企业。

首先，我们关注于市场价值和生产率研究。在经济学文献中，这些研究占主导地位，并且这些研究往往使用大企业的数据。经济体中的大企业通常提供了大部分的GDP，因此关注大企业有其合理性。然而，既然我们的兴趣是创新，因此不能忽略小企业。最有创新性的小企业有可能在未来成长为大企业。微型企业和中小企业的数据通常比较少，进行市场价值或生产率研究通常是不可能的。因而，小企业的生存和增长率研究更常见。

创新的市场价值研究

企业的股票价格反映了市场预期企业在未来所能分配的股息（或回购股份）最佳估值。相关文献中一直有的一个假设是投资者的理性预期，即投资者是面向未来的、能够考虑所有可获得的信息，并且不会犯系统性错误，所以金融市场的股票价格被假定在某种程度的随机误差之上是准确的（Hall 等，2005）。投资者对未来所支付股息的估计是关于企业所拥有的有形资产和无形

第5章 创新性企业和市场

资产的一个函数。研发和知识产权可以被用来作为企业无形资产的替代（Hall 等，2005）。这一方法的优点在于它在本质上是面向未来的，这也是该方法与下面要描述的生产率方法的不同之处。这类研究的实证规范模型将在方框5.2中讨论。

Hall（1993b）采用市场价值方法估计了1973~1991年美国制造企业的研发回报。对整个研究样本而言，研发支出与股票市场价格是高度正相关的。实际上，比起企业已有的研发存量（按15%的比率对过去的研发支出进行贬值折算），当前的研发支出有更强的正相关关系，这意味着股票市场认为当前的研发是企业未来绩效的更好指标。它们之间关系的强度表明，研发回报是正常投资回报的2~3倍。然而，Hall又单独回归计算了1973~1991年每一年的市场价值。结果表明研发回报直到1980年还是增加的，但是接着在20世纪80年代急剧下降——显示在20世纪80年代末研发投资的回报只是正常投资回报的1/4。Hall讨论了一些可能的解释，包括20世纪80年代研发贬值更加快速、股票市场变得更加短视。在另外一篇论文中，Hall（1993a）发现大部分研发回报的降低发生在计算机/电子行业中，并且这可以归因于个人计算机革命的开始。

Hall和Oriani（2006）通过分析1989~1998年法国、德国、意大利、英国和美国的制造企业确认了这些结果。对美国而言，他们的研究结果表明相比1980年，其间的研发回报仍相对较低。还有证据显示，相比于法国、德国和美国（这些国家的研发回报相似），意大利的研发回报要更低。相反地，英国却表现出了更高的研发回报（或者，更准确地说，英国的股票市场期望研发的未来回报会更高）。为什么在国家之间会存在这种不同呢？一些研发数据报告的问题可以导致这些不同，但是这也被归因于公司治理、资本市场和研发资金的不同。比如，在意大利存在更高比例的公共资金资助的研发，这将会提高研发支出，降低企业的个体研发回报率。[20]

还有很多的论文也研究了研发的市场价值。这些研究对市场价值分析如何解释研发投入动机以及更广泛的创新过程给出了指示。更进一步讲，有很多研究将这一方法扩展到了研究专利的价值，还有一部分研究了商标。有关于知识产权的研究将在第6章中进行介绍。

---

[20] 公共资金支持个体研发的基本原理是知识溢出和正向外部性的存在，这意味着研发的社会回报是很高的（正如第1章中讨论的）。同时，由政府补助带来的个体研发的扩张将会降低个体研发的回报率。对意大利而讲，Hall和Oriani（2006）也讨论了是否较弱的中小股东的权利是否也是研发回报更低的影响因素，也就是说，这些股东可能害怕研发回报会被大股东占有，因此降低了研发积极企业的股价。

方框 5.2　市场价值的实证规范模型

很多关于创新和市场价值的实证研究都起源于 Griliches（1981）。这一模型假定企业的市场价值（总权益加债务）由企业的有形资产和无形资产决定，即有

$$V = q(K_{\tan} + \gamma K_{\text{int}})^{\sigma} \tag{5.1}$$

其中 $K_{\tan}$ 是企业所有有形资产的账面价值；K_{int} 是企业无形资产的价值，它一般不包含在企业资产负债表中；q 是企业资产的当前市场估值系数；σ 是规模报酬非常数的可能性；γ 是无形资产和有形资产影子价格的比率（即 $(\partial V/\partial K_{\text{int}})/(\partial V/\partial K_{\tan})$）。为了利用简单线性回归技术估计公式 5.1，我们可以对公式 5.1 取对数。由于近似存在 $\ln(1 + K_{\text{int}}/K_{\tan}) \approx K_{\text{int}}/K_{\tan}$，所以去对数后公式 5.1 可以整理为，

$$\ln V = \ln q + \sigma \ln K_{\tan} + \sigma \gamma K_{\text{int}}/K_{\tan} \tag{5.2}$$

但需要注意，$K_{\text{int}}/K_{\tan}$ 值越大，$\ln(1 + K_{\text{int}}/K_{\tan})$ 近似的可靠性越差。另外，公式 5.1 也可以采用非线性回归技术估计。

实证研究中的一个重要问题是如何通过替代指标计算 K_{int}，即无形资产的价值。通常，无形资产是与商标名称、工艺创新或产品创新、广告、管理技能、人力资本等方面相关。虽然有时企业的资产负债表中也包含无形资产的市场（账目）价值，但普遍认为这一价值会很大程度低估无形资产的真实价值。研发和知识产权（主要是专利）通常被用来作为 K_{int} 替代指标。当采用研发作为替代指标时，通常有两种可行的方式：(1) 最近一年的研发作为替代指标；(2) 研发累积总量作为替代指标（一般会按某一比例进行折算，比如 15%）。采用最近一年研发的方式效果通常会更好，因为这一方式更符合股票市场对过去和未来研发回报的期望。专利申请、公开和授权也普遍被用来作为 K_{int} 的替代指标（既可以是最近一年的，也可以是累积的总量）。Hall（2000）对 K_{int} 的研究方法和近期研究进行了综述。

研发的生产率研究

上述分析方法的优点是市场价值是一个面向未来的绩效评估。它的缺点是这一方法依赖于有效市场的假设，而且用于那些上市的企业。另一个估计研发和知识产权价值以及它们所具体隐含的创新方法是评估它们对生产率的贡献。方框 5.3 对这类实证研究的方法提供了一个简短介绍。

第 5 章 创新性企业和市场

Griliches（1984）发表了很多不同的介绍生产率方法的论文。总之，几乎所有的这类实证研究都发现了研发和随后给定投入量时企业产出增加（意味着"生产率"的提高）之间的正相关关系。一个难以解决的问题是这一影响强度，因为可以预料到研发回报率由于变化的利率、折旧率和风险而不断改变。一些研究也就个体研发回报率给出了它们的结果。[21] Griliches 和 Mairesse（1990）发现，美国制造企业的个体研发回报率为 20%~40%；他们的研究中也包含了对日本企业的分析，发现回报率在 30%~40%。Hall 和 Mairesse（1995）发现法国企业在 20 世纪 80 年代的研发回报率为 22%~34%，而 Harhoff（1998）发现 1979~1989 年德国企业的回报率约为 20%。[22]

那么，20% 或 30% 的个体研发回报率高吗？如果高的话，政策制定者应该关注吗，或者这仅仅是企业自己的事？研发回报率可以与企业用来制定资本投资决策的标准回报率（通常被称为门槛比率）进行比较。对很多企业来讲，门槛比率大约是 12%，意味着研发回报率是相当高的。[23] 即使如此，高的研发回报率可能也是适当的，因为它反映了高风险，比如需要涵盖未预期到的研发资产的贬值。然而，如果超出的回报率高于一个适当的风险溢价，这意味着研发不存在自由加入，因为如果存在的话，研发回报率将会降低到与其他形式投资的回报率相等。研发投资缺乏自由进入的潜在原因是政策制定者的兴趣点。

两个可能的原因是企业没有能力为研发项目筹集资金和为知识产权创造进入壁垒。很明显，在存在知识产权的情况下，如果知识产权是用来奖励创新者，那么缺乏自由进入这种结果就是我们所期望的。还存在一个可能的原因是研发需要互补性资产，它们是随着时间发展建立起来的，因此研发回报就成了过去其他投资的函数，而不仅仅是当前的研发行为。最后，还可能是科技人才的供给上存在限制。[24] 我们将在第 11 章再讨论这些政策问题。值得注意的是，高研发回报率与一些研发基础的经济增长模型是不兼容的。这些模型假定研发是自由进入的，这意味着研发回报率应该降低到完全竞争的水平（参见第 8.3 节）。

研发的生产率计算方法可以以不同的方式拓展来考虑其他感兴趣的话题。

---

[21] 实证研究中也估计了研发或专利相对于价值增值的弹性（参见方框 5.2）。使用估计的弹性和已知的研发强度来计算研发回报率是可能的。但在企业样本中估计一个固定弹性的缺点是它意味着回报率与研发强度间成反比。

[22] 这些论文的回报率范围较宽的原因与计量经济学有关。所有的估计都受限于统计的不确定性，这导致了置信区间。此外，作为对结果的稳定性检验，研究者倾向于从大量不同的实证模型中得出结果。

[23] Poterba 和 Summers（1995）调查了财富 100 强企业的 CEO，发现平均的门槛比率为 12.2%。

[24] 相关的详细讨论可以参见 Rogers（2006）。

比如，Lokshin 等（2008）在一个荷兰制造企业的研究中（1996~2001 年）检验了是否外包研发会提高企业的生产率。他们发现只有当企业也进行内部研发时才会如此。这意味着为了从外部研发中获益，企业需要发展内部吸收能力，而这是通过企业自身的研发实现的。㉕ 其他研究分析的问题包括(a) 基础性研发和应用型研发对生产率的不同影响；(b) 企业规模的作用；(c) 行业间研发回报的不同；(d) 是否政府资助的研发与个体资助的研发有相同的生产率作用。㉖

对比个体企业和行业总体，文献的实证证据显示了研发在提高生产率上的一致性正向回报。大部分的这类研究都只聚焦于制造企业，因为传统上这部分企业涉及了大部分的研发。也有研究调查了知识产权在提高生产率中的作用，我们将在第 6 章中查看这些研究。

需要重点强调的是，经验/实证研究中指的都是研发的个体回报，而不是社会回报。很多实证研究表明研发的社会回报高于个体回报。这与"研发具有'公共产品'特性"的观点是一致的，或者说研发有正向外部性（参见第 1 章）。比如，Bernstein 和 Nadiri（1988）发现，美国高科技行业的研发社会回报率介于 10%~160%；Wolff 和 Nadiri（1993）发现美国工业的研发社会回报率在 27%~43%。方框 5.3 中讨论了如何估计社会回报率，第 11 章中讨论了鼓励研发的的政策问题。

方框 5.3　利用生产函数关联投入和产出

生产函数是一个由投入和产出定义的生产能力关系式（参见数学附录）。这一公式可以被具体化为，

$$Y = Al^{a_1}K^{a_2}, \tag{5.3}$$

其中，Y 是价值增长（或者采用其他产出测量），L 是劳动（就业总数），K 是有形资本总量，A 是代表技术的标量。所有的变量都是企业层面的变量。很多因素会影响企业的技术水平。实证分析中，A 最常用的替代指标包括研发费用、专利行为、培训或人力资本支出和信息技术投入。需要注意的是，在生产率的研究中，"技术"是 A 的核心变量，但在市场价

㉕ 参见本书的第 2 章，在那里我们讨论研发的两面性；也可以参见 Cohen 和 Levinthal（1989）。

㉖ 这些类型研究的例子如下。Lichtenberg 和 Siegel（1991）发现相比于应用性研究，基础性研究与生产率之间有更强的关系；Rogers（2006）发现在英国，研发回报率对中小企业比对大企业更大。Tsai 和 Wang（2004）发现在中国台湾企业中，高科技行业的研发回报率更高。Hall 和 Mairesse（1995）考虑了 20 世纪 80 年代法国制造企业大量不同的问题，包括政府资助研究对个体企业的影响。

值方法中，无形资产才是核心变量。虽然"技术"这一术语反映了经济学方法（参见第8章），但在市场价值中，它体现的是会计学背景。

一个最典型的实证方法是对公式5.3取自然对数，将其具体化为如下的估计公式

$$\ln Y = \beta_1 \ln(研发) + \beta_2 \ln(专利) + \alpha_1 \ln L + \alpha_2 \ln K \quad (5.4)$$

其中，研发和专利都被用来作为技术水平（A）的替代指标。在公式5.4的估计中，研发和专利采用的是累积总量，而不是某一年的特定值。这是因为研发和专利是技术水平（A）的替代指标，而技术水平（A）是随时间逐步累积的结果。所以，计算研发和专利时，通常会按大约15%的比例进行折算（参见Hall（2007），虽然他对这一方式进行了一些批判）。估计公式5.4需要收集一个企业层面变量的数据集，在此基础上可以估计获得系数β_1和β_2。β_1和β_2分别为产出对研发和专利的弹性（弹性是指研发总量或专利总量改变1%时，价值增值（Y）改变的百分比）。但需要注意，公式5.4的计算中会存在大量的问题，这可以参见Griliches和Mairesse（1995），以及数学附录中的A.1和A.8部分。

对研发来说，很多研究者也非常关注研发的边际回报率（即研发提高1美元时，价值增值（Y）的增加量）。正如在数学附录中显示的，我们可以将公式5.4改写为将价值增值的增长率作为因变量，进而可以直接估计研发的回报率。实际上，此时我们得出如式5.5所示的一阶差分对数模型，或者说是增长模型，

$$\Delta \ln Y = \alpha_3 R\&D/Y + \alpha_1 \Delta \ln L + \alpha_2 \Delta \ln K \quad (5.5)$$

相对于公式5.4，公式5.5有很多的优点，其中包括α_3实际上就是对研发的边际回报率的估计。然而，该公式依赖于研发的折算率非常小，由于竞争者的侵蚀，这一情形通常情况下在企业层面上并不存在（Hall，2007）。

当公式5.4和公式5.5采用企业层面的数据进行估计时，获得的结果实际上是企业私有的弹性和回报率。Kafouros（2004）对生产率和研发的分析进行了综述。如果研究者关注的是社会回报，有两个基本的选择方式。一个方法是在回归方程中添加一个代表其他企业研发的变量。如果改变的系数显著为正，这意味其他企业的研发存在溢出效应。另一个方法是使用行业层面数据代替企业层面数据，此时企业间的所有溢出效应都已经包含在这些系数中。

其他研究

营利和研发之间的实证研究并不常见。Lev 和 Sougiannis（1996）以美国上市企业为样本（1975~1991 年）研究了研发对产出利润的影响。他们发现了之前的正向关系，并且研发的影响大约会持续 7 年。在企业的重大创新研究中，Geroski 等（1993）也发现利润会有提高（仍然大约会持续 7 年）。既然利润是价值增值的一部分，这些结果是可以被预期的。可能研究会对了解创新性小企业的绩效有更大的兴趣。其中最大的问题是小企业的数据非常少。特别地，在很多情况下，小企业并不需要报告研发数据或者需要用来衡量生产率的数据。一些数据库，比如创新调查（Community Innovation Survey，CIS）确实允许了对创新和绩效衡量的企业层面分析。一个最近的实例是 Griffith 等人（2006）使用 CIS 对欧洲四个国家的研发、创新和生产率进行了研究。如所期望的，创新与生产率之间存在联系，虽然这一联系看起来在一些国家比其他国家要强。企业生存性研究也显示，在创新性活动和提高生存机会之间有强联系。Webster 等人在澳大利亚企业的研究以及 Helmers 和 Rogers（2008）在英国企业的研究中也表明了这一点。

5.6　竞争与创新交互的证据

Schumpeter 关于大企业在集中市场中有益作用的"煽动性"论述已经引发了大量的实证研究。如果他的论述是正确的，那么传统的对竞争权威性——反对提高集中度的兼并和保持新的小企业进入机会——的关注可能对创新率有消极影响。

大部分研究注重验证 Schumpeter 第二个假说——创新会增加企业规模——的文献已经对创新产品或投入和绩效进行了回归分析，通常采用的是来自一个或多个行业的交叉部门的数据（参见 Symeonidis，1996）。这一类开始于 Scherer（1965）的研究已经因为没有认识到或解决大量的方法论问题而受到了批判。[27]

---

[27]　比如，由于样本的非随机性，存在严重的样本选择问题，因为所研究的样本企业通常指包含那些报告研发的企业。更进一步的问题是，是否研究中成功掌握了除规模之外的其他企业特征。由于研发强度会随企业而不同，这对实证研究产生了问题。一个相关的问题是需要了解行业影响。既然企业规模和创新可能会被行业总体属性影响，比如技术机会水平和管制方面的考虑，为了获得企业规模对创新特定影响的无偏估计，使用行业间和行业内数据的研究需要控制行业层面的影响。而且，正如 Cohen（1995）提到的，考虑到很多大企业常常是由在不同行业运营的更小单位组成的，掌握行业对企业层面数据的影响可能是极其困难的。

第5章 创新性企业和市场

正如上面所提到的，可能这一领域中大部分实证研究最严重的错误是隐含的从规模（和市场结构）到创新的因果性假设。事实上，很多变量——比如企业规模、市场结构和创新——是体系中的内生变量，现在已经被普遍认可；在体系中，技术、制度、需求、战略考虑和随机性是决定总体经济结果的重要因素（Sutton，1996；Symeonidis，1996）。

Cohen（1995）对以往的实证研究进行了一个总结："共识是……规模对创新几乎没有影响，而且大企业在进行研发时没有优势，反而可能有劣势"。这一陈述只是在Greenhalgh和Rogers（2007）以英国企业为样本所做的"企业规模是专利和商标行为的决定因素"的分析中得到部分证实。在他们关于制造企业和服务企业的分析中，比起小企业，大企业在任何一年中都更有可能是知识产权保护的积极分子；但在这些积极分子中，每个员工申请的知识产权的数量与企业规模是负相关的。

这把我们带到了关注验证Schumpeter第一个假设的文献上，即假设创新和市场份额之间存在正相关。同样地，解释这一领域的实证文献也有许多困难。大部分的研究是对创新活动和行业集中度进行回归。这假定了行业集中度会单向导致创新活动，然而实际上这两者之间存在双向的因果关系几乎是肯定的。两个早期的文献综述（Scherer，1992；Geroski，1994）一致认为，Schumpeter相信大型垄断企业是技术创新驱动力，这是错误的（也可参见Gilbert，2006）。Scherer（1992，第1430页）得出了这样的结论：

> 将美国的创新活动从新创企业脱离出来以重新分配给那些被称赞的、已创立的大企业［Schumpeter（1942）］，这是否可取仍然是可疑的。

反观行业特征，比如技术机会和专有性条件，可能在决定创新中更加重要。

虽然如此，对市场结构作用的探索仍在持续。在对20世纪80年代后期美国企业的研究中，Hall和Vopel（1996）论证到，高市场份额有助于利用过去的研发成果，但当前研发支出的股票市场价值也显然与企业规模有关。利用1973～1982年英国重大创新制造企业的数据库，Blundell等（1999）发现更高的市场份额提高了创新的股票市场价值。㉘ 在最近对英国1989～2002年生产企业的研究中，Greenhalgh和Rogers（2006）采用了一种新颖的动态性市场结构测量，这种评估将缺乏市场竞争性与超额利润的持久性联系在一起。他们发

㉘ 虽然他们只报告了制药行业单独的结果，但他们也提到市场份额的影响确实好像会随行业改变。

现，当通过股票市场价值评估绩效时，竞争最少的部门有最高的研发回报。更进一步讲，在有最多动态竞争的部门中（发现是那些基于科技的制造行业），有更多市场份额的企业也有更高的研发估值。[29] 这些研究支持了 Schumpeter 的主张，即作为促进创新的市场结构，寡头垄断可能胜过竞争。虽然如此，降低竞争对提高创新企业的程度可能存在极限。Aghion 和 Griffith（2005）已经提供了实证证据来支持他们"竞争程度和创新率之间存在倒 U 型关系"（参见图 5.1）的假设。使用 1968~1997 年在美国获得专利的大型英国上市企业，在他们的研究中发现，随着产品市场竞争指数的提高，先是有专利创新率的提高；接着随着竞争的进一步提高，专利会减少。

许多论文以 Teece（1986，2006）建议的方式——这种方式中，互补性要素在回报的分配中起重要作用——聚焦于特定的行业，这可以揭示创新过程的细节。比如，Gambardella（1995）对生物技术行业的研究显示，小企业常常会提出根本性的创新和新发现，但却不能将产品更进一步商业化。他提到，"结果成为一种新的分工——小企业专门从事早期研究，而大企业进行临床开发和分销"。这一结论表明了一个比 Schumpeter 所假定的更加精细的技术创新过程。另一个例子中，Gruber（1992，1995）的研究揭示了半导体内存芯片行业中先行者优势在决定市场份额和创新产出中的重要性。在这一行业中，企业特有的学习非常重要；面对快速的行业总体质量改进，相比行业的后进入者，一个早期的创新者更能够学习如何提高产品质量——后来者将只有更少的时间去学习如何提高质量。这些对特定行业更细致的研究实例仅仅揭示了与创新、企业规模和市场份额相关机制的部分微妙之处。

5.7 结　　论

本章中，我们探索了为什么企业会创新以及什么约束会影响它们的创新能力等复杂问题。最初的任务是思考创业和新企业在把创新性产品和方式引入市场中的作用。对经济学家来讲，有三个相关的重要问题。第一，社会中存在足够的创业者吗？第二，这些创业者会选择生产性活动吗——这里生产性活动被定义为提高 GDP 的活动？在所有的国家中，一些创业者会选择非法的活动，比如违法的毒品、腐败或寻租活动，并且需要最小化这些活动的影响。第三，

---

[29] 这些研究者也探索了市场份额与知识产权价值之间的相互作用，也是通过企业股票市场价值的变化来查看的。他们发现，当专利和商标由那些有更高市场份额的企业获得时，股票市场会对它们呈现更高的价值，虽然在不同的技术群之间，这一交互作用存在相当大的差异和显著性上的变化。

如果创业者通过创新性产品进入了市场，他们能够获得所需要的资源吗？在了解最后这个问题时，我们需要考虑竞争的动态过程（参见第5.4节）。新企业可能不能获得资金、熟练工人、技术或信息，而且这可能将创新性产品驱逐出市场。这反过来将我们引向了通常情况下的进入壁垒：现有企业可能尝试阻止新企业进入。

第5.5节考虑了与创新回报相关的实证证据。本章中，焦点是研发，知识产权回报的实证讨论将留到第6章。这些证据本身就很有趣，但是它也为实证研究如何有利于政策讨论提供了背景材料。研发的个体回报率可以通过市场价值或者生产率方法来研究（参见方框5.2和方框5.3）。两种方法都表明，研发的个体回报率高于标准的有形投资项目回报率。部分超额回报可能是对更高风险的奖励，但高回报率也表明了不存在自由的进入研究。这可以归因于壁垒——比如筹集资金、缺乏熟练工人或知识产权，但也存在这种可能性——研发需要随时间建立的互补性资产（比如，隐性知识和熟练劳动力）。生产率方法也可以被用来评估研发的社会回报。很多研究表明，社会回报高于个体回报，意味着存在研发的正向外部性。

本章也讨论了关于市场结构和创新的广泛争论，回顾了理论方面（第5.4节）和实证方面（第5.6节）的证据。Schumpeter的第一个假设是有更大市场份额的企业应该创新更多。大的市场份额赋予了能够收回回报的更大确定性；它也意味着更多的研发利润。Schumpeter的第二个假设是更大的企业应该创新更多，因为大的规模意味着研发风险的分散化和更大的筹集资金能力。第二个假设的实证证据是矛盾和复杂的。大企业更有可能进行研发或者成为知识产权积极分子，但是那些研发或知识产权积极的小企业通常有更高的强度（比如，研发/销售，或人均专利）。对Schumpeter第一个假设的研究已经引发了尝试去理解市场结构、竞争和创新关系的大量理论研究。一些垄断和完全竞争区分的基本情形已经在第1章进行了探讨。随着理论研究为这些基本情形增加了现实因素，我们发现那些启示变得依赖于进一步的假设（比如，关于知识产权制度的假设）。尝试去理解竞争强度和创新之间关系的实证研究强化了这些方面。创新、市场结构和竞争都可能是一个内生性过程的一部分，其他的、更加根本的因素可能驱动了这些结果。虽然如此，仍存在寻求竞争强度和创新强度之间关系的（研究）兴趣。在各种不同的研究中有这种可能性，即它们之间可能存在倒U型关系（参见图5.1），虽然经济学家还有一段很长的路来识别竞争的最优程度（图5.1中的C^*）。在下一章中，我们将考察企业如何在创新过程中使用知识产权，并且我们将通过查看特定类型知识产权回报的实证研究来进一步探索创新的个体回报程度。

关键词

创业　破坏性创新　动态竞争、市场结构：垄断、寡头垄断和完全竞争、创新壁垒、创新的个人和社会回报、市场价值和生产率研究

讨论问题

（1）政策制定者应该试图鼓励创业吗？
（2）创业和创新是不同的吗？
（3）为什么企业会创新？
（4）在创新中，企业会有什么成本和收益？
（5）Schumpeter 关于创新的两个主要假设是什么？你会如何验证它们？
（6）从研发回报的实证研究中我们学到了什么？
（7）在这些实证研究中，哪些经济部门被忽略了，为什么？
（8）在理论和实践上，竞争如何影响创新？

参考文献

[1] Aghion, P., and Griffith, R. 2005. Competition and Growth: Reconciling Theory and Evidence. Cambridge, MA: MIT Press.

[2] Ardagna, S., and A. Lusardi. 2008. Explaining international differences in entrepreneurship: the role of individual characteristics and regulatory constraints. NBER Working Paper 14012.

[3] Arrow, K. 1962. The economic implications of learning by doing. Review of Economic Studies 29 (1): 155–73.

[4] Audretsch, D. B., and A. R. Thurik. 2001. What's new about the New Economy? Sources of growth in the managed and entrepreneurial economies. Industrial and Corporate Change 10 (1): 267–315.

[5] Bain, J. 1956. Barriers to New Competition. Cambridge, MA: Harvard University Press.

[6] Baumol, W. 1990. Entrepreneurship: productive, unproductive, and destructive. Journal of Political Economy 98 (5): 893–921.

[7] Bernstein, J. I., and M. I. Nadiri. 1988. Interindustry R&D spillovers, rates of return, and production in high–tech industries. American Economic Review 78: 429–34.

[8] Blanchflower, D. G., A. Oswald, and A. Stutzer. 2001. Latent entrepreneurship across nations. European Economic Review 45 (4–6): 680–91.

[9] Blundell, R., R. Griffith, and J. Van Reenen. 1999. Market share, market value and innovation in a panel of British manufacturing firms. Review of Economic Studies 66: 529–54.

[10] Carlson, C., and W. Wilmot. 2006. Innovation: The Five Disciplines for Creating What Customers Want. New York: Random House.

[11] Cohen, W. 1995. Empirical studies of innovative activity. In Handbook of the Economics of Innovation and Technological Change (ed. P. Stoneman). Oxford: Basil Blackwell.

[12] Cohen, W., and D. Levinthal. 1989. Innovation and learning: the two faces of R&D. Economic Journal 99: 569 – 96.

[13] de Soto, H. 2000. The Mystery of Capital: Why Capitalism Triumphs in the West but Fails Everywhere Else. Oxford University Press.

[14] Dasgupta, P., and J. Stiglitz. 1980. Industrial structure and the nature of innovative activity. Economic Journal 90: 266 – 93.

[15] Demsetz, H. 1973. Industry structure, market rivalry, and public policy. Journal of Law and Economics 16: 1 – 10.

[16] Disney, R., J. Haskel, and Y. Heden. 2003. Entry, exit and establishment survival in UK manufacturing. Journal of Industrial Economics 51 (1): 91 – 112.

[17] Doraszelski, U. 2003. An R&D race with knowledge accumulation. RAND Journal of Economics 34 (1): 20 – 42.

[18] Drucker, P. 1985. Innovation and Entrepreneurship: Practice and Principles. Elsevier.

[19] Galbraith, J. K. 1956. American Capitalism: The New Industrial State. Boston, MA: Houghton Mifflin.

[20] Gambardella, A. 1995. Science and Innovation: The U. S. Pharmaceutical Industry During the 1980s. Cambridge University Press.

[21] Geroski, P. 1994. Market Structure, Corporate Performance and Innovative Activity. Oxford: Clarendon Press.

[22] Geroski, P., S. Machin, and J. Van Reenen. 1993. The profitability of innovating firms. Rand Journal of Economics 24 (2): 198 – 211.

[23] Gilbert, R. 2006. Competition and innovation. Journal of Industrial Organization Education 1 (1): Article 8.

[24] Gilbert, R., and D. Newbery. 1982. Preemptive patenting and the persistence of monopoly. American Economic Review 72: 514 – 26.

[25] Gort, M., and S. Klepper. 1982. Time paths in the diffusion of product innovations. Economic Journal 92: 630 – 53.

[26] Greenhalgh, C. A., and Rogers, M. 2006. The value of innovation: the interaction of competition, R&D and IP. Research Policy 35 (4): 562 – 80.

[27] 2007. Intellectual property activity by service sector and manufacturing firms in the UK, 1996 – 2000. In The Evolution of Business Knowledge (ed. H. Scarbrough). Oxford University Press.

[28] Greenstein, S., and G. Ramey. 1998. Market structure, innovation and vertical product differentiation. International Journal of Industrial Organization 16: 285 – 311.

[29] Griffith, R., E. Huergo, J. Mairesse, and B. Peters. 2006. Innovation and productivity across

four European countries. NBER Working Paper 12722.

[30] Griliches, Z. 1981. Market value, R&D, and patents. Economic Letters 7: 183 – 87. Griliches, Z. (ed.). 1984. R&D, Patents and Productivity. University of Chicago Press.

[31] Griliches, Z., and J. Mairesse. 1990. R&D and productivity growth: comparing Japanese and US manufacturing firms. In Productivity Growth in Japan and United States (ed. C. R. Hulten). University of Chicago Press.

[32] 1995. Production functions: the search for identification. NBER Working Paper 5067.

[33] Gruber, H. 1992. Persistence of leadership in product innovation. Journal of Industrial Economics 40 (4): 359 – 75.

[34] 1995. Market structure, learning and product innovation: the EPROM market. International Journal of the Economics of Business 2 (1): 87 – 101.

[35] Hagerdoorn, J. 1996. Innovation and entrepreneurship: Schumpeter revisited. Industrial and Corporate Change 5 (3): 883 – 95.

[36] Hall, B. 1993a. Industrial research during the 1980s: did the rate of return fall? Brookings Papers on Economic Activity Microeconomics (2): 289 – 344.

[37] 1993b. The stock market valuation of R&D investment during the 1980s. American Economic Review 83 (2): 259 – 64.

[38] 2000. Innovation and market value. In Productivity, Innovation and Economic Performance (ed. R. Barrell, G. Mason and M. O'Mahoney). Cambridge University Press.

[39] Hall, B. 2007. Measuring the returns to R&D: the depreciation problem. NBER Working Paper 13473.

[40] Hall, B., and J. Mairesse. 1995. Exploring the relationship between R&D and productivity in French manufacturing firms. Journal of Econometrics 65: 263 – 93.

[41] Hall, B., and R. Oriani. 2006. Does the market value R&D investment by European firms? Evidence from a panel of manufacturing firms in France, Germany and Italy. International Journal of Industrial Organization 24: 971 – 93.

[42] Hall, B., and K. Vopel. 1996. Innovation, market share and market value. Working Paper, UC Berkeley (available at http://elsa.berkeley.edu/bhhall/ bhpapers. html#value).

[43] Hall, B., A. Jaffe, and M. Trajtenberg. 2005. Market value and patent citations. Rand Journal of Economics 36: 16 – 38.

[44] Harhoff, D. 1998. R&D and productivity in German manufacturing firms. Economics of Innovation and New Technology 6: 22 – 49.

[45] Hart, D. M. 2001. Antitrust and technological innovation in the US: ideas, institutions, decisions, and impacts, 1890 – 2000. Research Policy 30 (6): 923 – 36.

[46] Helmers, C., and M. Rogers. 2008. Innovation and the survival of new firms across British regions. Working Paper, Oxford University Economics Department.

[47] Hemphill, T. 2003. Cooperative strategy, technology innovation and competition policy in the

United States and the European Union. Technology Analysis and Strategic Management 15 (1): 93-101.

[48] Hodgson, G. M. 1993. Economics and Evolution. Cambridge: Polity Press.

[49] Kafouros, M. 2004. R&D and productivity growth at the firm level: a survey of the literature. Working Paper 57, Kent Business School. Klepper, S. 1996. Entry, exit, growth, and innovation over the product life cycle. American Economic Review 86: 562-83.

[50] Lev, B., and T. Sougiannis. 1996. The capitalization, amortization, and value-relevance of R&D. Journal of Accounting and Economics 21: 107-38.

[51] Lichtenberg, F., and D. Siegel. 1991. The impact of R&D investment on productivity—new evidence using linked R&D-LRD data. Economic Inquiry 29: 203-28.

[52] Lokshin, B., R. Belderbos, and M. Carree. 2008. The productivity effects of internal and external R&D: evidence from a dynamic panel data model. Oxford Bulletin of Economics & Statistics 70 (3): 399-413.

[53] Nelson, R. R. 1991. Why do firms differ, and how does it matter? Strategic Management Journal 12: 61-74.

[54] OECD. 2003. Technology and Industry Scoreboard. Paris: OECD.

[55] Poterba, J., and L. Summers. 1995. A CEO survey of US companies' time horizons and hurdle rates. Sloan Management Review 37 (1): 43-53.

[56] Reinganum, J. 1981. Dynamic games of innovation. Journal of Economic Theory 25: 21-41.

[57] 1983. Uncertain innovation and the persistence of monopoly. American Economic Review 73: 741-48.

[58] Rogers, M. 2006. Estimating the impact of R&D on productivity using the BERD-ARD data. Report, Department for Business Enterprise and Regulatory Reform (available at www.dti.gov.uk/economics/RandDProductivityBERD_Final.pdf).

[59] Rogers, M. Forthcoming. R&D and productivity: using UK firm-level data to inform policy. Empirica, in press.

[60] Salop, S. 1979. Monopolistic competition with outside goods. Bell Journal of Economics 10: 141-56.

[61] Scherer, F. M. 1965. Firm size, market structure, opportunity and the output of patented inventions. American Economic Review 55: 1,097-125.

[62] 1992. Schumpeter and plausible capitalism. Journal of Economic Literature 30: 1,416-33.

[63] Schmidt, K. M. 1997. Managerial incentives and product market competition. Review of Economic Studies 64 (2): 191-213.

[64] Schumpeter, J. 1934. The Theory of Economic Development. Cambridge, MA: Harvard University Press.

[65] 1942. Capitalism, Socialism and Democracy. Harper and Row. (Reprinted version issued in 1992 by Routledge, London.)

[66] Shaked, A., and J. Sutton. 1983. Natural oligopolies. Econometrica 51 (5): 1, 469 – 83.

[67] Shalman, W. 1999. The Entrepreneurial Venture. Cambridge, MA: Harvard University Press.

[68] Skarzynski, P., and R. Gibson. 2008. Innovation to the Core: A Blueprint for Transforming the Way Your Company Innovates. Cambridge, MA: Harvard Business School.

[69] Sutton, J. 1996. Technology and market structure. European Economic Review 40: 511 – 30.

[70] Symeonidis, G. 1996. Innovation, firm size and market structure: Schumpeterian hypotheses and some new themes. Working Paper 161, OECD Economics Department.

[71] Teece, D. J. 1986. Profiting from technological innovation. Research Policy 15 (6): 285 – 305.

[72] 2006. Reflections on profiting from innovation. Research Policy 35 (8): 1, 131 – 46.

[73] Tirole, J. 1988. The Theory of Industrial Organization. Boston, MA: MIT Press.

[74] Tsai, K. H., and J. C. Wang. 2004. R&D productivity and the spillover effects of high – tech industry on the traditional manufacturing sector: the case of Taiwan. World Economy 27 (10): 1, 555 – 70.

[75] Von Hippel, E. 1988. The Sources of Innovation. Oxford University Press.

[76] Webster, E., H. Buddelmeyer, and P. Jensen. Forthcoming. Innovation and the determinants of company survival. Oxford Economic Papers, in press.

[77] Wolff, E., and M. Nadiri. 1993. Spillover effects, linkage structure and R&D. Structural Change and Economic Dynamics 2: 315 – 31.

第 6 章
知识产权和企业

6.1 介　　绍

　　第 5 章讨论了企业从创新中得到的收益，并与它们在研发上进行的投资联系起来。本章更详细地探索了企业如何使用知识产权，并介绍了对知识产权价值所进行的实证研究。如我们在第 2 章中所看到的，企业在知识产权保护期的有特定的垄断权利（在权利受保护的相应地理区域内）。因此，一般来说，我们期望能够展示的是获取知识产权对于企业是非常有价值的。然而，进一步研究表明，知识产权带来的收益可能有不同形式，这取决于创新的形式、企业的特质以及知识产权的用途。还有一点需要强调的是，可能存在一些情况，企业倾向于采用备选方式，例如保持隐秘或者促成知识的"开源式"发展。这些做法均有可能提升该企业的附加价值。另外一些情况下，特定形式的知识产权并非是一成不变的：例如，金融的创新已经有了几十年的历史，但是直到 1998 年美国的道富银行案的判决，才使商业化方法成为一种专利的可能。❶ 期间，很自然会考虑一些问题，即当前知识产权体系对于推进创新是否是最优的；我们将在第 11 章中进行讨论。

　　下面简单介绍本章内容。首先回顾了企业如何从知识产权受益的基本理念。第 6.3 节探索了知识产权的回报，从知识产权对于企业从创新获取价值是否起到关键性作用这个问题开始。之后研究了来自知识产权回报的偏斜度。第 6.4 节研究了知识产权的市场。许多人认为专利制度的潜在收益是它促进了技术市场的发展。然而，还有人担心专利会通过所有的专利流氓和专利丛林造成

---

❶ 比如，Tufano（1989）对创新在投资银行中的考察，以及 Lerner（2002）针对美国银行的决策在金融创新与发展的评论。

不良的后果。第 6.5 节介绍了获取和实施知识产权的成本，第 6.6 节回顾了与专利和商标相关的知识产权战略。最后一节讨论了实证研究知识产权的方法和见解。

6.2 企业如何从知识产权中获益?

　　基于方法的创新，企业如果继续以同样的价格出售产品，那么它们就会因为生产成本降低而获取利润。或者该企业可以以较低的价格出售，通过将竞争者赶出市场来提高市场份额，这种方式会为之后市场份额的增大带来收益。基于产品的创新，企业开始通过提高其自身的市场份额和销量来提高盈利能力。并且，高质量产品也可以较高的价格出售。在上述两种情况下，企业会有效地从竞争对手企业偷取一些利润（"商业窃取效应"，已在表 5.1 中进行了讨论）。方法和产品创新均能受到专利保护。此外，商标和设计有助于保护产品创新。事实上，在很多情况下企业使用多项知识产权来保护创新。简而言之，我们可以将上述现象称为"市场支配力"收益。

　　授权许可是从知识产权获取价值的另一条路径，这是因为它能带来的回报无需实际生产收入。❷ 例如，Baumol（2002）认为竞争和对于利润的追求驱动促使企业去传播新技术，这可以是单一的专利许可或者两家大型企业之间更广泛的技术交换协议，即专利池。他认为现有企业之间的这种技术分享协议节约了潜在模仿者进行反向工程的成本，以及在竞争对手专利周边进行发明的努力。专利池还提供了一定程度的保护，使之免于受到来自技术协议之外企业的侵害，这种专利池形式的存在和广泛的相互授权可能形成一种进入壁垒，因此这些实践到底是帮助还是阻碍创新并不明确。

　　信号理论对于企业如何从知识产权获益给出了进一步解释（例如 Long，2002）。其假定企业和外部人士（例如私人投资者、可能贷款给企业的银行或潜在雇员）之间存在信息不对称。信息不对称的出现是由于外部人士无法充分了解该企业当前的创新活动和未来展望。鉴于此，企业需要宣传它们的特有技术，并且可以使用知识产权体系来进行宣传。尤其，获取专利和接受外部质量检查都需要很高的代价，所以它们可以作为利好的信号，使得企业可以提高

---

　　❷ 我们在这里得出的很多结论是关于说明专利市场的一些理论，但是版权、商标和商业秘密都与专利许可同等重要。

经费或者吸引技能熟练的员工。❸ 可以说，信号理论对新的小型企业尤其适用。对于这些企业，拥有专利和/或商标可以向银行或者其他投资者传递一个信号，即它们拥有潜在有价值的创新。❹

市场影响力、授权许可和利好信号是企业从知识产权获益的基本途径。在第 6.6 节中介绍了增加企业使用的知识产权相关战略的更多细节。然而，首先让我们考虑一项专利可能为企业和社会创造净亏损的情况。这是由于所谓的专利竞赛引发的。基本理念是如果一些企业争相提出专利申请，这就代表着"赢家通吃"，之后它们可能在研发上花费更多。❺ Clibert 和 Newbery（1982）以及 Wright（1983）将这个论点理论化。专利竞赛还能够增加研发复制，尽管在任何情况下都有可能发生（见 Chatterjee 和 Evans（2004）的理论模型）。在实践中，企业追求类似创新所达到的总体程度尚不明确，所以很难了解专利竞赛理念的重要性。❻

6.3 对知识产权回报的研究

知识产权对于创新是否关键？

首先，理解第 2 章中讨论的明确的知识产权（例如专利、商标、外观设计和版权）以及商业秘密和保密信息之间的不同非常重要。

对于一位律师来说，商业秘密和保密信息也被认为是知识产权的一部分。它们被定义为技术知识、准则、计算机编码、方法、客户信息及类似内容。如果企业感到自己的商业秘密或者保密信息遭到了偷窃，那么它们可以提出控告。考虑到这可能非常困难，建议企业考虑尽可能对知识产权进行正式登记，这样就能更加容易地证明和实施所有权。

---

❸ 从这一点来看，知识产权的信号价值是与其"质量"相关联的，任何知识产权标准的降低都会受这个价值的影响。

❹ Mann（2005）的调查显示，这种专利特征会作为一种具有正面信息的信号来激励投资者，让他们在软件产业起步期进行投资。

❺ 准确地说，争论的问题是，对某一项目进行投资，是使用 X 美元进行 4 年的投资，还是集中在 2 年的时间，当 $\delta > 0$ 时，用 $(X + \delta)$ 美元来投资。确切地说，无论 δ 随着时间的变化如何不确定，核心问题是，分两次雇用很多的研究者，或者使研究者分两次进行努力的研究，都会使成本增加。

❻ 抛开专利竞赛不言，研发行为的重复是一种减低效率的主要原因。EPO（2007）显示，约有 30%的研发投入浪费在对现有创新成果的重复研究上。

有一个确切的专利竞赛的极端案例：Chatterjee 和 Evans（2004）指出，在 Texas Instruments 和 Casio 之间的竞争，它们都投资研发手持计算器；还有很多案例是两家甚至更多的医药企业针对同一种疾病投入研发不同的药物。

IP 创新、知识产权与经济增长

如果商业秘密和保密信息包含在知识产权的定义范围之内，那么根据定义来说，任何"新进入市场的"创新都会包含在知识产权之中。总体来说，寻求知识产权对于创新是否重要的目的是理解知识产权对于从创新获得收益是否必要。对于这个问题的基本答案是否定的。企业可以并且确实使用商业秘密以及先进者优势和交付周期作为战略选择。并且，由于涉及披露发明相关的信息，企业可能不会选择专利。即使专利可以保护产品免于被模仿，但实际上这样做并不完善，所以商业秘密可能成为首选。

专利是否重要的证据是什么？在 20 世纪 80 年代，一项针对美国制造企业的调查显示，专利对于开拓创新来说是一条相对没那么重要的方式，至少在大多数行业中是如此（Levin 等，1987）。1994 年的后续研究中也发现了类似结果（Cohen 等，2000）。对于这些数据的进一步分析表明，"专利奖励"在制药、生物科技和医学设备领域最高，其次是机械、计算机和化学制品。❼ 对于欧洲，社区创新调查（CIS）还提出了关于评价来自创新的收益的不同方法有效性的问题。图 6.1 显示了阿伦德尔报告（2001）的 1990~1992 年 CIS 的结果。这些数据表示了研发企业对于该方法给出最高评价的百分比。

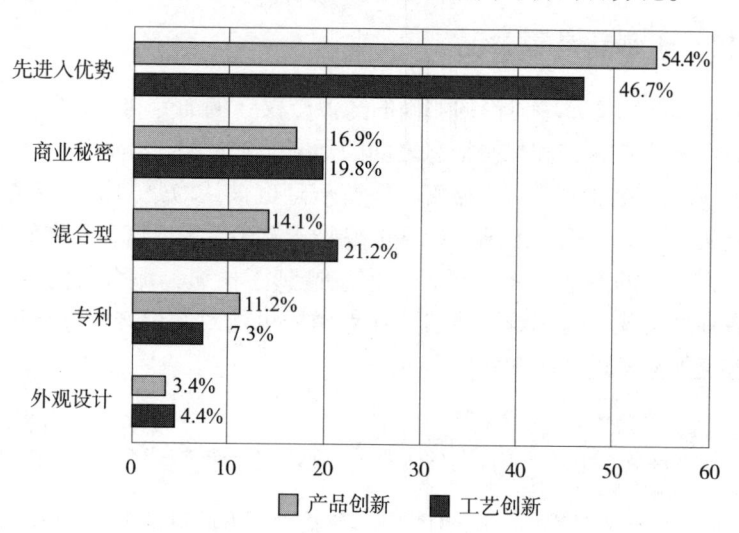

先进入优势　54.4%　46.7%
商业秘密　16.9%　19.8%
混合型　14.1%　21.2%
专利　11.2%　7.3%
外观设计　3.4%　4.4%

产品创新　工艺创新

图 6.1　不同独占形式对企业影响的效果

该调查要求参与者"评估以下方法对于维持和增长 1990~1992 年引入的产品或工艺创新的竞争有效性"。给出了从"无关紧要"到"非常关键"五个

---

❼ Arora 等（2008）针对 1991~1993 年来自美国实验室研发的 1478 项授权专利进行研究，发现在光学仪器产业中，专利的回报非常重要。

— 128 —

选项（注：商标和版权均不包括在这项调查中）。

该结果是否意味着对于专利的关注被误导了？对此有很多回答。第一，也许由于企业需要将它们的产品推向市场来获利，那么就会预期交货周期占据统治地位。因此，在商业秘密和专利之间有更好的比较。尽管商业秘密仍然靠前（见图6.1），还是有相当数量的企业将专利排到商业秘密的位置之上（Arundel，18%～30%（2001）），还有很多企业将专利和商业秘密处于同等重要的位置（25%～40%）。❽ 第二，这项调查不能告诉我们拥有更高研发水平的企业是否会更加频繁地使用专利，这种情况下期望专利越少越好（见下一节），反之亦然。第三，如第6.7节所回顾的，实证研究显示了企业知识产权活动和绩效之间的积极联系。第四，如图3.1所示，从20世纪90年代早期开始，很多国家的专利使用都在增长，这表明企业已经选择使用更多专利。然而，还是存在普遍的规律，即商业秘密、先进入优势和互补性资产通常比专利更为重要，即使在研发行业中也是如此。❾

开放式创新、开放源代码和知识产权

开放式创新范式的创立是基于个体企业不具备实施特定复杂创新项目的财力和人力资源的假设；因此它们必须和其他企业一起分享知识、理念和发明（Chesbrough，2006）。

这与认为大企业能够在整个创新项目背后提供财力和主导研究的传统观点形成对比。假定IBM等企业已经足够大，可以做这些工作，但是在一些情况下也会使用开放式创新。❿ 因此，开放式创新范式类似于一种灵活的大规模合作研究项目，该项目可能包括大学（因此它与第4章中关于国家创新体系的理念相关）。知识产权有利于还是不利于开放式创新呢？一项原始假设是开放式创新范式依靠着成员之间，并且在很多情况下这些可能是基于许可和专利（West，2006）。从这个观点来看，专利能够在研究小组内为交叉使用提供了一个框架，从而促进这些项目的形成和成功。另外，专利可能引发排他现象，在这种情况下专利持有人会持有一个项目来要求其他使用人缴纳费用。考虑这

---

❽ 数据来自Arundel（2001，表1）。对于那些研发活动相对占比比较小的公司，专利的重要性也相对低，由此可见，他们从专利制度中获利也相对更难。

❾ 商业秘密的问题与商标或版权不同，企业无需将其所有的知识产权都进行正式登记。诚然，知识产权律师总是建议企业尽可能地将其知识产权规范化，这使得它们能够在诉讼纠纷中更容易获得有利形势，在美国，版权登记是诉讼的必要前置程序。第6.7节会讨论评估商标和版权的已有研究。

❿ Eclipse项目旨在建立全球软件平台，截至2007年9月，已经有162名成员，包括IBM、Borland、SAP、Intel和Nokia。

一点，知识产权帮助还是阻碍开放式创新尚不明确，尽管还有一些人认为使用知识产权的情况普遍提高是非常不利的。❶

创新在计算机软件等领域又如何呢？计算机软件代码已经被版权所覆盖；但是从传统上来说，软件已经被认为是接近于"抽象概念"，这并不属于享有专利的范围之内。在美国，软件专利起始于20世纪80年代但是加速是在90年代，这种观点越来越松动，现在软件专利在所有专利中的占比可能达到了15%（Bessen和Hunt，2007）。❷ Hail和MacGarvie（2006）提出了一系列方法来确定哪些专利可以被分类到软件专利，而这些论证的方法表明Bessen和Hunt可能将"许多与硬件相关的专利"也归入软件专利中。软件专利的增长是否表明知识产权，尤其是专利，帮助促进了软件创新？如同以往一样，第一个问题是理解这些数据。Bessen和Hunt所做的推测表明很大一部分软件专利被授权给了制造企业，主要是电子、机械和仪器，仅有一小部分授权给了软件出版商。笔者还是认为软件专利上的增长可能是由于制造企业的战略性行为，即它们尝试着建立专利组合，并未发现研发、软件投资或程序员雇用增长的相关证据。可能表明了，Hall和MacGarvie对于软件专利方面出现的上升趋势更加谨慎，但是对于这些专利的实际价值却更加肯定。使用下面描述的市场价值方法，他们还发现在20世纪90年代中期立法的改变之前，软件专利的评价类似于其他专利，之后则给予了更高的价值。

涉及开放源代码活动的相关问题。关于软件发展，开放源代码不仅意味着人们可以获得（基本）软件源代码，也意味着开发人员可以使用这种代码来修改、销售或分销新产品，而不需支付许可费。然而，新产品必须使得它们自己的源代码开放可用，并且将同样的许可协议扩散至其他人。实际上开放源代码被一种特定的开放形式的知识产权所覆盖，通常被称为"公共许可"（例如网景企业依据其公共许可对其浏览器源代码进行发布，反过来发展成了火狐）。还有一些很好的例子，开放源代码创新方法已经造就了许多优秀而且重要的产品（例如Linux、Apache HTTP服务器、互联网协议等）。❸ Gomulkiewicz（1999）认为，这并非一个无调节的"完全开放式"，实际上这个系统是依赖于现有的知识产权和法律合同，由于版权存在于源代码中，保证免费许可的合同本身就是一个法律工具。

---

❶ 有一些人认为知识产权运用的增长是"第二次圈地运动"，将——思想与知识——创新的基础元素——都划为私有财产（见Boyle，2003；Lessig，2002）。

❷ Bessen和Hunt（2007）也指出一些与软件相关的专利，实际上在20世纪70年代即被授予专利。

❸ 开放源代码运动与一些学术研究是并行的，传统的模式关注的是开放且免费传播智力成果，从而促进复制和演进。同时，传媒、音乐和艺术交流领域都有开放源的理论。

有人担忧由于使用知识产权"隔离"知识领域的情况逐渐增加，开放源代码方式受到了大企业的威胁。

回报中的偏离度

对于知识产权回报的一个重要特征是回报中的偏离度。让我们初步考虑一下专利。在第3章中，一种专利价值的评估依据是专利的引用率，重要专利的引用率会更高，即使这种实证研究可能显示出大部分专利价值很低或没有价值。验证这种问题的方式是在一些必须支付年度专利维持费的国家使用关于专利评审的数据，但是当专利价值高于这个相对较小的费用时才会这么做。例如，Schankerman 和 Pakes（1986）发现过去十年中，在法国、德国和美国有超过50%的专利没有续费（详见第6.7节）。一种备选方法是使用调查数据。PatVal – EU 调查发现，7.2%的专利价值超过1000万欧元，而60%的专利价值少于100万欧元，还有8%少于3万欧元。[14] 对于商标和版权的回报遵循类似的偏离度，这方面的研究很少。非常有价值的商标通常被称为品牌。可口可乐这个品牌是世界上最昂贵的（估计价值650亿美元），其他还有迪士尼（290亿美元）、万宝路（210亿美元）、谷歌（18亿美元），根据国际品牌集团商业周刊的评估（2007），这些品牌一直居于前20位。对于版权，热门电影和畅销作家的存在表现出一种偏离度。在美国和德国，对25000名作家进行的一项调查发现，10%的作家收入占了总收入的60%，而后面50%的作家收入仅为总收入的8%（德国的分布几乎相等，见 Kretschmer 和 Hardwick，2007）。这种偏离度的意义可能非常微妙。例如，知识产权所附加的价值调查可能显示企业没有从使用知识产权收到任何价值，但这并不意味着知识产权的总价值很低。另外，当实证研究报告了专利的平均价值时，由于在偏离样本中平均价值对于集中趋势来说并不是一个好的指标。这也意味着回答"知识产权系统是否有效？"需要更多的谨慎，例如，发现99%的企业不使用专利或从专利获得的价值微乎其微，这就忽略了剩余1%企业可能产生巨大利润的事实。

从知识产权中获取价值的互补性资产的作用是什么？

明确知识产权仅仅是第一步，企业想通过创新获利还取决于许多其他的因素。Teece（1986）很早就提出了这一观点，从创新获取收益的能力与创新者所持有的互补性资产相关，包括决定产品进入市场的时机，利用企业内部被忽

---

[14] 参与这一调查的发明人来自法国、德国、意大利、荷兰、西班牙和英国。调查的反馈率为35%（见 Giuri 等，2006；Gambardella 等，2008）也使用 Patval 来评估 EPO 专利。

略的互补性资产的契约结构。[15] 所以，什么是互补性资产的相关集合以及一家企业的管理战略如何决定了其从创新获取回报的能力。主要互补性资产包括制造使用相关技术的能力、产品分销机构、售后服务、营销、广告以及特定于该行业的因素。在这个框架中，知识产权只是一系列因素中比较重要的一个，在这些因素中企业需要建立自身战略来获取回报。Gans 和 Stern（2003）探索了知识产权和互补性资产之间的相互作用。他们认为技术创业和现有企业之间的竞争或合作的竞争性战略很大程度上依赖于这两个因素。具有强的知识产权制度，以及现有企业持有的重要专属互补性资产可以作为一个进入壁垒，通过合作的方式，创业企业可以获取更高的利润（可以通过许可其创新或允许兼并的方式）。笔者推断，通过增强"创意市场"的创建，知识产权可能通过增加合约选项和减少高营业额企业的资源浪费的方式让现有企业和创业企业受益。这里我们看到对企业并不必要拥有所有互补性资产的支持，关键是能否够通过市场交易来获取这些资产，比如用于网络的知识产权交易。

6.4　知识产权市场

如本章第 6.2 节中所述，企业需要选择如何开发知识产权。仅仅在一家企业内部开发并不必然是从时间有限的专利权处获取回报的最佳方法，尤其是当这家企业的产品可能存在有限地理分布现象时。这样企业可能通过将它们的知识产权资产出售给那些生产并不会同它们直接竞争的人，并以此来获取更高的收入。同时，一些企业可能专注于通过与这些资产相关的买入或者卖出交易来尝试增大这些回报。对于有形资产来说，这是很常见的市场活动，我们期望在无形资产市场上也能看到同样的市场活动。

许可使用专利的决定

对企业而言，有很多因素决定它是否作出专利许可的决定。以下是一系列增加许可发生的关键因素：[16]

* 一项特定专利在新颖性方面所表现的突出程度（使得这种创新很难）以及它是否是一项具有一系列应用的通用技术。

---

[15] 在 Teeces 的文章发表 20 年以后，2006 年的研究政策综合了很多文章，针对 Teeces 的观点进行了更为全面的总结（包括 Nelson，2006；Teece，2006；Winter，2006）。

[16] 近期，针对这一理论的总结以及经验性的细节描述可见 Gambardella 等（2007）针对法国、德国、意大利、荷兰、西班牙和英国的分析。

第6章 知识产权和企业

* 显性科学知识与隐性知识之比越大，伴随的隐性知识就越难于依照合同来传递。
* 专利覆盖的地理区域范围以及权利要求的数量越多所代表的价值越高。
* 企业的规模越小，就意味着它越有可能缺少用于成功开发产品的重要互补性资产。
* 该专利不在该企业的核心技术范围之内。
* 该企业在其自身产品市场上面临着相当大的竞争（相反，它所具有的市场支配力越大，在没有许可的情况下就越容易获取足够利润）。

以上所有因素都有显著影响，企业间最大的不同在于企业规模。最小的企业中（员工人数少于100人），25%的专利得到许可，而在大企业中，为99%（员工人数多于250人）。这些比例与两种企业类型所持有的专利份额成反比：大型企业持有76%的样本专利，但是最小的企业却仅持有14%的专利（Gambardella等，2007）。这表明小企业不可能具有宽泛的产品范围以及从知识产权中获取所有回报的地理分布。

强制许可

专利法也允许强制许可。对于专利的强制许可来说，基本原理在于国家处于紧急状态的时候：例如，需要生产疫苗来防止传染，如果专利权持有人无法满足需求时，就可能出现强制许可。更有争议的是，可能在涉及竞争的情况下实施强制许可。如果特定专利被视为防止竞争，尤其是关于创新方面，那么法院就有可能实行强制许可。2002年美国司法部要求微软向原设备制造商提供统一的许可（相关专利费发布在网站上）。该许可覆盖了需要创建能够与Windows兼容的协议。另一个是2007年，在美国芯片制造商的案例中，联邦贸易委员会（FTC）要求Rambus就其特定级别内拥有专利权与内存相关产品的技术进行许可。[17] 强制许可的使用对某些企业来说存在专利系统的直接削弱，并且具有破坏创新激励的作用。对于其他人来说，强制许可是减少市场支配力和鼓励竞争的合理方法，美国和欧洲的法院判决反映出了不同的理论出发点，同时这也为政策实施制造了一些混乱（Delrahim，2004）。[18]

---

[17] 见Love（2007）所使用的例子以及其他世界范围内更广泛的例子。尽管，Rambus针对FTC的这一决定提出异议并仍在等候最终的司法审判结果（见http://en.wikipedia.org/wiki/Rambus）。

[18] 版权强制许可是知识产权体系的另一个方面的问题。例如，歌曲允许被录制，而歌曲作者会被通知其作品被使用，并且会获取相应的报酬。

专利流氓和专利丛林

近期，专利许可的签发已经变得越加有争议，尤其是在有限状态下。最极端的情况下是仅经营知识产权尤其是专门的专利企业。这些企业已经被贬低为专利流氓，这是由于它们寻找和获取专利是为了增强对于潜在或实际侵权人的权利，以及追寻许可机会。重要的是，这些企业并不涉及相关的研发，也不生产任何与专利相关的产品。这项活动完全合法，并且可能被视为改善知识产权市场流动性的举措，但是在美国许可费水平却不遵循任何限制，这导致了这些企业利用制度获取暴利的指控。一个严重问题是可能发生在任何专利仅关系到一小部分或者产品的地方，但是专利持有人可以获得一个预先禁令。当对争议进行判决时，法庭可以暂停所有生产。这就会导致远超出专利实际价值的庭外和解（见 Henkel 和 Reitzig, 2007）。

即使在积极使用知识产权且不限制任何活动的企业，也可能存在获取额外，相关联的知识产权的主张，目的是创建一个专利丛林，使得它们对任何必要技术均有禁止潜在对手进入的能力（进入壁垒）。然而在英国，专利法包括要求专利持有人在被否认的条件下根据合理条款授予许可的规定，英国知识产权局可以授予一个强制许可。这限制了通过专利丛林或流氓盈利的动机。即使有着这样的限制，与许可协议相关的大量谈判的交易成本仍然可能对新企业的进入形成壁垒。[19]

6.5 获取和实施知识产权的成本

获取和保护正式的知识产权需要付出管理时间和费用，与利润对比起来，需要权衡这些成本。主要成本是获取知识产权以及在受侵害时或者保护该企业免于其他侵权索赔时依据法律对其进行保护的成本。获取知识产权的成本是一项已知金额的费用，诉讼的费用则不确定，因为企业有时会遇到巨额赔偿的诉讼。这样，企业规模又一次与支付知识产权的能力相关，对于注册知识产权的初始费用和有必要提出诉讼时的法律费用均是如此。对于大型企业来说，从其预算来看，这些成本可能处于适中水平，然而对于小型企业来说这些成本意味着生存或破产。即使对于较大的企业，判定的损失实质上也可能非常重要，因

---

[19] 例如，一些在生物医药领域研究方面的争论就受到了相反的影响：见 Heller 和 Eisenbery (1998)。

为赔偿金额是与销售额成比例的。[20]

表 6.1 专利成本的估计

	英国和威尔士	德国	法国	美国
专利申请（英镑）	3500	9000	4000	5500
诉讼成本（千英镑）	200~1000	37~74	44~74	1000~2000

数据来源：IPA（2003）和 Gower Review（HM Treasury, 2006）。

表6.1展示了在欧洲一些国家和美国，专利诉讼和辩护成本在不同国家是不同的。而跨国专利诉讼的成本会更高；估计完成一件案件诉讼的成本涉及美国/欧洲/日本的花费在 39000~69000 英镑。在国家之间，这也根据所采取的不同法律途径以及其诉讼的法院处于哪一层级而存在差异（例如美国的地方法院到最高法院）。

获取商标的成本要低于获取专利的成本。例如在英国，商标申请费用大约为 300 美元，而欧洲共同体商标注册费却为 2000 美元左右（两者每 10 年的续期费用金额接近）。雇用商标律师可能会增加这些费用，实质上与专利一样，如果出现法律纠纷，必定需要承担这些成本。版权无需注册，但是美国版权局近期针对在线注册收取了 35 美元的费用。

关于知识产权法律纠纷结果的证据

Lanjouw 和 Schankerman（2001）研究了专利侵权和诉讼判决的决定因素和结果，使用的样本是美国联邦法院所报告的 1978~1999 年的所有专利诉讼案。他们发现法律行动的威胁非常重要：大部分交易发生在提交诉讼之后，有时候也会是审前听证会召开之前。Lanjouw 和 Schankerman 推断，执行程序是非常可取的，这意味着司法资源的使用降到了最小化。然而，个体和小型企业则更倾向于参与诉讼案中，具体以他们的专利特点为条件。重要且有趣的是，对于达成和解非常重要的是企业有一个知识产权组合可以交易，或者企业有其他鼓励协同行为的方式。最后，这将使小型企业和个人以及他们的小型知识产权组合置于不利地位。然而，笔者并不认为专利诉讼保险是一种似乎合理的命题。

在之前的相关工作中，Lanjouw 和 Lerner（1996）研究了诉前禁令在美国专利法中的使用。诉前禁令防止涉嫌侵权人在审讯期间使用侵权的专利。他们

---

[20] 高成本诉讼风险的一个问题是律师事务所总是喜欢利用风险代理的方式来处理侵权案件，尤其在那些小发明者为原告的情况下。

调查财力较弱的小型企业即使被判定有罪，可能也无力支付赔偿甚至不能维持禁令。换句话说，他们分析法律成本增加的可能性和停业的可能性，可能导致对被告不利的条件。他们发现原告规模和他们要求禁令的可能性之间存在一种正向的联系。有趣的是，原告和被告规模的不同也非常重要，Lanjouw 和 Lerne 认为规模较大的企业通过抬高其弱小竞争对手的成本进行掠夺。他们还引用了 Lerner 未发表的著作，表明涉及小型企业的专利案件展示出了对于商业秘密不相称的担忧，Lerner 推断出的结论是这些企业取得专利的直接或间接成本高。[21]

6.6 知识产权战略

专利战略

专利化的基本经济原理是获取一些垄断权利并增加企业的收益。对于企业而言，专利可以作为一种企业价值的标志，传递给银行、供应商或者客户。

表 6.2 从专利中获益的策略

战略	描述
获得市场或垄断、控制	增加利益的经济案例。立普妥是辉瑞的降血脂专利药，预计 2007 年销售额为 120 亿美元。该专利于 2010 年到期
作为一种指标	专利可以作为一项创新指标，针对投资人、许可代理机构、消费者、供应商和大学或其他创新企业等。Hsu 和 Ziedonis（2007）在 370 家半导体新创企业中发现了该指标的一些证据
限制供应商的权利	例如，尽管供应商制造了扬声器和其他部件，诺基亚拥有与扬声器和其他部件相关的专利
构建谈判能力	这与专利池的想法相关。企业可以利用自己的专利进行交叉许可
防止专利被避开	这是专利丛林的想法，拥有覆盖类似领域的一系列专利，让避开专利更困难

---

[21] Lerner（1995）针对 49 家美国生物技术公司的专利行为进行了研究。他发现在支付高额诉讼费的专利纠纷中，其专利大多属于没有竞争的专利类别。当然，新公司不会将诉讼费作为所谓单纯的专利申请的考量因素，为了使自己更有竞争力，取而代之的做法是在那些没有竞争对手的领域去申请专利。

续表

战略	描述
阻止其他技术的专利化("阻止")或开发一定的技术("围栏"),或增加进入者或竞争对手的进入成本("淹没"或"覆盖")	这些策略不需要说明,它们会产生专利丛林和/或促进竞争对手增加成本或改变策略

来源:该表摘自 Guellec 和 van Pottelsberghe (2007),也参见 Granstrand (1999)。

之前的章节也提到了专利流氓和专利丛林。在表 6.2 中,我们对此进行了总结,并增加了一些从专利获取价值的更具体的战略。

为了阐明表 6.2 中所列出的最后 3 种战略的相关性,可以参照 Hall 和 Ziedonis(2001)的研究。他们针对美国半导体行业中的 100 家企业进行了一次调查。这个行业的特征是技术尖端化和产品生命周期极短。笔者注意到半导体行业内的企业倾向于更多地依靠于交付周期、商业秘密和设计能力等手段,而非专利化。然后,很奇怪的是,专利在这个行业内的使用非常广泛并且逐渐增加。一种解释是高科技行业内密集的创新竞争加快了利润流失,即使存在知识产权也是如此。然而,Hall 和 Ziedonis 推断许多专利的申请是为了允许私人企业快速协商获得重要的外部技术。企业使用专利组合作为"谈判筹码",以避开由于特定专利被外部经济体持有而推迟投资的问题。这些行为导致企业会出于战略需要,积累大量的专利,从而形成专利组合。Hall 和 Ziedonis 观察到如果专利权的授予是基于一个严谨的"新颖性"基础,那么就不会观察到这样的行为,所以当"现有技术"实体存在时,很难获取一项专利。Teece(1986,2006)提出,这项工作强调了研究专利行为时,需要考虑战略因素的内在需求。

商标战略

商标价值的经济基础是帮助解决卖方和买方之间的信息不对称:因此它们是作为产品具有特定的、质量始终如一的标志。通过这种方法减少客户的搜索成本,企业可以赢得较高的定价,企业的获益就会增加。鉴于此,商标对于创新也是很重要的,因为没有它们,模仿就会变得非常相似,并且难于辨认。实际上,这些基本理念导致了商标使用中的一系列战略,表 1.3 对此进行了概述。

6.7　对于知识产权价值的实证研究

这一节回顾了近期一些研究知识产权价值的文献。正如研究技术开发一样，存在两种主要方法：股票市场价值研究和生产率研究。它们中的任何一项都可以用于探索专利和商标的价值。同时还存在探究企业更新一项专利决策的第三种形式。如上所述，更新专利需要一定的费用，如果它们认为专利没有进一步的商业价值，他们将不会支付维持费。

这些决策导致专利年限的不同，并且可以被用于判断专利价值的信息来源。在所有的实证研究中，在获取知识产权的准确价值方面存在真正的困难。如 Hall（2000）所述，知识产权资产通常是嵌入特定的产品中，单独评估知识产权的贡献非常困难。

表 6.3　获取商标收益的策略

策略	描述/例子
单一来源和产品质量	这样的信号允许营销和广告能够标记来源并将其构建到品牌之中（例如，可口可乐就是世界领导品牌；英特尔嵌入策略就是标记计算机芯片来源的例子）
商标家族	"McCafe" "McChicken" 和 "McFeast" 使用了共同的元素来联系产品
多商标	英特尔嵌入策略包括文字、logo 和音乐旋律。英特尔目前拥有超过 9000 件商标
保护伞或企业商标化	这是一种在很多不同商标中使用单一名称的想法。例如，Virgin Megastore、Virgin Atlantic、Virgin Brides
策略性异议	商标拥有者监测和异议新商标，或更改新商标内容，以便于阻止潜在的竞争

来源：上述信息来自网页和与商标律师的私人交流。

市场价值研究

Hall 等（2005）对这方面的研究做出了重要的贡献。他们构建了以引证衡量的专利存量（例如在之后的专利中衡量引证次数）作为衡量企业无形资产——股票价值的指标。样本中包含超过 6000 家公开交易的美国制造企业，包括 1965～1995 年的企业数据（针对专利引证有用的数据从 1976 年开始）。公

第6章 知识产权和企业

司市场价值的计算公式与方框5.2标准表达式一致。该实证分析包括研发收入以及其与市场价值间的关系。实际上与专利或引证相比，研发储备与市场价值有更紧密的联系（例子见 Cockburn 和 Griliches 的研究（1988））。即使如此，Hall 等（2005）表明相比未衡量的专利存量而言，引证衡量专利存量与企业价值联系更强。即使在控制企业研究收入后，引证变量与增加的市场价值相关。具有大量被引用专利的企业表明了作者所描述的"巨大到难以置信的"市场价值差异，对拥有同样的研发投入和专利存量但引用强度仅在中值的企业进行对比，此类企业高出50%。然而对于被引用最多的专利而言，其所带来的收益并不能都反映到股票的价格中，这表明专利引用率对股票的影响仅限于已知部分。[22] Bloom 和 Van Reenen（2002）的研究验证了专利在确定大型英国企业市场价值所起到的作用。样本中的236家企业在1968~1996年至少拥有一项美国专利。他们验证了专利对企业股票市场价值的影响。他们自定义了3种不同的专利变量：使用固定为30%的贬值率评估专利存量，以及两个使用引证权利的专利变量，其中一个使用未来可能的引用率，另一个使用以5年为界限的引用率。他们发现三种方法都对市场价值产生积极影响（实际上3项变量与样本显著相关（0.9以上））。相比对生产率计算而言，专利影响市场价值的速度更快，下文将会进行分析，结果很可能与将新发明纳入工作流程的时间和调整实物资本进行新创新的时间相关。

生产率研究

大部分生产率分析是针对生产领域的企业开展的，在研究中关注点主要放在制造业企业。Bloom 和 Van Reenen（2002）在方框5.3中对生产功能函数作出了假设。然而回归分析中的独立变量是以企业销售为基础的，学者们以此计算产量而非增加适当值。[23] 实证经验结果指出了专利对销售有重要的积极影响。用专利存量作为单一指标来评估企业知识能力非常重要，预计弹性为0.03，表明若专利存量加倍，总生产要素将上升3%。

Greenhalgh 和 Longland（2005）采用了1986~1994年的数据。他们将企业

---

[22] 另一篇由 Hall 等（2005）撰写的文章认为那些权利自给（自我引用）的企业享受了更高的市场份额。一个公司对一项权利进行引用，而这一权利的所有者正是同一家企业。尽管这种自给可以作为一种战略，Hall 等强调这些引用意味着企业已经能够掌控下游的影响并且可以从其自身获取相应的回报。

[23] Bloom 和 Van Reenen 通过使用销售数据建立了一个总产量生产函数，但是没有考虑相关的中间环节的投入以回归计算；然而，附加值的计算方法可以忽略一些来自公司的其他影响，一定程度上也降低了可变因素的影响。

产量（这一次通过增值计算）与知识资产、资本和劳工服务的贡献联系起来。他们验证了三个不同的地域中新专利的价值：英国、欧盟和美国（这些国家和地区拥有更有效的生产工艺或改善后的产品品种和品质）。此外，它们通过使用在英国申请的企业商标拓宽了知识产权的衡量范围，并确定样本中企业知识产权保护所带来收益的规模和持续时间。这有助于了解对应于公约中的保护范围，可以从知识产权保护中获得的经验方面的收益。实证分析表明了申请商标、专利和从事研发的英国企业生产率更高。有趣的是，调查数据分析显示即时生产率效果持续时间并不长久。将样本按技术高低进行划分，动态回归结果表明获得新知识产权对于高科技企业没有那么重要，但是对于低科技领域的企业是至关重要的。[24]

专利维持研究

上述研究的重点在于基于企业的专利存量中额外专利（或利用现有专利对其股票衡量）估算企业的市场价值或其生产率。Schankerman 和 Pakes (1986) 认为，简单的专利计数不太可能测量创新产量的数值，因为专利的值有偏差，因此关于将发行给特定实体的专利数量加起来测量创新产量的方法是没有结果的。此外，这些专利的临界值不能准确反映出其经济价值的分布偏差。Schankerman 和 Pakes (1986) 通过分析专利维持数据证明了英国、法国和德国存在偏差的值分配。[25] 他们使用维持数据揭示了专利权价值分布的信息。这些实证分布结果的形成也有助于评估专利的经济价值，但是由于数据只有在专利预期价值超过维持费用时才会进行维持，所以该评估只是为下限估计。

在 1950~1979 年，法国和英国的情况相似，在制度上根据专利年数以缓慢的速度提高专利维持的成本和降低专利维持速度。在同一时间的德国，在专利法生效 6 年后，维持成本增长迅速，但过了这个时间点后专利维持率大幅下降。国家间更新分布的不同似乎验证了维持率受维持费用影响。在每个国家，根据时间（和价值）分配，专利存在很大的偏差。在英国和法国，大约 60% 的专利实际有效期为 5 年，但其中只有 1/4 的专利可以维持 13 年的有效期，

---

[24] 这些结论的得出，是经过对不同公司的持续的、时间恒定的生产率差异所作出的假设。进一步对公司层面的持续性差异的分析表明，无论是高科技公司还是较少利用科技的公司，都会和研发与知识产权活动相关联。那些从来没有从事研发活动或者没有知识产权的企业，总是处于低生产率的状态。因此，Greenhalgh and Longland (2005) 建议企业通过不断提升无形资产的价值来改进它们的生产技术和产品。

[25] 他们的研究覆盖了英国、法国和德国自 1950~1979 年的专利申请，但是没有根据产业进行划分。Schankerman (1998) 根据不同技术领域，对专利保护的私有价值进行了评估。

这表明法定最长保护期对大多数专利是无效的，这是因为知识产权的价值很快就变为零（要么因为替代技术出现要么就是不具备商业方面可行性）。只有具备很高价值的一小部分专利，才不受上述限制，可以继续维持。鉴于个人专利使用期经常变动，Schankerman 和 Pakes 对有效期至少为 5 年的专利价值进行了研究。研究发现，法国和英国专利价值相近，德国专利价值更高。该差异反映出德国专利回报率更高。㉖

Harhoff 等（1997，1999）研究了专利维持方法的另一有趣的地方。他们的研究主要受到以下现象的启发，即那些尽可能维持到最大有效期的专利申请和维持数据为 0，考虑到维持到法定有效期的专利价值一般是最高的，Harhoff 等指出专利维持研究仅揭示了整个国家专利组合价值的一小部分。虽然 Harhoff 等（1997）在许多其他的研究中也发现价值分布的偏差，目前这些最具价值的专利申请于 1977 年（当时德国专利保护期为 18 年），并在 1995 年到期。通过采用 1996 年（期满年之后的 1 年）开展的调查，可以直接从专利持有人中得到的数据对价值进行估计。㉗ 该调查询问专利持有人，假设在授予专利时其已经完善了专利知识或使用专利为今后的利润做好了准备，那么多少价格才会使其即刻卖出专利？该调查结果显示的值极高；比起其他使用维持和申请数据的研究，该预计价值水平高出上百倍。该结果也显示出更高程度的偏差：德国 5% 最具价值的专利占总专利价值的 50%，而在美国 8.5% 最具有价值的专利占到总专利价值的 80%。

商标回报

使用实证研究来分析商标价值是近期开展的研究，不过在商标活动和企业水平表现之间似乎有着积极的联系。Hamraju（2003）从 1993～1997 年选出 237 家美国企业并分析企业的商标价值发现，商标在促进销售和提升市场价值上起到积极的作用。Griffiths 等（2005）近期对 1989～2002 年观察的 300 家澳大利亚企业开展了研究，发现商标存量是利润的一项重要的决定因素，但是跟专利或注册设计相比，影响力更低。即便如此，商标价值在采集数据期内呈现上升的趋势。

Greerthalgh 和 Rogers（2007）对由 1996～2000 年公开上市的英国制造和

㉖ 相较于英国的 83% 和法国的 93%，德国的专利授权与专利申请的比例仅为 33%（见 Schankerman 和 Pakes，1986，表 1）。这意味着专利价值在德国比在其他两个国家更高。

㉗ 如前所述，之所以使用德国的数据是因为德国专利体系的特点是，他们会通过审查，严格遵守拒绝较低创造性的专利申请的原则，而且专利的维持费也在不断增加。

服务企业的大型样本进行分析，对商标活动的影响和商标增长强度的效果进行了探索。结果显示企业股票市场价值与商标活动（以及研发和专利）有着积极的联系。他们发现有商标和没商标的企业在服务领域比在制造领域有着更大的不同，还发现当服务企业申请欧洲共同体商标时比只申请英国商标时的情形存在更大的差异。加强共同体商标强度似乎可以提升制造和服务的市场价值，但是此关系在采集的数据期上是减弱的。㉘ 自20世纪90年代后期商标申请快速增加，可以估计此类商标活动的预计价值会下降（见图3.2）。Greenhalgh 和 Rogersis 对此研究发现，他们解释说，通常，商标活动代表了一系列其他难以察觉的提升生产率和产品价值的企业特征，包括创新。他们也分析了商标强度增加是否会促进生产率的发展。更强的商标强度与服务企业生产率发展有着某些积极的联系，但是与制造企业的联系较弱。这些生产率和商标之间关系的结果在很大层面上与在它们通过市场价值的途径引证的企业样本中得出的关系相符，表明股票市场可以有效地估计出新型无形资产的潜在收益，表明管理者并非仅跟着"管理潮流"而寻求商标的。即便如此，在这段时间内每家企业额外存有的商标的边际回报也会迅速减少，这在研究时间趋势和商标强度的交互中时有所体现，表明随着产品种类增加，收入会降低。

专利和商标是否是周期性的？

若企业对比知识产权成本和收益，企业可能会预计活动随运营周期进行变动。Axarloglou（2003）发现引进新产品的趋势呈顺周期的，有证据表明商标和新产品成正相关（Axarioglou 和 Tsapralis，2004）；J. THert 也对专利呈顺周期还是逆周期进行了争论（见 Griliches，1990；Geroski 和 Walters，1995；Giedeman 等，2006）。大部分企业使用现金流来资助创新，这表明更多的资产可以在繁荣时期进行使用，暗示了专利可能呈顺周期的。另外，有些人认为因为需要资源生产，在繁荣时期研发的"机会成本"很高，这表明了专利呈逆周期，但有证据表明专利更可能以顺周期的形式呈现出来。该文献与一份关于专利受需求条件驱使的旧文献相关。Schmookler（1996）进行了一项开创性的研究，表明创新和专利是由需求驱使的。Scherer（1982）通过实证分析在很大程度上支持了需求驱使的观点。

㉘ 在同一篇论文中。作者通过使用附加值生产函数，对引用的和非引用的企业进行分析，研究商标与生产率水平和增长比例之间的关系。结果显示那些利用商标的企业，获取附加值的能力远远高于那些不使用商标的企业（差别是10%和30%）。

版权回报

由于当前没有法律要求对创新工作进行注册，因此对版权价值进行实证分析并非易事。不过有一些研究收集了关于版权经济作用的信息。一项在对版权要求进行注册和更新的美国研究总结，大约 80% 版权几乎没有经济价值（见 Landes 和 Posner（2003），两人在 1910~1991 年对版权价值进行了研究）。Png 和 Wang（2006）对 OECD 的国家在电影版权维持上的影响进行了研究，发现在作者去世后维持版权 50~70 年的大概占到 10%。

这一结果十分惊人，因为（如果使用标准折扣率）20 年增加的净现值非常低，但是结果经过一系列检验看起来很稳定。另一个方法是使用关于法院判决的数据。Baker 和 Cunningham（2006）对美国联邦法院延长版权的决定对企业市场价值的影响进行了研究。他们发现新的版权法可以提高 0.4%~2.2% 实体回报，同时高级法院的决定可以提高 0.1%~1.2% 的回报。在类似研究中，Mazeh 和 Rogers（2006）发现在版权争议中原告比起类似企业的同类组拥有更高的市场价值。但是总体来说，关于版权价值的实证证据呈离散状。

6.8 结　　论

本章分析了知识产权和企业表现的关系。基本的经济观点表述得很清楚，知识产权产生市场掌控力因而产生更多的利润、更高的需求。许可的作用直截了当地表明了延伸的作用。企业可以将其知识产权的使用权许可给其他企业，提供收益流（特许权使用费）。许可可以使企业专注发明创新活动，从该观点上看，许可和相关的技术市场有造福社会的潜力。这也就是说，许可增加了许多专注购买专利来寻求许可机会的企业（所谓的专利流氓），可以认为这些企业增加了市场效率，例如古董或艺术品专业贸易商可能就会这么做。但是有争论的是，这些企业会利用专利系统和法律诉讼的威胁来获取不公平的许可款项。更普遍来说，此类事件与专利系统的功能相关，我们会在第 11 章进行说明。关于专利系统功能的另一件事就是强制性许可的使用。强制性许可代表事后变更专利所有人权利的社会决定，使用强制性许可更受争议。本章同时讨论了关于专利竞争的概念，一般来讲专利竞争会分散创新的报酬。

除此之外，有必要对知识产权运用的实践方面进行分析。关于知识产权成本存在一个关键点。在许多情况下首次申请费相对较低（虽然将专利或商标律师费结合起来会对小型企业造成问题）。不过相比而言，参与知识产权纠纷的法律费用更高。这些纠纷可能相对比较少，但是即便如此，许多企业担忧他们是否支付得起获取知识产权和进行辩护的费用。这也是为什么企业调查结果表明了相比专利而言，研制阶段和保密性更为重要。有关法律纠纷的证据表明小规模的新型企业可能会受到法律纠纷费用影响。

在一些发达的市场经济体中，那些规模很大的高技术水平的企业会通过许多种方式使用知识产权获得收益，这也许并不稀奇。一些专利战略包括限制供应商权利和阻碍对手在特定领域的研究（见表6.2）。商标战略包括伞型商标化和战略反制行为。理解和使用此类战略对管理者和企业家来说是很重要的，进而影响市场竞争的强度，进而对政策作出影响。

关键词

授权许可　专利竞赛　专利流氓　回报的扭曲　互补性资产　知识产权战略

讨论问题

（1）为何知识产权的回报被扭曲？
（2）专利流氓的存在是否意味着专利体系的运转良好？
（3）何时何种情况下需要用到强制许可？
（4）如何评估知识产权对公司的价值？

参考文献

[1] Arora, A., M. Ceccagnoli, and W. M. Cohen. 2008. R&D and the patent premium. International Journal of Industrial Organization 26：1, 153–79.

[2] Arundel, A. 2001. The relative effectiveness of patents and secrecy for appropriation. Research Policy 30：611–24.

[3] Axarloglou, K. 2003. The cyclicality of new product introductions. Journal of Business 76 (1)：29–48.

[4] Axarloglou, K., and D. Tsapralis. 2004. New product introductions and price markups. Eastern Economic Journal 30 (2)：223.

[5] Baker, M., and B. Cunningham. 2006. Court decisions and equity markets：estimating the value of copyright protection. Journal of Law and Economics 49 (2)：567–96.

[6] Baumol, W. 2002. The Free-Market Innovation Machine. Princeton University Press.

[7] Bessen, J., and R. Hunt. 2007. An empirical look at software patents. Journal of Economics & Management Strategy 16 (1)：157–89.

[8] Bloom, N., and J. Van Reenen. 2002. Patents, real options and firm performance. Economic Journal 112：97–116.

［9］ Boyle, J. 2003. The second enclosure movement and the construction of the public domain. Law and Contemporary Problems 66: 33 – 74.

［10］ Chatterjee, K., and R. Evans. 2004. Rivals' search for buried treasure: competition and duplication in R&D. Rand Journal of Economics 35（1）: 160 – 83.

［11］ Chesbrough, H. 2006. Open innovation: a new paradigm for understanding industrial innovation. In Open Innovation: Researching a New Paradigm（ed. H. Chesbrough, W. Vanhaverbeke, and J. West）. Oxford University Press. Cockburn, I., and Z. Griliches. 1988. Industry effects and appropriability measures in the stock market's valuation of R&D and patents. American Economic Review 78（2）: 419 – 23.

［12］ Cohen, W. M., R. R. Nelson, and J. Walsh. 2000. Protecting their intellectual assets: appropriability conditions and why U. S. manufacturing firms patent（or not）. NBER Working Paper 7552.

［13］ Delrahim, M. 2004. US and EU approaches to the antitrust analysis of intellectual property licensing: observations from the enforcement perspective. US Department of Justice（available at www. usdoj. gov/atr/public/speeches/ 203228. pdf）.

［14］ European Patent Office. 2007. Why researchers should care about patents. EPO online. Gambardella, A., P. Giuri, and A. Luzzi. 2007. The market for patents in Europe. Research Policy 36: 1, 163 – 83.

［15］ Gambardella, A., D. Harhoff, and B. Verspagen. 2008. The value of European patents. CEPR Discussion Paper 6848.

［16］ Gans, J. S., and S. Stern. 2003. The product market and the market for "ideas": commercialization strategies for technology entrepreneurs. Research Policy 32: 333 – 50.

［17］ Geroski, P. A., and C. F. Walters. 1995. Innovative activity over the business cycle. Economic Journal 105: 916 – 28.

［18］ Giedeman, D. C., P. N. Isely, and G. Simons. 2006. Innovation and the business cycle: a comparison of the U. S. semiconductor and automobile industries. International Advances in Economic Research 12: 277 – 86.

［19］ Gilbert, R., and D. Newbery. 1982. Preemptive patenting and the persistence of monopoly. American Economic Review 72: 514 – 26.

［20］ Giuri, P., M. Mariani, S. Brusoni, G. Crespi, D. Francoz, A. Gambardella, W. Garcia – Fontes, A. Geuna, R. Gonzales, D. Harhoff, K. Hoisl, C. Lebas, A. Luzzi, L. Magazzini, L. Nesta, O. Nomaler, N. Palomeras, P. Patel, M. Romanelli, and B. Verspagen. 2006. Everything you always wanted to know about inventors（but never asked）: evidence from the Patval – EU Survey. Discussion Paper 11, Munich School Of Management, University of Munich.

［21］ Gomulkiewicz, R. W. 1999. How Copyleft uses license rights to succeed in the open source software revolution and the implications for Article 28. Houston Law Review 36（1）: 170 – 94.

[22] Granstrand, O. 1999. The Economics and Management of Intellectual Property. Cheltenham, U. K. : Edward Elgar.

[23] Greenhalgh, C. A. , and M. Longland. 2005. Running to stand still? The value of R&D, patents and trade marks in innovating manufacturing firms. International Journal of the Economics of Business 12 (3): 307 – 28.

[24] Greenhalgh, C. A. , and M. Rogers. 2007. Trade marks and performance in UK firms: evidence of Schumpeterian competition through innovation. Working Paper 300, University of Oxford, Department of Economics.

[25] Griffiths, W. , P. Jensen, and E. Webster. 2005. The effects on firm profits of the stock of intellectual property rights. Working Paper 4/05, Intellectual Property Research Institute of Australia, Melbourne.

[26] Griliches, Z. 1990. Patent statistics as economic indicators: a survey. Journal of Economic Literature 28: 1, 661 – 707.

[27] Guellec, D. , and B. van Pottelsberghe. 2007. The Economics of the European Patent System. Oxford University Press.

[28] Hall, B. 2000. Innovation and market value. In Productivity, Innovation and Economic Performance (ed. R. Barrell, G. Mason, and M. O'Mahoney). Cambridge University Press.

[29] Hall, B. , and M. MacGarvie. 2006. The private value of software patents. NBER Working Paper 12195.

[30] Hall, B. , and R. Ziedonis. 2001. The effects of strengthening patent rights on firms engaged in cumulative innovation: insights from the semiconductor industry. In Entrepreneurial Inputs and Outcomes: New Studies of Entrepreneurship in the United States (ed. G. Libecap). Advances in the Study of Entrepreneurship, Innovation, and Economic Growth, volume 13. Amsterdam: Elsevier.

[31] Hall, B. , A. Jaffe, and M. Trajtenberg. 2005. Market value and patent citations. Rand Journal of Economics 36: 16 – 38.

[32] Harhoff, D. , F. M. Scherer, and K. Vopel. 1997. Exploring the tail of the patent value distribution. Working Paper 92 – 27, Wissenschaftszentrum, Berlin.

[33] Harhoff, D. , F. Narin, F. M. Scherer, and K. Vopel. 1999. Citation frequency and the value of patented innovation. Review of Economics and Statistics 81 (3): 511 – 15.

[34] Heller, M. A. , and R. Eisenberg. 1998. Can patents deter innovation? The anticommons in biomedical research. Science 280: 698 – 701.

[35] Henkel, J. , and M. Reitzig. 2007. Patent sharks and the sustainability of value destruction strategies. Working Paper (available at http: //ssrn. com/abstract = 985602).

[36] HM Treasury. 2006. Gowers Review of Intellectual Property. London: Her Majesty's Stationery Office.

[37] Hsu, D. , and A. Ziedonis. 2007. Patents as quality signals for entrepreneurial ven – tures.

Mimeo (available at www. rotman. utoronto. ca/strategy/file/file/Hsu – Ziedonis – Signaling. pdf).

[38] Interbrand – Business Week. 2007. All brands are not created equal: best global brands 2007. Report (available at www. interbrand. com/best_global_brands. aspx).

[39] IPAC. 2003. The Enforcement of Patent Rights. Intellectual Property Advisory Committee of the UK Patent Office (available at www. intellectual – property. gov. uk/ipac/pdf/enforce. pdf).

[40] Kretschmer, M., and P. Hardwick. 2007. Authors' earnings from copyright and non – copyright sources: a survey of 25,000 British and German writers. A study for the Authors' Licensing and Collecting Society, Bournemouth University Centre for IP Policy and Management (www. cippm. org. uk).

[41] Landes, W., and R. Posner. 2003. The Economic Structure of Intellectual Property Law. Boston, MA: Belknap/Harvard.

[42] Lanjouw, J., and J. Lerner. 1996. Preliminary injunctive relief: theory and evidence from patent litigation. NBER Working Paper 5689.

[43] Lanjouw, J., and M. Schankerman. 2001. Enforcing intellectual property rights. NBER Working Paper 8656.

[44] Lerner, J. 1995. Patenting in the shadow of competitors. Journal of Law and Economics 38 (3): 563 – 595.

[45] 2002. Where does State Street lead? A first look at finance patents, 1971 to 2000. Journal of Finance 57 (2): 901 – 930.

[46] Lessig, L. 2002. The Future of Ideas: The Fate of the Commons in a Connected World. New York: Random House.

[47] Levin, R., A. Klevorick, R. Nelson, and S. Winter. 1987. Appropriating the returns from industrial research and development. Brookings Papers on Economic Activity 3: 783 – 831.

[48] Long, C. 2002. Patent signals. University of Chicago Law Review 69 (2): 625 – 79.

[49] Love, J. 2007. Recent examples of the use of compulsory licenses on patents. Research Note 2, Knowledge Ecology International.

[50] Mann, R. J. 2005. Do patents facilitate finance in the software industry? Texas Law Review 83 (4): 961 – 1032.

[51] Mazeh, Y., and M. Rogers. 2006. The economic significance and extent of copyright cases: an analysis of large UK firms. Intellectual Property Quarterly 4: 404 – 420.

[52] Nelson, R. 2006. Reflections of David Teece's "Profiting from technological innovation." Research Policy 35 (8): 1107 – 1109.

[53] Png, I., and Q. Wang. 2006. Copyright duration and the supply of creative work. Mimeo, National University of Singapore.

[54] Schankerman, M. 1998. How valuable is patent protection? Estimates by technology field u-

sing patent renewal data. Rand Journal of Economics 29 (1): 77 – 107.
[55] Schankerman, M., and A. Pakes. 1986. Estimates of the value of patent rights in European countries during the post – 1950 period. Economic Journal 96 (384): 1052 – 1077.
[56] Scherer, F. 1982. Demand – pull and technological invention: Schmookler revisited. Journal of Industrial Economics 30 (3): 225 – 237.
[57] Schmookler, J. 1966. Invention and Economic Growth. Cambridge, MA: Harvard University Press.
[58] Seethamraju, C. 2003. The value relevance of trademarks. In Intangible Assets: Values, Measures and Risks (ed. J. Hand and B. Lev). Oxford University Press. Teece, D. J. 1986. Profiting from technological innovation. Research Policy 15 (6): 285 – 305.
[59] 2006. Reflections on "Profiting from innovation." Research Policy 35 (8): 1131 – 1146.
[60] Tufano, P. 1989. Three essays on financial innovation. Doctoral thesis, Harvard University.
[61] West, J. 2006. Does appropriability enable or hinder open innovation? In Open Innovation: Researching a New Paradigm (ed. H. Chesbrough, W. Vanhaverbeke, and J. West). Oxford University Press.
[62] Winter, S. G. 2006. The logic of appropriability: from Schumpeter to Arrow to Teece. Research Policy 35 (8): 1100 – 1106.
[63] Wright, B. 1983. The economics of invention incentives: patents, prizes and research contracts. American Economic Review 73 (4): 691 – 707.

第7章
扩散与社会回报

7.1 介 绍

为了实现创新的最大收益,需要将这些新的改变广泛地应用于整个经济中。一项新的生产工艺,需要在整个行业中,被其他的生产者也应用到实际生产中来,这样才能实现整个产业生产力的提升。同样的,新的产品,如果它们是中间产品或服务,就应该提供给其他的市场参与者,如果是终端产品,就应当让更多的消费者使用创新产品。正如第1章和第2章中所提到的,尽管市场为产品价格买单,也可以获得技术许可费,但是仍会存在消费者或使用者对创新的正外部性。这些外部性就如同可以干预经济政策的阳离子,比如通过知识产权或者对研发投入的补贴产生影响,以纠正创新投资的不足。本章的第一部分讨论创新的扩散是如何发生的,并且通过一些证据来验证扩散的速度。接着研究创新的起源以及这些创新使用的目的,找出企业和其他参与者从创新中获取的回报。同时,通过对经济证据的考察,从企业和产业的角度找出溢出效应。

无论创新发生在哪个生产部门,扩散过程中的各个阶段均包括:

将信息传递给潜在客户。

决定采用创新。

市场的最终饱和。

在第一阶段中,针对各种创新,很难检测新工艺或新产品的可用性信息流。对于某特定创新,可对潜在用户进行调查研究——无论他们是否了解新产品或新工艺,但这种做法需进行昂贵的市场调研。不过,这非常有用:如果产品广为人知,但不畅销,那么创新者可明确知道它没有满足特定需求,反之,如果其产品销售得很慢，但公众也并未关注到它，则企业可多进行一些促销活动。在总体水平上监视创新采用率的代价是非常昂贵的。决策采用可由个体生产者（新技术和新的中间产品和服务生产商）或个体消费者（终端消费产品的消费者）来做出，通过时间顺序观察产品销售记录来推测采用率，并得到扩散描述图，或许还可以找出市场最终饱和情况的一些依据。要解释为什么有些企业或消费者采用得早，而有些则采用得晚，以及提前预测创新的占有率，是一项非常复杂的任务，因为该决策涉及了许多因素，这些信息对新产品或新工艺的销售方都是极为有益的，可帮助他们更专注于营销效能上。新工艺技术的采用带来了其他成本——例如，购买新设备或以及新工艺的工人再培训费用。❶ 创新也为非创新的企业带来了效益，有助于它们保留市场份额，提高生产率。不过，创新采用的成本和收益都是很难记录的，因为不能轻易地将它们从总生产成本的变化中剥离出来。

当新技术完全取代旧生产方式，或新的产品和服务类型完全取代现有的产品种类时，会形成市场饱和，此时，由于创新项目完全取代了旧项目，并取代了过时的技术和产品，因而，这样就完全符合了熊彼特的创造性破坏概念。由于某些企业在投资上面临着资本约束，或由于工人对所需技能的欠缺，我们在实践中所看到的通常是不完全饱和的市场。同样，如果某些消费者不认为这种额外的效益有价值时，他们可能永远不会使用某类家居产品。要解释新产品和新工艺的采用决策，须使用社会和组织方法（Rogers，1995）。这些方法强调了社会规范的作用，以及如何制定决策，企业和消费者是如何相互关联的。在本章中，我们将专注于经济方法：这些方法在 Stoneman（2002）和 Hall（2004）的研究中有典型说明。

7.2 创新采用率模型

这一部分我们将关注于两个经济学中已经研究的扩散模型：扩散模型（the epidemic model）和等级模型（the rank model）。接着我们会讨论网络和锁定效应（network and lock-in effects）。对扩散模型更详细和正式的分析可以参见 Stoneman（2002）。

---

❶ 由于新消费产品的某些特征还未完全得到验证和优化，因而，该产品早期的使用者可能花更多的金钱（如新版软件）。

扩散的经验模型

为了理解扩散过程，经济学家们最初从生物学领域借鉴了很多手段。这些模型开始被用来解释人或动物疾病的传播现象——它会形成影响很大群体的流行病。不同的是，在采用这些模型解释创新扩散时，关于生物学模型的负面，即获得疾病，被转变为从新的高级产品或工艺中获得信息的正效应，从而选择去购买该创新。❷

该模型认为两个个体之间会随机相遇，并且第一个个体已经采用了创新。这会导致创新信息的转移，并继而引起第二个个体采用该创新。这一模型的基本假设是：

（1）存在一个固定的、数量为 N 的潜在采用者群体，并且采用者除了采用创新的时间不同之外，其他的特征都是相同的——在任一时间点，有限数量的采用者已经采用了该创新，剩余的仍未采用（类似于流行流行性感冒，此时少部分人已经患病）。

（2）当一个采用者和一个未采用者相遇时，存在一个固定的概率 B，使得未采用者会成为采用者（更正式地讲，B 反映了相遇发生和采用发生两方面的概率）。

（3）相遇发生的概率取决于总体中已经采用该创新的群体比例 D，它会随扩散的过程变化。

（4）相遇是随机发生事件，因此一个采用者和一个未采用者相遇的概率与 $D(1-D)$ 成正比。

因此，我们可以把创新采用速度（dD/dt）表示为，

$$dD/dt = BD(1-D) \qquad (7.1)$$

图 7.1 显示了公式 7.1 表示的创新采用曲线。通常被称为 S 型曲线，它表示的是在某一时刻，已经采用了创新的群体所占的累计百分比。

创新扩散模型的预测包括：

（1）创新采用速度 dD/dt 服从钟形曲线。最初，存在少量的领导者，随着采用的发生会呈现一个逐渐加速过程；接着随着 D 进一步提高，未采用的比例（$1-D$）会降低，因此会有一个减速过程（随着流行性感冒的传播推进，更多的人会被感染，最终很少有人不被感染，因此扩散率会降低）。

（2）创新采用者的比例（或者说是函数 D 的累积密度）服从对数曲线，是一个扁平的 S 型曲线。

---

❷ 因此，扩散模型也被称为感染模型（contagion model）。

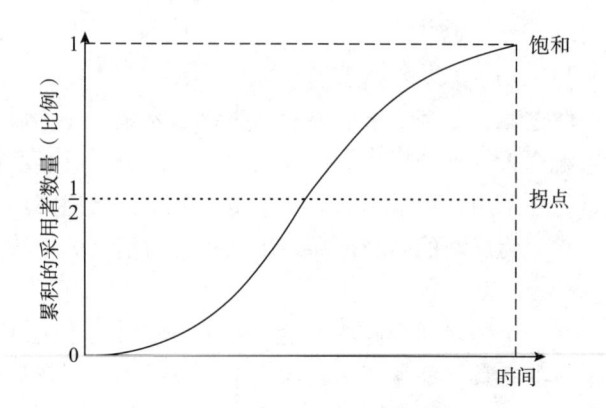

图 7.1 创新扩散模型的采用累积路径

（3）当所有个体都采用了创新，创新产品的市场最终会达到饱和。这一现象发生的速度取决于 B，即信息转移引起创新采用的概率。

扩散的经济（等级）模型

由于前面的模型中没有涉及价格或成本在决策过程中的作用，因此它描述的是非经济基础下的创新采用率。特别的，这一模型中关于同质性个体（对消费品）或企业（对中间投入或过程）的假设其实是一个相当不切实的假设。一个更复杂的模型应该允许群体成员（N）之间的差异影响它们创新采用的可能性。扩散的经济（等级）模型的基本假设就是创新采用偏好（或惯性）会随企业或消费者不同而不同。变化产生的原因包括：

（1）信息搜寻成本不同——存在一些更小的和离创新更远的企业或消费者。

（2）企业的现有设备（资本存量或耐用消费品等）在容量、寿命和生产率上存在不同，这会影响它从购买一种设备中所能获得的收益。

（3）企业拥有的劳动力水平不同，他们的技能能够影响企业的变动成本。

（4）企业之间的销售水平和增长率不同，对处于增长市场中的企业而言，一项新的过程技术的调整可能更容易、成本更低。

这一模型的基本假设包括：

（1）企业或消费者之间的差异通过单个指标来呈现（表示为 Z）。这一指标将企业或消费者从最不可能采用创新到最可能采用创新进行了分级。❸

（2）群体中的 Z 值分布服从正态分布（或钟形分布）。

---

❸ Hence Stoneman（2002）使用"等级模型"来强调这种形态的假设。

方框 7.1 中讨论了该模型的结果，这里我们只进行直观的简单说明。当创新采用的最初成本很高时，只有一小部分企业或消费者（那些 Z 值超过一个很高的临界值）会采用该创新。我们假设采用成本随时间不断降低，这意味着更多的企业或消费者将会采用该创新。由于 Z 服从正态分布，随着这一过程的发生，最初创新采用速度会增加——也就是说，创新会在正态分布的中间部分被大量的企业或消费者采用。采用速度会在钟形曲线的顶点处达到最大，接着会慢慢降低。

那么，为什么采用成本会随时间不断降低呢？一个原因是后来的采用者可能从其他早期的采用者那里学习到如何实施该创新。第二个原因与创新的价格相关。新的生产设备和新的消费品或服务的共同特征是，它们会随时间以不断降低的价格供给。随着市场的增长和供给的扩大，（供给）企业可以从创新性产品生产的规模效应中获益。同时，取决于知识产权保护情形和许可经营的发生，新生产者的进入可能导致更大的竞争压力，这会造成创新价格的降低和利润的减少。

创新经济（等级）模型的预测包括：

（1）只要群体中采用创新的收益分布服从正态分布，创新采用出现的频率就会遵循钟形曲线（见图 7.2）。

（2）创新采用者的比例服从概率函数，它的形状与扁平的 S 型非常相似（见图 7.1）。

（3）一旦该创新性产品或工艺变成了主导性的，市场也将变得饱和，但这一过程将取决于产品价格降低的速度和群体创新采用偏好的潜在分布情形。

方框 7.1　异质性用户群体的创新扩散规范模型

前面的正文中已经提到了模型的前两个假设：

（1）存在一个指标 Z 将企业或消费者从最不可能采用创新到最可能采用创新进行分级；

（2）Z 服从一个正态密度函数，即 $f(z) \sim N(\mu, \sigma^2)$。

进一步需要的假设包括：

（3）$h(z)$ 是从采用该创新中所能获得的超额利润或消费者效用的净流量。

（4）r 是企业或消费者从采用创新中获得的未来超额利润流或消费者效用流的利息率（即折现率）。

(5) p 是购买和使用创新性产品或工艺的成本，它或者是生产中的某一中间产品，或者是家庭消费中的某一最终产品。

那么，采用的决策将取决于净收益是否为正，也就是，是否有

$$h(z)/r \geqslant p$$

不等式的左端是在无限期和 r 为常数假定下的 $h(z)$ 的折现值（参见数学附录的 A.2）。

因此，创新的边际采用者所满足的特征是

$$h(z1) = rp$$

这意味着随着创新采用成本 p 的降低，在图 7.2 中，边际采用者将会向左移动，并且创新采用的比例 $D = 1 - F(z1)$，其中 $F(\cdot)$ 是累积正态分布。如果创新采用成本稳步下降，那么采用创新的企业或消费者的比例变化路径将会呈现 S 型。更规范的讲，采用者的比例（或者说是 D 的累计概率密度函数）实际服从一个概率函数，它的图形是一个扁平的 S 型，与对数函数的 S 型曲线非常相似。

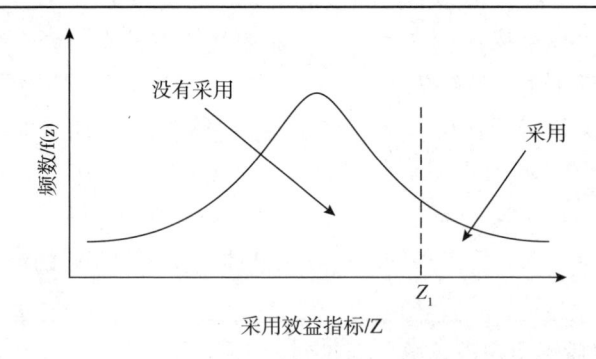

图 7.2 采用者特征如何决定创新采用速度

虽然扩散的经济模型中并不强调随机的相遇和学习过程（在扩散模型中，这决定了创新采用的速度），但在经济模型中也可以纳入这样的假设，此时创新采用者的采用偏好会随时间而变化。实际上，在以现有的偏好和价格为基础进行创新采用的经济决策之外，偏好通过学习而不断演化是非常可能发生的。因此在预测创新采用速度时，这两个模型应该被视为是相互补充的。❹

---

❹ Karshenas 和 Stoneman（1992）提出和评价了一个彩色电视被采用的模型，该模型是在扩散模型中纳入了经济因素；Zettelmeyer 和 Stoneman（1993）拓展了这一模型，他们用这一方法分析了英国摄像机和 CD 播放机以及德国汽车的扩散过程；最近，Young（2007）模型化了 5 个大类的扩散模型，其中包括了扩散模型和移动均衡模型，并且表明通过创新采用速度的初始加速模式，在理论上可以将这些模型进行区分。

这些模型暗示了，有很多因素会影响企业或最终消费者采用创新性技术或产品的倾向。其中有两类主要的因素：一类是影响创新信息到达潜在采用者的可能性因素，另一类是影响潜在采用者从这些信息中学习并采取行动的能力因素。现实中的产业往往具有某种按地理区域聚集的现象，比如高新技术企业会聚集在大学和公共研究机构的周围。这表明，地理位置相近对技术知识的转移和创新性产品的共识具有持续的重要作用，虽然这一作用在当前的信息通信时代正在减弱。我们还期望看到资金约束的作用，它也会限制创新产品和过程的采用。同时，接收新信息的企业或消费者的技能或人力资本、企业的研究历史等都会影响它的学习能力。这实际是指研发的"第二面"，或者说是吸收能力（第3章中讨论过）——它反映出了企业为从外部学习而积极从事研发活动的必要性。

网络和锁定效应

创新的扩散经常受到网络和锁定效应的影响。在网络环境下，一个采用者从新产品中获益的能力取决于其他人所采用产品的情况。这可能导致反常的现象，即最终使市场饱和的体系可能不是最好的。而且它可能是第一个实现采用的关键阈值的体系，这样一来尽管它有劣势，但它依然成了后来采用者的首选体系。下面我们将讨论这个问题。❺

锁定的存在可以通过假设消费者面临在产品之间转换的成本来建模。这为公司提供了将产品最初定价在低水平然后对现有客户提高价格的可能。这通常可以从针对新客户的低价格看出（例如，移动电话的定价）。另一个相关的例子是喷墨打印机的价格，它的价格非常低，因为公司打算通过销售替换墨盒挣钱。Klemperer（1995）发现转换成本可以允许公司减少进入价格，并提高平均价格，造成消费者的福利损失，尽管可能并非如此。

关于网络和锁定效应的著名例子是键盘的布局。两种原始格式是QWERTY键盘（从上面左边开始的字母排列）和现在的一个叫作Dvorak的鲜为人知的键盘。David（1985）预计到19世纪90年代，QWERTY格式具有很强的优势，因为一旦经过训练，打字员就不想改变。此外，打字员的培训受到经济规模的影响，有单个键盘的布局（或标准）对于互操作性有好处。关键的内容是锁定（即，打字员不想重新训练，当前的打字学校成本低）和网络效应（即，相同的键盘意味着打字员可以切换机器）之一。这些因素意味着一旦QWERTY键盘获得了优势，它就会被广泛的采用并获取市场支配地位。David

---

❺ Katz和Shapiro（1994）与Varian等（2004）也就此问题展开过研究。

还表示虽然 Dvorak 键盘可以打字更快，但 QWERTY 键盘是具有优势的布局（虽然这一点有争执：见 Liedbowitz 和 Margolis（1990））。

另一个著名的例子是在 20 世纪七八十年代，关于 VHS 和 Bertamax 视频格式之间的选择。每个格式都需要不同的磁带录像机（VCR）；VHS 最初是由松下电器开发的，而 Betamax 是由索尼开发的，这二者之间的斗争有很多方面。其中一些涉及标准方面，例如 VCR 的成本、录制时间和营销效率，但也存在网络效应。主要的网络效应来自消费者重视在录像带上观看各种预录电影的事实。一旦在 20 世纪 80 年代早期录像带租借商店开始偏向 VHS，使更多的电影在 VHS 上供应，那么就鼓励更多的消费者购买 VHS 的磁带录像机（Park，2004）。网络效应发生的另一个例子涉及在交流电（AC）与直流电（DC）之间选择，在计算机操作系统（例如 Windows 操作系统、Mac 操作系统、Linux 操作系统）与互联网浏览器（例如网景、因特网浏览器、火狐浏览器）之间选择。一般而言，在电信、技术和软件产品的范围内能找到锁定和网络效应的很多例子。

从经济政策角度看，对锁定和网络效应的兴趣来自市场失灵的可能性。我们可以通过考虑传真机的例子来说明一种类型的市场失灵的可能性。传真机的价值来自将传真传送给他人，但这意味着最初传真机的销售没有什么价值（即，很少有人发送传真）。这就导致没有人购买传真机（或太少人购买）。当市场无法产生足够的用户时，我们认为市场结构不是社会上最优的结构。❻ 第二种可能的市场失灵是由于网络效应，较低效率的产品变得普遍使用（例如 QWERTY 键盘）。这不是社会最优的选择，因为最好让每个人都使用更高效的产品。对这些情况的分析变得更加困难，因为公司会彼此竞争以支配市场。如上所述，索尼和松下竞争谁来主导网络和锁定效应的录像机市场。这种竞争可以保持价格低，并加速扩散（对消费者福利是有益的），但会将消费者锁定在劣质产品中。

7.3 采用率的统计依据

我们现在转向扩散的证据，以此来看看实证研究到了什么程度。在对一些钢铁制造和煤炭开发方面最早的现代技术创新的研究中，Gold 等（1970）发现对新工艺技术的采用率有相当大的差异（见图 7.3）。他们的关键发现是，

---

❻ 历史上，传真机市场从 20 世纪 80 年代中期开始显著扩大，当时传真机的价格大幅下降，这可能与这个例子无关。然而，问题还在于这种采用途径是否在社会上是有效的。

第7章 扩散与社会回报

他们所研究的大多数工艺创新的采用速度相当慢：虽然14项创新中有2项在10年后扩散到供应70%生产的程度，但更多的（6项）在15年后只扩散到供应20%的生产。此外，与早期采用率相比，最终采用率具有相当多的多样性，最初起步较慢的集中技术也有可能最终作为标准技术占主导地位。因此，似乎难以通过新科技早期的采用率来预测其未来的重要性。

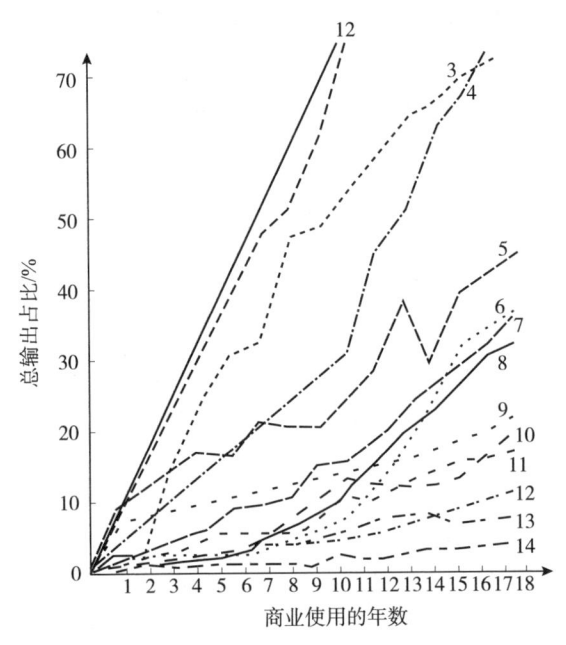

图7.3 新技术产出在最初商业化使用当年后的第一个15年期间占总产出的比例

注：1. 贝塞麦转炉（1865）；2. 连续冷轧板材（1927）；3. 电镀锡板（1940）；4. 连续热轧带钢（1926）；5. 连续冷轧带钢（1930）；6. 碱性氧气转炉（1954）；7. 制粒（1956）；8. 连续采矿机（1948）；9. 洗焦煤（1889）；10. 机械装煤（1923）；11. 炼焦副产品（1895）；12. 机械割煤（1882）；13. 平炉（1870）；14. 露天采煤（1914）。

来源：Gold, B., W. S. Peirce, and G. Rosegger (1970). Diffusion of major technological innovations in U. S. iron and steel manufacturing. *Journal of Industrial Economics* 18（3）：218–241.

影响产生创新扩散模式的因素有两个，第一个与信息的生成、传播和使用相关，即流行病效应。第二个是基于一种观点，即在给予适当信息的情况下，工厂或公司在采用新技术（大多数情况下）有利可图时，它们会考虑获得新技术的成本。

在对制造中使用计算机的近期研究中，Canepa 和 Stoneman（2003）研究了在设计和制造活动中使用的各种尺寸的计算机。对于这些新技术，正如对于早期的技术一样，对潜在市场的渗透率较低（见表7.1）。虽然美国经常被视为发明和创新的技术领导者，但它并没有在此处探讨每项技术的传播速度。❼先进的工业国家在这些技术的采用率上有着显著的差异（例如，对比加拿大和美国截至 1993 年的扩散率）。Canepa 和 Stoneman 支持扩散的流行性模式和经济模式，他们认为：

在已实现的扩散模式中有两个主要效应。第一个与信息的生成、传播和使用有关，在这里标记为流行性效应。第二个是基于这样一种观点，即在给定的适当信息的情况下，工厂或公司在采用新技术（最）有利可图的时候才采取新技术，他们因此考虑到获得新技术的成本。❽

表 7.1 计算机相关工艺技术的跨国扩散

单位：%

	1989 年				1993 年			
	美国	加拿大	英国	瑞士	美国	加拿大	英国	瑞士
CAD/CAE	42	34	49	37	64	56	74	51
CAD/CAM	18	12	49	23	28	27	74	34
NC/CNC	45	27	88	41	51	34	95	48
LAN Tec	21	15		16	32	17		26
LAN Fac	18	11		14	24	11		22

来源：上述数据来自 Canepa 和 Stoneman（2003）的表 7。

注：1989 年的数据包括美国 1988 年的数据和瑞士 1990 年的数据。CAD/CAE 指计算机辅助设计/工程：产品设计和测试。CAD/CAM 指计算机辅助设计/制造：设备设计和控制。NC/CNC 指数字控制设备或制造中的计算机数字控制。LAN Tec 指设计和工程部分内部信息交流的局域网。LAN Fac 指用于生产线上信息交流的局域网。

上述例子表明在行业和国家两个层面，工艺技术的扩散率有相当大的差异。当我们观察到消费者采用新产品时，采用速度的多样性同样明显。Hall（2004）对美国的这种变化进行了说明，通过 20 世纪 20～90 年代国内洗衣机的慢采用速度与 20 世纪八九十年代录像机的快采用速度进行对比。很多分析家已经研究了许多国家的互联网的引入和成长，包括 Mowery 和 Simcoe（2002）。他们的分析表明，国家对互联网的使用实现了使用率与价格负相关，同时与平均收入水平正相关，这从需求分析上来说是两个标准结果。从 20 世纪

---

❼ 英国的数据显示有 3 种类型的扩散方式很高。一种解释认为，20 世纪 80 年代前期，英国的产量与产能非常接近，随之而来的结果就是英镑的汇率在 1979～1985 年猛增。幸存下来的企业通常其产品的高附加值和较低的生产成本，使得它们得以在价格竞争战中得以生存。

❽ 这一结论是基于许多实证研究的总结；详见 Canepa 和 Stone man（2003，第 29 页）。

70 年代早期互联网的初步发展到 20 世纪 90 年代初，其使用的增长不大，但自互联网主机（域名）的使用数量预计从 1994 年的 220 万增长到 2008 年的 5.7 亿开始，互联网的使用实现了暴涨（来源：互联网系统联盟（www.isc.org））。表 7.2 显示了使用互联网人口比例的巨大变化，世界上最贫穷地区的比例最低。即使如此，在一些人口较多的较贫困地区（例如，亚洲和南美洲），这些适度的互联网渗透率实际上也占较高份额。

表 7.2　2008 年区域互联网的使用

	互联网普及率（%）	全球占比（%）	使用增长率（%）
非洲	5.3	3.5	1031
亚洲	15.3	39.5	406
欧洲	48.1	26.3	266
中东	21.3	2.9	1177
北美洲	73.6	17.0	130
南美洲	24.1	9.5	669
大洋洲和澳大利亚	59.5	1.4	165
总计	21.9	100	306

来源：上述 2008 年的数据来自 Internet World Statistics 网站（www.internetworldstats.com/stats.htm）。

此外，在那些具有最低使用率的国家的增长率是最快的。互联网既是个人消费品也是商业技术手段。Mowery 和 Simcoe（第 259-260 页）指出：常类似于其他"通用技术"，例如，电力等主要的创新，互联网经历了长期的"酝酿"，可以追溯到 30 多年前。

由上可知，引入新技术会增加公司的成本。Canepa 和 Stoneman（2005）探讨了企业内部财务约束对引入新工艺技术的作用。他们评论说，关于扩散的文献在很大程度上忽略了这一因素，尽管 Mansfield（1968）早期的开创性研究中分析了这一因素。他们对英国金属加工和工程行业中引入计算机数控机械的分析表明，这种财务约束对于接近盈亏平衡点的公司显然具有约束力，但不是对盈利较高公司的约束。这使得设计公共政策以实现向新技术的过渡变得更加困难，因为该政策需要将暂时受到现金约束的公司与不支持公共支持的持续效率低的公司分开。

在对各国计算机扩散的研究中，Caselli 和 Coleman（2001）已经表明，各个国家的特性与单位工人计算机进口水平呈正相关。他们使用这一统计量作为单位工人的计算机投资水平的替代指标，因为这一处理反映了所研究的大部分国家（国内无计算机行业）的整体计算机供给，而且还涵盖了对几个承担计算机组装的国家对关键部件的进口。提高计算机采用率的关键因素是拥有大部分至少完成小学教育的劳动力，并呈现面向 OECD 国家的贸易开放格局。其他积极因素包括良好的知识产权保护、单位工人的高投资率以及农业在国内生产总值中的低比例。关于这些问题的进一步讨论可以参见第 9 章。

7.4　创新的溢出和社会回报

本章第一部分讨论了扩散过程，很明显，对社会有广泛影响的创新，进行创新扩散是非常重要的。同时创新扩散过程可能需要相当长的时间，并存在潜在缺陷。这些问题对于理解社会如何从创新中受益是非常重要的。由于还可能存在创新的社会成本，因此，我们真正关心的是社会净收益，也称为创新的社会回报，本节将详细分析这个问题。

创新的社会回报可定义为社会从创新中收到的总净收益，包括创新者的利润增长，还包括消费者或其他企业的所有净收益。[9] 从概念上讲，它包括现在和未来的所有收益——尽管该讨论并未分析其中的区别。第 5 章介绍了某些与社会回报相关的问题，在这里，我们分析了创新企业和市场，第 5 章讨论了创新者如何减少其他企业的利润（窃取商业秘密），方框 5.1 还讨论了知识溢出效应，知识溢出效应是正外部性的一种形式，当某个主体（如创新者）行为影响到消费者或企业，且不存在市场交易时，会发生外部性。此时，最重要的正外部性是，当创新者产生的知识影响了其他企业的研发，或与创新相关的决策，且该企业并未得到许可或进行支付。[10]

实际上，有许多途径可以使创新效应从创新者那里流出。潜在的成功者和失败者并不相同，因此，要确定出全部的社会回报是非常困难的。本节探讨了三个主要群体的效益：消费者、竞争企业和其他行业的企业。

---

[9]　这里的"企业"指的是，涉及最广泛意义上的"生产"企业（如包括非营利组织和国有企业）。

[10]　这里所使用的外部性定义是微观经济学和福利经济学中所使用的标准之一，经典的案例是，当工厂污染了，导致鱼群死亡（负外部性），或通过蜜蜂给果园授粉，给养蜂人带来效益（正外部性）。在研发和创新文献中，由于正向知识外部性也称为"知识溢出"或"研发溢出"，因而会产生某些混乱，例如，外部性的定义不包括降低中介输入价格的创新——这导致了消费品价格的降低，这是一种通过价格体系发生的间接效应（参见 Mishan，1971；Bohanon，1985），有时也被称为金钱外部性，这里，我们将其看作为对消费者盈余的间接影响。需要注意的是，创新者可能给其他行业内的某些企业带来利润（如：降低了中介输入的价格）。同样，由于该效应背后的市场交易，它并不是外部性。

终端消费者

创新为消费者带来更低的价格，更好的质量，或同样价格、更丰富的产品。所以这些都增加了消费者盈余或福利，当消费者购买新的创新产品时，这类效应很容易辨识，不过，某些创新对其他市场的消费者有连锁效应，要跟踪此类效应是比较困难的，且需要具体的案例研究。

行业内的竞争企业

竞争企业通过从其他类似领域的研究中获取信息，从而从知识溢出中受益，它们会支付新技术许可的费用——即专利、版权或设计权，但它们仍会得到额外的利润，否则它们不会采取这种新技术，当竞争者从其他人的创新中学到知识时，会产生外部性，这也会提高他们自己的创新速度。

其他行业的企业

创新企业在其他经济部门中的下游客户也将从下降的投入成本，及更丰富的和更高质量的产品中受益，这些用户企业往往会由于新投入的技术而开发出新产品和新工艺，从而增加市场份额，产生较高的利润，新技术也可授权给其他行业的企业。

最终消费者的收益

第 1 章讨论了创新影响消费者的基本途径，图 1.2 阐述了工艺创新所导致的价格下跌如何产生更大的消费者盈余，同样，通过扩大选择，新改良产品也会带来消费者盈余，当创新涉及直接卖给消费者的终端产品时，与该图的描述基本一致，在某些情况下，例如销售给消费者和企业的计算机，企业使用这些计算机来提高其产品或服务，降低价格，从而再次让消费者受益。要跟踪对消费者产生的所有潜在影响是非常困难的（即使并非不可能），在所有的这些方法中，要衡量创新的真实影响是一个严肃的问题，这也是我们在第 3 章所提到的问题，在下一节中，我们扩展了该问题的讨论。

创新产品实际价格下跌的证据

随着预计创新产品的价格相对于其他商品和服务会下降，当平均产品质量上升并且这种质量变化不大时，通常会低估价格下降的幅度。由于复杂产品涉及很多方面和特征，很难收集足够的数据来观察市场价格变化。我们需要寻找有关改变质量的信息，并计算出被调整的关于已售产品平均质量的价格——特征价格指数，如方框 3.2 所讨论的。❶ 在任何给定的时间，我们期望为优质的商品和服务支付更多的钱。假设我们在物价上涨期间记录了市场价格，通常，由于创新，任何产品在阶段 2 比阶段 1 的质量要更好。如果我们将所有的涨价解释为通胀，我们忽略了实际产出中的质量上升。我们夸大了质量提高所产生的价格上涨，除非我们根据质量变化做出调整。表 7.3 包含了加拿大和美国消费物价指数偏差的估计值（以及消费者策略产生的一些其他指数偏差，以避免实际物价的上涨、替代效应，以及通过转向更便宜的经销商避免更高价格的折扣）。对于美国来说，由于新产品和更高质量产品的引进，夸大了通胀率而且年产量的增长被低估了 0.5%；对于加拿大来说，增长被低估了 0.3%。这些数与人均年平均产值增长率相比有明显的提高，达到 2%～3%，而且据国家经济增长统计显示，创新收益的程序可能被低估。

表 7.3　评估消费者物价指数的计算偏差

偏差类型	加拿大	美国
商品替代	0.2	0.4
出口替代	0.1	0.1
质量上升（包括新商品的引入）	0.3	0.6
物价指数总偏差（因四舍五入造成）	0.5	1.1

来源：加拿大的数据来自 Crawford（1993）；美国的数据来自 Boskin 等（1996）。

行业中竞争企业的收益

虽然创新给公司带来了一些市场优势，但我们认为这并不总是意味着竞争对手市场份额的缩小；相对于其他公司可能受到任何成功公司的影响，"R&D 的两面性"也是如此。可以对比一下，在市场上，当公司的突破触发更大的技术机会，并为其他企业提供了成立的信息时，就会出现窃取创新企业的优势、窃取其他企业的客户以及知识溢出效应。知识或技术溢出的一种可能性是，作为专利申请的一部分，发明人必须公开有关发明的详细技术信息，包括对新颖性的要求。因此，即使企业通过创新和知识产权竞争获得了市场领导的

---

❶ 可以在 Shepler（2004）和 Thompson（2004）中找到摄像机和 VCR 的例子，其中，这两个产品在研究期间的价格出现了下跌，但基于质量调整后的价格也不同于记录的价格。对于摄像机，产品的平均质量一直在上升，由于它仍然是一个开发中的产品，因此基于质量调整的价格下降速度高于记录的平均价格。对于 VCR，其是一个更成熟的产品，产品的平均质量一直在下降，由于市场的终端购买者更容易买到多样化的机器。在这种情况下，VCR 的特征价格会下降的速度不如质量调整后的价值下降得快，表明价格的指数偏差并不总是偏高于价格水平的方向。

私人利益，也会为企业带来社会效益。

即使没有公开创新并受到商业秘密的保护，其他公司也可以通过创新产品和技术来学习创新。通过购买产品，拆解或进行化学分析，所谓的"逆向工程"，通常可以获得相关的组成。如果知识是隐性的并体现在创新企业的员工身上，那么获得知识的另一种途径就是提供更诱人的薪水说服这些员工跳槽来解决问题。雇用其他公司的设计师和具有隐性知识的工程师为新雇主带来收益。

Patel 和 Pavitt（1995）提供了一些有关企业间学习彼此创新的证据，Patel 和 Pavitt（1995）对美国 600 多名研发主管进行了调研，要求他们对竞争对手的产品创新进行评估。这项研究揭示了，虽然公司通过授权他人技术和通过阅读专利文献中的信息来学习，但这些并不是排名最高的学习方式。独立的研发和逆向工程是迄今为止排名前两位的方法，排名第三位的是从创新公司挖掘核心工作人员。这也支持了"研发两面性"的观点，一面是创新的基本投资，另一面是需要能够吸收其他企业知识的研发。[12] 建立吸收能力的想法在许多领域至关重要，包括让较贫穷的国家赶上更富裕的国家（见第 9 章，特别是第 9.4 节）。这也使得隐性知识使技术工人重要的观点得到认可。

跨行业扩散和溢出效应

创新的扩散与成本降低和产品改进的传播并不限于发明所在的行业。经济学家还需要能够跟踪一个行业的研发密集型企业和其他行业企业之间的正溢出效应。这些可以通过：

（1）创新产品的销售；

（2）技术诀窍的直接转让。

通过购买中间产品产生的行业间联系是创新产品收益扩散的重要来源。虽然计算研发和专利集中在少数制造行业，但其他行业通过降低成本和生产新产品使收益广泛传播。Scherer（1984，第 3 章）描述了一种新型涡轮喷气发动机。在飞机引擎行业进行研发，从而产生了更好的发动机，但航空服务行业的生产率出现了提升，实现了低能耗（对于航空公司来说是节省成本），更安静和更可靠的飞行（增强了最终消费者的产品质量）。传统上利用 Leontief 的投入—产出经济模型对行业间货物和服务的传播进行建模，其也可以用于突出行业间的联系，例如制造业和服务业。该模型跟踪了企业采购的中间产品和资本

---

[12] 鉴于了解研发两面性的证据，我们不应该关心在所有这些领域中进行相关研究的重复，因为创新的领先者和模仿者都有必要从事独立研发。

货物，确认了其在行业内部和行业间的流动。每个行业的企业都使用其他企业的一些产出，反过来，其中一些产品用于其他行业生产自己的产品。

Leontief 模型可以用于跟踪经济创新的起源和流动。基本思想是，一些行业的企业比其他行业进行更多的研发，这些公司在生产技术和产品方面都体现了它们的创新。这些行业可以被称为创新生产者行业（历史上来看，这是几个与制造相关的主要行业的特征）。其他行业则购买和使用新的或改进的中间产品来改进自己的技术，并提升其最终产品的质量。这些行业可以被称为创新用户行业（历史上来看，这些行业是服务和公共事业）。

Scherer（1984）使用美国 20 世纪 70 年代中期的数据进行了早期分析，尝试对由公司取得的特定专利的使用进行完整的描绘。他发现，1/4 的发明是行业内的工艺创新，3/4 的发明与创新企业的新产品相关，因此可以得到更广泛的销售。而且，只有 1/4 的发明有可能卖到最终的消费者手中，有一半的发明都体现在中间产品和资本商品中（见 Scherer，1984，第 36 页）。因此，在私人公司方面，工艺和产品创新之间的区别是很大的，通过以产品创新为主导。然而，在行业和经济方面，过程创新似乎占主导地位，因为以半成品和服务进行销售的创新产品或资本商品会成为其他企业的投入，并且可以极大地影响购买行业在生产过程中使用的技术。

以投入产出模型追踪溢出效应

为了追踪美国经济的创新趋势，Scherer（1984）首先计算了每个公司在每项专利上的研发经费。然后，他判断每项专利在应用中，是广泛应用的还是狭隘的、特定的。如果是特定的，他会确定三个主要用户企业，并分配这些企业在研发中的潜在收益。如果是通用的，他会按比例为公司间的采购分配研发的潜在收益，研究结果详见表 7.4。不出所料，表 7.4 展示了在制造业中强有力的创新制造商，这些行业有着很高的研发比例，即计算机行业、广播和电信设备业、汽车行业、科技器械行业。

在之后对英国经济的研究中，为了追踪产品中体现的研发变化，Greenhalgh 和 Gregory（2000）在 1979~1990 年，使用了三次输入、输出数据。他们的这一模型认为，在任何领域，研发都成比例地在各行业间的输出流中有所体现。这就意味着，不论在哪一部门，不论是公司还是家庭，研发为所有的买方同等地提高了产品的质量。他们的这一模型和数据，涵盖了经济中的各个行业和领域，而且更符合一种动态的、开放的经济体（详见方框 7.2）。贸易开放化，通过出口导致了研发外溢的一些泄露（但是在进口的研发内容中，没有可用的数据）。在整个经济系统中，作者计算了输入的多个环节的全部影响。

表 7.4　1974 年美国研发的投入和使用

单位：百万美元

研发生产行业	研发投入	研发使用	研发投入/使用比
计算机和办公设备	1153	132	8.7
科学仪器	1036	147	7.0
无线通信	1228	186	6.6
制药和农业化学	744	141	5.3
汽车	1518	308	4.9
研发使用行业	研发投入	研发使用	研发投入/使用比
建筑和服务	266	2118	8.0
贸易和金融	40	1138	28.5
交通和公共事业	47	2001	42.6

来源：根据 Scherer（1984，表 3.2，第 40-49 页）的数据计算得出。

方框 7.2　利用输入－输出模型计算各部门研发强度以及行业间的研发传递性

一个封闭经济的标准输入－输出模型为

$$X = W + Y \quad (7.2)$$

其中，X 向量代表部门的总产出，W 向量代表用于中间需求的产出，Y 向量代表用于部门最终需求的产出。

输入－输出的扩展模型是将用于投资的输出视为另一种类型的中间需求，此时，

$$X = W + (K + F) \quad (7.3)$$

其中，K 向量代表用于投资的输出，F 向量代表用于部门最终消费的输出。

设 A 表示直接消耗系数矩阵（即单位总产出直接消耗的中间需求的数量），那么有 $W = AX$，标准模型（式 7.2）可以简化为

$$X = (I - A)^{-1} Y \quad (7.4)$$

其中，I 表示单位矩阵。

进一步，如果设 J 为对投资部分的直接消耗系数矩阵，那么有 $K = JX$，扩展模型（式 7.3）可以简化为

$$X = (I - A - J)^{-1} F \quad (7.5)$$

以上是封闭经济的情形，开放经济的拓展模型可以通过将供应分摊为国内供应和国外供应来获得。由于并不是所有的 A 或者 J 都是在国内创造的，

那么

$$X = (I - hA - kJ)^{-1}(fF + E) \quad (7.6)$$

其中，h 和 k 矩阵分别表示的是 A 和 J 中国内供应的份额，hA 和 kJ 则由对应元素的乘积形成。最终需求（F）也被区分为了 fF 和 E 两部分：fF 是国内最终消费的部分，E 则是用于出口的部分。

现在我们可以利用这一模型来探讨国内行业间的研发传递问题。

每个部门的直接研发强度表示为 $r = (R/X)$，其中 R 是部门从事的研发活动。根据式 7.6 中的输入 – 输出模型，假设反映一个部门提供的物品的直接和间接研发强度为 ρ，那么，

$$\rho = r(I - hA - kJ)^{-1} \quad (7.7)$$

也就是说，任何产品的总的研发强度包括该产品所属部门的研发以及体现在该部门所使用的输入中的研发（不管是来自同一个部门还是其他部门）。在实证分析中，我们可以对 ρ 进行分解。

沿着供应链来分解矩阵 A 和 J 时，我们可以追踪有多少是来自该部门、多少来自其他部门的输入。ρ 系数可以通过使用最终消费作为权重转换为如表 7.5 中数字所示的流量。同时，也可以沿着供应链向前分解来观测每一个部门传递了多少研发到其他部门（参见 Greenhalgh 和 Gregory，2000）。

如表 7.5 所示，Greenhalgh 和 Gregory（2000）的研究发现与 Scherer 的研究结果相似。对 1990 年的英国而言，强的研发行业是化工、电力设备和运输设备。服务业中的强研发使用部门包括个人和公共服务，但在制造业中也存在净使用部门，比如食品和饮料部门。值得注意的是，到 1990 年，随着研发活动的显著提高，英国的商业服务部门已经开始从创新使用部门转为创新生产部门。

Greenhalgh 和 Gregory 还进一步分析了向前的研发传递过程，他们追踪了供应部门产出销售的去向。这一方法中赋予了在经济中广泛使用商品和服务的供应商更多的权重，因此这些供应商充当了其他部门研发的向前传递者。虽然在 1970~1990 年的商业服务部门产出的研发流中，部门自身的研发和嵌入于购入的产出中研发的比例维持在大约 50∶50，但在总的研发中，相对于留在部门中的，传递到其他部门的研发比例快速地从 40% 提高到了 70%。这归因于经济中的其他部门对商业服务产出需求的快速增长，使得商业服务部门日益成为重要的研发传递部门。生产和服务之间的共生关系使双方成为创新和增长的合作伙伴。

在英国20世纪80年代的这一发现并不是非典型的个例。最近Kox和Rubalcaba（2007）在欧洲的研究也突出了商业服务的稳定增长，以及包括软件和其他部门之间知识密集型活动的交互。他们识别出了3种这些服务部门的正向溢出效应：在原始的创新和加速的知识扩散之外，还存在人力资本不可分割性的减弱。第三种之所以兴起是因为通过提供知识和技能密集型的服务，商业服务使得企业可以外包一系列原来企业内部从事的活动，而这些活动先前存在相当大的规模不经济性。企业现在不再需要直接在企业内部雇用一系列的专家，因为它们可以很容易地从专业的商业服务供应商那里按时计酬地获得需要的技能。这里我们可以看到，在定制化的知识密集型服务提供商和知识使用者之间，不可耗尽的知识被开发利用形成了一个有利可图的劳动部门。

表7.5　1990年英国的研发起源和使用

单位：百万英镑

研究生产部门	研发起源	研发使用	起源/使用比率
化工	1121	102	11
电力设备	929	100	9.3
运输设备	824	129	6.4
研究使用部门	研发起源	研发使用	使用/起源比率
商业服务	227	251	1.1
交通/通信	75	202	2.7
个人和公共服务	10	473	47.3

7.5　社会回报的实证研究

通过投入产出模型，我们可以粗略了解到创新是在什么地方产生的，又是在什么地方使用的。有许多其他的方法更精确地研究了社会回报对创新来讲是什么，这些方法包括案例研究，调查以及经济计量分析。此部分我们主要研究知识溢出效应的经济计量分析，正如方法论需要更多的解释一样。接下来，我们就来回顾一下案例研究方法背后的基本观念。

社会回报对创新的案例研究

案例研究核对各种收益和创新成本的信息包括社会成本和收益。Mansfield等人在1977年对美国20世纪五六十年代的17种创新方法，提供了一个早期的重要案例，涉及范围从新型建筑材料到洗涤剂。他们使用经济的供求概念、利润概念和消费者盈余概念（详见第 1 章），但是他们也会考虑研发在所有企业中的作用（包括那些为相似的创新努力奋斗却失败的企业）。在评估价值时，市场中消费者盈余与创新的关系是他们的主要评判标准。然而，在一项案例中，他们也为预期的环境成本做了调整（即供水公司"去污剂"的功效）。他们的方法发现了每年（到 1973 年为止）创新存在的纯利润，之后他们用以下方法计算了社会收益率：

$$NB_t + \frac{NB_{t+1}}{1+r} + \frac{NB_{t+2}}{(1+r)^2} + \cdots + \frac{NB_{t+n}}{(1+r)^n} = 0 \qquad (7.8)$$

他们的研究结果反映出，社会收益率从 0 到 307% 不等，这就说明了社会收益率的变化是十分明显的。

溢出效应的计量经济分析

知识溢出效应的社会收益也可以用经济计量分析来评估。通过使用这些方法，我们可以分析在一个既定的产业中企业之间的技术外溢和在更广泛的经济领域中各产业部门之间的技术外溢。这种方法基于这样一个前提，在任何单个企业或部门中，生产率水平与其科技知识的水平相关。在第 5 章，实证方法论将会延伸到基于企业数据的计量经济模型中用以估算研发价值（在第 6 章，我们会依据知识产权来确定收益）。

有一个方法是，利用产业层面的输出作为可依赖的变量，并将其与产业层面的研发相联系。一般而言，应该将产业中各企业的研发活动与输出效益相联系，因此，任何知识外溢的有效效应或商业偷窃效应都应包括在内。在 1993 年，Wolff 和 Nadiri 使用两位数的美国产业数据（1947～1977 年），并发现，在制造业中，社会收益率是 27%。[13] 另外一个方法是使用公司层面或市场价值，包括额外的一些变量，这些变量包括在产业中或其他相关部门中，被相关外部研发所取代。怎样才能形成这样一个代理模式，即其他公司负责相关研发工作。一个简单的方法就是，使用该行业其他公司的全部研发。1986 年，Jaffe 通过使用专利数据，提出了一个更加精确的方法。每个公司的专利都给其公司带来了一个"科技空间"。因此，一个公司可以在两个有专利的公司间获取一定的科技距离。那些接近科技空间的企业，更有可能取得这种外溢，所以专利数据会被每个公司用来构造相关的外部研发。

Griliches（1995）对研究公司内部研发实施所产生的影响，和在研发外溢

---

[13] 事实上，他们的论文也会注意到两位数产业间的知识外溢（反映了之前讨论的输入－输出分析）。

的情况下，外部研发与个人收益率和研发之间的关系的一系列文献进行了分析。虽然许多作者会把研究方向主要集中在工业领域，但是本书也包含了与美国农业相关的一些早期研究。对这部分来说，在农用化学品领域中，外溢路径主要包括公共投资部分和公司私人投资部分两种，而 Griliches 主要关注第一种途径。公共研发的投资让农产品生产者受益良多，他们可以借此培育抵抗病虫害的新品种，测试科技对农业的影响，以及用新的方法饲养家禽和牲畜。在20世纪50~90年代这四十年间，农业生产率见证了公共研发的高收益率。基于对农业和工业的研究，Griliches（1995，第72页）总结道："研发外溢只是暂时的，它的量是相当大的，而且社会收益率远远高于个人收益率。"

辨别溢出效应和企业偷窃效应

McGahan 和 Silverman（2006）已经研究了竞争公司间获取专利的相互作用。他们区分了同一产业中当前相互竞争的公司，也探讨了相关专利被"外部发明者"获取的影响。[14] 外部发明者在同一市场中不都是活跃的，但是在将来他们可能非常活跃。[15] 在研究中发现，在同一产业对手公司进行专利竞争时，积极的外溢效应会主宰消极的商务偷窃效应。然而，如果大量引用一些其他领域的专利，那么可能就是偷窃效应占主导地位了。这就说明，企业能够更好地回应对手公司的重大创新，从而提高其吸收能力。而这又与新进入者通过根本性的创新从而击败现有公司的能力相一致。然而，当互补资产出现的时候，就会发生明显的变化。

1980~2001年，Bloom 等（2007）每年都会用大量数据分析美国的公司，来探究公司间研发的相互抵消的作用，即偷窃效应和知识外溢。他们提出了一个理论模型，该模型认为对手公司的研发会增加他们研发本身的价值（因为他们的知识储备是策略性互补的）。这个方法取决于下列因素，即哪些公司使用相似的科技，相似的潜在知识储备和科技外溢，以及企业间产品市场的竞争程度，以此来表示偷窃效应。Bloom 等将企业活动的这些方面描述为技术空间和产品市场空间。他们通过对许多技术类型的专利化活动模式进行详细比较，计算出企业间在技术空间的距离（Jaffe，1986）。他们使用每个企业在标准工业分类的产品和服务中销售的份额，计算出任意两家企业的产品市场接近度。

---

[14] 他们的数据基础基于 Hall 等（2005）分析的美国上市公司的股票市场，包括对非制造业公司的观察并持续了较长的时期。

[15] 他们也根据 Teece（1986）列出的框架，区别了不同的产业部门。通过现存的互补性资产，可以影响公司从其或其他创新中挪用收益的程度。通过与外部创新者的协商，让企业可以在满意的条件下进行创新。

之后，Bloom 等通过公司的市场价值、生产率表现、专利率和研发支出等级，针对两种渠道，分析了其他公司研发过程的作用。表 7.6 总结了有关他们模型的理论预测，并与他们的实证结果进行了对比，最终结果支持了他们先前的假设。

为了研究公共政策的作用，Bloom 等在他们模型中模拟研发支出增长的显著作用（展示了交互式的研发系统）。他们表明，不断增长的研发带来了积极的技术外溢，也带来了消极的产品偷窃效应。但是，社会收益率是远高于个人收益率的，因此证明政府补贴对研发的必要性。之后他们研究了一些政府津贴的替代模式，这适于任何企业，不论是大企业还是中型或小型企业。这一模拟分析表明，与中立政策相比，当把津贴分给企业的时候，较大企业的研发规模和输出较中小企业增长较多。这是因为，大型企业在技术空间中与其他企业联系更加紧密，由补贴所引发的研发支出增长会带来更大的技术外溢。

表 7.6 具有研发战略互补性的技术溢出

溢出效应 （现有企业）	溢出原因 （其他企业活动）	模型中的溢出效应 理论相关性	经验估计的 统计显著性
企业市场价值	相同技术领域的研发	正相关	正相关（显著）
	相同产品领域的研发	负相关	负相关（显著）
企业生产率	相同技术领域的研发	正相关	正相关（显著）
	相同产品领域的研发	零相关	无相关性
企业专利化率	相同技术领域的研发	正相关	正相关（显著）
	相同产品领域的研发	零相关或正相关	正相关（不显著）
企业研发支出	相同技术领域的研发	无相关性	无相关性
	相同产品领域的研发	正相关	正相关（不显著）

来源：上述数据来自 Bloom 等（2007）的表 7。

溢出效应和商标活动

为了探究在美国专利活动中的商标活动和研发是否具有外溢性，Greenhalgh and Rogers（2007）研究了英国公司之间的互动性。商标活动与新产品的上市紧密相关，被认为可能是由偷窃效应主导的，而非知识外溢效应。这些研究人员发现，在短期内，产业中对手公司的较高商标活动可能减少公司输出的价值，大概是因为，通过偷窃效应，价格和利润压力可能会减少。然而，在对可持续增长和当前股市价值的分析中，他们认为积极的外溢效应和偷窃效应是相对立的。因此，总体来说，他们发现在企业生产率方面对手公司的商标和专利能带来积极的影响。这就表明了积极的外溢效应的视角比简单的知识转移要宽泛得多，因为通过创新竞争给公司带来的压力，有助于公司实现更高的生产率和利润。

7.6 溢出效应的维度

外溢效应的空间分布很重要的原因有两个。第一个问题是，国家和地区是否能或多快在宏观经济增长方面趋同，这部分内容我们会在第8章和第9章详细讨论。其次，第二个相关的问题是，在国内贸易竞争中想要保持优势，是否应该资助研发，或者说等待外溢效应，从其他国家的研发中积累。

如果科技很快在所有地区被全部推广，并且在各种经济形势下，公司也能快速找到最佳实践方法，这会使一些科技跟随型的国家而不是科技领导型的国家获得快速的增长。这也减少了不同国家收入不平等的现象。相反，如果科技受到限制，科技的使用只在一些特定的地区，那就会造成一些国家和地区具有优势，这样也就不能解决人均收入不平等的问题。这个问题就变成了我们的政策是否应该鼓励，对一个国家或地区的研发活动进行聚集。

国家政策在鼓励创新的作用中也受溢出效应的空间程度影响。如果区域间的外溢效应很高，而国家间的外溢效应很低，政府就会很有把握地资助研发活动，希望外溢效应可以促进国家生产率的增长。然而，如果国家间的外溢效应很快，那么政府津贴的社会收益就会扩散到各个地方，尽管这些没有被这个事实消除掉，但这也是政府面临的一个激励性问题。他们可能采取免费搭便车的策略。

在1970~1995年，Keller（2002）通过追踪12个生产型企业研究其研发的重要性。他研究的14个国家包括所谓的五国集团，即法国、德国、日本、英国和美国。这些国家的研发量占当时世界研发量的90%以上。他的研究表明，外资研发的积极影响在于缩小生产率之间的差距。对于相似水平的国家来说，距离五国集团的国家越近越有可能获得更多的益处。这也表明，说同样的语言也会促进研发的扩散。这不是一个静态的画面，随着时间和国家间的科技流动，这些现象都会发生变化，并不断地提高国际的交流。然而，尽管所有这些提高都有助于交流，但通过其他的一些渠道，知识仍然可以快速流动。Maurseth 和 Verspagen（1999）已经研究了欧洲各种专利间的相互关系。正如专利引证所记录的，他对知识外溢的进一步研究正在趋于当地化。这种技术是由 Jaffe 等（1993）为了分析欧洲城市和国家的专利情况而倡导的。这项研究正在探索的是，早期专利申请的引用延伸于各个地方，或者聚集在专利所有人所在的地方。对于欧洲人和美国人来说，这些研究表明了创新系统不能被看作全球化的。对于美国，即使与反映相关研究活动的"控制频率"相比，美国的专利引用更本土化，更有可能在相同的州和城市间传播。对于欧洲，结论亦是如此：

> 欧洲的创新系统，就知识外溢的作用来讲，是由许多中心共同构成其特点的，而非一个单一的没有知识流动障碍的系统。
>
> Maurseth 和 Verspagen（1999，第168页）。

7.7 结　论

只有当新的产品和方法在经济中广泛传播时，社会才能充分得到创新的益处。扩散的经验模型表明了，对于学习新的科技和产品来说，潜在客户之间的互动是非常重要的。代理人认为，采用一种新的科技需要可利用的信息，也需要面对一个经济决定，即收益是否会超过成本。本章我们讨论了两个扩散模型，即扩散的经验模型和经济模型，这两个模型提供了研究的路径。本章也回顾了关于扩散率的实证方面的证据。该证据表明，接近市场饱和的过程是缓慢的，且通常是不完整的。这些被过去的生产方法和现代的信息交流方法所论证，例如，电脑的使用。本章还讨论了在创新扩散中的锁定效应和网络影响问题。著名的关于 QWERTY 键盘的设计案例表明，因为锁定和网络的影响，一个劣质的创新可能会成为一种主导。这些问题和今天的许多新型科技创新一样，可以产生锁定效应和网络作用。在这样的情况下，政策就处于一种两难境地，因为确定哪种创新是最好的有着很强的不确定性。[16]

本章也回顾了实证分析法，在评估社会收益时对创新的作用。对于日常消费品来讲，创新应用的范围越广，就越有可能获得更高的消费者剩余。社会收益率因对手公司生产的替代消费品的偷窃效应所减少，但是，一些竞争者可以从知识外溢中受益。如果一项创新对其他产业来讲是一种投入品，那么公司的数量，潜在客户的数量都会受到创新增加的影响。公司可以通过不断增长的利润来实施创新，即使它们会降低产品的价格（吸引更多的顾客）。创新也可能会对其他产业的公司创造知识外溢。对价值各种影响因素的描述和量化是浪费

---

[16] 近期的一个例子是关于电视科技的互动。电视机有着各种各样的竞争标准和创新，具体哪一种好一些还无从知。由于经济领域中，生产和分配规模的差异，仍然有许多禁闭和网络影响存在。欧盟决定资助意大利的一种形式即 MHP，而这种形式在之后受到了批评（Matteucci, 2008）。

时间且困难的。一个很明显的特征是，社会回报证据是多变的，输入-输出模型能够鉴定出创新制造者和创新使用者各自的责任。但是，所有这些都有助于最终消费者剩余的扩散。

虽然社会收益对创新很有吸引力，但政府制定者更关心其外部效应。重要的外部条件是，企业间的知识外溢。实证分析认为，知识外溢是重要的，这表明了政策对鼓励创新和研发是合乎情理的。本章也强调了知识外溢是怎样受到吸收能力的影响，尤其是怎样开展研发可以增加公司的吸收能力。这表明了研发具有"两面性"。这也证明了，在允许知识外溢的情况下，空间接近性仍然是非常重要的。

关键词

流行的经济扩散模型　网络和锁定效应　社会回报创新　消费者盈余　商业窃取和知识溢出　积极的外部性投入产出分析　空间方面的溢出效应

讨论问题

（1）为什么通常情况下缓慢的过程？

（2）流行模式是否比经济模式好？

（3）什么因素加快或减缓行业采用新技术？

（4）应该关注"锁定"还是"网络效应"？

（5）从研发与创新的投入产出分析中可以得知哪些教训？

（6）选择您熟悉的创新，并概述潜在的客户和公司所产生的效果。您如何尝试量化这些效果？

（7）定义（a）知识溢出和（b）商业偷窃。如何测试每个人的相对重要性？

（8）什么是享乐价格指数？它们很重要吗？

（9）决策者应该从经济学的角度学习什么教训？

参考文献

[1] Bloom, N., M. Shankerman, and J. Van Reenen. 2007. Identifying technology spillovers and product market rivalry. NBER Working Paper 13060.

[2] Bohanon, C. 1985. Externalities: a note on avoiding confusion. Journal of Economic Education 16 (4): 305–7.

[3] Boskin, M. J., E. R. Dulberger, and Z. Griliches. 1996. Toward a More Accurate Measure of the Cost of Living. Final report to the Senate Finance Committee by the Advisory Committee to

Study the Consumer Price Index. Diane Publishing.

[4] Canepa, A., and P. Stoneman. 2003. The diffusion of new process technologies: international comparisons. Working Paper 03 - 15, United Nations University Institute for New Technologies.

[5] 2005. Financing constraints in the inter – firm diffusion of new process technologies. Journal of Technology Transfer 30 (1/2): 159 – 69.

[6] Caselli, F., and W. J. Coleman. 2001. Cross – country technology diffusion: the case of computers. American Economic Review 91 (2): 328 – 35.

[7] Crawford, A. 1993. Measuring biases in the Canadian CPI: a summary of evidence. Bank of Canada Review, Summer.

[8] David, P. 1985. Clio and the economics of QWERTY. American Economic Review 75 (2): 332 – 37.

[9] Gold, B., W. S. Peirce, and G. Rosegger. 1970. Diffusion of major technological innovations in U. S. iron and steel manufacturing. Journal of Industrial Economics 18 (3): 218 – 41.

[10] Greenhalgh, C., and M. Gregory. 2000. Labour productivity and product quality: their growth and interindustry transmission. In Productivity, Innovation and Economic Performance (ed. R. Barrell, G. Mason, and M. O'Mahoney). Cambridge University Press.

[11] Greenhalgh, C., and M. Rogers. 2007. Trade marks and performance in services and manufacturing firms: evidence of Schumpeterian competition through innovation. Working Paper 300, University of Oxford, Department of Economics (revised version, January 2007).

[12] Griliches, Z. 1995. R&D and productivity: econometric results and measurement errors. In Handbook of the Economics of Innovation and Technical Change (ed. P. Stoneman). Oxford: Basil Blackwell.

[13] Hall, B. 2004. Innovation and diffusion. In The Oxford Handbook of Innovation (ed. J. Fagerberg, D. Mowery, and R. R. Nelson). Oxford University Press. Hall, B., A. Jaffe, and M. Trajtenberg. 2005. Market value and patent citations. Rand Journal of Economics 36: 16 – 38.

[14] Jaffe, A. 1986. Technological opportunity and spillovers of R&D: evidence from firms' patents, profits and market value. American Economic Review 76 (5): 984 – 1001.

[15] Jaffe, A., M. Trajtenberg, and R. Henderson. 1993. Geographical localisation of knowledge spillovers as evidenced by patent citations. Quarterly Journal of Economics 108 (3): 577 – 598.

[16] Karshenas, M., and P. Stoneman. 1992. A flexible model of technological diffusion incorporating economic factors with an application to the spread of colour television ownership in the UK. Journal of Forecasting 11: 577 – 601.

[17] Katz, M., and C. Shapiro. 1994. Systems competition and network effects. Journal of Economic Perspectives 8 (2): 93 – 115.

[18] Keller, W. 2002. Geographic localisation of international technology diffusion. American Eco-

nomic Review 92 (1): 120 – 142.

[19] Klemperer, P. 1995. Competition when consumers have switching costs: an overview with applications to industrial economics, macroeconomics and international trade. Review of Economic Studies 62: 519 – 539.

[20] Kox, H., and L. Rubalcaba. 2007. Business services and the changing structure of European economic growth. Memoranda 183, CPB Netherlands Bureau for Economic Policy Analysis, The Hague. Liebowitz, S., and S. Margolis. 1990. The fable of the keys. Journal of Law and Economics 33: 1 – 26.

[21] Mansfield, E. 1968. Industrial Research and Technological Innovation. New York: W. W. Norton.

[22] Mansfield, E., J. Rapoport, A. Romeo, S. Wagner, and G. Beardsley. 1977. Social and private rates of return from industrial innovations. Quarterly Journal of Economics 91 (2): 221 – 240.

[23] Matteucci, N. 2008. IPRs and interoperability in the EU digital TV market: economics and policy issues. Paper presented at the EPIP conference, Berne, October 2008.

[24] Maurseth, P. B., and B. Verspagen. 1999. Europe: one or several systems of innovation? An analysis based on patent citations. In The Economic Challenge for Europe: Adapting to Innovation Based Growth (ed. J. Fagerberg, P. Guerrieri, and B. Verspagen). Cheltenham, U. K.: Edward Elgar.

[25] McGahan, A. M., and B. S. Silverman. 2006. Profiting from technological innovation by others: the effect of competitor patenting on firm value. Research Policy 35 (8): 1, 222 – 42.

[26] Mishan, E. 1971. The post – war literature on externalities: an interpretative essay. Journal of Economic Literature 9 (1): 1 – 28.

[27] Mowery, D., and T. Simcoe. 2002. The Internet. In Technological Innovation and Economic Performance (ed. B. Steil, D. Victor, and R. R. Nelson). Princeton University Press.

[28] Park, S. 2004. Quantitative analysis of network externalities in competing technologies: the VCR case. Review of Economics and Statistics 86 (4): 937 – 45. Patel, P., and K. Pavitt. 1995. Patterns of technological activity: their measurement and interpretation. InHandbook of the Economics of Innovation and Technological Change (ed. P. Stoneman). Oxford: Basil Blackwell. Rogers, E. M. 1995. Diffusion of Innovations. New York: Free Press.

[29] Scherer, F. M. 1984. Innovation and Growth: Schumpeterian Perspectives. Cam – bridge, MA: MIT Press.

[30] Shepler, N. 2004. Developing a hedonic regression model for camcorders in the U. S. CPI. Report, Bureau of Labor Statistics (available at www. bls. gov/cpi/ cpicamco. htm). Stoneman, P. 2002. The Economics of Technological Diffusion. Oxford: Basil Blackwell. Teece,

D. J. 1986. Profiting from technological innovation. Research Policy 15 (6): 285 – 305.

[31] Thompson, W. 2004. Developing a hedonic regression model for VCRs in the U. S. CPI. Report, Bureau of Labor Statistics (available at www. bls. gov/cpi/cpivcrp. htm).

[32] Varian, H. , J. Farrell, and C. Shapiro. 2004. The Economics of Information Technology. Cambridge University Press.

[33] Wolff, E. , and M. Nadiri. 1993. Spillover effects, linkage structure and R&D. Structural Change and Economic Dynamics 2 (2): 315 – 31.

[34] Young, H. P. 2007. Innovation diffusion in heterogeneous populations. Discussion Paper 303, University of Oxford, Department of Economics. Zettelmeyer, F. , and P. Stoneman. 1993. Testing alternative models of new product diffusion. Economics of Innovation and New Technology 2: 283 – 308.

第三部分

创新的宏观经济学

第 8 章　　经济增长模型

第 9 章　　创新与全球化

第 10 章　　技术、报酬和就业

第 8 章
经济增长模型

8.1 介　　绍

　　本书的第Ⅰ部分和第Ⅱ部分聚焦于创新、知识产权和经济增长的微观经济问题。本章将解释宏观经济学家们是如何模型化经济增长过程的问题。经济增长被定义为人均 GDP 的增长。本章的目的有两个。第一，旨在提供一个宏观经济学家对封闭经济下经济增长研究模型的简单但严谨的概述。这对接下来思考第 9 章中的开放经济问题将非常有用。第二，旨在强调突出这些宏观经济模型与第Ⅰ部分和第Ⅱ部分中的微观经济概念之间的联系。在开始时，我们应该阐明创新是经济增长的核心。微观经济学家们将创新定义为 "一种能提高企业价值的事物，它可能是通过提高销售或者降低成本的方式" （参见第 1 章）。在宏观经济层面上，GDP 衡量的是所有企业创造的累积价值（参见第 3.5 节）。因此，企业层面的创新将会是 GDP 增长的重要驱动力。

　　第 8.2 节描述了经济增长的新古典模型，该模型也被称为索洛—斯旺模型（Solow – Swan model）。这一模型假定经济中使用的资本和劳动与产生的价值或产出（GDP）之间是正相关关系。这一模型中的经济增长产生过程是这样一种方式：储蓄被用于投资，这会使经济中资本总量增加，继而导致经济增长。新技术也能够提高产出，但是该模型中假定技术增长率是外生的（即认为增长速度不变）。基于这一基本框架，索洛—斯旺模型分析了不同的储蓄率、人口增长率、资本折旧率和技术增长率的影响。这一模型的主要意义在于它说明了单独的资本投资并不能支持经济的长期增长。只有存在正的技术增长率时，人均 GDP 的增长才能够持续。而正如本章中将讨论的，宏观经济模型中的 "技术增长" 一词与微观经济学家们使用的 "创新" 一词存在很大的重叠。

第 8.3 节讨论了一系列尝试去研究理解索洛—斯旺模型（Solow – Swan model）中长期经济增长内生驱动力的模型。这些模型统称为内生增长模型，它们详细分析了被视为经济增长重要因素的知识、技术和人力资本的创造。这些模型考察了对这些因素进行投资的动机以及市场体制是否会提供次优的激励。在最近的一些模型中，与创新和知识产权的密切联系也得到了更明确的体现。最后，第 8.4 节中我们将讨论一些替代性理论，它们提供了关于经济增长过程的更广泛的历史性观点。

据估计，美国在 1990 年的产出大约是 1870 年产出的 58 倍（Maddison, 2001）。这一持续的经济增长意味着，在 1990 年美国的人均 GDP 为 23214 美元——自 1870 年以来增长了差不多 10 倍。相比之下，非洲国家 1990 年的人均 GDP 估计约为 1385 美元，自 1870 年以来只增长了 3 倍。人均 GDP 的快速增长可以导致生活标准的快速提高。[1] 同时，一定程度上，GDP 的增长也是一个国家社会和政治条件变革以及国际地位提高的推动力。美国在过去一个世纪持续的经济增长使得它成为世界上的超级大国（苏联没有实现与美国等同的持续增长）。近几十年来，中国和印度快速的经济增长速度正在急剧地改变它们在国际上的政治权力，同时也改变了国内人民的生活标准（见表 3.5）。

学者们对理解经济增长驱动力有着巨大的兴趣。下面要呈现的模型是现代经济学家用来讨论经济增长的一些主要模型。本章中所有的模型都是封闭经济下的模型，也就是说这些模型并不考虑国际性因素可能对经济增长的影响。全球化时代下的经济增长和创新问题将在第 9 章中讨论。

8.2 新古典经济增长模型

这一部分将讨论一个现代经济学家用来思考经济增长过程的关键模型。[2] 这一模型是以概念为基础，并且这些概念最好是通过方程式来理解，因此相对于本书的其余内容，这一部分会使用更多的数学运算。这些被使用的数学运算会有文字解释进行支持（本书最后的数学附录可供参考）。本部分讨论的数学

---

[1] 生活标准指的是一个人类福祉的更广泛的定义。虽然人均 GDP 是人类福祉的一个重要方面，但社会也显然关心健康、不平等、教育、污染、可持续性、自由以及许多其他问题。本章中暂时将这些重要的问题"搁置一边"，仅关注于经济增长。

[2] Solow（1956）和 Swan（1956）同时发表了使用这一基本模型的论文。当然，在这些模型之前也存在一些经济增长的分析。这可以参见 Eltis（2000）对古典经济学家的一个讨论，其中讨论的古典经济学家包括 Smith、Malthus、Marx 和 Ricardo。Hahn 和 Matthews（1964）提出了一个著名的早期概述，近来综述经济增长思想的综合性书籍有 Rostow（1990）和 Ruttan（2001）。

模型通常被称为索洛增长模型（Solow growth model），有时也被称为索洛—斯旺模型（Solow – Swan model），或者直接是新古典模型（the neoclassical model）。

新古典模型建立在聚合的生产函数上，其形式为

$$Y = Af(K,L) \tag{8.1}$$

这意味着 GDP（Y）取决于资本（K）、劳动（L）和技术水平（A）。通过关注作为产出衡量的 GDP（或价值增值），在这一模型中，其他的投入，比如原材料或能源被分离了出来。❸ 像公式 8.1 所示的生产函数，实际上是把投入与产出联系起来的一种数学方式。❹ 在上面的一种情形中，产出是 GDP，投入则是可获得的资本（机器、设备、计算机、厂房等）和工人数量。因此，确切来讲，我们应该将 K 称为某一特定时点的资本存量，L 称为该特定时间雇用劳动力的数量。然而，通常情况下，我们所指的资本、劳动和投入都是没有这种详尽说明的资本、劳动和投入。需要注意到，公式 8.1 代表的是经济总体，因此它把制造业、服务业、农业和公用事业的活动聚合成了单变量。本书的第 I 部分和第 II 部分分析了企业层面的创新和增长过程，而这里所用的宏观经济方法则分析的是经济层面。这两种方法都提供了深刻的见解，但需要记住的关键点是，并不存在某种方法必然优于另一种方法。

为了更好地解释这一基本模型，我们将假定一个如公式 8.2 所示的更具体的函数形式：

$$Y = AK^{\alpha}L^{1-\alpha}, \quad 0 < \alpha < 1 \tag{8.2}$$

$0 < \alpha < 1$ 的假设意味着，单独增加资本或劳动都会提高产出，这与预期相同，但是它们之间是以递减的速度进行。在经济学术语中，公式 8.2 表明了资本和劳动力的边际产出递减效应。方框 8.1 解释了这一思想背后的数学原理，但要记住的一件重要事情是，如果技术和劳动保持不变，增加资本将会以不断减小的量提高 GDP。相似的结果也会发生在技术和资本保持不变而劳动增加的情况下。因此，在一个技术和资本固定的经济体中，人口的增加将会产生越来越少的 GDP 增长。❺

---

❸ 因此，新古典经济模型并不适用于主要是资源主导的经济体，比如 OPEC 国家。正如 Lucas（1988）提到的，这些模型最初是被发展用来理解美国经济的。

❹ 如果你对这些函数不熟悉的话，数学附录的 A.1 部分提供了一个更加详细的解释。

❺ 实际上这是一个边际报酬递减法则或机会成本递增法则的特殊情形。Thomas Malthus（1798）为"当土地和资本保持供应固定时，人口增长将会导致生活标准（人均 GDP）的降低"而感到担忧。正如历史经验显示的，如果资本——和技术水平——能够提高，那么生活标准也能持续提高。因此，新古典模型可以被认为是对 Malthus 担忧的理论探讨。

方框 8.1　报酬递减和规模报酬

公式 8.2 被称为是柯布—道格拉斯（Cobb‑Douglas）生产函数，它是以研究这一类函数的两个经济学家命名的。资本的边际产出是指当资本提高一个很小的量时的产出增加量。在微积分中，我们将"很小"定义为是无穷小的改变，以 dK 表示，因此我们可以用 dY/dK 来表示资本的边际产出。不同于公式 8.2，对于 K 我们可以得到，

$$dY/dK = \alpha AK^{\alpha-1}L^{1-\alpha} = \alpha A(K/L)^{\alpha-1}$$

由于 $0<\alpha<1$，这意味着随着 K 的增加，如果 A 和 L 保持不变，那么资本的边际产出会降低（也就是说，随着 K 的增加，K 的作用是减小的）。当然，在很多情形下，A 或 L 可能是增加的。如果 A 增加，这会提高资本的边际产出；如果 L 增加，这也会提高资本的边际产出。需要注意到，如果 K 和 L 以同样的速度增加，并且 A 保持不变，那么资本的边际产出是恒定的。在上述公式的右端中，资本的边际产出是以资本与劳动的比率表示的，通过这一形式很容易看出资本的边际产出保持恒定的情形。

公式 8.2 的生产函数表明了规模报酬不变的情形。这意味着，如果劳动和资本按某一比例扩大，产出也会按相同比例扩大。为明白这一点，我们假设所有的投入都提高 1 倍，此时新的产出水平（Y_{new}）为

$$Y_{new} = A(2K)^{\alpha}(2L)^{1-\alpha} = A2^{\alpha}2^{1-\alpha}K^{\alpha}L^{1-\alpha} = A2^{\alpha+1-\alpha}K^{\alpha}L^{1-\alpha} = 2AK^{\alpha}L^{1-\alpha}$$

因此，新的产出水平也刚好是原来产出水平的两倍。对于生产函数来讲，它也可能是规模报酬递增的（也被称为"规模经济"）。这意味着，资本和劳动提高 1 倍，产出的提高要高于 1 倍。相似的，企业也可能受限于规模报酬递减（规模不经济）。在经济理论中，规模报酬不变通常是一个方便的假设，因为这意味着企业没有变得规模更大的动机。这也使得行业中存在多个企业，以及企业之间会产生竞争。

注意到，公式 8.2 中的技术水平被假定为可以起到相当于同比例扩大或缩小所有投入的作用。比如，如果技术水平提高 1 倍，那么产出也会变为 2 倍，即使资本和劳动投入不变。新古典模型假定，技术水平是外生的，换句话说就是，这一模型并没有尝试描述技术水平是如何发生改变的。虽然这看起来有些极端，但 50 年前，当 Solow 和 Swan 发展他们的模型时，这一思想却得到了很多支持，因为那时技术是由单独的发明家或者在大学的实验室中产生的，而这是外生于经济体系的一种方式。

本书的第 I 部分和第 II 部分解释了创新的过程是如何取决于企业、大学和

政府之间的复杂互动。在古典模型中,创新是如何与技术(即公式中的 A)相关的?虽然最初的模型并未直接解决这一问题,但基本的答案是创新是模型中定义的技术提高了驱动力。在给定投入时,技术的提高会促进经济层次的增值;相似地,过程或产品创新也通常会带来价值增值的提高,这既发生在企业层次,也会随着创新的扩散产生于更广泛的层次。因此,古典模型中的技术这一项提供了与本书第Ⅰ部分和第Ⅱ部分分析的直接联系。

为了解释新古典模型,我们现在将把 A 看作一个为正的常数(虽然本章后面的部分会详细讨论其他的宏观经济学家是如何模型化 A 的决定作用)。同时,我们也要将公式 8.2 改写为所谓的"密集形式"(intensive form),在公式的左端代表了人均产出(output per worker)y,

$$y = Y/L = AK^{\alpha}L^{1-\alpha}/L = AK^{\alpha}/L^{\alpha} = Ak^{\alpha} \tag{8.3}$$

其中,k 表示人均资本(capital per worker),因此这一公式简单表明了,人均产出取决于技术水平和人均资本(作用与指数 α 相关)。图 8.1 给出了当式 8.3 中技术水平恒定时人均产出与人均资本之间的关系。这一曲线的斜率就代表了资本的边际产出,同时从曲线的形状可以看出,随着人均资本的累积提高,其边际产出是递减的。

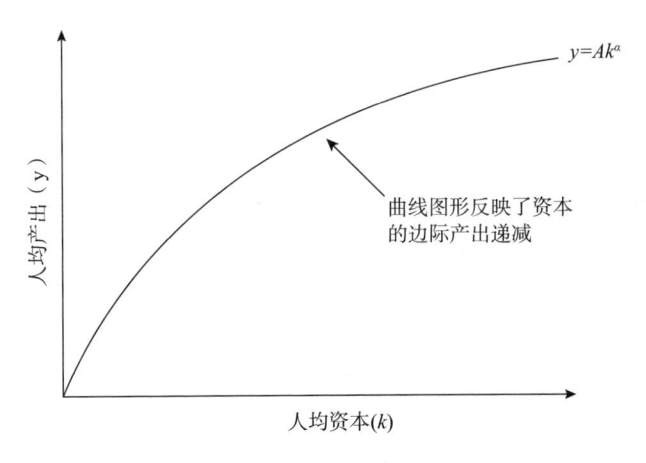

图 8.1 新古典生产函数

生产函数是新古典模型的一个关键组成。另一个关键组成是累积方程。在任何一个增长模型中,累积方程描述了投入如何随时间累积,以及由此带来的产出如何随时间改变。新古典模型假定只有资本存量可以通过累积提高。这一模型假定,资本总投资来自对产出的固定比例的储蓄(s,其中 $0 < s < 1$)。总投资的一部分需要用来更换破旧的机器、厂房和所谓的折旧等类似的固定资产。这一模型还假定每一时期固定比例(δ)的现有资本存量会折旧。因此资

本存量的净改变——或者说是累积率——可以由总投资减去折旧得到。总投资被假定为等于总储蓄（$I = S$）。由于这是一个封闭经济模型，所以总储蓄等于s乘以Y。因此，我们可以得到

$$资本存量的改变 = dK/dt = sY - \delta K \tag{8.4}$$

公式8.4中使用dK/dt这一符号来表示资本存量的改变或累积。需要注意的是，如果要发生资本积累，储蓄必须大于折旧。如果由于某种原因使得折旧大于总投资，那么就会产生去累积，资本存量会降低。

关于劳动投入的假设又是什么呢？这一因素也会得到累积吗？在新古典模型中，答案是"不"，从这个意义上说，并不存在一个描述这会如何发生的方程。然而，这一模型中确实包含了一个劳动力的固定增长率（外生的），虽然它是由模型之外所决定的。可以定义n为劳动力的增长率，并允许n为0的可能性存在（即存在固定数量的工人）。

累积方程8.4和生产函数8.3具体化了新古典模型的核心假设。为了理解它们对经济增长意味着什么，我们需要从数学上处理这些方程。

既然我们的目的是理解人均产出的增长，那么先让我们从将累积方程改写为人均形式开始。公式8.4的两端同时除以L可以得到

$$(dK/dt)/L = sY/L - \delta K/L = sy - \delta k \tag{8.5}$$

该公式的左端看起来并不熟悉，我们需要先思考一下它的意义是什么。理想上，我们希望它是人均资本的累积，而不是累积资本存量除以L。再次将公式8.5改写为我们想要的形式需要一些数学运算（参见数学附录A.5），最后的结果是

$$dk/dt = sy - (\delta + n)k \tag{8.6}$$

现在让我们仔细考虑下公式8.6。这一方程表明，人均资本的改变等于人均储蓄减去折旧项和"稀释"项之和。注意到，如果劳动增长为0（$n = 0$），那么公式8.6就会变得与公式8.4相似。公式8.4表示的是，资本存量的改变等于总投资减去折旧。因此，可以将公式8.6视为公式8.4的一个衍生式——除了公式8.6表示的是人均情形。然而，如果劳动力是增长的（$n > 0$），那么公式8.6的右端项就会变成折旧加劳动增长（n）。为什么会是这样呢？公式8.6表明，人均资本的增长等于人均总投资减去折旧和装备新员工所需要的投资之和。不断增长的劳动力将需要投资去维持相同的人均资本，即使机器设备从不磨损（即，折旧为0，$\delta = 0$），因此导致了公式8.6中n的出现。对这类投资的需要通常被称为"稀释效应"（dilution effect），因此$(\delta + n)k$被称为折旧—稀释项。

现在我们得到了人均生产函数（公式8.3）和人均累积函数（公式8.6），

新古典模型可以通过数学方式进行，但更简单的方法是通过图形。为了实现这一目的，我们需要在一个图中画出 sy 和 $(\delta+n)k$。由于储蓄率 s、折旧率 δ 和人口增长率 n 均为常数，如图 8.2 所示，在图中画出了这两项函数。

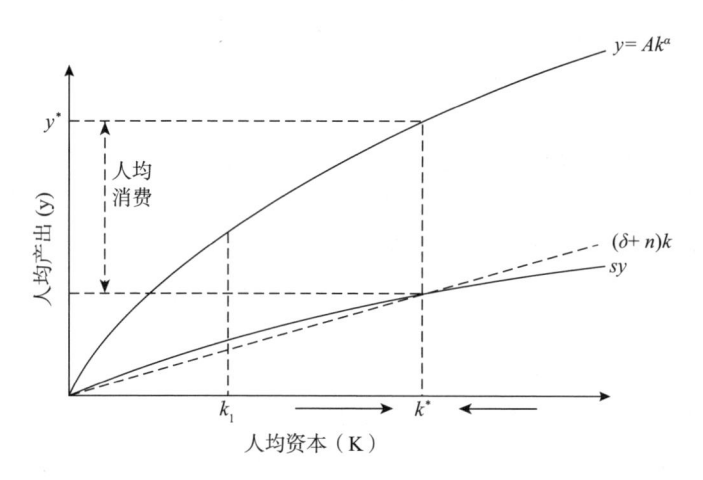

图 8.2　新古典模型中的相关函数

设想一个经济体从一个低水平的人均资本（k_1）开始。人均投资曲线 sy 在曲线 $(\delta+n)k$ 之上，引起资本累积，继而导致产出的增加（见公式 8.6）。然而，在某一点 sy 和 $(\delta+n)k$ 会交叉，人均资本水平将会变得固定：所有的总投资将被用于折旧和稀释。这一情形表示为图中的 k^* 点，通常被称为人均资本水平的均衡状态或稳态。新古典模型暗示，经济体将会向这一状态收敛。如果他们开始于某一低于 k^* 的点，那么将会增长和累积直到达到 k^*。或者，如果由于某种原因经济体开始于某一高于 k^* 的点，那么将会负向增长和去累积。水平轴下的箭头表示的是资本与劳动比率的运动方向（更详细的讨论参见数学附录的 A.5）。

图 8.2 描述出了新古典模型的基本结果：经济体收敛于一个人均资本和人均产出的稳态水平。这一图形也表明人均消费水平与稳态或均衡水平相关。人均消费要少于人均产出，为了更换磨损的设备和装备新员工（假定 $n>0$），部分人均产出常常会被用于投资。同时还要注意到，一个经济体低于并且离稳态水平越远，那么它的人均资本的累积增长率会越快（在图 8.2 中，通过人均资本 k 水平，投资线 sy 和折旧—稀释线 $(\delta+n)k$ 之间的距离来表示）。

我们还可以从新古典模型中得到什么其他的见解？下面我们通过改变相关参数，来了解该模型的变化。

改变储蓄率（s）

最简单的理解改变储蓄率意义的方式是用两个不同 s_1 和 s_2 的储蓄率（$s_1<s_2$）重新画一张与图 8.2 类似的图，各自沿着它们对应的总投资曲线，如图 8.3 所示。设想经济最初在 y_1 处达到均衡，接着一项新的政策将储蓄率提高到了 s_2。即向上移动了总投资线，意味着总投资重新又高于折旧—稀释，因此人均资本存量又开始提高。这一提高继而导致了人均产出的提高。这一增长过程会持续直到在 y_2 处达到新的均衡。从政策的角度来看，当然我们假定新古典模型是有效的，这意味着增加储蓄对中短期经济增长是有益的。然而，我们需要注意的一点是，人均 GDP 的增长并不意味着人均消费的增长。这听起来非常奇怪，但要记住人均消费是以总投资线（储蓄）和人均产出线（最上面的一条线）之间的差距表示的。在图 8.3 中，在 y_2 处的这一距离看起来要小于在 y_1 处的。通常来说，的确每个不同的人均资本均衡水平将会有一个不同的人均消费水平。事实上，存在一个人均资本水平使得人均消费达到最大水平。为了凸显这一事实，经济学家们创造了一个"黄金法则"的术语来表示能够产生最大人均消费时的参数值。方框 8.2 详细讨论了这一法则。

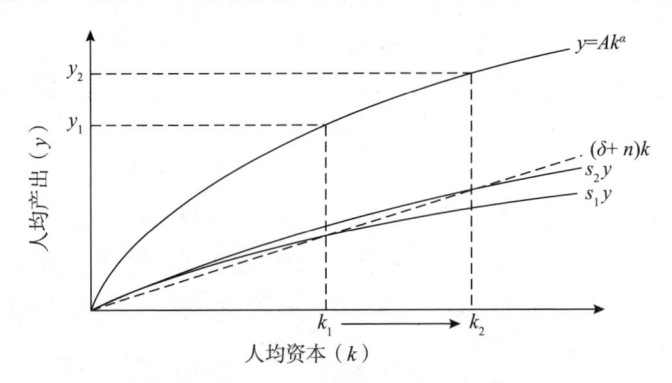

图 8.3 随储蓄率变化的新古典模型

读者们可能会问，为什么储蓄率是外生于新古典模型的？允许消费者根据他们的偏好选择储蓄率不是更加现实吗？答案是"是的"，这一模型可以被扩展到包含一个储蓄行为的基本模型。在这一行为模型中，消费者被假定为是理性的和具有前瞻性的。消费者会平衡储蓄的回报率，这一回报率等于资本的边际产出（唯一可行的投资），并且与消费者内在的时间偏好相对立。虽然允许消费者选择他们自己的储蓄率为新古典模型增加了现实主义色彩，但模型的总体结论是相同的：经济体会收敛于一个人均产出的稳态水平。最基本的原因是资本边际产出递减的假设。在图形上，这会被表示为生产函数的下凹性。如果一个经济体面临着这种报酬递减效应，不管该经济体的储蓄行为如何，资本积累最终将会停止。

方框8.2　黄金法则

正如图8.3所表示的，不同的储蓄率将会导致不同的人均产出均衡水平，以及由此带来的不同的人均消费水平。哪个水平的储蓄率将会最大化人均消费呢？从函数曲线来看，这一答案出现在当 y 与 $(\delta+n)k$ 曲线之间的距离最大时。$(\delta+n)k$ 曲线是非常关键的，因为每一个均衡点都会位于这条线上（均衡点是总投资线与这条线的交叉点）。因此，给定 $(\delta+n)$ 值时，我们可以计算出最优水平的储蓄率。

为更进一步证明这一结果，先看涉及最优问题的公式，

$$\max_k c = y - sy$$

我们知道，在均衡时，存在 $sy=(\delta+n)k$，因此我们可以将上面的公式进行替代变换，

$$\max_k c = y - sy = y - (\delta+n)k,$$

因此，对 k 取微分可以得到，

$$\frac{dc}{dk} = \frac{dy}{dk} - (\delta+n)$$

最大值将会出现在当 $dc/dk=0$ 时，即当资本的边际产出等于折旧率加人口增长率时。从图中来看，这会发生在当生产边界曲线的斜率等于折旧—稀释线的斜率时。

人口增长的作用

不同水平人口增长的意义可以通过与研究不同储蓄率时所用的相同的方法来查看。如果重新画了一个更高人口增长率情况下的曲线（即更大的 n），我们将可以看到折旧—稀释线会向上移动，继而会导致更低的人均产出均衡水平。其中最基本的意义是，具有更高人口增长水平的国家在达到均衡时，它的人均产出也会更低。然而，如果想要比较两个具有不同人口增长的国家，准确的产出水平和产出增长率也将取决于模型中其他的参数。

在新古典模型中引入技术增长

到现在为止，我们一直假定技术（A）水平是恒定的，但这不是绝大部分

经济体的现实。正如前面已经讨论的，对于给定的投入水平，创新将会提高价值增值，在新古典模型中这一过程则是通过提高技术水平来实现的。正如公式8.3 中所暗示的，当技术提高时，人均产出将会增长，即使人均资本保持不变。图 8.4 表明了技术从 A_0 改变到 A_1 再到 A_2 时，它会如何影响人均资本 k 的稳态水平。我们假定经济体最初处于 k_0 稳态水平。随着技术水平的提高，生产边界曲线会向上移动，也会使总投资曲线向上移动（这已经表示在图 8.4 中，但没有标明）。这一移动的总投资曲线将会在图中所示的❶、❷、❸位置上与静态的折旧—稀释线相交。这意味着，k 的均衡水平从 k_0 提高到了 k_1，再到 k_2；并且，当然人均产出水平也从 y_0 提高带了 y_1，再到了 y_2。

虽然图 8.4 清晰呈现出了技术水平的提高将会提高人均 GDP，但作用的机制值得我们思考。经济体最初在 k_0 处实现均衡，技术的提高会直接导致产出的提高（见公式 8.3），但它也同时会提高资本的边际产出（参见方框 8.1）。此时，总投资线处于折旧—稀释线的上方，导致进一步的资本累积。人均产出要归因于直接的技术效应和资本累积效应两者，技术的提高是这些改变发生的驱动力，但是资本累积在获取改变带来的全部利益中具有重要作用。我们可以将此与图 1.1 相联系，图 1.1 中考虑的是创新的阶段。阶段 1~3 关注于研发，阶段 4 关注投资和商业化。新古典模型中的"技术"指的是阶段 1~3 的成果；由于这一模型看的是经济总体，因此它假定会在所有企业之间完全扩散，所以模型中的"投资"包括阶段 4 和 5。

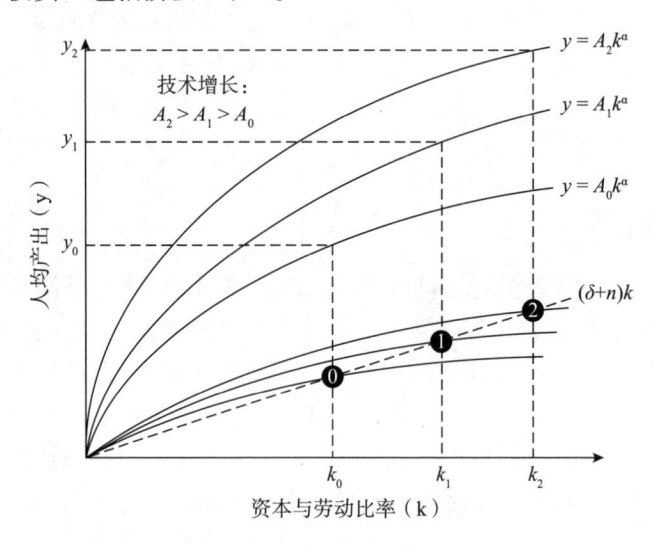

图 8.4　不断提高的技术水平

通过使用一些更多的数学运算，我们可以计算得到，经济增长率与技术增长率相关（假设为2%）。如果经济体最初处于一个稳态，那么2%的技术增长会直接转化成2%的人均产出增长。这也明显违反了前面得到的结论（结论发现，人均产出会收敛于一个固定水平，并且经济增长会停止）。其实，只要存在技术的提高，新古典模型可以预测人均产出的长期增长。但这一模型的缺点是，技术的提高是外生于该模型的。或许我们可以认为，外生性的技术提高对于欠发达或新型工业化国家来讲是一个合理的假设，因为这些国家可能是从国外学习这些技术。但对于发达的国家而言，外生性的技术显然是不合实际的，正如我们在第Ⅰ部分和第Ⅱ部分所讨论过的。这也正是20世纪八九十年代发展起来的内生增长模型所着手解决的问题。❻

8.3 内生经济增长模型

内生或新增长模型是对20世纪80年代中期开始发展起来的一系列理论模型的统称。所有的这些模型都认为，通过将技术提高或人力资本累积内部化到模型中，人均产出是可以实现长期正向增长的。这些模型的目的是捕捉到很多国家所经历的持续经济增长的本质驱动力。此外，这些模型的目的还在于探究围绕着经济增长的政策问题。

AK 模型

一个简单的可以阐明内生增长和强化对新古典理论理解的模型是 AK 模型。这一模型的生产函数是

$$Y = AK \tag{8.7}$$

这是公式8.1的简化版本，其中 Y 表示产出，A 表示技术。然而在公式8.7中，由于不存在直接的劳动投入（L），因此解释时，我们必须将 K 认为是对实物资本和劳动的综合指标。该生产函数的一个重要特点是资本的边际产出是恒定的（等于 A）。❼ 换句话说，我们假定不存在资本的边际报酬递减。该模型下的累积函数与公式8.4非常相似，这里不再具体赘述。

---

❻ 最初的学者确实认识到了这一缺点。比如，Swan（1956，第338页）提到：

对于资本的去累积，主张技术主线的讨论中至少存在两个可能的答案。第一，技术进步率可能并不独立于累积率，或者累积可能引起外部节约，以致资本的真实社会收益要高于个人所认为的。第二，劳动增长率可能并不独立于累积率。

❼ 如何计算资本的边际产出在方框8.1中已经进行了说明。对于没有微积分基础的读者来讲，边际产出可以认为是产出如何随着资本的变化而变化。在公式8.7中，很容易可以看出，每个单位的综合资本 K 的改变都会导致同样的产出改变，因此资本的边际产出是恒定的。

不存在资本的边际报酬递减这一事实意味着人均产出的长期增长可以是正向的。图8.5 阐述了这一结果背后的基本逻辑。不同于上面新古典模型的曲线，在图 8.5 中，生产函数是一条直线，它反映了资本的边际产出恒定这一假设。在生产函数下方，该图形也表明，总投资线和折旧线也是直线。这实际假定储蓄率和折旧率也是恒定不变的。如果总投资线位于折旧线上方，那么将会发生资本累积，并且人均产出也会实现长期增长。

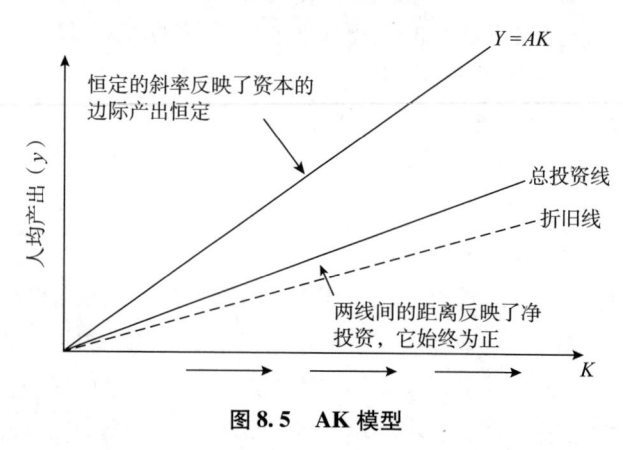

图 8.5 AK 模型

AK 模型是一个非常简单的内生增长模型。该模型的缺陷在于它定义了综合的资本投入（K），但对这一点没有任何确切的理由。我们也没有说明为什么总投资斜率（储蓄率）是恒定不变的（虽然将储蓄内化到模型中是非常简单的，并且这样做不会改变该模型的基本意义）。然而，该模型突出强调了资本的边际产出在维持资本累积中的重要作用，这一点是非常有用的。所有的内生增长模型都作了这样的假设，即允许一个长期的诱因去累积生产函数中的一种投入。对应到微观经济学中就是：为什么创新的动机始终应该存在？很多微观经济学研究假定动机始终存在，但是却仍然有很多国家很少发生创新。同时，封闭经济模型也不允许在新古典模型中存在使用来自国外的创新或者进口技术的可能性。

AK 模型也强调了很多与更复杂的内生增长模型的相同点。其中一个就是，改变模型中的参数会对经济增长产生永久性的（长期的）影响。比如，如果储蓄率提高了，那么总投资线会以原点为轴心向上移动，经济增长率也将会永久性的提高。这与新古典模型是相反的，因为在新古典模型中任何的参数改变都将只会对增长率造成短期影响。

知识外部性模型

Paul Romer 在 1986 年发表了一篇题为《报酬递增和长期增长》的论文，在论文中他提供了一个产生正向、长期增长率却不用假定外生性技术变化的模型。很多人认为是这篇论文开启了内生增长理论。在论文中，Romer 采用"知识"一词来定义到目前为止我们所讲的"技术"——或者说是字母 A。这看起像是一个多余的复杂化结构，但是"知识"一词实际上将注意力放到了技术的公共产品属性方面（参见第 1 章）。这一模型的核心思想是，当企业产生了新知识（应用于它的生产技术中），这些新知识对其他的企业也很有帮助。假设不存在知识转移相关的成本，即知识溢出或者知识外部性。

Romer 的核心观点在于，虽然单个企业面临知识投入的回报递减，但是经济总体层面上，知识的回报可能是递增的。因此，单个企业会经历累积要素的回报递减，反过来意味着这些企业可以被认为是竞争性的（由于它们的生产功能体现的是规模收益不变而不是递增）。另外，经济增长响应了知识在经济层面的报酬率是恒定不变的，这也意味着在经济层面存在规模收益递增。因此，Romer 的模型是在尝试提供一个统一的宏观经济的理论，这个理论是关于企业创新的动机是如何被其他企业的溢出所支持的。

既然 Romer 的论文是技术性的，我们将通过一个简化的模型来阐述它的核心观点。这些核心观点实际上包含于一篇更早期 Arrow（1962a）的论文中（参见 Solow（1997）关于这篇论文的最近讨论）。这些论文假定知识存量（A）是经济总体资本存量（K）的函数。具体来说是

$$A = K^\phi, \quad \text{其中，} \phi > 0 \tag{8.8}$$

考虑一下柯布—道格拉斯生产函数，其中的资本 K 和劳动 L 有

$$Y = AK^\alpha L^{1-\alpha}, \quad \text{其中，} 0 < \alpha < 1 \tag{8.9}$$

正如前面已经提过的，虽然它简单地重复了单个企业面临的生产函数，但这一函数是一个聚合的生产函数。然而，由于现在我们已经假定经济中可用的知识反映了经济中的资本水平，因为我们可以用 K^ϕ 代替 A

$$Y = AK^\alpha L^{1-\alpha} = K^{\phi \cdot \alpha} L^{1-\alpha} = K^{\phi+\alpha} L^{1-\alpha} \tag{8.10}$$

因此，即使经济中的企业看起来是按照公式 8.9 运行，这一模型认定，总产出是受公式 8.10 支配的。注意到，如果 $\alpha + \phi$ 等于 1，那么经济层面的资本边际产出将会是常数，这意味着累积资本的诱因会始终存在。Romer 的模型假定 $\alpha + \phi$ 等于 1，这允许经济体有一个长期、正向的增长率。正如在 AK 模型所阐述的，只要累积的诱因始终存在，那么长期增长就可以出现。读者们可能会问，假定 $\alpha + \phi$ 恰好等于 1 是否是合理的呢？如果大于或小于 1 又会发生什

么？在 α+φ 大于 1 时，模型预测出的增长率将是加快的——历史显示，这在较长的一段时间不会发生。❽ 在 α+φ 小于 1 时，增长率将会收敛于 0，这与新古典模型相似。因此，Romer 的模型常常会因为存在这样一个"临界点"特性而受到批判（Solow，1994）。

Arrow 和 Romer 模型的核心是企业之间会发生知识溢出（即正向外部性），因此经济层面的生产函数不同于企业层面的生产函数。这一基本结果具有非常重要的意义。这一模型暗示：

（1）竞争增长率低于社会最优增长率（归因于知识外部性的存在）；
（2）外部冲击和政策可能对一个国家的增长率产生永久性的影响；
（3）大的国家可能增长更快（规模效应）。

让我们考虑一下该模型的第一个启示：竞争增长率低于社会最优增长率。竞争增长率是指如果政府不进行任何经济干预时，这一模型所产生的经济增长率。❾ 值得强调的是，Romer 模型一个重要成就是，它创造了可以单独由企业和消费者决策驱动的正向长期增长率模型（即竞争增长率）。例如，设想每年的竞争增长率为 2%。将知识溢出纳入模型中意味着，从社会的角度来看，一个更高的增长率是最好的（比如，2.5%）。因此，模型中知识外部性的出现对于解释长期增长的存在，以及为什么竞争市场可能投资太少和引起竞争增长率低于社会最优增长率非常关键。

第二个启示：外部冲击和政策可能对一个国家的增长率产生永久性的影响。很容易理解，即它们对模型中关键参数的影响（比如，φ）。这与新古典模型是相反的，新古典模型中，冲击或政策将会产生短期的增长影响和仅有的长期的水平影响（也就是，经济体将会收敛于一个新的人均 GDP 稳态水平）。模型的第三个启示就是规模效应，将稍后进行讨论。

人力资本模型

另一类内生增长模型是将人力资本作为增长过程的核心。"人力资本"这一术语被定义为体现在工人身上的所有知识、教育、培训和经验。很多经济学家更乐于讨论人力资本而不是技术或知识，因为它强调了在生产技术中总是存

---

❽ 但是，较长时间（extended）的定义并不明确。比如，估计显示，英国的 GDP 增长从 1700～1750 年的 1.1% 提高到 1830 年的最大值 2.9%——增长缓慢（Crafts 等，1989）。

❾ 显然，这一模型是对现实世界的简化，它没有纳入健康、国防、教育，或其他标准的政府活动，因此我们以比较抽象的方式使用了"政府"一词。

在人的因素这样一个事实。❿

Lucas（1988）提出了第一个强调人力资本的内生增长模型,虽然同样也有一篇更早的论文反映了其中的很多基本思想（Uzawa, 1965）⓫。Lucas 将人力资本定义为体现工人自身的技能。经济体中的工人数量为 N,并且每个工作具有水平为 h 的人力资本（假定人力资本是平均分配的）。让我们假定经济体中的工人数量是不变的（也就是,人口增长为 0,但是老工人会被新工人替代）。Lucas 假定整个经济领域的人力资本存量可以用来生产产出（比例为 u）,也可以用来累积新的人力资本（比例为 $1-u$）。产出（Y）可以由下式得到

$$Y = AK^{\alpha}(uhN)^{1-\alpha}h_a^{\gamma}, \quad 其中,0 < \alpha < 1, \gamma \geq 0 \quad (8.11)$$

Lucas 假定技术（A）是恒定不变的。要注意公式 8.11 中的 h_a^{γ} 这一项。变量 h_a 被定义为是"平均人力资本水平",它被纳入公式中是为了允许人力资本外部效应的存在（即正向外部性）。该观点认为,随着工人平均人力资本的提高,不但会通过直接的内部效应影响企业,还存在外部效应也会影响企业。⓬ 这种外部效应对于模型中出现长期增长并不是至关重要的,但它会导致额外的市场失灵。Lucas 假定人力资本累积可以由下式得到

$$\frac{dh}{dt} = h(1-u) \quad 或 \quad \frac{dh}{dt}/h - 1 - u \quad (8.12)$$

公式 8.12 意味着,只要存在一个固定部分的人力资本被用于累积（$1-u$）,人力资本就可以按固定速度增长。由于单个工人将会在未来某一时间点死亡,那么就存在这样一个问题——如果真是这样的话,人力资本是如何在代际之间进行传承的？Lucas 认为,只要部分人力资本实现了代际间的传承,可能是在家族内,公式 8.12 就可以成立。⓭ 因此,如果 $1-u$ 是固定不变的,人力资本累积就会按固定增长率进行。Lucas 表明,在竞争性经济中,这样一种分配是可能的,因此人力资本累积能够产生长期经济增长。为了明白这一点,请注

---

❿ 在我们看来,所有这些不同的术语都只是捕捉到了一个复杂过程中的不同要素。非具化知识（disembodied knowledge）的概念有时是有用的,但是通常这种知识体现在新形式的资本设备中,并且最终是工人的人力资本使得非具化的和具化的知识具有生产性。

⓫ 实际上,Lucas 提出了两个关于人力资本的模型。在本书中,我们将着重关注那个强调将人力资本的主要方面作为增长动力的模型。

⓬ 由于该模型是根据平均人力资本水平定义的,因此 h_a 并不是严格必需的,但 Lucas 想指出这种外部性存在的可能性。比如,更高的平均技能可以使工人更好地沟通交流,从而产生整体的而非企业内的经济效应。

⓭ Lucas 主张,只要新一代的人力资本正比于老一代工人的人力资本,那么公式 8.12 就可以成立。他指出,"人力资本累积是一种社会行为,涉及社会群体并且是以一种实物资本累积所没有的方式进行"（Lucas,1988,第 19 页）。

意，随着人力资本的增长，其效果就是按比例增加了来自工人（模型中的 N）的投入。这将会直接提高产出，并且会提高资本的边际产出。这意味着，虽然工人的数量是固定不变的，但产出增长是连续的，因此人均产出会按照与人力资本增长相同的速度增长。

Lucas 模型同样也存在"临界值"特性，这与知识基础模型相似。在这种特性下，公式 8.12 中的人力资本累积必须有相应的形式。如果不是这种形式，那么人力资本增长率将会缓慢降低或加速。实际上，所有的内生增长模型为了获得一个稳定不变的经济增长率，都会倾向于有这样的特定假设。作为回应，Jones（1995）提出了一个半内生增长模型，该模型依赖于一些外生水平的人口增长来生成一个稳定不变的经济增长率。这一模型将在下一节中进行讨论。

研发和创造性破坏模型

一类更进一步的内在增长模型关注那些作为新技术和知识孵化器的企业，它们通过研发实现这一作用。这些模型也强调企业会受限于竞争力量，这些力量会摧毁企业从现有产品中获利的能力。这些问题与本书中的第 I 部分非常相似，在那一部分讨论了微观经济学家如何看待创新过程。以这些思想和观点为基础的内生增长模型的贡献在于它们如何模型化了这些力量在经济层面的意义。

有很多论文研究了这一模型范式，关键的贡献包括 Romer（1990），Grossman 和 Helpman（1991），以及 Aghion 和 Howitt（1992）。这里我们将通过一种把这些讨论联系的方式来粗略描述关于这些模型重要方面的概要[14]。虽然这些模型有生产函数和资本累积函数，但模型的经济增长的关键驱动力是以研发为基础的累积函数，

$$\frac{dA}{dt} = \beta l_R A, \text{ 其中, } \beta > 0 \tag{8.13}$$

该方程式将知识或计划的变化与对研发部门的劳动分配（l_R）和现有的技术水平（A）联系起来。如果我们把公式 8.13 的两端同时除以 A，我们将会看到，技术增长率等于一个正的常数乘以 l_R。因此，只要存在一个固定的对研发部门的劳动分配，那么技术将会按固定速度增长。技术的固定增长率能够产生固定的长期经济增长率（正如基本的新古典模型中所阐述的）。虽然这听起来

---

[14] 实际上，这些模型在方法上确实存在一些重要的差别，文中集中了一些关键的直观结果。这些模型的共同点是，它们都详细说明了企业层面的方式来获取关于创新的决策制定。每个企业都被假定为是前瞻性的、理性的和利润最大化的。然而，这些模型在创新的本质，以及关于竞争本质的假设不同。

非常简单，但这一模型的贡献在于它探究了在竞争经济中，为什么企业会对研发分配劳动。

正如本书第Ⅰ部分和第Ⅱ部分所讨论的，在竞争经济中，一个企业认识到，如果它可以创新（在这一模型中看作是产生一些新知识），它将会拥有提高利润的机会。一些模型假定这些新知识将会导致新产品（产品多样化模型），或者是现有产品的更好改进（产品质量或阶梯模型）。或者，新知识可以降低生产成本。这些想法都取决于研发的有效性。重要的是，这些模型假定，企业现在的研发有效性取决于过去经济总体的研发努力。这一点将研发溢出的思想嵌入了模型中。在一些情形下，这些溢出可能很小，会导致低水平的研发有效性，造成创新和增长逐渐减少的可能性。另外，创新有效性也可能不断提高，导致爆炸式增长。这一过程中的缓冲器是竞争，为理解这一点，考虑一下一个企业成功开发了一个新的产品，并且获得了更高水平的利润。当研发有效性高时，来自未来对手的竞争压力也会更高；然而如果研发有效性低，那么来自新进入者的竞争可能性也会更低。

创新性破坏模型必须对竞争的本质作出各种假设。一些模型假定，一旦新产品被发明出来，这个企业就获得了一个无期限的专利。然而，这并不能阻止竞争者发明类似的产品，这些产品会不断地降低这个市场的利润。其他模型假定，随着最新的产品会获得整个市场，企业会通过不断推出新产品，以彼此作为跳板。因此，总而言之，这些模型对研发的有效性、知识产权的本质、需求条件和竞争过程做出了一系列假设。特别地，这些模型假定进入研发是免费的，由于竞争回报率反映了涉及的风险，因此造成了下降的竞争回报率。[15]

这些模型真正的兴趣在于它们对于市场失灵的潜在洞察。这些模型突出强调了3种关键的市场失灵。第一个是由于研发或知识产生过程中的正向外部性或溢出。这些模型假定，企业的研发投入可以使其他企业获益或溢出到其他企业。尽管知识创造企业会尽可能试图保护知识，这种溢出仍会发生。[16] 这种溢出的出现意味着，竞争增长率低于社会最大增长率，因此这为干预提供了理论上的正当理由。在研发基础模型的背景下，具体的干预是对研发进行补贴，以提高企业在研发中的投入。第11章讨论了研发激励和其他的政策选择。

虽然溢出的作用在这些模型的讨论中通常会被强调，但在这些模型中还存在另外两种潜在的市场失灵，这一点非常重要。第二种是专有性效应，也被称为消费者剩余效应。它的发生是因为利润取向会像垄断者一样，只考虑他们自

---

[15] 参见第5章，实证证据显示，这可能是不准确的，并且研发的回报通常较高。
[16] 溢出的特性，或具体来说是企业不能阻止溢出或从溢出中得到报酬，是这一模型的关键假设。

身的利润，却忽视了消费者剩余（这意味着归于消费者的公共福利）的提高。这已经在方框 5.1 中进行了讨论，但我们将在方框 8.3 中进行简要重述，并将它与内生增长文献相联系。专有性效应的出现意味着阻碍研发。第三种效应是商业窃取效应，也被称为创造性破坏效应。它的发生是因为企业不会考虑由于创新而给其他企业带来的利润损失。为了明白这点，考虑这样一种情形：A 企业开发了一种新产品，并获得了每周 100 万英镑的利润，但是这种新产品却降低了 B 企业 80 万英镑的利润。社会的净收益（就利润而言）是 20 万英镑，然而 A 企业在它自身的投资决策却是以 100 万英镑为基础。商业窃取效应意味着，从社会的角度来看，研发的投入可能代价太高。

这 3 种可能的市场失灵的存在——一种启示为阻碍研发，另一种启示则为鼓励研发——意味着，总体的净结果取决于模型中确切的假设。通常情况下，这些模型强调，外部性或溢出的存在占主导地位；这意味着竞争性市场将使得研发和创新投入不足，因此存在政策干预的可能性。然后，必须强调的是，在这个问题上，对于任何可靠的结论而言，这些模型都过于一般化和形式化了。

方框 8.3 研发的内生增长模型和新产品背后的微观经济学

方框 5.1 讨论了新产品出现背后的微观经济学思想。它强调了存在 3 种可能的效应，再次进行如下总结。

效应	描述	结果
商业窃取效应	新企业忽视现有企业的利润损失	产品太多
专有性效应	企业无法占有所有的消费者剩余	产品太少
溢出效应	新产品像其他企业展示了知识	产品太少

在内生增长文献中，模型通常使用（水平的）产品多样化和（垂直的）产品质量（也被称为产品阶梯模型）的思想。Grossman 和 Helpman（1991）对这些模型提供一个很好的介绍。在这些模型中，每个企业被假定为只生产单一的产品，并且会受到无期限专利的保护。企业从事研发是为了发现这种新产品，并且进入研发被假定为是竞争性的（也就是，减少了个体的竞争水平回报）。根据这些模型的特定假设，研发驱动的产品扩张可以推动一个正向的长期增长率。

这一竞争体系会产生最优经济增长率吗？正如上面提到的，在这类模型中存在 3 个可能起作用的因素：商业窃取、专有性和溢出。在大部分以研发为基础的内生增长模型中，它们使用的函数形式都假定商业窃取和专

第 8 章 经济增长模型

> 有性效应恰好可以相互抵消，因此新产品研发溢出（研发外部性）的存在意味着社会最优增长率高于个体增长率（参见 Grossman 和 Helpman，1991，第 72，106 页）。因此，尽管这些模型有复杂性，内生增长模型——与其他任何经济模型一样——要取决于它们的假设。

竞争和增长

之前的介绍将竞争条件引入了分析中。这里我们简要重述一些第 5 章的讨论，并将它们与经济增长模型相联系。下面介绍两种有用的竞争方式：创新过程中的竞争（动态的竞争）和产品市场中的竞争（静态的竞争）。

动态的竞争是指两个或多个企业为了产生新的创新而竞争，这种创新将会改变行业的利润本质。举个简单的例子，设想一个垄断者生产了一种产品，并从中享受到了相应的垄断利润。新的研究发现了一种新的产品，它将会完全代替老的产品，摧毁原来的垄断并建立新的垄断。内生增长模型假定，现有垄断者和潜在的进入者研发能力相同。这些模型也表明，现有的垄断者从事研发的动机更低。原因在于研发的动机是由企业利润的增量变化决定的，而不仅仅是之后的创新利润。在这种情形下，现有的垄断者已经获取了利润，因此是以新利润与原来利润之间的差额作为动机。新进入者则是以所有的新利润作为动机。虽然在这些模型中产品市场的竞争是不变的（也就是说，始终存在垄断），这一假设有些极端，但它突出强调了竞争在创新中的作用。没有这种竞争的存在，现有企业将面临着低创新动机，其结果是，我们会预期更低的竞争增长。[17]

然而，研发过程的竞争并不必然是有益的。设想企业层面的研发存在规模经济，在一个行业中现有 10 家在研发和产品市场两方面进行相互竞争的企业。减少行业中企业的数量可能提高每家企业的研发动机，并导致更多的创新（因为我们假定创新是正比于每家企业的研发，而不是行业中总的研发）。实际上，这一情形是否是现实的取决于企业层面是否存在规模经济[18]。由于产品市场竞争的改变将会影响行业中的企业数量，这个案例也表明了与产品市场竞争的联系。

---

[17] 第 5 章对这些问题提供了更全面的讨论。现有垄断者面临的低动机是由于替代效应（Arrow 1962）。它取决于现有企业和进入者的研发效率是相同的，同时新产品会完全取代旧产品。

[18] Perreto（1999）提供了一个与这一情形相关的增长模型。

现在让我们考虑一下静态的产品市场竞争下的创新。在早期的研发和创造性破坏的内生增长模型中，创新的动机是正比于创新的利润。如果产品市场竞争提高了，即时效应是降低了利润，并降低了创新动机。这一创新的减弱继而导致了更低的经济增长率。这一"高竞争，低增长"的结果被经济学家认为是没有吸引力的，因为普遍的观点是认为高水平的竞争对经济有利。这种观点有一些实证支持（参见第5章）。结果是，经济学家们开始建立更复杂的模型。或许对非专业人员来讲，其中最有吸引力的经济学家是那些引入了企业在某种程度上是无效率可能性的经济学家。这可能是由于代理效应，即很难让管理者像股东期望的一样努力工作。更普遍地讲，还存在一些扩展的文献（大部分是经济学之外的），其中的企业被假定为是存在"懈怠"或"无效率"。这种无效率可以随着产品市场竞争的提高而降低，它允许企业被强迫去提高创新性的可能性。

其他模型在行业的产品市场竞争过程中引入了更多的现实主义（比如，Aghion 等，2001）。我们把并驾齐驱的产品市场竞争定义为"在一个行业中，所有的企业都生产相似的产品"。如果企业进行创新，至少在一段时间之内，该企业可能逃离竞争。创新将会产生更高的利润，因此存在逃离竞争的动机。然而，回顾一下，创新的动机取决于利润的增量变化：在这种情形下是逃离竞争的利润与并驾齐驱的利润之间的差额。很可能这一差额会随着产品市场竞争而提高，即使在更激烈的产品市场竞争时，两种类型利润的绝对水平可能会降低。引入企业会通过创新试图逃离激励竞争的思想看起来有一些现实的意义，但是很明显，如果一家企业持续创新以远离它的竞争者，那么市场结构将变成垄断结构。考虑到这一点，内生增长模型倾向于纳入关于模仿率的假设，以确保企业永远不会失去并驾齐驱竞争的威胁。总而言之，产品市场竞争对创新和经济增长的影响取决于一系列的因素，包括动机如何改变、模仿的容易性和溢出的程度。

规模效应和政策问题

来源于内生增长模型的重要争论关系到规模效应。Romer 的研发模型预计，经济体的规模越大，经济增长率越高。基本的原因可以从公式8.13看出，技术增长率（$(dA/dt)/A$）直接正比于研发部门雇用的研究者（l_R）。一个拥有更多的人口和劳动力的经济体预计将在研发部门中有更多的研究者，因此技术增长将更快，经济增长也将更快。这种规模效应出现在了很多内生增长模型中。其潜在的原理是，企业产生的知识能够影响经济体中其他所有的企业，因此企业的数量越多，溢出的程度越大。另一种看法是，知识是一种非对抗性产品或者公共产品，因此所有企业都可以从知识生产中获益。这些都与本书第Ⅰ部分和第Ⅱ部分的观点相似，只是内生增长模型指出了它们的宏观经济意义。

一些内生增长模型也暗示，市场规模与创新动机之间也存在联系。基本观点是，大的经济体，比如美国或者英国，为创新提供了大的潜在市场，从而提高了研发动机。这种联系将取决于竞争的本质，但是规模效应可以来自市场规模是可能的。规模效应的存在对政策有重要的意义。在 Romer 模型中，不断提高的经济增长可以通过不断提高的研究者数量来实现，也可能通过使用研发补贴实现。然而，一些学者认为规模效应的存在是不现实的，并且形成了不包含这种效应的模型[19]。比较大经济体和小经济体增长率的实证分析也几乎没有发现任何规模效应的证据[20]。很明显，在贸易、金融和知识流动国际化的世界中，验证规模效应是非常困难的。同样地，知识是一种公共产品以及所有企业都可以从中获益的假设是非常有限制性的。这一点被本书的第Ⅰ部分和第Ⅱ部分以及微观经济学中关于创新的研究所强调，但是在内生增长模型中并不受到普遍认可。从政策的视角来看，规模效应确实增加了对创新者网络思想的关注和兴趣。

8.4 演化模型和其他模型

上面的内生增长模型是以理性的、价值追求的企业为基础的，这些企业对是否创新和投资进行最优决策。还有一些模型并不开始于这些假设，它们把经济增长看作是一个演化的和较少最优化的过程。其中最著名的是 Nelson 和 Winter（1982）在《经济增长的演化理论》（*An Evolutionary Theory of Economic Growth*）一书中形成的模型。在书中，他们批判了生产函数的概念——这一概念认为企业知道所有潜在的生产方法。相反地，他们认为企业通过学习和模仿其他且不断探索生产的可能性，导致了一个演化的增长过程。这些观点引起了探索经济增长中演化概念的研究（比如，Engelmann，1994）。另一种看待增长过程的方式是由 Weitzman（1996）提出的。他问到，是否创新过程是一个现有观点的新组合过程——基于创造新种类的思想之下，他称为混合增长理论。

---

[19] Jones（1995）和 Young（1998）可能是最知名的。Jones（1999）有一个对内生性增长模型中规模效应的综述。

[20] Backus 等（1992）在制造业中发现了一些证据，但在经济层面没有发现。Kremer（1993）研究了从公元前 100 万年开始的经济增长，分析认为规模效应确实很重要。

一个关键的见解是如果创新遵循这样的组合过程，那么报酬递减的思想就不太可能。存在如此多潜在旧观点的新组合使得始终存在新的创新机会。与这一观点相关的是一些创新会非常重要以至于它们会产生大量的新机会。最近，这些创新被称为"通用技术"，包括电力、汽车、电子和互联网（Helpman，1998）。

本章中也没有过多地去评论经济增长中的一些历史性问题，比如，为什么工业革命起源于英国，人口增长如何与 GDP 增长相互作用，以及国家是否会被困于低增长均衡（Crafts，1996）。Galor（2005）采用了更广阔的、历史性的经济增长视角，主张经济理论随着时间与经济增长的主要特征保持一致是非常重要的。与新古典模型和内生增长模型中单纯的理论方法相比，Galor 发展的统一增长理论密切关注于历史的发展。相关的方法是思考第二次世界大战之后很多国家的发展经历。一个相似的例子是 Michael Spence 领导的经济增长与发展委员会。El-Erian 和 Spence（2008）在一篇题为《增长战略和动态：来自国家经验的洞察》的论文中用包含 7 个"成分"的列表总结了这些研究成果，这些因素对实现经济增长非常重要：

(1) 使用价格信号、激励、权力下放和知识产权的市场体系；
(2) 维持增长过程和按公民利益行动的政府承诺；
(3) 有效的管理和领导的政策；
(4) 有能力的宏观经济管理以确保稳定的通胀和投资，包括国外投资；
(5) 高水平的储蓄和投资，包括公共基础设施、教育和健康；
(6) 资源流动，特别是劳动力流动；
(7) 利用全球经济来加快增长。

这 7 个因素已经超出了本章的主要关注点。其中的一些也触及了国际问题，这是下一章的焦点。然而，这些因素确实有助于提醒我们，经济增长是一个复杂的过程，简单的模型只能帮助提供一个分析的框架（参见 Easterly，2001；Rogers，2003）。

8.5 结　论

本章回顾了宏观经济学家用来理解经济增长过程的主要模型，经济增长被定义为人均 GDP 的增长。广义上讲，这些模型使用了两个关键的关系来分析经济增长过程：生产函数和累积函数。生产函数概括了投入——比如资本（物质和人力）、劳动和技术——与经济产出（或者 GDP）的联系。累积方程描述了投入如何通过投资过程累积，无论是投资于资本还是技术。由于投资是来自储蓄——它是最终产出（GDP）的一部分，只要投资的诱因一直存在，这两个函数就会共同来产生增长。

新古典模型，或Solow-Swan模型只考虑了实物资本累积的动机。假定一个具有固定技术水平的标准生产函数，这一模型预测认为，经济体将收敛于人均资本的稳态水平，并且经济增长停止。然而，如果技术增长了，那么就可能有一个正向的经济增长率。在这一模型中，技术实际上是一个参数，它代表了本书中第Ⅰ部分和第Ⅱ部分定义的创新。改变技术或创新会驱动经济增长这一观点可能听起来很明显，但这一模型的贡献在于它表明了为什么是这样的。重要的是，结果并没有显示资本投资是不重要的：新技术和投资的组合创造了经济增长，即使新技术可能启动了这一过程。这一结果直接与图1.1相联系。在图1.1中，阶段1~3代表了研发，阶段4和5需要对生产能力进行投资。

新古典模型的缺陷在于技术的增长是外生于这一模型。这导致了内生增长模型——反映出了这些模型试图内化长期增长的来源。很多模型通过技术或知识的累积分析了增长过程。这些模型也包含了技术或知识的产生会给其他企业带来溢出效益的思想。这些溢出的存在给模型增加了现实意义，同时也暗示了自由市场可能产生次优生产率。一些内生增长模型聚焦于人力资本，这再次允许了外部性效应的可能性——它可能导致市场失灵。其他模型强调了企业层面研发和创新投入的作用，这对应了本书中第Ⅰ部分和第Ⅱ部分。最后，一些模型研究了竞争在增长过程中作用。这些模型发现，不断提高的竞争作用取决于市场的本质、创新过程和企业的特征。最后，在第8.4节，我们简要回顾了一些其他的范式。演化增长模型放宽了内生增长模型关于最优代理人的强假设。Weitzman的混合增长模型对新古典模型和内生性模型中固定的资本报酬递减提出了一些质疑。经济增长的比较和历史评价提醒我们增长过程中涉及的复杂要素——增长需要多种因素，虽然并不存在唯一的解决方案。

本章中的所有模型都是从单一经济体视角来考虑增长，这将国际化的贸易、金融和知识流动问题搁到了一边。在今天越来越多相互联系的世界中，这看起来是一个重大遗漏。下一章将讨论在国际化情境下这些模型将如何变化，具体来说，将分析全球经济下的创新。

关键词

新古典模型或Solow-Swan增长模型　累积方程　收敛于稳态　黄金法则　AK模型和资本边际报酬不变　内生增长模型　政策和冲击的增长影响和水平影响　规模效应

讨论问题

（1）在新古典模型中，边际报酬递减的重要意义是什么？其他的模型是如何处理报酬递减可能性的？

（2）解释在新古典模型中下列变化的影响（i）储蓄率的提高；（ii）人口增长率的提高；（iii）外生技术增长的提高。

（3）什么是黄金法则？你可以举出一个打破黄金法则国家的例子吗？

（4）什么是内生增长模型的"临界值"特性？

（5）更高的竞争对经济增长有利吗？

（6）规模效应意味着中国的增长率将始终会高吗？

参考文献

[1] Aghion, P., and P. Howitt. 1992. A model of growth through creative destruction. Econometrica 60 (2): 323 – 51.

[2] Aghion, P., C. Harris, P. Howitt, and J. Vickers. 2001. Competition, imitation and growth with step – by – step innovation. Review of Economic Studies 68 (3): 467 – 492.

[3] Arrow, K. 1962a. The economic consequences of learning by doing. Review of Economic Studies 29 (80): 155 – 73.

[4] 1962b. Economic welfare and the allocation of resources for invention. In The Rate and Direction of Inventive Activity (ed. R. Nelson). Princeton University Press.

[5] Backus, D. K., P. J. Kehoe, and T. J. Kehoe. 1992. In search of scale effects in trade and growth. Journal of Economic Theory 58 (2): 377 – 409.

[6] Crafts, N. 1996. The first industrial revolution: a guided tour for growth economists. American Economic Review 86 (2): 197 – 201.

[7] Crafts, N., S. Leybourne, and T. Mills. 1989. Trends and cycles in British industrial production 1700 – 1913. Journal of the Royal Statistical Society 152 (1): 43 – 60.

[8] Easterly, W. 2001. The Elusive Quest for Growth: Economists' Adventures and Misadventures in the Tropics. Boston, MA: MIT Press.

[9] El – Erian, M., and M. Spence. 2008. Growth strategies and dynamics. World Economics: The Journal of Current Economic Analysis and Policy 9 (1): 57 – 96. Eltis, W. 2000. The Classical Theory of Economic Growth. Basingstoke, U. K.: Palgrave.

[10] Engelmann, F. 1994. A Schumpeterian model of endogenous innovation and growth. Journal of Evolutionary Economics 4 (3): 227 – 241.

[11] Galor, O. 2005. From stagnation to growth: unified growth theory. In Handbook of Economic Growth (ed. P. Aghion and S. Durlauf). Amsterdam: North – Holland.

[12] Grossman, G., and E. Helpman. 1991. Innovation and Growth in the Global Economy.

Cambridge, MA: MIT Press.

[13] Hahn, F., and R. Matthews. 1964. The theory of economic growth: a survey. Economic Journal 74: 825 – 850.

[14] Helpman, E. 1998. General Purpose Technologies and Economic Growth. Cambridge, MA: MIT Press.

[15] Jones, C. 1995. R&D based models of economic growth. Journal of Political Economy 103 (4): 759 – 784.

[16] 1999. Growth: with or without scale effects? American Economic Review 89 (2): 139 – 144.

[17] Kremer, M. 1993. Population growth and technological change: one million B. C. to 1990. Quarterly Journal of Economics 108: 681 – 716.

[18] Lucas, R. E. 1988. On the mechanics of economic development. Journal of Monetary Economics 22: 3 – 42.

[19] Maddison, A. 2001. The World Economy: A Millennial Perspective. Paris: OECD. Malthus, T. 1798. An Essay on the Principle of Population. Published anonymously. Reprinted by Penguin (London) in 1970.

[20] Nelson, R., and S. Winter. 1982. An Evolutionary Theory of Economic Growth. Cambridge, MA: Harvard University Press.

[21] Perreto, P. 1999. Cost reduction, entry, and the interdependence of market structure and economic growth. Journal of Monetary Economics 43: 173 – 195.

[22] Rogers, M. 2003. A survey of economic growth. Economic Record 79: 112 – 36. Romer, P. 1986. Increasing returns and long run growth. Journal of Political Economy 94 (2): 1002 – 38.

[23] 1990. Endogenous technological change. Journal of Political Economy 98 (5): 71 – 102.

[24] Rostow, W. 1990. Theorists of Economic Growth from David Hume to the Present. Oxford University Press.

[25] Ruttan, V. W. 2001. Technology, Growth, and Development: An Induced Innovation Perspective. Oxford University Press.

[26] Solow, R. 1956. A contribution to the theory of economic growth. Quarterly Journal of Economics 70: 65 – 94.

[27] 1994. Perspectives on growth theory. Journal of Economic Perspectives 8 (1): 45 – 54.

[28] 1997. Learning from "Learning by Doing": Lessons for Economic Growth. Kenneth J. Arrow Lectures. Stanford University Press.

[29] Swan, T. 1956. Economic growth and capital accumulation. Economic Record 32: 344 – 361.

[30] Uzawa, H. 1965. Optimum technical change in an aggregative model of economic growth. International Economic Review 6 (1): 18 – 31.

[31] Weitzman, M. 1996. Hybridizing growth theory. American Economic Review 86 (2): 207 – 212.

[32] Young, A. 1998. Growth without scale effects. Journal of Political Economy 106 (1): 41 – 63.

第 9 章
创新与全球化

9.1 什么是全球化？

本章主要讨论了在世界经济一体化的情况下，我们该如何理解经济体创新和经济增长的变化。我们将全球化定义为"全球的经济体越来越相互依赖"。这个定义涵盖了许多不同的经济活动，如贸易、技术、金融和移民。跨国企业（TNCS）通过分解它们在国家之间的活动在经济全球化中发挥了重要作用（Friedman，2005）。全球化也改变了小企业面临的机会和威胁。互联网的兴起和通信成本的下降意味着所有的企业，无论是小企业还是大企业，现在可以更容易地接触到外国经济体，所以它们能够出口自己的商品、从海外供应商进口资源或外包它们的一些活动。

国际贸易份额的日益增长是全球 GDP 的一部分，也是全球化的主要构成。在 1970 年，全球进口占 GDP 的比例大约为 13%，而到 1990 年该比例增长到 20%，到 2005 年增长到了 28%。这方面的增长是由于发达国家与贫穷国家之间有更多的贸易往来，但是富裕国家之间的贸易增长最多。富裕国家增加了对同一类产品的进出口：这种现象被称为产业内贸易。例如，80% 的 OECD 贸易发生在 OECD 国家之间，而且在许多富裕国家，大约 80% 的加工贸易属于产业内贸易。❶ 正如接下来要讨论的，传统的贸易理论没有为产业内贸易的这种增长给出有力的理由；相反，围绕产品创新建立的贸易理论则提供了一些支持。

历史也表明，经济的高增长往往与出口的快速增长有关。举个例子来说，

---

❶ 本段中的数据来自 Dean 和 Sebastia–Barriel（2004）。为什么贸易的增长快于全球产出，他们认为这是由于可用于交易的产品领域的生产率的提高和关税的降低所造成的。

第9章 创新与全球化

与中国最近 GDP 的快速增长相伴的是向 G5 经济体快速增长的出口量（例如，在 2000~2005 年，中国出口以每年约 25% 的比例增长，远远超过 GDP 增长速度）。在 20 世纪 60 年代、70 年代和 80 年代的日本以及所谓的"亚洲四小龙"（中国香港、新加坡、中国台湾和韩国）经历了这种快速出口和 GDP 增长的模式。在这些情况中出现的一个关键问题是因果关系。GDP 的快速增长导致了出口的快速增长还是出口拉动了 GDP 的增长？或者可能是其他因素，如创新，推动着出口和 GDP 的增长？这些问题的答案以及全球化与创新之间的联系仍处于争论和研究中。

全球化的另一个方面涉及国际资金流动。这种流动可以分成两个独立的类型。首先，一些资金流动被称为外商直接投资（FDI），其意味着外来资金流直接投资于工厂、设备和企业。其次为证券投资，这意味着国际外来投资（主要是）流向股票和债权。由于外商直接投资的目的是创造新的生产能力，而且在许多情况下它的这种能力是针对出口而言，所以它对于经济增长来说是一个重要环节。目前还不清楚证券投资——购买债券或股票——可能影响经济增长和出口，但是它可以提高国内企业的投资。❷ 然而，这提示我们要考虑 FDI 的另一个重要的区别：在许多情况下，资金投入是与知识的产出相结合的。因此，可能是知识和科技伴随着 FDI 提供给国内经济重要支撑。

这向我们展示了经济全球化可能最重要的方面：与新技术相关的知识流动。我们关于 FDI 的讨论表明了这种流动可能不是自动的或容易的。从海外学习新的技术可能需要相当大的努力和投资，可能需要购买外国机器和设备，与外国企业结盟或吸引跨国企业直接对其经济进行投资。学习新技术的一个难点在于获取隐性知识；这是不能被记录或编纂的知识，因此必须通过示范、讨论和反复实验来获得。与此相反，一些技术可以仅仅通过阅读书籍、文章或专利就可以掌握，尽管可能需要外语技能和适当的科学和技术能力。国际移民也可以有助于知识和技术流动，但也有从贫穷国家到富裕国家移民的担忧（所谓的人才外流）。知识产权对国家间科技能力的流动的影响也是一个关键问题。

最后，当一个经济体开始全球化，国内企业的竞争压力常常会增加。这可能是由于对进口的更大程度的开发或国家中跨国企业生产的增加。竞争对创新和经济增长的影响已经在第 5 章、第 6 章和第 8 章中进行了讨论。要强调的是，仍然还有对于竞争强度怎样影响创新的争论。一些人认为是倒 U 型，过多或过少的竞争都会降低创新率。鉴于此，全球化进程对不同国家的影响可能

---

❷ 此处的一个难题是我们很难了解组合投资的最大影响是什么。一个简单的例子，外商投资可以通过向公司直接投资入股的方式，或者是购买技术；或者是购买海外资产。

取决于其竞争的最初水平。

这个简短的讨论表明了全球化问题的广泛性和复杂性。为了展开我们的讨论，我们从四个主要方面来看全球化：即贸易、科技、金融和知识产权。第9.2节给出了全球贸易概述，然后在第9.3节中对贸易增长和创新进行讨论，第9.4节考虑了技术流动和技术追赶模式。第9.5节考虑了国际资本流动和资本市场自由化这个具有争议的问题。第9.6节的重点是知识产权在全球化中的作用。

9.2 历史角度的全球贸易

在审视创新和经济全球化的理论模型和具体证据之前，首先需了解全球贸易。国际贸易的起源可以追溯到丝绸之路开始时（约公元前7000年）。动物、陶器、丝绸和贵金属沿着丝绸之路交易，这条丝绸之路从地中海延伸到中国。从17世纪，英国还有其他一些欧洲国家越来越多地参与到国际贸易中。在1870年，全球贸易占GDP的比率约为5%，到1914年增长到8%，然后在20世纪30年代又回落至1870年的水平。这种下降与美国的大萧条有关，许多国家的保护主义开始增强。在20世纪30年代，许多国家视进口为"夺走国内工人的工作"，因此使用了关税。这个观点的问题在于在全球层面的进口等于出口，因此降低进口量会最终造成出口量的减少。只有在20世纪50年代后期，全球贸易占GDP的比率才快速增长，到2000年达到约18%（Maddison, 2001）。这种增长是与新的机构，如关贸总协定（GATT，前身是WTO）、国际货币基金组织和世界银行相关联的，其职责是确保自由贸易、宏观经济更加稳定和对较贫穷国家进行投资。❸

9.3 贸易和经济增长理论

经济学家最基本、最古老的国际贸易理论是比较优势理论。这说明当国家参与贸易时，每个国家都将专注于具有相对或比较优势的商品。有许多的模型来解释这种贸易方式，但是他们在比较优势的关键资源方面有所不同。❹ 对于

---

❸ GATT是指关税和贸易总协定；WTO是指世界贸易组织；IMF是指国际货币基金组织。

❹ David Ricardo（1772~1823年），比较优势理论的提出者，最初以葡萄牙和英格兰为例，这两个国家都生产酒和布料。葡萄牙在酒业方面有优势而英格兰则在布料生产上占据优势。贸易的增加意味着两个国家各自发挥了它们的优势。

第9章 创新与全球化

里卡多（Ricardo）来说，国家之间有地域差异，如气候或矿藏，这些导致了可交易产品和服务生产能力的永久差异。赫克歇尔（Heckscher）和俄林（Ohlin）以及塞缪尔森（Samuelson）的理论被统称为 HOS 模型，对他们来说，比较优势的资源不是生产率，而是国家的生产要素禀赋（如劳动力和资本）以及利用这些要素进行生产不同产品的需求。在 HOS 模型中，所有的国家都被认为能够获得相同的生产工艺（另见第 10.4 节）。

在任何一种理论中，由于每个国家在开放贸易时经历了专业化的过程，所以 GDP 的总和会有所增长，但是一旦专业化完成了，则这种增长就会停止。这是因为模型是静态的：这些模型没有动态的或成长的要素。不过，我们可以得出一个与第 8 章中的新古典增长模型基本平行的模型。在那个模型中，人均 GDP 的增长停止了，因为资本的边际产出随着资本存量的增加而下降了。资本的边际产出代表了投资回报：因此，最终没有投资者想要对每个工人的追加资本投资，❺ 这就是封闭经济体的现状。如果经济体现在开放贸易的话会发生什么？直觉是经济体出口产品的边际产出不会跌得这么快，而是创造更多的增长机会。

更完整的方式是，资本的边际产出（或投资回报）同时具有价格要素（销售产出能获得多少）和资本效率要素（单位资本的产出是多少）。在一个经济体中，当产品的产出量增加，我们通常会预期价格和资本效率的同时下降，由于这两个原因，资本的边际产出下降了（在第 8 章中，我们没有考虑价格要素）。当一个较小的国家开放贸易时，其出口价格就在全球市场上设定好了，并作为一个粗略的估计，我们可以假设全球价格独立于出口水平而存在。当一个较小的国家增加了其产量，不会有价格效应引起资本的边际产出下降。这意味着，投资回报可以在很长时间保持高水平，维持着高投资和 GDP 快速增长。所谓的东亚奇迹通常被看作是这种情况的一个例子。在 20 世纪 60 年代、70 年代和 80 年代，中国香港、新加坡、韩国和中国台湾经历了高出口率和经济增长。❻ 虽然中国不再被认为是小经济体，但是最近中国也经历了非常快速的出口和经济增长。❼

---

❺ 进一步明确，这种投资行为是为了替代已经损耗的资本用以保持资本与工人之间的比例不变。

❻ Ventura（1997）提出了一个理论上的解决方案。世界银行（1993）对这一问题给出了主要的评论，例如，1965~1990 年，亚洲经济也体现了这些观点。他们强调有些时候，一定范围内对基本政策的修正有助于促成经济的发展。

❼ 例如，2003 年，中国的出口量占 GDP 比重的 23%，到了 2005 年则增加到 37%。中国的进口量同样也从 2000 年的 21% 提升到了 2005 年的 32%。因此，中国的贸易顺差为 5%。（这些数据来自世界银行网站）

创新、知识产权与经济增长

一般而言,当我们着眼于快速增长的经济体,我们看到它们生产的商品实质上随着时间流动发生了变化。维持贸易的快速增长和相关的经济增长需要各个国家将它们所谓的产品空间转移到具有更高价值的商品上(Hidalgo 等,2007)。这并不是说上述关于资本的边际成本的思路是错误的。只能说这些只是对动态情况的片面观点。动态情况包括随着不同地点、成本优势的演变而出现的技术和设计的变化。要理解这一点,值得审视另一组统称为贸易的技术理论或有时称为产品周期理论的贸易理论。在这些模型中,比较优势的潜在决定因素包括知识和创新。

早期不同国家如何以及为什么有不同的产品空间的理论是由 Raymond Vernon(1966)提出的。他的理论考虑到了每个产品都经历了新产品、成熟产品和规范产品三个阶段。每个经济体有不同的收入水平和偏好,因此国内企业家最擅长了解哪些新产品可能会成功。Vernon 支持许多新产品开始在高收入国家生产的观点(他重点对美国进行研究)。[8] 此外,新产品常常在其初始阶段经历着变化和适应,在这个阶段,与客户、供应商甚至竞争者的良好沟通是至关重要的。由于这些原因,新产品开发倾向于以东道国的经济为基础。随着产品的成熟,企业更注重将生产移至国外。这种好处包括降低运输成本和单位生产成本(通过获得廉价劳动力或其他生产要素)。最后,如果产品已完全标准化,将生产搬迁至国外和从国外进口产品的激励将会变大。

Posner(1961)研究了发达国家之间贸易的快速增长,尤其是发达国家产业内贸易的巨大增长。每个国家都有对于消费品多样化的巨大需求,但是由于规模经济,每个国家生产所有品种的产品是不经济的。所以在类似产品中有国家的专业化品牌,其次是专业化贸易。这一点再次背离了 HOS 模型,因为 HOS 模型假设生产规模收益不变。

Vernon 和 Posner 的产品发展模型中有关贸易的一些见解已被应用于常规的有关贸易和经济增长的数学模型当中。2008 年被授予诺贝尔经济学奖的 Paul Krugman 在 1979 年发表了一篇文章,其中结合规模经济,将多样性偏好转化成一种贸易模型(Krugman,1979)。后来的模型往往将全球简化成北部和南部,其中北部表示高收入国家而南部代表发展中国家。假设北部具有创新优势,引进的新产品或工艺络绎不绝。而南部具有较低的劳动力成本并生产一些成熟的标准化产品(用 Vernon 的话来说)。Young(1991)引入了这样一个具有影响力的模型。Young 假设增长是技术变革的结果,并直接将这种结果与

---

[8] 在讨论新产品创新的时候,Vernon 强调对于生产来说,永远是不够充足的,总有一些领域或问题是无法穷尽的,也很难被认识。

边做边学联系起来。产业内边做边学的增长率——因此产业增长——取决于整个产业的规模（因此他假设产业内有知识外溢）。当国家开放贸易，则模型假设的专业化就会发生。南部倾向于将资源从成熟产品转至标准产品，而北部倾向于将更多资源转至新产品的创新。据推测，新产品和成熟的产品有一个固定的较高增长潜力，因此南部结束了专门从事低增长行业的情况。总的结果是，北部往往增长较快，而南部则增长较慢。这样的结果意味着人均 GDP 的差异。尽管事实是这种差异暗示着南部没有优势，但是模型显示南部仍然比封闭经济的状况更好（例如，在自由贸易下，南部的人均 GDP 增长更快）。❾ 然而，这些类型的贸易和创新模型表明北部可以因全球化而做得更好。

Young 的模型中一个重要的假设是知识外溢限于地区内。据推测，这些知识外溢扩充了边做边学的过程。更明确地说，假设北部指的是美国，并考虑航空和航天工业。该模型断言美国航空和航天工业中的边做边学发展速率取决于其规模以及美国其他行业的外溢。这些假设大致与实证研究的结果一致。这种国内知识外溢的假设在推断 Young 模型结果方面很重要。以美国的航空航天业为例，Young 假设南部只有在该行业中的边做边学已经下降到一定水平时才能启动航空航天业（如，它正变成一个成熟的产品）。如果有国际知识外溢，则这种情况不太可能：南部企业可能无法参与高级产品生产的竞争，接下来的部分集中讨论这一问题。

9.4 国际知识和技术流动：理论和证据

在对全球化的任何分析中，可能最关键的方面是，全球化是否以及如何影响着国家的知识和技术流动。随着国家的贸易，它们整合经济，朝着新型生产模式前进。Young 的上述模型表明这能够推动发展中国家缓慢增长，因为它们专门生产需要很少经验或不需要技术进步的产品。发展中国家避免这种情况的方式是学习发达经济体的技术，并使产品空间跨越式上升。"技术追赶"的基本思路持续了很久，但是 Gerschenkron（1962）和 Abramovitz（1986）经常讨论到。❿ 在简单模型中，追随国家能够从外国学到的知识和技术数量取决于两个方面。首先，在追随者和领先国家之间差距的大小或技术差异大小。其次，

---

❾ Young 强调，尽管动态模型非常复杂，但它依然能够在特定条件下捕捉到南方的发展情况："如果两个地区最初的经济水平差异并不大，并且南方的人口数量又足够多的话，那么南方的经济迟早会追上北方并且超越它。"Young（1991，第 395 页）人口规模确实会发挥作用，因为它会拉动需求，从而影响产业的规模，从实践中学习是尤为重要的。

❿ Rogers（2003a）给出了全面的论述。

追随国家的吸收能力，可以定义为国家发现、学习和实行新技术的能力，影响着追赶的速度。具有高吸收能力和相当大差距的追随国家可以体验一段时间的快速经济增长。方框9.1中包含了技术追赶的简单模型。这表明追随国家的增长速度最终将趋同于领先国家的增长速度。这说明该模型显示了即使当增长速度趋同，追随国家将仍然具有较低的人均GDP（即，没有在人均GDP层面上趋同）。

国家之间的技术流动也受到知识产权体系的影响。这一点在第9.6节和第12章中将详细讨论，但是此处我们可以列举一些主要问题。首先，关于专利：对创新者而言，作为一种可以延伸至全球范围内的权利，对它的保护几乎是完全的执行，美国甚至可以对任何科技转移提供保护。[11] 此后可免费提供这种技术。因此，完全可执行的专利系统（没有许可）——和假设可能直接从专利文件中学习到所有技术——技术转移（或国际扩散）有一定的滞后期。鉴于许多技术是隐性的，这种情况是不可能的。隐性知识的存在表明技术转让可能需要很长时间，并且需要国家投入大量资源（开发吸收能力的观点）。如果专利保护是不完善的，这将使专利结束之前的技术转让成为转让障碍的情况得到解决。

方框9.1 简单的追赶模型

最早的分析来自Nelson和Phelps（1966）的文章（Rogers（2003，第4章）的充分讨论）。设定A是追随国家的技术水平，设定T是领先国家的技术水平，设$\Phi(\cdot)$是追随者的吸收能力。如正文中所讨论的，$\Phi(\cdot)$将取决于一系列因素。追随国家的技术增长速度为$((dA/dt)/A)$，我们假设这取决于：

$$\frac{dA}{dt}/A = \phi(\cdot)\left[\frac{FA}{A}\right] \quad (9.1)$$

需要注意的是，技术只有通过技术转让才能在追随国家得到发展（该假设也可变）。

假设领先国家的技术水平T以外生恒定率g增长。[12] 这个微分方程系统（即，公式（9.1）和$dT/dt = gT$）可以得到解，表明从长远来说，A的

---

[11] "完全的执行"意指，没有任何一种可能性允许专利被非法使用或复制（不现实的）。或是法律规定出专利必须授予他人（同样不现实）。

[12] 大部分实证研究假设g的值为0.02。这是根据美国在过去100年人均GDP以2%为基础而得出来的。这意味着如下的假设：很长一段时间，技术的增长与人均GDP的增长速度相一致。这个假设在Solow增长模型中呈现出稳定的态势，在其他的模型中也是如此（详见第8章）。

增长必须等于 g（见数学附录第 A.7 节）。直观地看，除非 A 的增长率等于 T 的增长率，否则方程 (9.1) 右侧必须改变，这反过来意味着 A 的增长率必须改变。再看方程 (9.1)，我们可以看出如果 $A = T$，A 的增长必须是零。同样，当 A 趋于零，它的增长速度将会趋向于无穷大。这意味着在 $(T-A)/A$ 中有一个平衡值，其中 A 的增长率等于 g。这意味着我们可以将公式 (9.1) 的左边设为 g，然后重新排列，则均衡间距为 $A/T = \phi/(\phi + g)$。图 9.1 显示了这一结果，该模型预测，技术比率 (A/T) 低于长期均衡水平的国家将经历快速增长（相对于 g）。相反地，技术比率 (A/T) 高于 $\phi/(\phi + g)$ 将经历低于 g 的增长速度。注意，在均衡点，追随国家的技术水平低于领先国家的技术水平。如果 $\phi(\cdot)$ 或 g 发生变化，则均衡比也会改变。例如，如果一个国家在均衡点上有一个较低的 A/T 值，则 $\phi(\cdot)$ 会增加（吸收能力；经济体调整到新的更高的 A/T 值将导致增长率的短期上升）。

公式 (9.1) 的形式基本是任意的。一般情况下，可以考虑满足技术差距为零时，增长为零这个条件的任何函数形式。下列为一个可供选择的函数形式：

$$\frac{dA}{dt}/A = \phi(\cdot)\ln\left[\frac{T}{A}\right] \tag{9.2}$$

$\ln(T/A)$ 的使用在实证增长研究中比较常见（见 Dowrick 和 Rogers, 2002）。

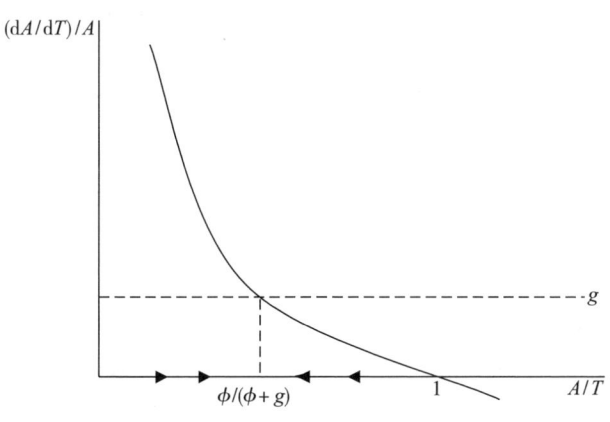

图 9.1 技术追赶模型

IP *创新、知识产权与经济增长*

上述讨论的追赶模型的缺点在于对经济增长的实证研究表明了许多贫穷国家并没有快速增长（这是模型的含义）。要将更多现实性条件加入模型中的话，有三种可能性：(i) 以"适当的技术差距"的措辞重新定义技术差距；(ii) 假设贫穷国家有零吸收能力；或 (iii) 推出一种模型，里面有从国外学习技术的固定成本。

第一种可能涉及的争论是，最贫穷国家如此落后以至于领先国家的技术很少是直接有用的。例如，航空航天和微处理技术与贫穷的农业经济体毫不相关。这个论证的难点在于，事实上，追随国家与领先国家之间还有很多国家，并且都有不同的技术水平。第二种论点是一些国家有零吸收能力，这是对某些时期的国家的合理描述。当中国在15世纪闭关锁国时，停止了向国外学习。这与中国作为技术领先国家的时期完全不同，但是到19世纪，中国已经显著落后于美国、英国和其他国家。[13] 最近，与世界隔绝的国家（例如，朝鲜、缅甸）可能被认为是接近零的吸收能力。然而，第三个关于吸收技术的固定成本的论点是最现实的。考虑贫穷国家的企业学习海外的一些新技术，需要投资固定数额来发现这些新技术，可能是通过海外留学或购买设备或雇用技术工人。这些活动的固定成本可以减少或完全阻止学习新技术的进程；用公式9.1中的模型来说，它们可能使 $\phi(\cdot)$ 等于零。一个类似的模型包含在 Rogers (2003) 的模型中。

有多少证据表明技术差距是国家间人均GDP不同的关键原因？回答这个问题的关键在于怎样衡量经济体层面上的"技术"。如第3.4节中讨论的，一些研究人员计算国家的全要素生产率（TFP），并用来表示技术。对许多国家的全要素生产率（TFP）和人均GDP的分析表明TFP在人均GDP差异中占了相当大的比例（如，Hall 和 Jones，1999）。然而，如第3.4节中所述，TFP的使用是有争议的，它实际上是分解GDP时的"残留物"。Comin 等 (2006) 认为，通过技术在国家的使用强度来直接肯定技术是可能的。例如，可以在不同国家计算人均计算机和人均电耗来与领先国家（美国）作比较。由于西班牙在2002年的人均计算机与美国在1989年相同，可以说，它们有13年的"技术"差距。Comin 等 (2006) 计算了10种不同技术指标，发现技术差距和人均GDP的关系紧密。技术差距模型确实似乎在了解增长方面有一席之地。

在经济发展的研究中，有一个议题经久不衰，那就是对所谓新兴产业的保护问题。企业和产业需要一段较为长期的发展过程才有可能成功地在国际市场

---

[13] Mokyr（1990，第9章）对中国自1400年开始的科技停滞给出了全面的讨论；正如预想的那样，有非常多的原因导致了这一个现象。

参与竞争。⑭ 此处想说明的是，如果一个相对贫穷的国家要生产新的产品，直接以此为支撑在国际市场上形成竞争地位是很困难的。那么该公司或产业所在的国家政府，是否应该支持它们的发展呢？这是一个充满争议的问题，经济学家们各持不同的观点。但是，明确的是，企业通常需要时间和资本投入来发展提升其竞争地位，但是政府到底应该给予多大程度的支持呢？这个标准很难判断。如果私人投资市场能够发挥作用的话，来自政府的支持就并非必要，因为企业很擅长识别机会。然而，我们应当注意的证据就是，资本市场并非是有效率的，尤其在相对贫穷的国家。⑮

表9.1 流入新兴市场和发达国家的私人资本

	1996～1998	1999～2001	2002	2003	2004	2005	2006
总私人资本流（净）	167.0	75.7	90.1	168.3	239.4	271.1	220.9
外商直接投资（净）	142.2	177.8	154.7	164.4	191.5	262.7	258.3
私人组合投资（净）	61.7	－1.1	－91.3	－11.7	21.1	23.3	－111.9
银行贷款、储蓄等（净）	－36.7	－101.1	26.0	14.5	25.1	－17.0	73.6

来源：IMF：世界经济展望报告。注：上述数据均以十亿美元计。

方框9.2　企业层次的技术追赶过程

　　本章讨论的技术追赶过程很大程度上是在宏观层次上。实际上，企业才是这一过程的核心。贫穷国家的企业必须具有学习和吸收新技术的动机与资源。在大部分情况下，这些企业还必须寻求新的市场（无论是在国内还是在国外）来销售它们生产的改进产品或者新产品。企业做这些事情的困难也正是为什么很多人将追赶过程认为是一种创新的原因。Hobday（2000）将这些企业称为"后发者"，他还指出了它们所面临的两个挑战。第一个是技术。后发企业缺少重要的技术，并且它们远离研发和创新地区。同时在这些企业的母国，不但大学和政府的研究人员相对较弱，而且也缺乏熟练的劳动力。（因此）学习和建立技术能力是后发者面临的第一个挑

---

⑭ 有关新兴产业的争论由来已久。例如，在19世纪的德国，制造业公司希望它们能够与英国公司抗衡。Slaughter（2003）对这一问题进行了持续性的研究，而与发展中国家相关的讨论可以参考Tybout（2000）的著作。简而言之，对新兴产业的讨论主要围绕这3个问题：（i）一些公司不具备学习必要技术的能力，所以它们无法提高效率；（ii）尽管成为有效率的企业，它们就会对保护的问题产生需求；并且（iii）尽管成为有效率的企业，它们的总成本（机会成本）仍可能大于收益。

⑮ Hernando de Soto（2000）的研究在这个问题上做出了主要的贡献。他给出了一些资本市场失败的例子。比如，如果土地所有权模糊不清，则它的所有人便无法将其用于抵押贷款。

战（也可参见 Lall（1992））。第二个挑战是远离顾客和市场。很多情况下，向海外市场进行销售代表了一种企业销售跨越（增长）的方式（国内市场可能由于收入过低而难以提供这样一种销售增长），但是渗透进入海外市场要涉及学习了解运输、关税、营销、广告宣传和顾客期望。按照定义来看，海外市场可能距离更加遥远，并且有一种不相同的语言以及异质性的商业文化。技术挑战和市场挑战两者的结合意味着后发企业面临着严重的障碍。它们应该如何克服这些障碍呢？

下面我们将考虑三星电子的例子，这是一家2007年的销售额达1000亿美元的在电子行业大型跨国企业。韩国的电子工业出口从1980年的20亿美元增长到了1991年的200亿美元，在这之中，三星是为数不多的增长驱动之一（此处的信息基本来自 Hobday（2000）和 Kim（1997））。作为一家与日本三洋的合资公司，三星电子成立于1969年，当时有106名员工被派遣到日本进行培训（这意味着对隐性知识学习的需求）。同时，三星集团（本身）是一家拥有相当大市场势力和资源的大型多元化企业集团。韩国有许多大型企业，被称为"财团"，它们与政府有密切的关系。为了学习与电子元器件和电视相关的技术，三星电子与很多的国外企业成立了合资企业或者协定转让专利使用权。20世纪70年代，三星电子决定多元化进入微波炉和磁带录像机（VCRs）市场，但是未能找到国外的合作者。作为替代，三星决定采取反向工程。1976年，它们开展了一个项目来对松下的微波炉进行逆向还原和建立（产品）原型，并在1978年完成了这一项目。1979年，三星开始对VCRs采取相同的做法。对三星电子而言，获得生产和出口电子产品的技术和技能的过程花费了很多年，并且采取了多种不同的战略。（虽然）作为一家大型企业集团的一部分，在（集团）投入的帮助下，三星电子的内部技术能力在这一时期获得了快速增长，但是这其中也有来自政府的帮助。比如，在1968年，韩国政府出台了电子工业升级法案，并且在这一时期内，大力发展大学和研究能力。

三星电子的历史给出了一个对后发企业面临的困难的提示。很多的企业没有开始走向发展，或者在发展上取得进步，虽然这并不是本书的作者们所关注的。围绕政府如何激发或者支持后发企业的问题上（如果有的话），也存在相当多的争论。（但是）大部分人将会同意，为了确保后发企业能有最大化的激励，任何的支持都应该是聚焦的并且有时间限制。

9.5 国际金融流动

如前面所述,区分私人资本流动的两个主要形式——外商直接投资(FDI)和组合投资是非常有用的。这两个形式的主要区别如下:外商直接投资通常为一揽子投资,包括技术和管理一般作为长期投资;而组合投资只是简单的购买股份或债券。[16] 表 9.1 显示了过去 10 年中流入新兴市场和发展中国家的净私人资本(按照国际货币基金组织的定义)以及流入外商直接投资、证券和贷款的减少量。主要由于外商直接投资,每年的资金流入为正数,但是不同时间的资金流入以及整体私人资本流动的组成是不同的。[17]

表9.1 仅显示了流入新兴市场和发展中国家的资本,但是发达国家之间的资本流动也比较大。例如,在 2006 年,2/3 的全球总外商直接投资流入了发达国家,其中美国的份额最大[18]——主要是由于欧洲和日本的跨国大规模并购所导致。发达国家之间的投资流动与国家的贸易崛起相并行。

外商直接投资

外商直接投资对接受投资的经济体带来的净收益是几十年来一直热门讨论的话题。外商直接投资可以对 GDP 产生直接积极的影响,增加税收和出口额,提高国内公司的竞争力,促进向国内公司的技术溢出,与国内公司具有前向和后向的联系(可能提高它们的生产效率)。外商直接投资流入的经济模型往往只关注这些可能造成的影响(例如,Markusen 和 Venables(1999)注重相互间的联系)。很多实证研究试图评估外商直接投资对经济造成的平均影响(例如,对于随后的经济增长和国际收支平衡的影响)。实证表明,正如预期的那样,根据经济体的其他特点——例如教育、贸易开放程度,外商直接投资对不

---

[16] 外商直接投资的目标为"在经济体中持续地获取利润"(国际货币基金组织,2007)。显然,很难判断一个公司是否为可以持久获得利益的实体。外商直接投资包括收购、兼并和留存利益(外国附属公司或子公司的留存利益),以及公司内部贷款(UNCTAD, 2007)。官方和公众的资本流动也很重要,尤其是对于比较贫穷的国家,但我们在这里不作重点讨论。

[17] 例如根据得到的信息,在 2006 年,共有 2209 亿美元的流动资金,大约 46% 的资本流入亚洲国家,30% 流入欧洲中东部国家,只有 9% 流入非洲国家。

[18] 1970~2006 年,发达国家的外商直接投资流动平均占总体的 72% 以上,1970 年最高——达到了 90%,2004 年最低——达到了 56%(这是作者根据联合国贸易和发展会议(2007)外商直接投资数据自己计算出来的)。

同国家发展的影响不同,但现在普遍认为外商直接投资可以带来净利润。[19] 当然,我们可以更加详细地分析特定外商直接投资项目带来的社会成本效益。此类研究面临着一系列的问题,当然,这里不作概括。[20] 这些研究多关注外商直接投资对发展中国家的影响,因为人们希望外商直接投资可以为这些国家带来收益。过去20年的投资趋势使得外商直接投资变得很重要,据联合国贸易和发展会议的估计,外商直接投资内流现在占发展中国家国内生产总值的1/3(从1980年的10%增长到1/3)。

在这里我们关注的是外商直接投资对接收国经济的影响,但重要的是,外商直接投资与原始投资国的经济——尤其是跨国公司有关。Helpman等(2004)建立了一个模型研究美国经济。他们指出在过去的20年中,跨国公司销售的增长速度比世界贸易的增长速度更加迅速。美国公司可以通过出口,许可在其他经济体建立公司,或利用外资设立国内制造厂为国外市场提供服务。外商直接投资的固定成本越高,可变成本越低——此假定表明,只有那些最有效率的公司才会进行外商直接投资,实证分析也证明了这一点。

组合投资

对于组合投资在经济增长和创新中的作用,也许比外商直接投资更具争议性。投资者可以购买和出售股票(股权)、债券、土地和其他资产,因此投资组合可以容易地实现不同经济体之间资金的流动,投资组合经常被认为是资本流动和资本市场自由化的原因。由于国内利率变化和股市价值的预期改变,完善的资本流动性意味着货币可以自由流入和流出一个国家。表9.1显示了流入新兴国家和发展中国家的私人净资本在1996~1998年的平均值1670亿美元跌至1999~2001年的760亿美元——与亚洲金融危机有关(见下文)。资本流入的下降都是由组合投资、银行贷款和存款的外流所引起。在过去的30年间,G7经济体追求资本市场自由化。[21] 有争议性的是——世界银行和国际货币基

---

[19] Borensztein等(1998)对69个发展中国家进行了实证研究,他们发现FDI可以通过技术增长提高经济增长率——虽然仅高于人力资本的阈值水平。Nair Reichert和Weinhold(2001)发现较多的外商直接投资可能提高一个国家的经济增长率,特别是贸易开放度较高的国家。值得注意的是,贸易开放度与许多特性呈负相关,如腐败程度的国家对经济的干预,所以很难准确确定它们之间的关系。

[20] Helleiner(1989,第1457页)在讨论中指出大多数此类研究倾向于FDI的积极净效益,然而也有很多研究并不倾向于这一点。

[21] 19世纪晚期,主要经济体间出现了短暂的资本流动,当时越来越多的国家遵循"黄金标准"(即货币与黄金价值挂钩,因此大力展开跨国投资货币或黄金贸易)。"一战"结束后,许多国家放弃了黄金标准,国际资本流动性降低。20世纪30年代的大萧条大幅降低了贸易和资本流动。第二次世界大战后,随着美元成为世界货币,国际货币基金组织和世界银行提高了国际资本流动性。

金组织也迫使许多发展中国家追求资本市场自由化。[22]

资本市场自由化的基本论点是投资者可获得最高的回报——无论是在美国或中国，还是其他任何国家。国际资本的竞争应可以完善任何地方的金融市场，投资者的组合投资方式也更加多样化。这些因素理论上应可以最大化投资回报率，从而提高社会福利。促进经济增长，同时也意味着最具创新性的公司和国家获益最大。

反对资本市场自由化的主要观点是资本市场自由化可能降低金融和经济体系的稳定性。资本的突然内流和外流可破坏银行业的稳定性，导致汇率和利率的剧烈波动。Stighitz（2000）对此作出概述，不受约束的资本市场自由化可能影响经济的增长。他提出20世纪90年代末的亚洲国际危机导致GDP蒙受巨大损失，而一些亚洲国家的短期资本管控不足加剧了国际危机。相比之下，中国和印度等资本管制严格的国家受亚洲金融危机的影响较小。表9.1显示1999~2001年私人净资本流动大幅下降，直到2003年才恢复。值得注意的是，在此阶段私人净资本流动的下降不是由FDI的变化，而是由组合投资流动和存款的变化所导致。

对于资本市场自由化对发展中国家和新兴市场影响的争论还没得出结论。显然，是否选择资本市场自由化将取决于国家的经济特点和国际环境。就后者而言，全球外汇市场的营业额从1992年的8800亿美元增加到2007年的32000亿美元（Heath等，2007）。这说明外汇交易额占贸易总额的比率仅略有增加（从22%到24%），而外汇交易额占总贸易和资本流动的比率略有下降。

国际风险投资

风险资本是外商直接投资一个重要的子范畴。风险资本家寻找新公司和创新公司，目的在于投资和提供技术，增大成功的机会。因此意味着风险资本往往被视为动态和创业经济体的关键成分。事实上，风险资本的金额可视为经济体创新程度的一个指标。风险资本投资者向追求高风险策略的创业公司——往往在高科技行业（估计60％OECD风险资本流入高科技公司（OECD，2005））提供资金。风险资本投资分为三类：种子资本（调查商业想法的初始资本）、启动资金（产品开发和市场营销）和扩张资本。世界最大的风险资本

---

[22] 20世纪80和90年代，世界银行、国际货币基金组织和其他总部位于华盛顿的组织颁发了很多相关政策——被称为"华盛顿共识"。Williamson（2000）回顾了他创造的这个术语，以及这个术语如何影响贫困和经济增长。

市场在美国，2006年投资额为26亿美元（美国国家风险投资协会，2008）。[23]
在国际上，美国也是风险资本的主要来源，虽然多数美国的风险资本主要流入英国和以色列。在英国，70%的风险资本来自国外（OECD，2005）。挪威和日本等国家从国外获得的风险资本较少。风险资本较低的全球化反映出风险资本流动的复杂性和涉及复杂的专业知识。投资者需要密切评估和监控公司，还需要具备投资国家税收方面的专业知识，以及了解国际金融市场的运作，从而在必要时制定出最佳的退出战略。

9.6 国际知识产权情况

从历史上看，每个国家都选择了自己所期望的知识产权制度，却往往忽视外国发明家和创造者的知识产权。19世纪后期，随着各种国际性条约建立"外国人国民待遇"，上述情况也发生了变化。"国民待遇"是指外国人可以与本国人一样享有相同的知识产权。[24] 这意味着国家可以选择自己的国民制度也可以选择加入国际公约。例如，美国直到1989年才加入《伯尔尼公约》。允许国家灵活选择知识产权系统看起来是一个不错的主意，但它会导致一些国家开始投机取巧。正如第1章讨论的，知识的特点是纯公益性，因此造成一些国家利用知识，然后投机取巧。因此各个国家会选择国际组织约束较少的知识产权保护制度，从而最大化由此获得的国际福利。更详细的细节见方框9.3。

方框9.3 两国模式专利制度的选择。

假设两个国家A和B。两个国家都可能发明新事物，我们假设发明者得到专利保护的时间设为T_A和T_B。鉴于此情况，每个国家会选择哪种类型的知识产权制度？在这个简单的模型中，只涉及两个选择——专利保护的时间长短和如何对待外国人。Scotchmer（2004）提出了一个与此相关的模型，但在这里我们关注的是直觉问题。

似乎每个国家都不愿意让外国人获得知识产权，因为它们不希望利益流向其他国家的居民。举一个极端的例子，例如，B国家没有国内发明者，

---

[23] 风险投资占美国国内生产总值的0.36%左右。OECD国家的风险投资中，唯一高于美国的国家是冰岛（0.5%）——尽管发生在2008年。这些数据为2000~2003年的数据——来源于OECD（2005）。

[24] 1883年《巴黎公约》开始关注专利和其他工业产权问题；1886年，《伯尔尼公约》开始关注版权问题。

> B国建立知识产权制度将允许A国的投资者向B国收取垄断价格和获利。在这种情况下，B国很可能选择坐享其成，不建立知识产权制度。为了防止不合理地利用国际公约，则需要建立上面提到的"国民待遇"。
>
> 现在假设建立了国民待遇，那么每个国家选择多长时间的知识产权保护？和上面一样，我们举一个极端的例子，假设国家B没有国内发明者，那么 $T_B=0$（如果没有国民待遇结果也是相同的）。更现实的是，每个国家都希望 $T_I>0$ $(I=A, B)$，从而鼓励国内投资者。第2.7节和方框2.1中对最佳专利保护时间的讨论可以覆盖这一问题，但是国际情况却并非如此。T 越长，就越激励国内和外国投资者，当然外国投资者也可以获得更多的利益。
>
> 假定A国试图通过选择专利保护时间来最大化本国利益。这里需要提出的关键问题是A国不会考虑B国的利益，A国意识到增加 T_A 时，流向外国的创新利益就会增加。因此，B国创新增加，则会获得更多的专利——还不包括B国获得的福利或利益。事实上，双方不考虑对方的利益将会造成最终两国选择的 T_A 和 T_A 短于国际的要求标准。国际组织会希望这两个国家的专利保护时间更长，但是每个国家都倾向于选择保护时间较短的制度。

国际知识产权的形式分析主要结果如下（注意"国民待遇"意味着外国人可以获得相同的知识产权权利）。

- 没有任何国际条约强制执行"国民待遇"，每个国家都有不授予外国人知识产权的权利，从而利用其他国家创新的动机。
- 强制执行"国民待遇"后，每个国家都会通过选择专利保护时间来最大限度地提高自己的福利。两国都会选择从全球观点视为无效率的措施，专利保护时间过短（即 $T_i<T^*$）——因为它们不会考虑提高其他国家的利益。

这些结果表明统一国际专利的保护时间是合理的。1996年，许多国家开始执行 TRIPS。[25] 成为 TRIPS 签署国也成加入 WTO 的必要条件。TRIPS 规定所有国家专利（和其他知识产权）保护的最短时间为20年。此协议并不阻止国家授予更长的保护时间，但确实限制了投机取巧的可能性。尽管上述意见使得 TRIPS 广受争论，许多发展中国家认为它是知识产权较多的国家（如美国）从

---

[25] 尽管 TRIPS 生效时间为1996年1月1日，TRIPS 在发展中国家的生效时间均有不同的延迟以达到合规的目的（见 Watal, 1998）。

贫穷的国家获取利益的手段。[26] 我们将在第 12 章讨论 TRIPS。方框 9.3 的模型不能直接覆盖这个问题，因为它涉及国家间的利益分配问题（即 TRIPS 仅仅着眼于最大化的全球总福利，却没有规定如何在国家间分配这些福利）。我们举例，假设 B 国没有发明家，因此它没有兴趣设立专利保护来鼓励国内发明。TRIPS 强制的 20 年专利保护期将提高 B 国的成本和降低其利润。但是，TRIPS 会增加 A 国的发明者数量（因为 A 国激励发明，A、B 两国将会受益）。增加的发明可以大于 B 国蒙受的明显直接的损失吗？

Helpman（1993）试图给出这个问题的答案。为了获得答案，首先最重要的是考虑到两国之间的贸易——这是上述模型没有讨论的。此外，他提出假设非专利产品可以在 B 国生产（假定 B 国具有较低的工资成本）。增加贸易和不同的工资成本会使以上模型变得复杂。例如，如果 A 国生产更多的新产品，那么更加不利于其贸易。根据 Helpman 的模型，B 国不能从知识产权中获益。A 国家可以从中获益，尤其是 A 国可以利用外商直接投资在低工资的 B 国进行生产时——但这取决于模型的具体参数。

9.7 结　　论

全球化——指的是经济体之间的相互依存程度越来越高——由多个元素组成，但本章仅讨论贸易、技术和金融。在一些国家，快速增长的贸易和金融流动与经济增长有着重要的联系。日本、韩国和中国等国家出口的快速增长与 GDP 增长是近年来高增长经济体的一个重要特征。出口增长关系是复杂的，我们应该注意两点问题。第一，出口成功取决于进入海外市场的途径。在历史上，进入美国市场至关重要，那么这也意味着政治关系非常重要（日本、韩国、美国间关系很好）。第二，因果关系不明确。出口成功是否驱动经济的增长？或者经济快速增长是否可以带动出口？或者，事实上，有其他因素可以同时推动出口和增长？技术可能是其中一个因素。在此背景下，技术指的是国内公司使用海外技术和思想进行创新。[27]

发展中国家的公司如何学习新技术？本章通过引入"吸收能力"的概念总结了这个难题的答案。吸收能力代表一个国家接触、学习和实施国外新想法

---

[26] TRIPS 由 Drahos 和 Braithwaite（2002）提出，其中包括对美国企业游说力量作用的探讨。

[27] Paul Romer（1992，1993）提出了"思想差距"。国家首先需要提出想法——包括与技术、创新、营销和管理等相关的想法，才可以进行投资和出口。他援引毛里求斯的例子，那里的移民为投资者带来了新的想法，从而为投资奠定了基础。

第9章 创新与全球化

的能力。这些想法可能需要适应本土条件。将新思想融入一个经济体的过程需要以一系列的常规和专门因素为基础，包括营运实力，与先进国家的教育和科学的关系。因此培养吸收能力需要时间和投资。

国际金融流动也是全球化的一个重要方面。外商直接投资可以为经济体带来很多资本、技术和直接进入海外市场的机会。因此，外商直接投资可以成为促进经济增长和提高贸易水平的强大力量。但是外商直接投资的结果并非总是积极的，有时项目的选择和承诺的履行都是不合理的。外商直接投资可通过直接竞争或购买影响国内公司，产生积极或消极的影响。组合投资的作用更有争议性。理论上，开放的资本市场应该增加投资的效率，带来更高的回报和促进增长。但是在实践中，有人担心开放的资本市场可能造成资本的快速流入和流出，造成汇率和利率的不稳定，动摇经济。宏观经济不稳定反过来又会减少投资和影响经济增长。

本章还强调在不同的国家，全球化的影响程度也不同。较贫穷的国家，高速增长的国家和发达国家的影响可能也不同。贫穷和低速增长的经济体的创新能力和吸收能力都较低，因此不太可能在技术流动中获利。TRIPS可防止这种情况（参见第12章）。这些国家可能难以开发出口市场，进口可能使本国公司面临更加激烈和破坏性的竞争。㉘相反，高速增长的经济体具有促进创新和投资（例如，良好的教育条件、低腐败程度、完善的知识产权和运作良好的银行系统）等有利的国内因素。更高的吸收能力，全球化进程所带来的出口和外商直接投资的增加都会促进发展中国家的成功。

上一段的论点表明全球化进程可能造成不同国家的两极分化：贫穷国家可能越来越穷，一些新兴市场则快速增长。关于全球化进程的证据也是不尽相同。从1870年全球化进程开始至1914年，以及1945年之后，出现两极分化。㉙然而从1960年之后，在很多国家，经济增长的不均衡变得越来越模糊。另外，在过去的15年内，经济强劲增长的中国和印度——如果考虑其庞大的人口——使得全世界范围内的人均GDP越来越接近（Milanovic，2007）。

本章研究了知识产权的国际情况（第9.6节）。主要内容包括各个国家倾向于利用其他国家创造的知识产权。国民待遇——即给予外国人相同的知识产权权利保护——目的是防止免费利用其他国家创造的知识产权。第一个国民待

㉘ 根据Stiglitz和Charlton的研究（2005），欠发达的国家也可能依靠农产品出口——经常面临贸易壁垒。事实上，美国、欧洲和日本会补贴和保护本国的农业，有时会伤害欠发达的国家。

㉙ Pritchett（1997）在一篇题名为《大时代的分歧》的文中分析了1870～1990年不同国家的经济增长情况。发现发达国家和欠发达国家之间的差距已经上升了5倍。

遇国际条约颁布于19世纪后期，TRIPS可视为其延续。尽管如此，TRIPS的发布是有争议性的——我们将在第12章进行探讨。

本章没有重点关注全球化对高收入经济体的影响。全球化的许多关键要素——贸易、外商直接投资和TRIPS都是由发达经济体的大型跨国公司所推动的。另外，各种理论模型表明高收入经济体应可以获利；也没有证据表明其增长率下降。然而，有人担心全球贸易的增加和离岸外包提高许多发达国家的失业率。显然，贫穷国家出口的增长意味着富裕国家的某些工作岗位的失业，但令人欣慰的是——随着经济体改变其经济结构以适应新产品，新的就业机会也会产生。就业、技术和贸易之间复杂的关系是下一章的主题。

关键词

跨国公司　比较优势理论　出口和资本回报递减　贸易和产品开发模式　技术追赶和吸收能力　外国直接投资和证券投资　国民待遇和搭便车

讨论问题

（1）什么贸易理论最能解释自1950年以来全球贸易与国内生产总值比率的迅速上升？

（2）出口是否会导致经济增长？

（3）哪个模式最适合理解欠发达国家的技术追赶？

（4）讨论一下"国际金融只能阻碍经济增长。"

（5）国际知识产权协议涉及什么概念性因素？

（6）在什么情况下知识产权协议会损害欠发达国家的福利？

参考文献

[1] Abramovitz, M. 1986. Catching up, forging ahead, and falling behind. Journal of Economic History 46 (2): 385–406.

[2] Borensztein, E., J. De-Gregorio, and J. W. Lee. 1998. How does foreign direct investment affect economic growth? Journal of International Economics 45 (1): 115–135.

[3] Comin, D., B. Hobijn, and E. Rovito. 2006. World technology usage lags. NBER Working Paper 12677.

[4] Dean, M., and M. Sebastia-Barriel. 2004. Why has world trade grown faster than world output? Bank of England Quarterly Bulletin 3: 310–320.

[5] de Soto, H. 2000. The Mystery of Capital: Why Capitalism Triumphs in the West but Fails Everywhere Else. Oxford University Press.

[6] Dowrick, S., and M. Rogers. 2002. Classical and technological convergence: beyond the So-

low – Swan model. Oxford Economic Papers 54 (3): 369 – 385.

[7] Drahos, P., and J. Braithwaite. 2002. Information Feudalism: Who Owns the Knowledge Economy? London: Earthscan.

[8] Friedman, T. 2005. The World Is Flat: A Brief History of the Globalized World in the 21st Century. London: Penguin.

[9] Gerschenkron, A. 1962. Economic Backwardness in Historical Perspective. Cambridge, MA: Harvard University Press.

[10] Hall, R., and C. Jones. 1999. Why do some countries produce so much more output per worker than others? Quarterly Journal of Economics 114: 83 – 116.

[11] Heath, A., C. Upper, P. Gallardo, P. Mesny, and C. Mallo. 2007. Triennial Central Bank Survey: Foreign Exchange and Derivatives Market Activity in 2007 (available at www.bis.org/publ/rpfxf07t.pdf? noframes = 1). Basel: Bank for International Settlements.

[12] Helleiner, G. 1989. Transnational corporations and direct foreign investment. In Handbook of Development Economics (ed. H. Chenery and T. Srinivasan). Amsterdam: North – Holland.

[13] Helpman, E. 1993. Innovation, imitation and intellectual property rights. Econo – metrica 30: 27 – 47.

[14] Helpman, E., M. Melitz, and S. Yeaple. 2004. Export versus FDI with heterogeneous firms. American Economic Review 94 (1): 300 – 316.

[15] Hidalgo, C., B. Klinger, A. Barabasi, and R. Hausman. 2007. The product space conditions for the development of nations. Science 317: 482 – 487.

[16] Hobday, M. 2000. East Asian latecomer firms: learning the technology of electronics. World Development 23 (7): 1171 – 1193.

[17] IMF. 2007. Balance of Payments. IMF Manual (available at www.imf.org/external/np/sta/bop/BOPman.pdf).

[18] Kim, Y. 1997. Technological capabilities and Samsung electronics: international production network in Asia. BRIE Working Paper 106.

[19] Krugman, P. 1979. Increasing returns, monopolistic competition, and international trade. Journal of International Economics 9: 469 – 479.

[20] Lall, S. 1992. Technological capabilities and industrialization. World Development 20 (2): 165 – 186.

[21] Maddison, A. 2001. The World Economy: A Millennial Perspective. Paris: OECD.

[22] Markusen, J. R., and A. J. Venables. 1999. Foreign direct investment as a catalyst for industrial development. European Economic Review 43 (2): 335 – 356.

[23] Milanovic, B. 2007. Worlds Apart: Measuring International and Global Inequality. Princeton University Press.

[24] Mokyr, J. 1990. The Lever of Riches: Technological Creativity and Economic Progress. Oxford University Press.

[25] Nair – Reichert, U., and D. Weinhold. 2001. Causality tests for cross – country panels: a

new look at FDI and economic growth in developing countries. Oxford Bulletin of Economics and Statistics 63 (2): 153 – 171.

[26] National Venture Capital Association. 2008. Industry statistics. Web resource (available at www. nvca. org/ffax. html).

[27] Nelson, R., and E. Phelps. 1966. Investment in humans, technological diffusion, and economic growth. American Economic Review 56: 69 – 75.

[28] OECD. 2005a. Science, Technology and Industry Scoreboard. Paris: OECD. Posner, M. 1961. International trade and technical change. Oxford Economic Papers 13: 323 – 341.

[29] Pritchett, L. 1997. Divergence, big time. Journal of Economic Perspectives 11 (3): 3 – 17.

[30] Rogers, M. 2003a. Knowledge, Technological Catch – up and Economic Growth. Cheltenham, U. K. : Edward Elgar.

[31] Romer, P. 1992. Two strategies for economic development: using ideas and producing ideas. In World Bank Annual Conference on Development Economics, Washington, DC, pp. 63 – 91. Also published in 1998 in The Strategic Management of Intellectual Property (ed. D. A. Klein), pp. 211 – 38. Butterworth – Heinemann.

[32] 1993. Idea gaps and objects gaps. Journal of Monetary Economics 32: 543 – 573.

[33] Scotchmer, S. 2004. Innovation and Incentives. Cambridge, MA: MIT Press. Slaughter, M. 2003. Infant – industry protection and trade liberalization in developing countries. Report submitted to USAID by Nathan Associates (available at www. nathaninc. com).

[34] Stiglitz, J., and A. Charlton. 2005. Fair Trade for All: How Trade Can Promote Development. Oxford University Press.

[35] Tybout, J. R. 2000. Manufacturing firms in developing countries: how well do they do, and why? Journal of Economic Literature 38 (1): 11 – 44.

[36] UNCTAD. 2007. World Investment Report. New York/Geneva: United Nations. Ventura, J. 1997. Growth and interdependence. Quarterly Journal of Economics112 (1): 57 – 84.

[37] Vernon, R. 1966. The product cycle hypothesis in a new international environment. Quarterly Journal of Economics 80: 255 – 267.

[38] Watal, J. 1998. The TRIPS agreement and developing countries: strong, weak or balanced protection? Journal of World Intellectual Property 1: 281 – 307.

[39] Williamson, J. 2000. What should the World Bank think about the Washington consensus? World Bank Research Observer 15 (2): 251 – 264.

[40] World Bank. 1993. The East Asian Miracle: Economic Growth and Public Policy. Oxford University Press.

[41] Young, A. 1991. Learning by doing and the dynamic effects of international trade. Quarterly Journal of Economics 106: 369 – 405.

第 *10* 章
技术、报酬和就业

10.1 介 绍

本章的重点在于讨论创新在劳动力市场所造成的影响和后果，探寻创新以及创新成果的扩散是如何在就业、薪资和职业结构等方面所带来的影响。本章同时还探讨了劳动力市场制度（特别是工会制度）和研发投入比例之间的相互影响，以及工会从创新收益获得回报中的影响。本章的前半部分阐述了劳动力市场的微观经济学，探索新的技术和产品在行业层面的作用。我们也回顾微观方面的实证研究，看它是否支持经济理论的预测。

从长远来看，创新是根本，通过产量的增长来维持工人的需求。本章的后半部分又回到创新、国际贸易和经济增长之间相互作用的问题上来，但是主要专注于讨论就业市场的问题，同时讨论技术工作者与非技术工作者在薪资上的影响。在知识经济时代，在那些发达国家中，受雇的职员主要供职于服务类的活动，主流的观点是，高技能的职员是高科技资本与知识存量的互补性资源，而低技能的职员则是资本替代对象。"技能偏向的技术变革"这一术语就被用来形容这一现象。这就意味着，高技能的职员可以从新科技中获取利益，而低技能的职员只能获取相对低的薪资同时有更高的失业风险。

10.2 创新的微观经济模型和劳动力市场

创新与就业

如第 1 章所讨论的，生产方法创新会使成本价格低，需求可能增加，产出扩大从而导致更多的就业。同样，产品创新使公司的产出对其潜在客户更具吸引力，也扩大了其市场份额和就业。当创新降低了生产的实际成本时，必然为所有作为消费者的工人增加福利。那么，为什么很多世纪以来，人们一直对创新和就业持负面看法？有人认为引入新技术，特别是以更好的资本设备的形式引入，会造成工人失业。这个反对创新与就业之间关系的观点依据是什么，是什么主导着辩论？

那些反对在工作场所引入新技术的人经常被称为卢德分子。这个名称是指19世纪初在英国的一场工人运动，即卢德运动，这场运动的拥护者力图粉碎引进英国纺织业的新设备以抗议手工工作的丢失。他们的抱怨是，引进能通过廉价的非技术性劳动就能操作的织布机破坏了需要技能的工作，导致工资降低。❶然而，自那时起，卢德分子的标签就被用于描述不论什么原因反对在工作场所引进新技术的任何人。在现代新古典经济学中，"卢德谬论"这个术语就被杜撰出来了，用来描述一种误解，随着生产率的提高，雇主将继续以较少的工人产生不变的产出，而不是以特定的劳动力扩大他们的产出。❷但对那些热衷于看到由利润驱动的市场才能普遍地受益的经济学家给出的过于慷慨的解释吗！

当我们从企业层面或工业部门来看劳动力需求时，卢德主义对某些工人群体仍然适用。新的生产技术频繁地使一些类型的工作消失，正如新的生产技术也创造了其他类型的工作一样。虽然总的来说，在宏观经济水平上，创新可能对劳动力的总体需求有净的正影响，但一些工人仍然因新的生产技术和对产品的新需求模式处于不利地位。但具体哪些工作减少或增多取决于引进的特定技术或新产品的范围。对任何工人来说，他们的技能是否会变得多余，例如由于新机器的使用会带来更便宜的替代品，或者由于他们的技能与新设备或新生产方法相关，从而会得到较大提高或更多的需求。

在雇主对劳动力需求的经济模型中，这种需求预计将受到给定一定量的产出而使其成本最小化的限制。❸投入要素主要考虑回报最大化的目标；显然，当更便宜的替代品或投入组合可以被使用时，如果某一价格高的投入品数量过多，那么该目标就不会实现。但是，当然，无论劳动力或单位资本多么昂贵，对该投入品的考察都基于其生产率——例如，一个高技能工人在工资上花费更

---

❶ 在历史背景中对这个运动的同情见 Thompson（1968）。
❷ 在 Easterly（2001）的作品中讨论了卢德谬论。
❸ 对于劳动力需求的经济模型的详细介绍参见 Hamermesh（1993）或 Bosworth 等（1996，第10章）。

多，但比未经训练的工人生产的也更多。因此对于所有因素来说，需要综合考虑其成本和生产率。最终，投入品数量取决于其产出边际收益增加值（生产率边际收益）与最后一单位投入品的价格（要素边际成本）相等的点。

引入新的生产技术可以改变各投入要素的边际生产率的关系。经济学文献研究了中性技术变革和具有偏向性的技术变革会对投入的资本和劳动的生产率产生不同影响（以类似的方式影响各要素的生产率）。由新技术使用所形成的商品或服务市场结构会对由于生产成本下降所引起的消费品价格下降的速度产生影响。这影响着对最终产品的需求，并反馈到对包括劳动力的要素投入的衍生需求。方框10.1给出了一些精确的定义，并举例说明了使劳动更有效率的工艺技术的变化对工人需求的影响。

虽然可以有不同的具体模型，但这种数学模型一般表现出来的是新技术对就业有不利影响。当某种要素的生产率提高时，在当时的生产水平使用同样的要素投入组合，那么对该要素的需求量就会下降。然而，这个要素恰恰是由于其效率的提高而实际上变得更便宜，因此更多的要素将会与其他投入结合使用，由此生产成本可以降到最低。这种替代效应增加了对更有效要素的相对需求，部分地抵消了增长效率的负面影响。此外，雇用工人的商品和提供的服务变得更便宜，假如一些成本降低的收益可以反映在最终产品的价格上，那么对产品的需求会扩大，从而导致就业数量的增加。所以这些效应的最终影响会因行业的不同而有所变化，因此，当技术改变时，在某个职业和部门的就业是否上升或下降就成为一个通过实证研究的问题。

方框 10.1　过程创新对雇佣的影响

资本和劳动生产的价值增值被很多研究者通过函数进行了描述，这些函数显示出了两种投入要素之间固定的替代弹性（比如，公式 8.2 中的柯布—道格拉斯生产函数中的替代弹性为 1）。接下来的阐述依赖于 Van Reenen（1997）。

为了模型化新技术的引入会提高生产中的要素效率，有3种表示变化的方式：

T 表示希克斯中性技术进步（Hicks-neutral technical change）。此时，两种要素的生产率变强了，但是要素的边际产出比例不变。因此，对于任意给定的两种要素价格，K/L 的比率不变。

A 表示哈罗德中性技术进步（Harrod-neutral technical change）。此时，新技术提高了劳动的生产率，但是 Y/K 的比率不变。

B表示索洛中性技术进步（Solow-neutral technical change）。此时，新技术提高了资本的生产率，但是Y/L的比率不变。

将这些动态要素引入后，固定替代弹性生产函数会有如下形式，

$$Y = T[(AL)^{(\sigma-1)/\sigma} + (BK)^{(\sigma-1)/\sigma}]^{\sigma/(\sigma-1)} \quad (10.1)$$

其中，Y为价值增值，L为工人数量，K为资本存量，σ为固定替代弹性（注意，σ表明了在生产中资本和劳动之间的替代程度）。

我们可以聚焦于使劳动相对于资本更有生产效率的技术提高。这一推导设定$T=1$和$B=1$，因此除了劳动提高的A型技术变化外，不会发生其他的技术变化。继而，对工人数量的需要可以由下式得到，

$$\ln L = \ln Y - \sigma \ln(W/P) + (\sigma - 1)\ln A \quad (10.2)$$

与投入的成本最小化选择一致，这一方法也假定劳动的边际生产率等于真实工资（W/P）。从这一点来看，Van Reenen表明，劳动需求的新技术弹性，ηLA，可以表示为

$$\eta_{LA} = \eta p \theta + (\sigma - 1) \quad (10.3)$$

其中，ηp为产品的需求价格弹性，θ为边际供给成本的技术提高弹性，并且假设产品的供给是完全竞争的（价格等于边际成本）。

公式10.3中的第一项被称为"输出扩张效应"（output expansion effect），当产品成本显著降低时，它会变得更大。这会被传递给顾客，作为对这一更低价格的反应，顾客继而会购买更多的商品。ηLA总体上是正还是负将取决于这些弹性的值和替代弹性σ。

从实证的意义来说，在劳动加强的技术进步之后，由于劳动和资本接近于替代品（也就是说，要素替代弹性大于1），对劳动供给的需要将会增加；或者，如果σ小于1，它充分接近于1使得输出扩张效应可以弥补这一差距。如果产品市场不是完全竞争的，企业可能会选择不将来自新技术的成本降低传递给顾客，这种情形下，输出扩张效应会下降到0。

创新和工资

创新和技术变革可以通过各种方式影响工资。首先，存在一个问题，即如果存在超额利润的"租金共享"，那么创新企业中的工资如何改变。正如我们在前几章中介绍的，公司通过专利来获得垄断权，并以识别其独特品牌的商标来支持它们的市场地位。这就导致了其他公司在短期内不能轻易通过竞争减少促使额外利润的产生。所以，当在具有相对竞争优势的企业中出现创新产生盈

余时,那个公司也会有更高的工资吗?我们可能认为公司没有理由与工人分享其研发投资的收益,因为公司需要这种投资奖励。然而,Van Reenen(1996)阐述了为什么雇主和工会之间的薪酬决定的谈判很可能导致共享这些收益。获得公平分配的员工将更有可能有效地工作,因为担心失去一份有奖金的工作,他们不太可能反对来自工作实践中的创新。❹

在公司内技术影响工资的第二条路径可以被认为是由于那些具有辅助技能的人所带来的生产率的提高。前面已经提到,就业水平由生产率边际收益与工资成本决定。这个方程反过来对工资的决定也适用。如果雇主想要保留生产率提高了的工人,那么他们必须支付工人的边际价值,否则会有另外一个雇主将这个工人从公司挖走的风险。作为这些问题的一个例子,人们在20世纪后25年就对将计算机引入工作场所产生的工作模式的变化特别感兴趣。已经提出的问题是:计算机是否使人们更具有生产力?如果是的话,这会使那些使用计算机工作的工人工资高于其他工人吗?这是下面我们要回答的一个问题。

工会和创新

另一个相互关系的研究是工会对创新率影响的作用。从历史上看,许多分析家对工会活动持相当负面的看法,认为它们强调提高工资,可能会减少用于投资的剩余利润。导致了产生一个假设,即工会的存在使投资率降低,特别是使参与风险投资,如研发的意愿降低了。❺

从另一方面来看,存在一个问题,即工会是否欢迎或抵制由创新引起的工作实践和就业的变化。工会成员可能害怕创新的工作破坏效应,对积极的成果不太自信。Dowrick 和 Spenter 在一篇名为"工会卢德主义什么时候出现的?"的文章中对工会对节省劳动的创新抵抗的经济理论进行了阐述。这些作者分析了与最终产品的市场结构互相作用的各种劳资关系的替代结构的影响。这种高度竞争的产品市场的情况与几个大公司之间对市场份额的竞争情况形成对比,经济学家认为这是寡头垄断,价格竞争通常较低。即可以在某一工艺职业层面,也可以在单个生产地点的层面,成立工会,一般称之为企业工会主义,或者在行业的层面。产品市场相互议价的结构不同会导致不同的结果。这些作者使用经济理论来预测对新技术引入的反对很可能是某一行业或工艺领域的工会组织,而这些领域的产品市场结构是寡头垄断的。不太可能的是,存在企业工会主义情况下,该行业是高度竞争的,正如在这种情况下,工人与其他组织就

---

❹ 认为如果工人工资高,那么他们会更有效率的观念被称为"效率工资理论"。
❺ 关于对工会、生产力的总结和证据调查,见 Metcalf(2003)和 Hirsch(2007)。

行业就业份额进行有效竞争。

在另一个对工会和创新的主要理论研究中，Ulph 和 Ulph（1989）探讨了工会的议价能力和议价过程范围的影响，尤其侧重于当引进一项新工艺技术时，工会是否可以就其讨价还价。当出现新的发现时，他们将进行研发的决定与引进新工艺的决定区分开来，这个研究表明工会实力的增加并不总是意味着公司会降低成功创新的可能性。然而，如果工会有能力推迟创新的引入，那么这个模型就预测着研发成功率的降低。

一个关于工会更积极的观点强调了其可能提高企业生产率的可能性。这个观点最初是由 Freeman 和 Medoff（1979，1984）提出的，他们认为工作满意度的水平可以随着工会活动而增加，因为工会就工人的不满发出集体的声音，这样通过讨价还价找出解决方案，从而减少辞职和提高生产率。由于营业额的下降，公司会发现更多地投资于对工人的培训是值得的，因为这种投资的价值可能实现之前就可能面临工人的离职。假定技能可能与进行研发和采用最佳实践的、高技术生产方法相辅相成，那么这表明工会对研发、创新和扩散有更积极的影响。这个观点在研究行业关系文献中引起新的争议：在 Freeman 和 Medoff 的研究中以及很多后来的分析中，这个观点一直与工会使用其讨价还价的能力来提高工资、减少利润的传统观点相对立，从而导致了自相矛盾的结论，即工会可以是为工人好，对经济增长有利，但并不总是有利于公司。

Redding（1996）利用第 8 章介绍的内生增长理论在其经济增长模型中建立了人力资本与研发的关系。他认为研发和技术不仅产生正外部效应，而且对人力资本、物理和知识资本的投资也是战略性补充。这意味着一种资本类型越多，那么对另一种资本的投资动机就越大。我们将在下面关于技能偏向的技术变革的理论分析和实践证据中继续探讨这些观点。此刻我们注意到，在工会加强了他们雇主对职业培训的回报从而增加了对技能的投资这个意义上，这也可能产生有利于研发投资和/或新技术的快速采用。

10.3 创新与劳动力市场：企业层面的证据

就业研究

我们的首要任务是验证否有证据表明创新可以产生更多的就业机会。Harrison 等（2008）利用企业层面的数据对创新和就业进行了最全面的研究。他们使用 4 个欧洲国家社区创新调查的数据来考察产品创新和工艺创新对制造业和服务企业就业增长率的影响。如第 3 章中所述，创新的定义非常宽泛，包括向市场中引入新的产品和工艺——这些我们称为创新；也包括后来模仿此创新产品和工艺，或持有许可证生产该创新产品和工艺——我们称之为创新的扩散。该项目在每个国家都抽选了大量具有 10 名或更多员工的企业，但是排除了新企业和受到兼并或分拆影响的企业。这些国家的平均就业增长率有所不同，尽管服务业的就业增长率比制造业的就业增长率高，但是这两个部门的就业增长率都非常可观。在社区创新调查的数据库中，企业数据报告了新推出的产品占总销售的比例，以及一年中生产工艺和产品的创新。因此学者可以消除现有产品中劳动生产力的发展趋势，区分创新的影响，以及能够识别工艺和产品创新单独的影响。表 10.1 概要总结了这些分析。

令人震惊的是，在这些国家和规模类似的部门出现了一致的结果，并且产品和工艺创新的影响也很相似。产品创新对于每个国家和每个部门的就业都具有积极的影响。相比之下，企业特有的工艺创新对于现有产品的作用很小——几乎为 0。

表 10.1　1998~2000 年企业创新对就业的影响

	法国	德国	西班牙	英国
制造业就业增长	8.3	5.9	14.2	6.7
工艺创新	-0.1	-0.6	0.3	-0.4
产品创新	5.5	8.0	7.4	4.8
服务业就业增长	15.5	10.2	25.9	16.1
工艺创新	-0.1	0.1	0.0	0.2
产品创新	8.0	7.6	6.5	5.4

来源：Harrison 等（2008 年，表5）。

备注：数字为 1998~2000 年的就业增长率百分比。"工艺创新"反映了引入新科技对生产"旧"产品就业的影响。"产品创新"反映了新产品取代旧产品后对净就业的影响。促进企业整体就业增长的其他因素（未显示细节）包括产业生产力的趋势和旧产品输出的增加。在这 4 个国家的两个部门中，除了德国的制造业以外，旧产品输出增长的影响超过了劳动节约型生产力的影响——是除了创新以外促进净就业增长的另一因素。

如方框 10.1 所示，提高效率可以节约成本，从而增长输出，因此抵消了新技术所节约的劳动力。行业内所有企业都知道生产力的基本趋势是节约劳动力，但是此趋势受到 20 世纪 90 年代末旺盛需求的制衡。除了这些变化，产品创新每年为制造业和服务业贡献了 2.5% 和 4% 的就业增长率。

虽然 Harrison 等的研究（2008）仅反映了短短两年的情况，但是他们的想法支持创新的经济分析，即产品创新能够增加就业，但是工艺创新却受到两个对立方面的制衡,因此不会明显趋向于任何一个方面。❻ 似乎卢德派对于新技术对就业产生的总体影响提出的观点是错误的,但是他们对于害怕特定职业失业的观点却是正确的。目前为止,我们仍然继续研究哪些行业的就业率下降,哪些行业的就业率增加,下面将介绍更多证据。我们继续研究企业层面的证据以研究薪资活动和工会的影响。

企业的创新和工资

首先,我们考虑是否有证据支持工人们可以获得创新租金(超额利润)的设想。有两项英国企业的研究可以支持这种设想。第一个研究是由 Van Reenen(1996)发起,在 1976~1982 年,他研究了 600 家公开上市的企业,其中 3/4 的企业都在此期间进行了创新。此研究提到的创新事件指的是重大突破的首次商业化,因此排除了创新的扩散事件。根据原始数据,创新企业的平均工资比非创新企业的平均工资高了 12%。此研究采用了计量经济模型(企业在股票市场估值的方法)来测量创新租金——包括短期收益和长期预计收益。创新租金的其他决定因素包括市场结构——反映了国内竞争,以及进口渗透——反映了国外竞争。创新租金和工会可以提高工人的工资。研究结果表明创新是创新租金的重要决定因素,可以显著提高工人的工资,20%~30% 的创新租金会发给工人作为工资。

另一项研究是由格林哈尔希和朗兰(2001)发起,他们在 1986~1995 年抽选了 1000 个英国生产企业为研究样本,以专利数量、商标活动和研发强度为指标研究这些企业的创新活动。此研究的重点也是创新租金是否可以共享。他们的研究发现进行商标申请和研发的企业的工资高于行业平均水平,但是发明专利的企业却没有高于行业平均水平。人们一致认为专利可能在新产品推出之前被拿走,并且随后的利用可能出现不同的滞后,而商标更适用于创新产品的商业引进。同时,商标在很大程度上与企业的产品创新有关,而专利既涉及产品创新又涉及工艺创新,从而难以确定对工人带来的利益。学者承认由于雇用技术更加熟练的人员,企业需要支付高于行业平均水平的工资,研发可能对工资的提高产生积极的影响,但是商标研究的结果与创新租金共享的假设理论相一致。当然,以上的研究证实了工人税收创新,但并未证实企业没有从研发活动中获得足够的回报——这也取决于工人的生产率(当提高薪酬后,工人

---

❻ 一些早期的研究使用企业的长期数据,但是这些研究通常无法清楚地区分工艺创新和产品创新:见 Van Reenen(1997)和 Greenhalgh 等的研究(2001)。这些研究也发现创新对英国制造业就业产生了积极的影响。

受到激励，生产力也会提高）。

现在我们开始讨论创新可以增加工资的第二个思路：使用新技术是否可以增加工人的生产力？早期时，Krueger（1993）对计算机在改变工资结构中发挥的作用展开了调查，他分析了20世纪80年代美国工人的工资，当时不同技术的工人工资有所不同。Krueger发现使用计算机工作的工人工资比未使用计算机工作的工人工资高了10%~15%。他还从统计分析中推断出在20世纪80年代越来越多的人使用计算机，使得教育的回报率上升了1/3~1/2。他的结果支持计算机和教育互补这一观点，认为该观点可以为工人带来更高的回报。

然而，正如Entorf和Kramarz（1997）在法国工人工资研究中所提到的一样，Krueger无法明确区分"计算机影响"的两个解释：第一个解释是使用计算机工作的人群是特定选出来的，他们比其他人更有能力；第二个解释是新的技术提高了具备既有技能的工人的生产力。区分这两个解释需要获得关于计算机技术引入前后工资变化的详细证据。20世纪80年代和90年代早期法国工人工资的证据支持使用计算机工作的人群比较有能力这一观点。❼ 因此有特定能力的工人，使用计算机和不使用计算机的工人之间的工资差距比Krueger对美国不同工人之间所估计的工资差距要小得多。随着使用计算机经验和时间的增加，这些选定的工人的工资出现小幅增长，因此此类技术仅能逐渐地提高他们的生产力。这些证据表明计算机对生产力产生了非常温和的影响，即使很难从企业外部观察到这些技能的精确本质，但是这些证据却更加证实了技能与技术互补的观点。Entorf和Kramarz（1998）进一步推断他们可以区分从事各种职业的工人。他们发现技能和职业地位越高的工人使用的现代技术越少——这是区分管理者、工程师和技术人员工作内容的本质。

工会和研发

是否有证据表明工会的租金寻求活动增加了研发产生的长期资本和无形资产的投资收益？在早期的实证研究中，Hirsch（1991）分析了大约500家美国上市制造企业的数据，比较了有工会和没有工会的企业，并对照了很多产业和企业的特点。据他估计，具有工会的企业投资比没有工会的企业低了13%，研发支出也低了15%。整体投资的减少是由于工会税收回报和间接因素共同导致的——较低的收益将会导致更高融资成本（如企业内部产生的资金较少，就不得不从证券市场筹集更多的资金）。在后来的调查中，Hirsch（2007）证

---

❼ 20世纪80年代中期的分析参见Entorf和Kramarz（1997，1998）的研究。类似的证据参见20世纪90年代Entorf等（1999）的研究。

实了很多加拿大或美国企业的后续研究的结果——这些企业的投资均出现减少的情况。然而，研究的结果并不都是一致的。Menezes-Filho 等（1998）对英国企业的研究表明：将英国工会视为较低投资率的原因是错误的。诚然，原始数据显示建立工会的企业研发速度较低，也正是如此建立工会的企业大多是从事古老而衰退的行业，然而高科技行业的新企业则很少成立工会。如果不对比这一特点，那么工会对研发降低的影响几乎没有统计学意义。学者直接比较了自己国家的计算结果和 Hirsch 在美国研究中使用的统计数据，证明两个国家的结果是不同的。他们基于英国和美国的产业关系系统，解释了造成差异的原因，他们认为美国工会在传统上重视工资的增加，而不是就业，而英国更加关注就业。因此美国有无工会的企业工资差距比在其他大多数经合组织国家有无工会的企业工资差距更大。❽

工会是否可以帮助企业提升其技能，既然技能与研发互补，那么工会是否可以提高创新的速度？此问题涉及两个环节。第一个环节是工会是否可以加强技能的形成？Booth 等（2003）提出了强有力的证据表明工会可以加强职业培训，并提高了英国男性工人的回报。第二个环节是额外的技能是否可以提高研发能力？在 1976~1994 年，Nichell 和 Nicolitsas（2000）研究了人力资本、物质资本投资和创新在英国制造企业之间的联系。他们验证缺少产业层面的技术是否会降低企业的投资和研发支出，发现很多行业的技能短缺与研发的暂时性减少有关，从而延迟对创新的投资。这一证据证实人力资本（技能）是知识资本的战略补充。

我们的参考文献列出了工会的不同影响。一些关于美国企业的证据表明由于对创新收益征税，工会抑制了对于研发的投资。相比之下，一些关于欧洲企业的证据表明工会可以鼓励创新——因为工会鼓励培训和提高工人的技能。在英国等国家，工会的力量已经在过去的 20 多年内大幅削弱，因此工会没有以前那么重要。在法国等国家，尽管工会会员率低，集体谈判协议的覆盖面却非常广，工会仍然是不可忽视的力量。

10.4 创新和劳动力市场的宏观经济和贸易模式

现在我们分析创新对总体就业和工资产生的更加广泛的影响。正如上面所提到的，新产品和新工艺的引进可以同时造成某些职业失业，也可以提高具备其他相关技能的人员的需求。由于不能立刻重新培训工人或工人不能转移到需

---

❽ 工会的相对工资的证据见 Blancflower 和 Bryson（2002）的研究。

要的工作领域，这些需求的变化可以导致各个部门劳动力市场内工人的供需失衡，这些失衡会对工资和失业率产生影响。而这些影响可能持续到中期直到相对供给能够适应新的需求模式。

当供大于求时，如果一些技能变得多余，工资则会降低，失业率将会上升。在当供不应求时，如一些技能适合新的技术，并由于创新产品的引进，技术工人的需求将会快速增长，企业为了获得必要的技能工人，则会提高工资。下一节我们将提供这些问题的最新证据。

技术型和非技术型工人的命运

我们将从与就业和工资有关的事实开始进行解释。许多学者记录了这些事实，包括 Machin（2001），Machin 和 Van Reenen（1998），他们的研究参见表 10.2。他们的研究可以表明 20 世纪 80 年代后的 20 年间，美国和英国对技术工人的需求超过了供给。Nickec 和 Bell（1995）等的研究证实了许多先进的工业国家也出现了类似的现象。❾ 技术工人就业的比例急剧上升，但同时他们的工资也大幅上涨，而不是像预测的一样受过良好教育的工人供应已经超过了技术工人的需求。美国不同类型工人间工资增长的速度特别引人注目，工人的工资仅比英国在 20 世纪 80 年代工人工资的标准低一些——当时英国毕业生的数量非常有限。到了 2000 年，英国和美国技能工人工资的区别已经达到 65% 左右。

表 10.2 所示的变化带来我们什么提示？主要有 3 点启示：

表 10.2　1980~2000 年美国和英国的就业和工资比例

	毕业生占总雇用人数的比例（%）		毕业生与非毕业生工资之比	
	美国	英国	美国	英国
1980 年	19.3	5.0	1.36	1.48
1990 年	23.8	10.2	1.55	1.60
2000 年	27.5	17.2	1.66	1.64

数据来自 Machin（2001，第 756 页）。美国的数据来自目前的人口调查，英国的数据来自劳动力调查和一般家庭调查。

备注：就业数据涵盖 16~64 岁人群的工作和收入——无论是全职或兼职工作。相对工资数据指的是两国全职工人的工资——美国工人每小时工资和英国工人每周的工资。Machin 采用回归模型对照比较了工人的年龄和性别来测量工资溢价。

---

❾ 值得注意的是，在 Machin（2001）的研究中，"技能" 是以教育为代表，但众所周知，比起其他工人，毕业生可以获得较高的技能和更多的职业培训。Nickec 和 Bell（1995）在早期对 10 个 OECD 国家雇用低技能工人的研究中发现：对非技术工人需求的降低是 20 世纪 70 年代和 80 年代失业率上升和工资下降的主要因素。

(1) 技能偏向的技术变革；
(2) 要素禀赋、专业化和全球化；
(3) 最终需求结构的变化。

以下小节我们逐一讨论这些提示。

技能偏向的技术变革

此假说是由 Machin（2001）提出的，其他一些学者也引用了此观点，如 Berman 等（1994），技能偏向的技术变革是就业和工资发生变化的根本原因。技能偏向的技术变革理论以本章的前半部分理论——创新会摧毁某些类型的工作，但同时会产生其他需求——为依据。在企业层面上，新技术的引进与知识技能和个人的能力互补，因此提高了对技术工人的需求。高速发展的服务领域很容易出现技能和技术战略互补的现象——如商业和个人金融服务，但是技能和技术战略互补也会影响制造企业，因此制造企业对具备创新产品设计能力或监督成熟生产技术能力的工人的需求开始增长。此领域的特点是技术工人的生产力比非技术工人的生产力增长得更快。Katz 和 Murphy（1992）概述了此模型对工人工资的影响，方框 10.2 对此进行了简单的介绍。

方框 10.2　技能偏向的技术进步与是否具备技能工人的相对工资

这里我们对比两个曾被 Hornstein 等（2005）比较过的相对工资模型。第一个模型来自 Katz 和 Murphy（1992），它假定生产率是特定的。在生产中，有技能和无技能工人被认为在某种程度上是相互替代的，但是他们的生产率不同。在这里，将 σ_{su} 定义为生产中两种类型劳动力的替代弹性。有技能和无技能工人的真实工资分别是 w_s 和 w_u。这一模型假定劳动力市场是竞争性的以及企业会选择以最小成本投入，因此在模型中可以推导出相对工资方程为

$$\ln\left(\frac{w_s}{w_u}\right) = \left[\frac{\sigma_{su}-1}{\sigma_{su}}\right]\ln\left(\frac{A_s}{A_u}\right) - \left[\frac{1}{\sigma_{su}}\right]\ln\left(\frac{l_s}{l_u}\right) \qquad (10.4)$$

有技能和无技能工人的相对工资由两个比率所决定的。第一个是两种劳动力生产率增长的差异，即 A_s/A_u；第二个是两种劳动力的相对供给，即 l_s/l_u。有技能工人相对生产率提高的确切本质和驱动力未详细说明。

公式 10.4 中所能预测的是，如果有技能工人的生产率提高快于无技能工人的，有技能工人的工资比率将会提高。相反，如果有技能工人的供给

提高快于无技能工人的,那么工资比率将会降低。替代性程度越高(即 σ_{su} 的值越大),相对生产率提高对工资的正向影响越大,而相对供给提高对工资的负向影响越小。从实证分析来看,Katz 和 Murphy 估计 σ_{su} 为 1.4。然而,为了匹配美国工资和供给的实际趋势,Hornstein 等评论到,此时有技能工人的相对生产率将必须按每年 11% 的比例增长,他们认为这是不可能的。

Hornstein 等概述的第二个模型来自 Krusell 等(2000)。不同于要素的特定生产率表示为,资本(k_e)和两种劳动力之间也存在不同替代弹性。无技能劳动力和资本之间的替代弹性被表示为 $\sigma_{ue} = 1/(1-\phi)$,而有技能劳动力和资本见得替代弹性被表示为 $\sigma_{se} = 1/(1-\rho)$。保留假设是相对于有技能劳动力,无技能劳动力更容易被资本替代,因此 $\sigma_{ue} > \sigma_{se}$。此时推导出的相对工资方程为,

$$\ln\left(\frac{w_s}{w_u}\right) = \left[\frac{\sigma_{ue}-1}{\sigma_{ue}}\right]\ln\left(\frac{A_s}{A_u}\right) - \left[\frac{1}{\sigma_{ue}}\right]\ln\left(\frac{l_s}{l_u}\right) + \frac{\lambda(\phi-\rho)}{\rho}\left(\frac{k_e}{l_s}\right)^p \quad (10.5)$$

公式 10.5 的一个重要特征是,由于有技能劳动力和资本之间的互补性,存在一个额外的效应会驱动对有技能劳动力的需求。此时,即使前两项保持不变,只要资本对有技能劳动力的比率提高,相对工资也会提高。Krusell 等(2000)认为 $\phi = 0.4$,$\rho = -0.5$,两个替代弹性分别为 $\sigma_{ue} = 1.67$ 和 $\sigma_{se} = 0.67$,这也表明支持"当资本价格降低时,无技能劳动力最容易被资本替代"的假设。这些研究者也论证出,他们的模型与美国 20 世纪 60~90 年代相对工资的变化经验匹配得非常好。

同时,"智能"机器的发明提高了资本的生产力,使得增加资本强度可以带来更多的利润。随着时间的推移,资本设备的生产会变得更加便宜,最近设备的生产速度更快——这些事实更加印证了"智能"机器的发明可以提高资本的生产力这一观点。Hornstein 等(2005)提供的证据表明 1947~1975 年,美国设备(投资品)部门的生产力以每年 1.6% 的速度增长,在 20 世纪最后的 25 年,设备年平均生产力增速到 3.6%,到了 20 世纪 90 年代上升到 5% 左右,导致投资品的相对价格大幅下跌。

更便宜和性能更好的设备使得企业开始提高资本强度。在服务业方面,资本密度的增加表现在为几乎所有的办公桌添置计算机,其必然结果是服务行业的工作者必须具备使用新设备的工作能力。而制造业生产过程中出现了资本—

劳动替代，取代了以往需要技能重复进行的手工工作（例如，使用机器人和其他自动化生产技术代替）。手工技能变得多余的技术工人或者接受重新培训，或者加入失业的非技术工人的行列。Krusell 等（2000）提出了一个模型——高技能工人通常与资本设备互补，而低技术容易被资本设备所替代，Hornstein 等（2005）总结了这个模型（见方框 10.2）。

为了说明计算机上对技术工人相对需求量的影响，Autor 等（1998）研究了美国工业领域大学毕业生工资上升的份额。通过与其他资本存量进行对照比较，他们发现毕业生工资上升的份额与制造业和非制造业的人均计算机存量都呈现了正相关。对于制造业，研发与销售的比例也呈现了这种相关性。他们总结：伴随着计算机革命的技能偏向型技术变革和组织变革似乎都提高了 20 世纪 70 年代对于相关技能人员的需求 Autor 等（1998，第 1203 页）。

在使用美国数据进行的另一项研究中，Autor 等（2003）研究了电算化对工作任务水平的影响。他们表明计算机资本可以替代根据明确的规则进行日常工作的工人的全部或部分工作——无论是手工还是办公室工作。同时，计算机资本可以辅助涉及非常规问题解决和复杂通信任务的工作。学者们估计这些变化改变了 20 世纪 70~80 年代 60% 大学教育的劳动力需求。

要素禀赋、专业化与全球化

如果发达经济体出口到世界市场的商品和服务类型发生了变化，那么它们需要更多的技术工人，从而增加对技能的相对需求。这并不意味着技能偏向的技术变革变得不重要，而是在劳动市场中可能还有其他决定因素。

正如第 9 章所讨论的，在过去 30 年国际贸易和经济增长的显著特征之一是一些亚洲经济体从过去相对封闭的状态变成经济高度开放的贸易经济体，占据了世界贸易中很大一部分生产份额。这个过程以"亚洲四小龙"（中国香港、新加坡、韩国和中国台湾）的崛起为开始，直到中国和印度贸易的快速增长。"亚洲四小龙"的人口相对较少，2008 年中国和印度的人口共占世界人口的 37%，其中许多人都是低工资的非技术工人。经济理论是否可以预计这些具有大量非技术劳动力的国家进入世界贸易市场时会对工业先进的国家产生哪些影响。

Heckscher-Ohline 和 Samuelson 贸易模型是第一个研究此问题的模型，此模型提出比较优势是由要素禀赋所决定。原始的模型中假定了生产的两个要素（资本和劳动力）和两类国家。在此我们可以假设两个（固定）的生产要素为技术和非技术劳动力，而假设两类"国家"为发达国家和发展中国家。发达国家技术工人的比例比发展中国家高技术工人的比例要高，但技术工人和非技术工人的工资在发达国家都比较高。在自给自足的状态下，两类国家均密集使用各自的要素生产产品，但当进行交易时，每个国家都会根据自己的比较优势专门生产某种产品，而比较优势则是基于每个国家的主导要素禀赋。在贸易中，低工资非技术劳动力密集的发展中国家将会为高工资的发达国家提供货物，因此降低了发达国家非技术工人的就业。Wood（1994）在人们意识到中国和印度的影响之前就在一本非常重要和有影响力的书中提到了这一观点，书中总结了这个观点：

> 比起发展中国家（南部）的劳动力市场，贸易发展与发达国家的劳动力市场（北部）之间的联系更加紧密。这个较大的经济联系可以带来更多的利益，提高了北部的平均生活水平，并加速了南部的发展。但却伤害了北部非技术工人的利益，降低了他们的工资，提高了失业率。

静态 HOS 模型预测低工资的国家一旦开放贸易则会永久改变其要素报酬。第 9 章还基于创新的比较优势讨论了动态观点。此观点认为新技术和创新产品是推动高收入国家出口的因素，并且新技术和创新产品会不断促使向发展中国家转移生产知识和设计更标准的商品。在"产品生命周期"中，富裕国家中高工资非技术工人再次受到冲击。为了寻求更高的利润，跨国企业将生产供应链中不太复杂的工作外包给低工资的国家，从而影响非技术工人在发达国家的就业。

因此，由于富裕国家对低技能或技能落后的工人的需求下降，他们的就业机会将会更少，但这是否会导致较低的工资或更高的失业率？这一问题取决于劳动力市场的制度特征，如最低工资标准或工会的力量，或其他机构——如职业培训系统的力量。例如，Card 和 Dinardo（2002）认为，导致 20 世纪 80 年代美国工资差距较大的一个主要因素是联邦制定的最低工资实际价值的下降。他们认为美国过多地依赖技能偏向技术变革假说，尤其是技能与计算机相关技术的互补。他们没有详细讨论最低工资下降时，更多工人的工资水平降到较低水平的原因。

当技术或贸易的需求发生变化后，工资下降或失业率上升的程度取决于人们转换职业的难易程度；反之取决于人们是否具备全面的技能还是只具备特定部门的技能。这也取决于工人们是否可以进入提供非贸易商品和服务的行业，如餐饮、理发或出租车服务；因此非贸易部门的规模决定了这些从贸易和技术部门失业人群的就业情况和工资水平。

劳动力衍生需求的技能偏向性

导致技术和非技术劳动者之间需求不平等的第三个因素是最终产品需求结

构的变化。经济学家根据收入增长时产品需求增长情况,对产品进行分类。如果商品和服务受收入弹性的影响(即需求比收入的涨幅大),此类商品和服务则被称为奢侈品;如果商品和服务缺乏弹性,则此类商品和服务被称为必需品(即收入比需求的涨幅大)。还有一种被称为劣质商品的——即随着收入的增加,此类商品的消费下降(例如,便宜和没有品牌的产品)。高科技创新产品属于奢侈品而不是必需品,而旧的老式产品属于劣质商品——这似乎是合理的想法。然后,随着经济增长,人均收入提高,人均生活水平也随之提高,技术密集型的高科技商品和服务占总消费量的份额将会增加。

总之,下面列出了3个假说,每个假设都提出技术劳动力的需求大于非技术劳动力的需求:

技能偏向性技术变革。此假说提出由于技术工人在生产中可以补充复杂的资本输入,以及成熟的营销和分销系统,创新导致企业更倾向于使用技术工人。

要素禀赋、专业化与全球化。国际贸易将会更加专业化,部分是由于先进国家的比较优势,它们具有较先进的技术,而发展中国家拥有大量非技术工人。除此以外,创新使得发达国家不断推出新产品,基于新的工艺技术和产品创新,发达国家的比较优势将不断增加。

劳动力衍生需求的技能偏向性。此假说提出随着收入的增加,创新性产品对消费者更有吸引力,取代了低技能劳动力生产的劣质产品。

这3个假说均以创新和新技术使得生产者可以选择技术,消费者可以选择商品和服务的观点为基础。是否可以评估每一项因素的重要性?

表10.3 导致英国在1979～1990年劳动力技能需求偏向的三个原因

	最终需求	净出口	技术变化	雇用总变化
高技能	28.2	-4.1	4.6	28.8
中级技能	21.1	-4.8	-16.2	0.1
低技能	17.9	-5.7	-27.1	-14.9
总变化	22.0	-4.8	-13.7	3.5

来源:Gregory等(2001,表2)。

备注:根据全职的等效工作来计算就业。所有数字来自1979～1990年的比例变化。

Gregory等将一个经济输入和输出模型与生产和贸易方法的一个要素内容相结合起来进行研究。所呈现的数字代表了在整个供应链(包括作为输入的中间商品的劳动内容)最终需求或商品进入交易变化所产生的劳动力的衍生需求,或技术变化所产生的劳动力的衍生需求。

第10章 技术、报酬和就业

英国标准职业分类给出了技能级别的定义，根据入门资质、技能水平和经验对技能进行分类。高技能的职业包括管理、专业和技术职业。中间技能的工作包括文书和秘书、手艺、保护和个人服务，以及销售代表。低技能的工作包括机器操作工等。

Gregory等（2001）采用开放经济输入和输出模型来追踪研究这3个决定因素对就业变化的影响。表10.3总结了3个级别的技能对整个经济的影响，汇总了初级产业、制造业和服务业等15个部门中9个职业群体的就业变化情况。20世纪80年代，英国就业情况的引人注目之处在于技能偏向性技术变革的3个因素、全球化和需求都出现了技能偏向的现象。尽管净就业的情况比较乐观，但其中高技能的管理者和专业技术人员的就业率增长近30%，而低技能就业率降低了15%。

根据3个因素的影响结果，我们可以发现每个因素对技能偏向的影响各不相同。生产技术变化对技能需求的影响最大，导致高技能工人需求的小幅净增长（4.6%），造成低技能工人失业率的大幅上升（27.1%）。最终需求可在各个级别增加就业，但是对于高技能工人的衍生需要（28.2%）比低技能工人的衍生需要（17.9%）增长得更快。20世纪80年代，出口和进口结构的变化对技能偏向的影响不大，当然这些数据是在中国和印度的贸易近年快速扩张之前获得的。另外还存在国际贸易竞争是否可以导致生产进口竞争产品时倾向于采用生产劳动节约型技术的问题。如Gregory等（2001）所述，就业结构解体是导致变化的直接原因，但没有考虑贸易、技术和需求的相互作用以及反馈和需求。

然而，输入和输出分析的优点是可以反映供应链内所有的变化模式。❿ 值得注意的是，近几十年来，就业增长的部门主要是服务业部门，包括"商务服务"（金融、保险、房地产）和"非商业服务"（零售和批发、宾馆、餐饮、交通和通信、个人和公共服务）。随着个人收入的增加，购物、当地旅游和家庭旅游等休闲活动的需求也开始增长。非商业服务也作为中间投入被更多地用于其他产品的生产中，例如广告宣传活动的兴起和商务的增加。同时，各行业都需要利用特殊化商业服务作为生产过程中的中间投入。随着消费者——无论是消费者个人或其他企业——逐渐要求训练有素的人员提供更加复杂的服务，这些服务的技术越来越密集。基于计算机、手机和互联网开发的新信息技术使得技术工人可以提供量身定制的服务产品。

---

❿ 对不同部门的就业的影响详见Greenhalgh和Gregory（2000）的研究。

10.5 结　　论

我们在讨论创新、新技术、就业和工资之间的关系时，不得不面对两个世纪前卢德派所抗议的这个痛苦的事实——失业。以及新技术会在为某些工人创造就业的同时，破坏了其他个人的就业机会。在许多领域，工艺创新涉及用机器取代工人和一些技能，从而使劳动力变得多余。不同领域的情况也不同，例如汽车装配领域，机器人可以焊机零件，银行领域，可以从自动取款机取出现金。

然而，创新经济学的主要内容包括降低生产成本，带来更大的变化和质量更好的产品，这些都有助于企业的生存和在市场销售更多的产品。总体来说，工人衍生的需求不会降低，但是工人需求的结构将会彻底改变。在创新的企业，需要不同比例的工人从事服务活动，包括广告，营销和为顾客提供更广泛的商品和服务。同时工人需要设计和开发新的产品和设备，并维护取代了大量工人的新自动化机械。这些结构的变化可以反映在各部门就业平衡的不断变化中，因为企业已经将许多服务需求外包给专业企业，而不是继续内部开展此类服务。

在过去的几年里，发达国家的劳动力需求的主要特征是：相对于非技术工人，技术工人的需求越来越高——这是由多个因素结合在一起所导致的，但是所有因素在某种程度上都与技术有关。工作场所的技能偏向促进了计算机辅助生产技术的发展——无论是制造业还是多种服务业均具有此特点。国际贸易不断扩大和发展加剧了发达国家和新兴国家之间专业化生产的差距。由于每个工人的生产力的提高，GDP 不断增长，奢侈品的支出也开始增长。这一类别包括许多生产技能密集型的高科技产品——因为比起成熟的产品，此类产品能够体现更多的科学技术，因此该产品的生产、分销和服务也需要更多的技术劳动力。不同技能类型工人之间的相对需求的变化——特别是制造业的工作岗位减少和服务业岗位的增加——对教育和职业培训系统产生了压力。

如果供给与需求的新结构不匹配，在美国和英国等工人工资比较灵活的国家，技能偏向导致技术工人的工资增加。在许多欧洲国家，由于很多制度约束工资的变化，相比于技术工人，需求的变化更多地增加了非技术工人的失业率。无论哪种改变都会对非技术工人造成影响。重新参加培训获得当今需求量较高的职业技能是技能较少和技能多余的工人的一个出路。相对工资的增加和不同的失业率表明很少有发达国家可以高效快速地升级它们的劳动力，使之与需求的技能相匹配。

关键词

卢德派　技术变化因素　租金共享　工会与创新　技术变革对和就业的影响　技能偏向性技术变革　Heckscher-Ohlin 和 Samaelson（HOS）贸易模型。

讨论问题

（1）"卢德派"的观点是否正确？
（2）为什么技术性改变是否为要素偏向性是一个重要的问题？
（3）为什么创新对工资和就业的影响难以确定？
（4）工会促进或阻碍（a）创新，（b）采用新工艺和（c）出口？
（5）讨论中国的技术和非技术工人相对工资的趋势。
（6）什么力量可能影响（a）发达国家和发展中国家（b）的相对工资？

参考文献

[1] Autor, D., L. Katz, and A. Krueger. 1998. Computing inequality: have computers changed the labor market? Quarterly Journal of Economics 113: 1169 – 1214.

[2] Autor, D., F. Levy, and R. Murnane. 2003. The skill content of recent technological change: an empirical exploration. Quarterly Journal of Economics 118 (4): 1279 – 1333.

[3] Berman, E., J. Bound, and Z. Griliches. 1994. Changes in the demand for skilled labour within US manufacturing: evidence from the annual survey of manufactures. Quarterly Journal of Economics 109: 367 – 397.

[4] Blanchflower, D., and A. Bryson. 2002. Changes over time in union relative wage effects in the UK and the US revisited. NBER Working Paper 9395.

[5] Booth, A., M. Francesconi, and G. Zoega. 2003. Unions, workrelated training, and wages: evidence for British men. Industrial and Labor Relations Review 57 (1): 68 – 91.

[6] Bosworth, D., P. Dawkins, and T. Stromback. 1996. The Economics of the Labour Market. Harlow, U.K.: Addison – Wesley Longman.

[7] Card, D., and J. DiNardo. 2002. Skill – biased technological change and rising wage inequality: some problems and puzzles. Journal of Labor Economics 20 (4): 733 – 783.

[8] Dowrick, S., and B. Spencer. 1994. Union attitudes to laborsaving new technology: when are unions Luddites? Journal of Labor Economics 12 (2): 316 – 344.

[9] Easterly, W. 2001. The Elusive Quest For Growth: Economists' Adventures and Misadventures in the Tropics. Cambridge, MA: MIT Press.

[10] Entorf, H., and F. Kramarz. 1997. Does unmeasured ability explain the higher wages of new

technology workers? European Economic Review 41 (4): 1489 – 1510.

[11] 1998. The impact of new technologies on wages: lessons from matching panels on employees and on their firms. Economics of Innovation and New Technology 5 (2 – 4): 165 – 198.

[12] Entorf, H., M. Gollac, and F. Kramarz. 1999. New technologies, wages and worker selection. Journal of Labor Economics 17 (3): 464 – 491.

[13] Freeman, R., and J. Medoff. 1979. The two faces of unionism. Public Interest 57 (Fall): 69 – 93.

[14] 1984. What Do Unions Do? New York: Basic Books.

[15] Greenhalgh, C., and M. Gregory. 2000. Labour productivity and product quality: their growth and inter – industry transmission in the UK 1979 – 90. In Productivity, Innovation and Economic Performance (ed. R. Barrell, G. Mason, and M. O'Mahoney). National Institute of Economic and Social Research/ Cambridge University Press.

[16] Greenhalgh, C., and M. Longland. 2001. Intellectual property in UK firms: creating intangible assets and distributing the benefits via wages and jobs. Oxford Bulletin of Economics and Statistics 63: 671 – 696 (Special Issue: The Labour Market Consequences of Technical and Structural Change).

[17] Greenhalgh, C., M. Longland, and D. Bosworth. 2001. Technological activity and employment in a panel of UK firms. Scottish Journal of Political Economy 48 (3): 260 – 282.

[18] Gregory, M., B. Zissimos, and C. Greenhalgh. 2001. Jobs for the skilled: how technology, trade and domestic demand changed the structure of UK employment. Oxford Economic Papers 53 (1): 20 – 46.

[19] Hamermesh, D. 1993. Labour Demand. Princeton University Press.

[20] Harrison, R., J. Jaumendreu, J. Mairesse, and B. Peters. 2008. Does innovation stimulate employment? A firm – level analysis using comparable microdata from four European countries. NBER Working Paper 14216.

[21] Hirsch, B. T. 1991. Labour Unions and the Economic Performance of U. S. Firms. Kalamazoo, MI: Upjohn Institute for Employment Research.

[22] Hirsch, B. T. 2007. What do unions do for economic performance? In What Do Unions Do? A Twenty – Year Perspective (ed. J. T. Bennett and B. E. Kaufman). Piscataway, NJ: Transaction Publishers.

[23] Hornstein, A., P. Krusell, and G. L. Violante. 2005. The effects of technical change on labor market inequalities. InHandbook of Economic Growth (ed. P. Aghion and S. Durlauf), volume 1B. Amsterdam: North – Holland/Elsevier.

[24] Katz, L., and K. Murphy. 1992. Changes in relative wages, 1963 – 87: supply and demand factors. Quarterly Journal of Economics 107: 35 – 78.

[25] Krueger, A. 1993. How computers have changed the wage structure: evidence from micro – data 1984 – 1989. Quarterly Journal of Economics 108 (1): 75 – 98.

[26] Krusell, P., L. Ohanian, J.-V. Rios-Rull, and G. L. Violante. 2000. Capital skill complementarity and inequality: a macroeconomic analysis. Econometrica 68: 1029–1053.

[27] Machin, S. 2001. The changing nature of labour demand in the new economy and skillbiased technical change. Oxford Bulletin of Economics and Statistics 63: 753–76 (Special Issue: The Labour Market Consequences of Technical and Structural Change).

[28] Machin, S., and J. Van Reenen. 1998. Technology and changes in skill structure: evidence from seven OECD countries. Quarterly Journal of Economics 113: 1, 215–44.

[29] Menezes-Filho, N., D. Ulph, and J. Van Reenen. 1998. R&D and unionism: comparative evidence from British companies and establishments. Industrial and Labor Relations Review 52 (1): 45–63.

[30] Metcalf, D. 2003. Unions and productivity, financial performance and investment: international evidence. In International Handbook of Trade Unions (ed. J. T. Addison and C. Schnabel). Cheltenham, U. K.: Edward Elgar.

[31] Nickell, S., and B. Bell. 1995. The collapse in demand for the unskilled and unemployment across the OECD. Oxford Review of Economic Policy 11 (1): 40–62.

[32] Nickell, S., and D. Nicolitsas. 2000. Human capital, investment and innovation: what are the connections? In Productivity, Innovation and Economic Performance (ed. R. Barrell, G. Mason, and M. O'Mahoney). National Institute of Economic and Social Research/Cambridge University Press.

[33] Redding, S. 1996. The low-skill, low-quality trap: strategic complementarities between human capital and R&D. Economic Journal 106: 458–470.

[34] Thompson, E. P. 1968. The Making of the English Working Class. London: V. Gollancz.

[35] Ulph, A., and D. Ulph. 1989. Labour markets and innovation. Journal of the Japanese and International Economies 3: 403–423.

[36] Van Reenen, J. 1996. The creation and capture of rents: wages and innovation in a panel of UK companies. Quarterly Journal of Economics 111 (1): 195–226.

[37] 1997. Employment and technological innovation: evidence from UK manufacturing firms. Journal of Labor Economics 15 (2): 255–284.

[38] Wood, A. 1994. NorthSouth Trade Employment and Inequality. Oxford: Clarendon.

第四部分

经济政策

第 11 章　提升企业水平创新能力的微观经济政策

第 12 章　宏观经济问题和政策

第 *11* 章
提升企业水平创新能力的微观经济政策

11.1 介 绍

本章讨论提升企业创新能力的微观经济政策，主要讨论两个方面：知识产权和研发。这两个方面普遍被认为是创新政策的前沿阵地。简言之，关于知识产权的政策颇具争议。有人说，若专利体系不存在，想要对专利的创造进行证明是非常难的。[1] 该表述总结出，人们缺乏对专利体系和其他知识产权形式的总体效果的了解。然而，政策制定人必须努力揭开某些迫在眉睫的事件以及此类事件是如何与提升创新能力这一更广泛的目标结合在一起的。另外，研发政策也是一个热门话题。越来越多的 OECD 的成员国正在引入研发税务补贴，在国家之间开展竞争，为研发提供最佳的发展场所。但是获得研发批准以及资助基本研究已经经历了一段很长的时间。本章对旨在鼓励企业研发投入的政策证据进行了回顾。知识产权和研发这两个主要话题占据本章绝大部分的内容。但是第 11.4 节对影响创新的其他相关政策进行了简要的梳理，例如大学、SME 政策、竞争政策、标准和获取。

11.2 知识产权体系有用吗？

这是一个很难回答的问题，每个人不同的见解。本节对各种知识产权类型进行了概述。

在开始部分我们讨论美国的专利体系，这是一个很合理的引入点。1965~

---

[1] 见 Hall（2007）文中对 Penrose（1951）的引用。

1985 年，美国每年授权专利的数量在 1979 年最少，为 52412 件，在 1971 年最多，为 81790 件。自那时起专利颁发数量迅速增长，在 2008 年达到 82901 件。❷ 众多行业中，专利申请量增长最快的有生物技术和电子产业。同时软件和商业方法行业也助长了新专利的申请量。下面是两个相关的问题：

（a）是什么引起了如此迅速的增长现象，具体来说，政策是否起到了作用？

（b）专利申请迅速增长是否有助于创新和生产率的提高？

是什么引起美国专利的迅速增长？

关于专利迅速增长的问题是很重要的。原因可能是专利增加仅仅反映出创新和研发水平的提高，但是这一观点暗示了专利体系没有起到鼓励研发和创新的作用。然而很多评论家指出一系列的政策和法律修订引发了美国专利体系的重大变革，他们指出正是由于这类变革奠定了专利的迅速增长。自 20 世纪 80 年代开始，美国联邦最高法院逐步拓宽专利的行业保护范围，例如生物技术、软件、商业方法和科学研究方法（见 Hali，2007）。同时自 1980 年拜杜法案的颁布，❸ 众多大学也更积极地加入申请专利行列中去（1982 年美国成立美国联邦巡回上诉法院解决一系列专利侵权和效力案件）❹ 从而加强了对专利持有人权利的保护。在 1984 年药物价格竞争和专利修正法案的颁布使得申请批准专利药物的企业可以额外获得 5 年的专利保护期。在 20 世纪 90 年代早期，美国专利商标局（USPTO）是一个盈利能力很强的机构。很多人争论说，该现象使得 USPTO 热衷于审批更多的专利和减少审核的费用。在 1994 年美国增加了专利的保护期限，在遵守 TRIPS 最低标准的前提下从 7 年增加到 12 年。同时信息技术的发展使得信息搜索更快、更强，因此降低了使用专利体系的成本。

那么这一系列的政策和法律修订是否促进了美国专利的发展呢？Kortum 和 Lerner（1998）对截止到 1995 年的专利申请情况进行了分析。首先他们注意到除了生物科技和软件行业，仍然有 90% 的专利增长难以解释。其次他们提出"法院友好"假设（例如新的上诉法院倾向于保护专利所有人）本应该

---

❷ 美国专利商标局（www.uspto.gov/web/offices/ac/ido/oeip/taf/reports.htm）集中体现了美国的案例，但是专利数量的增加也同样体现在欧洲专利局，从 1985~2005 年增长为三倍（见 Hall（2007）和反映其他国家数据的表格 3.1）。

❸ 拜杜法案允许那些依靠使用联邦基金研究项目中所获取的科学进步的大学，可以直接申请专利（并实施授权行为）。见该法案第 4.5 部分。

❹ 在 1982~1990 年，大约有 90% 的专利为有效的，且在侵权发生时，专利权在诉讼中能够得到支持，而在 1953~1978 年，这一比例是 63%（Gallini，2002，第 134 页）。

也同时促进了外来专利的增长。❺ 他们在考察了法国、德国、英国在美国进行专利申请的情况后，提出该现象并没有发生，而将这两种可能性排除出去后，他们把关注点放在了"技术机遇"的解释上：也许把更好的机遇与更好的研究和知识产权管理结合起来才是主要的原因。然而 Hall 和 Ziedonis（2001）发现至少在半导体行业可以支持政策和法律修订可以促进专利增长这一观点。❻ Jaffe 和 Lerner（2004）以及 Bessen 和 Meurer（2008）近期文献中作出的总结（下文会进行讨论）也强烈认为专利的迅速增长是由政策引导的。

美国专利的迅速增长是否有利于创新和发展？

关于问题（b）鉴于有证据指出专利爆炸性的增长与政策相关而非单纯在经济上反映出与技术或研究相关的变化。专利增长是否有助于创新和发展这个问题可能看起来是一个奇怪的问题，但是该问题在美国引起了人们的热烈讨论。❼ 虽然有某些研究涉及这一头疼的问题，但是此类研究没有得出一致的结论。在此我们对关键事情进行了总结。

第 3 章指出创新的主要指标为研发经费，表 3.2 表明，美国研发占 GDP 的比例于 2003 年为 2.76%。在 1986~2006 年，在美国的研发强度十分稳定，但是在 1994 年强度降低。

因此没有证据可以表明专利的迅速增长与研发投入加大相关。表 3.4 也表示了美国每小时 GDP 增长率在 1995~2005 年是增长的，这一结果引发了人们的诸多讨论。若存在 GDP 增长，那么在 1990 年多少 GDP 增长率是与专利的增长相关的？这一问题的答案无从得知。实际上，专利、创新和发展之间的关系颇具争议（该问题可以在第 12 章得到回顾，在第 12 章中我们可以查看一些跨国方面的证明）。即使我们很难对专利、创新和发展的关系进行评估，那么我们是否有理由来认为这一关系是有害的呢？该问题已经在本书中得到了讨论，特别是第 6 章，但是我们在这里重新提出该问题并延伸讨论的范围。有 4 个方面值得我们关注：

（1）制定战略使用专利可以减少竞争。专利可能增加进入的难度和提高

---

❺ 上述援引了 USPTO 的数据显示，从 20 世纪 60 年代开始，在美国的国外专利占比从 20% 激增到 50%。这一现象印证了 Kortum 和 Lerner 的论述。

❻ Hall（2005）认为美国的专利增长机构变革始于 1984 年，而这正是来自计算机、电学、电子、机械化和通信领域的专利。

❼ 这一争论所带来的结果之一就是美国在 2007 年颁布的专利改革法案，旨在优化专利体系的作用。众议院于 2007 年 9 月通过这一法案，但是参议院却没有通过。新的 2009 版专利改革法案是 2009 年 3 月才由参议院和众议院达成共识的版本。截至本书出版之期尚未实行。

现有或新企业的生产成本,所谓的"专利丛"就是一个例子(见第6.4节和第6.6节)。

(2)专利会阻碍创新的连续发展。一个企业所持有的专利会增加其他企业研究开发的成本,接着会影响到下一代的创新。若出现"连续创新",即某项在以前的创新基础之上进行的创新,但是创新又要求对研究方法申请专利时,这一点更加明显。

(3)专利体系对小型企业和创业企业有着不好的影响。(1)和(2)都会对小型企业和创业企业造成不利影响。此外,监管、获得和维护专利的高额费用也会产生问题(见第6.5节)。

(4)专利竞争效率低下。专利会导致过度的竞争以及不必要的研发支出(见第6.2节)。同时还有称为"公共池问题"出现,意为为了获奖而进行的过度竞争。

在此类案例中都讨论了专利可能出现的有害影响。Jaffe 和 Lerner(2004)进一步展开讨论,在他们的书《创新和不满:我们残破的专利系统是如何危及创新和发展的以及我们应该对此做些什么》中争论说专利体系抑制创新并总结了他们的意见。他们在书中主要关注了3个方面问题:

专利质量低下。美国为毫无新意的老发明颁发太多的专利,这会影响专利系统,甚至会降低新颖特别的专利的价值。❽

高度不确定性。这一点不仅与以上方面相关,也与作出了大量判决的诉讼体系和企业使用专利的战略相关。❾

高额成本。这是一个 USPTO 和专利体系用户共同遇到的问题。每年专利体系的总成本为数十亿美元,当所有的企业都是勉强维持这一体系时就会出现所谓的"军事竞赛"的现象。❿

Bessen 和 Meurer(2008)也提出美国专利系统是失败的。他们研究的方

---

❽ 他们的著作罗列了许多不同形式的垃圾专利,比如"在秋千上使用秋千的方法"和"密封无边三明治"。

❾ 在美国专利纠纷案件从 1991 年的每年 1250 件上升到 2001 年的 2500 件,也有越来越多的专利纠纷案件在获取法庭判决之前就已经不复存在了(Jaff 和 Lerner, 2004, 第 14-123 页)。比如一个与 Rambus(一家存储芯片设计公司)相关的诉讼。它于 1990 年提交的专利被用来主张其在芯片领域的权利。但是芯片技术的发展已经使 Rambus 公司试图对其最初的申请进行更改。在 20 世纪 90 年代,Rambus 公司通过一系列的案件来起诉他人的侵犯专利权的行为,到了 2001 年,法官拒绝受理 Rambus 的起诉,认为:"Rambus 公司知道,或应当知道,它的专利诉讼案件的基础已经不复存在了,这些案件是不值得被司法审判的,而且是些无意义的诉讼。"(Jeff 和 Lerner, 2004, 第 72-86 页)

❿ 对于这一观点,一个典型的例子来自《Rembrandts in the Attic》这部著作,书中鼓励企业去寻找和开发更多新的知识产权(Rivette 和 Kline, 1999)。

法是考虑专利体系是否有助于企业发展这一基本问题（例如他们调查私有价值而不尝试去评估更为复杂的社会价值）。他们发现美国化学医药企业有着净收益，但是所有其他行业的企业却有着净成本（特别是自 1994 年开始）。简而言之，他们提出现在与诉讼相关的和努力规避诉讼的成本比收益高太多。他们说，例如软件专利诉讼几乎是所有类型专利平均值的两倍。更值得注意的是，在美国大约 11 项商业方法专利以诉讼收场（Bessen 和 Meurer，2008，第 191 页）。

过去 20 年左右，美国专利系统的发展有助于我们了解其所发挥的功能。有学者提出美国专利体系表现不佳，对此有证据可以证明，但是在其他国家并没有找到多少有关这方面的证据。布兰施泰特检验了两篇对日本专利情况的研究——该国在 20 世纪八九十年代加强了专利系统的保护——但是并没有发现该措施增加了企业研发投入，尽管他们强调在这一时期日本企业还面临其他一些问题（例如需求增长缓慢、无法开展多样化研发等）。与美国的情况相反，英国大型企业开展的专利活动处于停滞或下滑状态，这就产生了这么一个疑问——英国企业是否表现不佳？（Rogers 等，2007）

专利政策的选择

政策制定者很有兴趣确认专利体系是否为经济和社会创造了最好的结果。最近美国有争论指出其专利体系表现不佳。在美国有人提出了很多变革和调整的意见，普遍来讲，专利体系很多地方需要改进。即使国家已经加入 TRIPS，这也是该国需要面临的一个问题。因为该体系在许多领域（例如保护范围）仅达到最低的标准，其并没有表现出专利体系的所有方面。表 11.1 中给出了可以采用的政策清单以及关于政策的一些评论和例子。

许可和技术市场的作用

关于知识产权体系运行的争议中最关键的主题就是许可的作用。若企业和发明者可以迅速发现相关的专利，之后以合理的价格将专利许可转让出去，那么就可以减少很多批评。有两种基本类型的企业对许可很感兴趣，区分它们是很有用的。首先企业希望对生产进行许可，甚至某些企业可能是许可方的直接竞争者。其次发明者希望许可生产技术或工艺来支持他们的创新活动。如今发明者可能依赖先前的发明，这一事实在某些时候被称为连续创新或积累创新，或者更普遍地来讲，"站在他人的肩膀上"。

对希望革新的企业而言，它们会考虑在相关领域采用其他公司的专利技术。若获得所需许可的复杂性和成本以及可能遭到起诉的风险非常高，那么就会阻碍创新。Bessen 和 Meurer（2008，第 8 页）说到一家企业如果考虑在美国进行网络销售的话，很有可能对 11000 项专利进行了侵权。潜在的发明家不一定是专利持有人的竞争者，但是他们进入市场会受到阻碍或遭遇拦截。若企业为潜在的竞争者，那么许可持有人可以阻拦其进入市场（虽然此类行为可能违反了反托拉斯法：见第 6.4 节和第 11.4 节）。若涉及专利和许可的特定研究工具费用很高，那么专利也可能阻碍基本的研究活动。⓫ 另外，技术市场对促进研发有一定的潜在作用，能够鼓励企业从事专业化的研究。Both Arora 和 Fosfuri（2000）在化学产业和 Hall 和 Ziedonis（2001）对半导体领域的研究发现，授权许可的行为促进了企业研究的专业化和更多的企业整合。

表 11.1　专利政策相关案例

知识产权政策	内容
专利保险	鼓励或提供专利保险已经被广泛关注了很多年。对中小企业来说特别有益，它可以减轻对诉讼的担忧。欧洲委员会的报告得出结论，尽管公司有需求（CJA Consultants Ltd，2003，2006），保险市场还没有成功的例子。一般来说，当缺乏关于风险和逆向选择问题的信息时，保险市场就会受到限制。因此，强制保险计划可能是唯一的选择，它可以避免逆向选择
争议解决	各知识产权局能够提供关于知识产权争议的独立意见和调解服务（例如，英国知识产权局的专利调解服务）。这样做是为了避免诉讼，从而降低成本
延长保护期	应该鼓励更多地使用知识产权，这样可以增加创新。美国在 1994 年将其专利期限从 17 年增加到 20 年。它在 1998 年也将版权期限增加了 20 年，即作者一生及死后 70 年。需要说明的是，TRIPS 仅规定了知识产权保护的最低期限
实施	大多数人最关心版权和商标侵权（伪造）问题。政府可以增加监察和打击此类行为的资源
范围/宽度	立法或法律规定可以变更知识产权的范围或宽度。Sakakibara 和 Branstclter（1999）对 1988 年日本专利范围的增加进行了分析，发现其对研究开发活动几乎没有影响
"非显而易见性"或"创造性"	"非显而易见性"（美国专利法中的术语）或"创造性"（欧洲的用法）的概念，是指专利发明对于本领域相关技术人员来说并不是显而易见的（例如它不应该是现有技术的组合）。改变专利创造性的标准（或授权商标或外观设计的标准）将改变公开专利的数据，反过来，也将改变企业申请专利的动力。见 Eneaoua 等（2006）的讨论

⓫ 考虑到生物医药领域专利与授权情况发生的变化，Walsh 等（2003）认为"对药品的研究基本上不受这些变化的影响"（第 285 页）。

第 11 章 提升企业水平创新能力的微观经济政策

续表

知识产权政策	内容
异议或再审机制	EPO 实施的是专利异议体系，而 USPTO 实施的是专利再审体系。两种体系都可以在"第二阶段"审核专利的质量。Graham 等（2002）认为 EPO 的体系可能比美国的体系使用次数超过 30 倍之多。改变此类体系的机制将改变专利的质量，同时也会体现企业的专利申请策略
获得和维持专利权成本	专利和商标的申请和维持费用成本会对申请数量和知识产权的积累产生影响。通常，多数国家采取较低的申请费用来鼓励申请。很多国家申请数量的快速增加导致某些人开始有兴趣分析如何设定最适宜的费用（例如，Gans 等，2004；Baudry 和 Dumont，2006）
实用新型	TRIPS 允许各国选择实用新型。实用新型通常指专利和外观设计的交叉（见第 2.5 节）。实用新型是帮助微企业和新企业的一种方式。IP Australia（2005）提到，澳大利亚的"创新专利"已经可以满足鼓励中小企业（SME）使用知识产权系统的目标
教育和拓展活动	告诉企业，特别是中小企业（SME）关于知识产权的好处。法国知识产权局的 IP Genesis 对不使用知识产权系统的 SME 提供了免费的知识产权课程

专利的复杂性会使创新减少，但其专业化又会增加研发的效率，这两个相反的效果暗示了专利系统的整体效应依赖于技术市场的功能。因此政策制定者面临的问题是诸如加强专利体系的问题，若技术市场没有进行完善，此类问题可能产生负面效应。由于缺乏关于专利所有人和被许可方的信息且交易和法律费用高，要加强专利保护力度只会使局面变得更糟。因此正如所预料的一样，广义来说，专利政策是与创新政策结合在一起的，即与第 4 章讨论的"国家创新系统"的概念结合起来。

知识产权办公室：延迟和反对

近年来，USPTO 的专利申请速度增长很快，这对专利体系特别是审核过程造成了压力。专利审查人员的主要职责是评估申请专利的新颖性和创造性。之所以这样做，主要是检索与专利申请相关的所有知识是否与现有的专利、出版物、书籍、论文或类似物项有相似之处。申请数量增大，加上专利申请的范围和复杂程度加强，意味着除非全部用在审核流程上的资源能够与时俱进，否则审核的难度会越来越大。[12] 例如，在 2002 年和 2007 年，USPTO 积压的专利申请增长了 73%，可以预计其无法雇用充足的审核人员来减少积压的申请量。要解决积压的申请量以及寻找在总体上可以改善审核系统的方法需尝试评估先前技术的新方法。[13] 商标申请数量的增加引起的担忧反而较少，至少在学术和政策讨论上是这样的。部分原因是商标申请不需要审核创新性和新颖性，因此大体上是简短的文件申请。此外，某些监管流程可以通过相反流程放到其他流程上。

版权是否有用？

1790 年美国首部版权法规定首次申请可获得 14 年的版权期限，更新版权时可获得同等年限的期限。[14] 美国于 1831 年修订版权法，版权期限增加到 28 年，更新时增加 14 年；1909 年修订时则为更新版权时增加 28 年；1962 年修订时则为更新版权时增加 47 年；1976 年修订时，版权年限为作者终身的生命年限加上 50 年；1998 年版权期限为作者终生及死后 70 年。其他国家在缓慢地加强版权保护方面，有着类似的模式。[15] 目前世界贸易组织的成员必须遵守 TRIPS 规定，该规定列明了版权期限至少为作者的有生之年加上 70 年。值得提出的是，在许多 OECD 国家，版权产业占据 GDP 的份额越来越重。[16]

版权保护范围扩大在政策上是一个备受争议的地方。与专利 20 年的期限相比，版权的保护期限看起来过长。需要记住的是，版权能够保护思想的表达而非思想本身，这点则不适用于发明。这意味着版权只能提供非常狭隘的保护范围，而专利可以获得更大的保护范围。即便如此，版权的保护期限长，保护范围逐步加大，这仍然备受争议。从经济观点上看，政策应该在（额外一年的保护）从带来的消费者福利损失和发明者权利的影响之间取得平衡。[17] 尤其

---

[12] 体现申请量剧增的方式之一是考察申请量的平均值。Guellec 和 van Pottelsberghe（2007，第 7 章）提到，2005 年欧盟的专利申请是 1980 年的两倍；Hall（2007）指出日本的情况是 2003 年申请立案时（1990 年）的 3 倍。申请专利的时间也长了很多，尤其现在许多专利的描述会有上千页长。Guelleche van Pottelsberghe（2007，第 7 章）对比欧洲专利局和 USPTO 的数据发现，每位审查员审查案件的数量是美国的 2 倍。

[13] 例如 USPTO 和英国知识产权局曾使用 "Peer To Patent" 体系，邀请从业者和研究人员对专利的申请给出判断（经济学人，2007 年 9 月 8 日，第 25－26 页）。

[14] 此处相对于英国 1710 年安娜法案颁布的日期而言的。

[15] 可以参考第 2.6 节中的论述。版权的保护长度取决于作品的类型（比如音乐、电影和书籍），同时也要考虑该作品是否为"劳务作品"（比如，当电影公司聘请作家写剧本，而电影公司本身享有该作品的版权）。

[16] 版权相关产业在美国 GDP 占比约为 6%，在英国约为 7.3%（WIPO，2005；英国财政部）。

[17] 详见 Corrigan 和 Rogers（2005）关于版权经济的详细解释。

第11章 提升企业水平创新能力的微观经济政策

是后一点特别重要,因为大多数发明者的灵感来自一些普通的想法,或者说是对这些想法的再利用或再组合。相反,延长版权期限,即从100年增加到101年,几乎不能带来额外的经济刺激。[18] 一般来说,这样延长版权期限的经济方法是被人们忽视的。美国1998年对现行的创造性作品(大多数作品许多年前就已被创造出来)延长了版权期限,这样在本质上就可以进行追溯,这是能够反映上述现象最明显的案例。可是显而易见,因为作品已经被创作出来,不可能带来诱因效应(Akerlof等,2002)。相反,增加版权期限的决定常常伴随着关于平等、养老收入和支持企业的争议。[19]

在创新性行业对支持企业和创新者的讨论一般与版权侵权直接相关。版权侵权一般指盗版。虽然近期版权技术发展(复印机、计算机、互联网、分享软件)拓展了技术范围,但是盗版一直以来是个大问题——例如查尔斯·狄更斯开展活动反对美国书籍出版商直接抄袭他在19世纪的作品。虽然如此,该问题不仅是多少盗版版本被制作出来,而是政策上来看,是否创作者或作家会因为盗版而降低了创作动机。由此我们引出了这么一个问题:由于盗版版本可以替代原版,原版的生产和销售量是否减少或(当盗版版本作为补充手段获取新的读者时)原版是否仍可以保持不变。[20] 对于侵权政策应尽可能改进执行力而非增加版权保护期限,有关工作已经正在开展。当局面对的问题之一就是侵权问题已经升级到国际层面上,因此需要开展国家之间的合作(见第12章)。

在发达经济体中,版权的重要性日益增强,加上保护期限的增加,因此需要加大执行力度来降低版权保护力度。Lessig(2002,2004)和Boyle(2003)都支持这样一个观点:知识产权在总体上抑制创新和创造性,版权尤其如此。"反公共地的悲剧"这一短语,用来描述反对"有很多的社会公共知识被人以知识产权的方式独占",因为这抑制了新知识的创造。[21] 尽管有关于该问题的论述以及许多相关的传闻,但是很难找到有关版权对经济发展的总体效应实证性的证据。正如Corrigan和Rogers(2005)所指出的,现在非常需要对此类问

---

[18] 经济动机是根据第101年所产生的多出来的经济利益的结果来测量的。1美元的现值在第101年的时候,使用的是$1/(1+r)^{101}$,r是贴现率,当$r=0.05$(5%)时,结果是0.007美元;见附录A.2。也有其他问题超出了大部分人的想象。

[19] 例如,2008年欧盟指令在将对表演者和录音制品的保护期限从原本的50年延长到了95年,这为表演者获取更多的收入,并且给拥有这些权利的企业带来更多的利润,这也鼓励它们增加投资并且"适应飞速变化的商业环境"(Press Release IP/08/1156/,欧盟,布鲁塞尔)。

[20] 应该明确的是,排除复制音乐可能的方式,很多消费者确实是购买了歌曲的复制品(如在iTunes平台上的交易)。这种现象的原因包括便捷性,以及对正版使用的公平意识。

[21] 例如,一个现象就是"没有人能够对迪士尼作出像迪士尼对格林兄弟和维克多雨果所做的事"。

题作进一步的分析。

随着版权保护范围的扩大，新创造者和用户需要知道他们是否侵权，同时需要了解获取许可的可能性并遵照这一目标执行。由于没有强制性要求对版权进行注册，因此版权发展受到了抑制。《伯尔尼公约》明确禁止强制注册版权的行为（见第 2.6 节）。由于该情况，找到版权所有人非常困难，Varian（2006）提供了一项概述和经济分析，因为版权所有人和潜在用户都没有充足的动力来搜索另一方，因此在市场上注定失败。这意味着政策有着鼓励所有人注册版权和确保制定相关法律的作用。无法将与该流程相关的成本降至最低，将会对创造性活动产生影响。[22]

通过介绍谷歌图书馆和谷歌出版计划，可以了解相关议题的政策制定。自 2005 年谷歌图书馆已经扫描和编入上百万本来自世界主要图书馆的图书。对于没有版权的图书，该图书的全部文本当然可以使用。对于有版权的图书，仅可以使用小部分授权的部分。为什么谷歌对有版权的图书进行扫描然后提供这种服务呢？他们争论说，在美国版权法的公平使用条款下这是被允许的（在英国称为"公平交易"）。这允许该图书的小部分内容可以运用到教育、报告、研究或诙谐文上。谷歌出版计划在近期获得了出版商的允许对出版的图书进行扫描并编入图书馆，允许人们观看一些页面。因为其可以允许人们观看"样本"，增加图书销量，因此出版商很乐意这么做。这两个例子体现了低成本的搜索方法以及法律体系可以激励建立数据库，这很有可能改善社会福利。

我们是否真的需要专利和版权？

Boldrin 和 Levine（2002）相信专利或版权最理想的保护期限为 0，这反映出一种很早之前就出现的和目前不断增加的对引入知识产权体系必要性的疑虑。在 19 世纪中期，在欧洲出现有关专利的争议，批判专利体系会降低经济效率，其被认为没有必要通过此种方式创造动因来鼓励创新。该争议引起荷兰人于 1869 年废除了他们的专利体系并延后了德国（1877）和瑞典（1888）专利体系的引入（见 Guellec 和 van Pottelsberghe，2007）。

Boldrin 和 Levine（2002）在最近对一项发明进入市场时首次销售权和由于知识产权持续保护导致的知识产权许可下降的不同点进行了分析。他们认为可以拥有首次销售权，但是没必要进行第二次授权。他们认为发明者在不需要持续保护（持续保护造成很多扭曲现象，引发福利损失）的情况下将发明产

---

[22] 美国近期在讨论孤儿作品法案（www.copyright.gov/orphan/）。在英国，Gowers（财政部，2006）也在关注版权注册的必要性问题。

品带入市场可以获得不错的利润。

他们的模型依赖于发明者从产品首次销售获得的大量收入。在许多科学发明领域，这看起来不现实，例如在制药行业，主要发明的方法可能比产品首次进入市场的时间早 10 年，甚至更长，这是因为该领域对产品的测试很严格。因而在这种情况下，首次销售的只能是有关产品化学结构或制造方法的知识，但是这些知识可能在测试中泄露出去。

更一般地来说，知识型发明很难在于展示其性质的前提下估算其价值，但是一旦展示该方面知识，那么在没有知识产权的保护下，没有人会出价。Encaoua 等（2006）对 Boldrin 和 Levine 的研究进行了批判，但是这些学者也告诉我们，企业总是选择通过保密方式来保护它们的发明而非选择专利。当知识产权作用减弱时，企业可以选择商业秘密法以减缓对手通过反向工程的方式获取研究成果的过程，这样就可以避免申请专利时泄露其成果。第 6 章表明实际上商业秘密作为一种专属手段评价比专利更高（见图 6.1）。

该争论的另一个例子是关于首次销售音乐或书籍的版权，在该例子中买方付钱来获得复制和销售歌曲的权利。对该方面的分析，可以查看 Liebowitz（1985）关于将杂志出售给图书馆以及获得的复印权分析。因为之后复印书籍的价格明确且受到控制，在向图书馆销售期刊时可以看到期刊定价可以定得很高。与之相反的是，通过今天的技术在互联网销售音乐可以使任何人进行复制和分发，使得首次销售的利润非常小。

Dosi 等（2006）对标准观点——知识产权的引入是因为依靠市场本身无法促使新知识的产生——进行了质疑。他们做出三点批判：首先，市场并非只是分配资源的工具，还是生产和测试创新动力的工具（虽然并非完美）；其次，市场的良好运行需要一整套非市场机构的引入和支持，例如公共科学委员会；最后，某种知识信息的识别是误导人的，该识别忽略了产生有用信息的过程且包括默认的信息。Nelson（2006）警示说，在知识产权设计上企业利益和公众利益之间并不总是对立的。他引出多个例子表明制药和软件行业的生产商可以倾向于知识产权系统，该系统不会通过对使用其他技术加收高额费用来阻碍创新进程。

商标有用吗？

对于拥有商标的基本争议为他们是否可以解决卖方和买方之间的潜在信息不对称的问题。企业可以使用商标来标示其产品或服务拥有特定和始终如一的品质。这可以减少顾客的搜索成本而且企业和顾客可以同时获益。第 2 章和第 6 章也提出其基本的作用是与创新联系起来。没有商标或与不公平竞争相关的法律，竞争者会使用同一名称、标志和包装模仿产品或服务，这样就会快速消除用于质量提升投资的激励。正式的商标注册系统是为了减少无意的模仿行为以及阻止故意模仿行为（伪造）。因为注册后可以被搜索到，且在需要的情况下可以在法律案件中提供证明。[23] 同时商标可以鼓励企业维持好的产品质量，因为稍有偏差会使顾客与生产企业建立即时且直接的联系（例如产品召回、健康或安全担忧）。此外，商标可以为组织生产方式提供更大的灵活性。例如，食品和饮品行业的连锁。上游企业（特许授予者）专注于营销和创新，而下游企业（特许受让者）专注于提供食物和饮品。[24]

对此提出的第一个问题是：为什么今年在某些国家有如此多的商标进行注册（见图3.2）？可能存在的原因很多，包括创新加强、信息不对称增多、允许的商标类型拓展（例如颜色、气味、音乐、形状）、倾向于更高强度商标领域的经济活动改变以及促使对现存标志进行注册的管理"风格"的改变。将此类因素分开并不是很简单的事。商标在服务领域被广泛使用，同时服务经济活动出现变动，但是某些研究已经发现制造行业商标密集度更高（Greenhalgh 和 Rogers，2008）。正如上述所论，虽然商标发展和专利活动出现上升趋势，但是很难证明这是创新发展的结果。对商标发展原因进行分析会受到限制，（我们目前知道）仅有两项研究分析了（澳大利亚的）商标发展，该研究总结出上述因素中的很多因素似乎奏效（Loundes 和 Rogers，2003；Jensen 和 Webster，2004）。

以下问题是关于商标的快速发展对社会有益还是对社会有害。在第6章有证据可以证明商标可以提升企业的外在形象。这很重要，但是可以的话，我们希望可以知道更多。例如可能是因为商标可以帮助大型现有企业但是会对新企业或处于劣势地位的小型企业造成阻碍。商标之所以会表现出这样的情形，原因很多。第一，商标支持品牌差异战略，该战略被称为可以抑制新企业进入市场的能力。[25] 该观点认为，现有企业会将市场分成许多不同的下级市场，意味着新企业很难获得市场份额。第二，现有企业可以尝试获得最好标志的商标用在市场战略上，即通常的"银行"商标。一般是不允许使用该商标的，但是我们下文中会进一步进行讨论。第三，现有企业可以驳回新企业申请商标来尝

---

[23] 在所有的经济环境中都存在"不正当竞争"，在判例法系中，通常有对未注册商标的保护。不正当竞争（在美国叫作"palming of"，在英国叫作"passing off"）发生在竞争对手，故意或非故意地，将自己的产品与其他产品相混淆。这种侵权范围比商标侵权更为广泛，比如使用相同的宣传手段或者是营销方式。这意味着我们经常会见到不正当竞争和商标侵权的法律纠纷的发生（见Jacob等，2004）。

[24] 可见 Landes 和 Posner（2003）以及 Economides（1998）关于商标的经济作用的论述。

[25] 最早的研究可见 Schmalensee（1978）关于早餐麦片市场的论述。

第 11 章　提升企业水平创新能力的微观经济政策

试和变更它们的战略（见表 6.3）。这些战略都可以用来对抗现有的竞争者而不仅仅是进入市场的新企业。那么是否有证据表明这些活动确实发生呢？

对于所有商标支持品牌差异的程度，反过来讲，其在多个行业的经济重要程度还无从得知。[26] 对于"银行"商标我们了解得较多。根据美国商标法，若在 6 个月内"有意向使用商标"才可以签发商标，因此通过银行未使用的商标来打击竞争者可能是违法的。在日本，没有使用的商标超过 3 年就应被撤销。但是 1996 年的调查发现，32% 日本注册商标都从未使用过，导致了其商标系统的紧缩（landes 和 Posner，2003，第 180 页）。欧洲共同体的商标必须在注册 5 年内使用，否则会被撤销。总而言之，根据上述事实得出，特别是在欧洲对"银行"存在某些限制范围，但是我们清楚法律系统认可该范围并旨在阻止"银行"商标。域名囤积者注册了大量的网络域名，旨在今后对企业收取费用。1999 年，美国反域名囤积消费者保护法明令禁止此类行为。

此外，其他论述与反对系统相关。在商标申请的某个阶段会下达公共通知（出版）以作出反对决定。[27] 对于社区商标会给出 3 个月的异议期，在 1996～2004 年，17% 的商标出版都被反对。[28] Von Graevenitz（2008）发现某些企业积极保护它们的商标组合而闻名，但是并不清楚保护商标组合是如何影响企业表现，更不用说市场进入和竞争。但是情况似乎是这样的：企业在战略上使用反对流程不仅是为了抵御竞争者的商标同时也为了影响它们商标的性质和范围（见第 6 章）。

此外还有一系列观点涉及品牌和诱导性广告中提到的商标的作用。总而言之，某些人认为企业通过复杂的广告和营销技巧来开发客户，若广告水平高会导致社会福利的损失。这种情况得到了认可和重视，例如，香烟和酒精广告是要遵守相关规定的。同样的，通常对于广告的准确性和性质也有标准。对此类观点进行全面讨论不属于本书的讨论范围，但是在任何情况下，与商标活动的联系是相对较弱的。

11.3　激励机制对公司水平的研发的促进

我们在第 5 章的研究讨论显示，研发的个人收益通常是"很高"的（比

---

[26] 相对于跨产业影响的研究，近年来，行业协会更关注不同产业的独立研究。
[27] 在英国，商标的公开是在提交申请后 3 个月，这 3 个月为异议期。在美国，异议期为 30 天。
[28] Von Graevenitz（2008）对美国商标进行相同的计算结果是 6%。关于商标异议的规则和法律体系在不同的国家各不相同。

如，针对特定项目的投资所获取的典型的最低资本回报率)。那么，为什么政府会决定给予从事研发的公司以税收上的激励呢？答案就是（正如在表1.6中所暗示的）社会资源的投资回报通常被认为是超出个人回报的，因此，政府希望能够通过鼓励更多的私人研发，因为这更有利于将创新与经济增长紧密结合起来。㉙ 有非常多的方式，可以实现刺激私人研发投入，包括税收激励，直接的政府津贴或拨款，或者是鼓励合资。下面对上述途径进行了概括和讨论。

研发税收激励

研发税收激励和OECD国家相关。2002年显示，18个OECD国家使用了一些研发税收激励政策——包括美国、法国、日本和英国。两种主要的税收激励政策是"持平的"或者是"增量的"。㉚ "持平的"或者是"增量的"政策设计是针对研发总投入上的税收的减缓（尽管会有很多严苛的限制）。"增量的"政策是给予那些在基础指标上进一步增加研发投入的税收减缓。可以从许多种方式计算出基础指标，比如研发投入在过去3年以内的平均值，但是核心的因素是增加研发支出。"增量的"政策设计避免了这个问题——取决于准确的参考基础指标是如何计算并且更新的——会导致建立一些对企业而言非常复杂的甚至是消极的所谓的激励机制（见Bloom等，2001）。这意味着，如果基础指标仅仅是参照上一年度的研发的话，公司会发现增加研发就会降低未来的税务支出（因为基础年份的支出在增加），这使得很多国家更乐于选择"持平的"政策机制，或者在可能的情况下是"持平的"和"增量的"两种机制的组合。

在2000年，英国对税收激励政策做了较为全面的改变，即针对中小型企业引入"应纳税减免"的政策。允许中小型企业抵扣150%的研发费用，前提是研发达到相应标准。此外，如果中小企业未实现盈利，可以现金的形式对24%的研发费进行转让。这个例子显示税收减免如何针对特定企业，以及税收优惠方案如何与融资相结合。研发费的税收减免在2002年扩大到了大型企业。（但是按照125%计）相反，美国1981年颁布了一个基于过去3年的数据增量的税收减免政策。颁布这一政策的主要原因是美国害怕其国内的研发和创新方面落后于其他国家，尤其是日本。1981年美国研发费的税收减免成功促进了

㉙ 第5章中简要讨论了关于社会回报的实验证据。Nadiri（1993，摘要）认为，"这些证据证明了大量的研发溢出效应既影响着公司，也影响了企业；在不同的产业里，研发的社会回报率从20%～100%不等。"

㉚ 更准确的表述是，税务激励政策既可以是"应纳税减免"，即当研发支出的比例可以从应纳税中给以减免，也可以是"应纳税收入抵扣"，即将用于研发的不同支出在应纳税所得中提前扣除。

第11章 提升企业水平创新能力的微观经济政策

商业研发吗？Hall 提供了详细的评估，事实上，很难找到答案。她发现税收优惠每年刺激了大概20亿美元的额外研发费，并且有伴随着约10亿美元的税收收入的损失。

总而言之，不同国家的研发税收激励政策所带来的影响的证据显示，这些政策确实促进了研发。Hall 和 Ban Reenen（2000）对这些证据进行了详细的研究，发现总体而言，每1美元的研发投入就会发生1美元的税收减免。对于研发支出的增加现象的认识是有意义的，理论上这有助于人们对"因研发的增加而带来了相应社会回报"这一论述的理解。预测显示，研发的社会回报率是很高的。尽管，更多的税收增加的信息可能更有参考价值。例如，Tassey（2007）发现，在对产业进行的基础研究中，研发与税收的关系是非常紧密的——该基础研究关注的是美国1981年税收的减免是为了增加研发（例如，研究发现，美国研发的增加比其他方面的发展要先行一步）。由于一些研究发现这些基础领域的报告显示了很高的社会价值，从而带来了更多的对美国税收减免政策的正面评价。

另一个重要的问题是企业针对税务激励政策时在研发支出中的反应。用一种化繁为简的方式来理解这个问题，那就是假设科学家和工程师负责所有的研发工作，而没有任何其他的成本或其他投入开销（比如实验室和化学试剂）。另外，科学家和工程师往往需要在大学教育体系中接受长期的教育或训练。因此，从企业的角度来看，针对税收政策的短期反应相对受限，形式固定（或者说是缺乏应对的弹性空间）。于是，对企业来说，似乎它们需要聘用额外的研究人员，随之而来的是需要给研究人员提高薪酬水平。这种薪酬上的压力会带来一些名义上的研发上升，尽管实质上的研发影响是一样的（比如，雇用同样数量的研究人员）。显然，这种情况是极端的：毕竟可以通过海外人才吸引和退休人员返聘的途径找到科研人员；新的投资可以负担这些花销等。所以，这些问题意味着衡量真的研发投入是很重要的。[31] 同样的，这也表明政策之间需要相互协调（如第4章所述）。

直接研发拨款和其他政策

有许多国家针对一些可以申请政府资助或者是合资形式的企业给予了直接研发拨款的政策。OECD（2007）的报告显示，随着商业研发成果的共享形势的不断出现，有些拨款逐渐变得不那么重要了（给予商业研发的拨款从1995

---

[31] Goolsbee（1998），在一项针对美国研发的分析中认为，计算科学家和工程师薪酬增加意味着税收政策的影响比之前的预期少了30%~50%。

年的11%下降到2005年的7%)。但是,该资助政策支持依然会对一些特定的公司非常重要(比如,对中小企业而言,英国的SMART项目有很大的作用)或者是对一些技术领域也很重要(比如美国的前沿技术资助项目)也可能是对鼓励合作研究有意义(比如英国的LINK计划)。㉜

分析研发拨款政策的影响需要诸多方面的考量。Jaffe(2002)的研究关注到"选择"和"排除"的问题。"选择"的发生是因为政府需要对最好的研发项目或是最佳的企业进行选择,因此,任何事后的评判对于特定的项目或是公司都不具有可比性。这为判断研发拨款政策本身的成功与否带来了困难。"排除"是指有些私人研发支出很容易被替代,因为这些好项目是肯定会得到资金支持的。㉝

也就是说,政府的拨款应该给予那些很难获得资金支持的研发项目,这就是"排除"其他研发(因为银行或者风险投资公司可能会搭政府资助的便车来获取利益)。

其他创新激励:奖金、奖项和专利收购

1714年,英国政府高额悬赏能够为海上的船只确定经度的方法。出于对海上军事和贸易的需求,当时这个亟待解决的航海问题对英国来说非常重要。在经过了几十年的研究后,John Harrison最终在1773年获得了这笔奖赏。纵观历史,有很多类似的悬赏,诸如1795年拿破仑关于食物储存方法的奖赏,1895年芝加哥Times-Herald关于汽车可以持续行驶54英里的奖赏。时至今日,仍然有很多类似的奖金,包括美国的BioShield项目(对抗生物恐怖袭击的应对措施),Grainger Challenges(针对发展中国家水处理系统的项目),还有Virgin Earth Challenge(二氧化碳排放治理项目(Krohmal,2007))。所有这些例子都是事前严格限制了具体目标和标准。(比如,它们是发生在创新成果之前的)一个相关性更强的激励策略,就是在特定领域做出贡献的情况下给予奖励。比如,"二战"之后,美国成立了专利补贴委员会以支持核能源领域的创新,因为出于安全考虑,这一领域的专利是不能被授权的(比如,专利制度中的信息公开制度会被其他国家获取)。多样化的奖励制度的优点就是可以为不同的创新提供更多的激励形式,缺点是发明家可能不知道他们应该从那种形式种获取激励回报。

㉜ OECD(2006)的报告是关于10个国家的类似政策数据。
㉝ Jaffe(2002)找出了计量经济学的方法。他同样也提出了利用政府机构的项目统计排名来纳入计量经济学分析的可能性。

悬赏和奖励的局限性在于，它们想要解决的问题是一些基础的棘手问题：发明家会在不同的领域做出自己的贡献，其中一些可能事先没有考虑过这一点。这是一种信息不对称的现象，因为相对于发明者，悬赏者可能对这一领域的信息知之甚少。事实上，如果没有不对称信息，政府机构（或者是创新获得者）可能直接去支持研发或者是针对创新技术支付等同的对价。

Kremer（1998）有一个相关的论述。政府可以购买那些已经获取授权的专利，另外，很重要的一点就是人们应该通过竞买的方式来决定一件专利的最基本的价值是多少。❸ 让我们来概括一下，专利制度通常被作为创新的激励手段。由于信息不对称，政府不可能资助具体的发明（尽管，一般意义上的研发补贴已经很普遍：详见下一部分）。然而，正如第2章中所讨论的那样，一旦专利被授予，就产生了垄断，使得市场因限制新技术的应用而扭曲。然而，因垄断而产生的利益并没有全面地考虑社会回报的问题，所以，专利没有带来社会最优激励。Kremer的结论是（a）通过竞买的方式来判断专利的实际价值；（b）给予发明者高于专利实际价值的金额；（c）允许创新被广泛地免费使用（加速传播和增加社会回报）。理论上，看起来这是一个能够解决创新和回报最大化矛盾的最佳解决方案。❸ 现实中，有这样一些担忧，即竞买是否能够在所有情况下给出公平的对价，资源所需要的资金和经营方式可以某一方案的形式呈现（见Abramowicz，2001）。无论如何，在发展中国家，这种机制非常适合运用在鼓励对预防疾病的疫苗的研究上（Glennerster和Kremer，2001）。

11.4 其他创新政策

这一部分将简要回顾一些其他的影响创新的政策。正如在第4章中所指出的，这里面涉及很多因素，我们的目的只是提供一些简明的注释和参考。但是，简明的方式并不意味着这些政策是不重要的。

面向大学的政策

第4章对大学如何促进国家创新体系进行了回顾。在这里，我们将关注一些政策相关的问题。一方面，大学对待知识产权的方式是非常重要的。我们提

---

❸ 这一观点事实上已经存续了很长一段时间。最著名的例子就是1839年，法国政府购买银板拍照方法的专利，这是最早的摄影技术的发明。

❸ 在某些领域里，对创造的必要激励可以远低于其本来需要的全部社会价值，例如，在通过社会成本进行传播时，作家和作曲家可能只需要得到很少的回报就可以创造出能够产生很高社会价值的作品。

到的拜杜法案，它为美国大学更加积极地参与专利的获得和许可开辟了道路，并且很多欧洲国家也已经如法炮制。这一过程中的重要部分就是技术转移办公室（technology transfer offices，TTO）㊳的建立。这一改变带来的好处包括科研人员研究注意力和动机的提高，大学额外收益的增加和成果的更广泛的扩散（因为在以前，科研成果很可能会被遗失在学术期刊中）。而带来的坏处则包括对基础性研究或者"蓝天"研究（即没有明确目标的研究）的注意力的偏离以及更少的成果扩散（因为许可收费会限制成果的吸收）。对这些问题证据的回顾详见第4章。

第二个相关的方面是大学在创业和分拆企业中的参与。同样，第4章已经概述了影响其成败的主要问题。虽然大学申请获得专利（和进行专利许可）有明显的潜在缺陷，但是对大学参与分拆活动却是较少有争议，尽管学校可能会过度资助这类活动，并且学者可能会分散他们的研究精力。已经有相当多的研究对应该如何组织这类分拆企业进行了探讨（比如，科学家、学者和大学之间的最优股权份额，外部创业者的参与，融资），Siegel 等（2007）还提出，政策的一个重要作用就是传播最佳的实践。大学的第三个作用是教育以及间接培训未来的创业者、工程师、科学家和生产工人。很多政府在本科教学上投入了大量资源，虽然来自学生的私人捐赠也很常见，并且期望这将会补充未来所必须的劳动技能。在一些学科中，比如数学、化学和工程学，经常会有来自行业协会的（人才）短缺报告。了解和监测未来创新所需要的人力资本需求是政策的重要任务，因为（单纯的）市场信号（比如，工资）可能会有迟缓的和不完全的效应。

中小企业、高新企业和创新型企业

大量的政府政策是来帮助小企业的。这些政策的主要领域可以分为如下几类：

企业文化。政策意图告诉人们，尤其是（职业）学院和大学的学生，成为一名创业者或者为更小的企业工作的机会。比如，英国主办了一个包含一系列内容的"企业周"活动，从而引发了第一个由40个国家参与的"全球企业周"活动（在2008年）。

知识和技能。为小企业提供免费的或者享受补贴的咨询项目是很常见的，其包括了一些专业性的课程，比如"如何使用知识产权"或者"如何获得融

㊳ 在美国，TTO 的数量已经从1980年的600个增长到了2005年的3278个。由美国的大学所创造的每年专利许可收益则从1991年的1.6亿美元增长到了2005年的14亿美元（Siegel 等，2007）。

第11章　提升企业水平创新能力的微观经济政策

资"。英国政府就运作了一个教育券计划来允许企业购买咨询或培训。此外，政策也可能鼓励企业间的互助和形成顾问关系。

获取资金。贷款担保计划、拨款、令人鼓舞的股权市场和风险资本都可能是政府帮助小企业或新创企业的战略的组成部分。研发税收抵免也是其中的一个方面。

规章制度。所有的企业都会受限于许多与会计、守法纳税、环境、法律、雇佣和工作场所相关的规章制度。人们担忧规章制度的负担会落在小企业身上，因此许多政策旨在监测规章制度和使规章制度简单化。

第4.6节讨论了美国的小企业创新研究（Small Business Innovation Research，SBIR）项目，它始于1982年并被认为是成功的（Lerner，1999）。通常，政策的有效性会存在实质性的差别；并且在很多情况下，由于设计不佳或者缺乏跟踪，有效性的评估是非常困难的（OECD，2008）。

竞争政策

竞争政策（反托拉斯）与知识产权之间的冲突可能是非常明确的。竞争政策寻求鼓励和保持竞争性市场，这意味着没有一家能够拥有实质性的市场主导力。知识产权制度则是着力于给予发明或创新以产权奖励，从而能够导致市场主导力。从法律的角度看，这一冲突是通过在竞争法中给予知识产权和研发多种类型的豁免来解决的。这些豁免反映了一个事实，即竞争和知识产权政策实际上具有相同的最终目标：通过促进新的和现有的产品与服务以低价格供给来提高社会福利（参见 Audretsch 等，2001；Encaoua 和 Hollander，2002）。最近美国高等法院的一项裁决还规定，"为了保护创新的动机，拥有垄断力将不会被认定为是非法的，除非它伴随着反竞争行为的要素"。[37] 这意味着反托拉斯政策不应该妨碍来自创新的知识产权，但是正如可以预料的，对于什么才是垄断力的准确来源通常存在相当多的争论。一个与竞争主管机构和知识产权政策制定者相关的政策领域是产业标准的制定，例如测量、性能、安全、测试和主操作性等方面。在变化的技术环境中，谁来设定产业标准的问题对于企业的有效运作仍然是非常相关的，此外，它与竞争政策也有许多重合之处。

产业标准制定

在很多产业中，标准的制定是通过自愿的谈判实现的，这涉及私营性的标

---

[37] 这来自2004年的 Verizon Communications Inc. v. Law Offices of Curtis v. Trinko 案例。

准制定组织（standard-setting organizations，SSOs）的建立，并且许多这类组织都有较长的历史。Schmalensee（2008）引用了电器和电子工程师标准协会（Institute of Electrical and Electronics Engineers Standards Association，IEEE-SA）的例子，它是从1896年逐渐发展形成的，截至2001年已经有866个标准，并且还有超过450个工作组正在审查另外的526个标准项目。

由于竞争主管机构通常并不支持竞争者之间的合作，所以Schmalensee（在文中）就提问是否他们需要担忧这些（标准制定）组织可能不是为了公共利益而运作的。他认为，竞争主管机构实际上可能欢迎这些组织的行为，因为实现了产品的更加同质化会提高对价格竞争的需求，从而增强竞争。可是（这样的话），为什么标准制定组织仍然运作得很好呢？（这是因为）对大企业来讲，（由于）它们拥有宽广的专利池，能够避免进行昂贵的侵权诉讼。同时在标准制定组织中，相同的企业会随着时间持续重复互动，企业在某一时期的不良行为在未来将会受到惩罚，（这使得）向对方收取低的许可使用费的共识也得到了维持。

在深入的政策回顾中，Schmalensee继续探讨了是否存在任何基础，使得政策相较于那些专业创新以及从事获得和许可专利而不生产的企业（在第6章中这被称为专利流氓），更偏好于那些将自己的专利付诸运作的企业（也就是同时进行创新和生产的综合性企业）。在他的观点中，战略行为（的不同）影响了两类企业对许可使用费的收取，并且不存在对于某一项政策偏向于其中一方的争论。对于涉及由多家公司拥有的数百项专利的产业标准而言，还存在一个与它所需要的知识产权所有权分散相关的固有难题。这一分散性导致了在产业标准达成之后，需要偿付（给每家公司）的许可使用费率的不确定性。（解决这一问题的）受鼓励的惯例中包括了一些被很多标准制定组织所采纳的策略——要求参与者预先披露任何可能被任一标准涉及的专利以及在标准制定之前承诺收取"公平的、合理的和非歧视性的"许可使用费。无论如何，对政策而言，矛盾仍然是存在的，因为允许较多关于许可使用费的特定事先沟通可能会鼓励专利所有者间的共谋行为。

网络标准制定

这是一个在通信技术中影响知识空间扩散的重要议题，其中，来自兼容体系的网络外部性问题是通信能力的关键特征。科技和创新历史学家Paul David一直在坚持不懈地呼吁考虑国际标准问题来确保通信体系的界面兼容性和促进互通性（比如，可以参见David，1995；David和Steinmueller，1996）。他注意到，数字信息和通信技术具有巨大的潜力——不仅是针对扩大空间边界并因此

第11章 提升企业水平创新能力的微观经济政策

而促进了创新的扩散,也是针对由于先前不同产品的集成而扩展的产品服务市场。David 和 Steinmueller 预见了一个不仅包含语音电话还包含数据网络和多媒体内容传输的全球性信息基础设施。这些必须的基础设施完全不同于国家邮政电报和电信的传统模式。但它也不容易与生产者利用创新来产生差异性产品——不与竞争者产品兼容——的自然趋势实现共存。

自从这些文章发表以来,信息包在全世界传输的能力已经有了巨大的提高,比如使用移动电话——为了传输者的利益,一些运营商已经愿意认可其他运营商的系统。Gruber 和 Verboven(2001)利用一个包含 140 个国家的数据库探究了政府政策对于发展全球性移动通信市场的影响。他们发现,在发行第一张许可证时间上的监管性延迟阻碍了(技术的)趋同,而制定单一的技术标准则加快了早期的相似技术的扩散。对于最近的数字技术,他们的结果却并不明确,他们的结论认为仍然需要观察"在数字时代,是否系统间竞争带来的优势超过了单一标准产生的网络和规模优势"(第1211页)。近些年来,全球在从事视频电话和通过互联网实现电视服务的能力上已经经历了巨大的提高——所有这些服务都需要宽带的扩展和可兼容的标准。现在的主要忧虑很少聚焦在兼容性上,更多是聚焦在性能上。比如,可以参考 Cugnini(2008)的文章,他质疑了是否有足够的宽带可以容纳由像 Oprah Winfrey 这样受欢迎的媒体人物的网络直播所带来的峰值。

政府采购政策

作为大型的产品和服务购买者,政府能够从供应的数量和质量两方面影响商业活动。采购合同不仅可以按照政府服务规定交付的多种产品为目标,而且可以发展创新性的产品为目标。比如,在决定购买计算机和数据存储系统时,政府部门可以指定硬件和软件的新特征。英国政府在这一方面的政策愿望总结体现在了 NESTA(2007)的一份简报中,它强调了政府采购是支持创新的两个主要路径。第一,通过自身的大规模采购和设置新的绩效标准,比如指定公共建筑要零二氧化碳排放,政府可以创造一个创新性产品和过程的市场。第二,通过作为新产品的"早期使用者"(也就是第7章中所讲的"早期采用者"),政府可以支持创新性的中小企业。通过提供产品反馈和产品收益,这些采购可以帮助小型供应商改进和提高它们的产品以最终供给给更广阔的市场。

在一项欧盟委员会的综述中,Edler 等(2005)报告了 9 个采购案例的研究,这些案例涉及了 6 个欧洲国家的创新性技术(这些作者也记录了包括美国和澳大利亚在内的 19 个国家的基础采购结构和政策)。在案例研究中,他们识别了多个(在采购中)影响(创新)风险性企业成功的陷阱和关键因素。这些陷阱包括直接采购成本与总成本的混淆，以及试运行部门中不充分的技术知识和技能。避免第一个陷阱涉及对项目进行生命周期性的评估——在整个生命周期中监测所有的直接和间接成本与收益。对技术能力和风险管理问题的解决方法包括在政府内发展理解力强的客户——对这些公职人员客户来说，这需要（他们有）高水平的学术训练和经验。

11.5 结　　论

本章通过聚焦于知识产权和研发讨论了促进企业层次创新的政策。围绕着知识产权有助于还是阻碍创新的争论一直不断。长期的争论——开始于19世纪早期——表明我们对这一问题的了解有限。正如已经说过的，如果没有知识产权制度，我们将会很难评价有的情况；同样地，现在我们有了知识产权制度，这就很难提供它没有发挥作用的证据。由于专利申请的快速上升，特别是在美国，（当然）也在其他国家，这些问题已经争论得更激烈了。两本最近的关于美国相关情况的书认为，美国的专利制度已经开始减弱创新。尽管如此，对于需要什么样的改革仍然存在广泛的争议。[38]

对知识产权制度作用的争论导致了两个问题。第一，这一制度可以被改变以提高结果吗？我们已经概述了一系列的政策观点，并且我们也应该清晰地指出，即使在TRIPS强加的管制之下（参见第12章），很多观点是可行的。这样的例子包括：提高争议解决效率的政策、更新收费目录的政策以及"效用模型"政策。关于商标和著作权的章节中也提到，每一类型知识产权的特定细节和活动能够对总体的结果产生重要的影响。很多情况下，政策的实施已经有很多年了，但是缺乏的是关于这些政策有效性的实证证据。

第二，如果知识产权制度没有发挥作用，有什么其他的激励机制可以使用？主要的替代机制现在看来就是研发补贴，并且这些补贴越来越多地是经由税收制度、作为研发税收抵免进行的。大部分的OECD国家现在都有某种形式的研发税收激励计划。实证证据显示，总体来讲，这些税收激励计划对于提高研发支出是有效的。然而，其中也存在许多潜在的陷阱。一个陷阱就是应该计算真实的研发努力，而不是依赖于名义上的研发支出。这里的基本观点是，在一个经济体中，技能娴熟的科学家和工程师的供应可能是固定的，这使得在短期内提高研发努力是不可能的。第二个陷阱是，即使研发支出增长了，仍存在

---

[38] 比如，对2009年的美国专利改革法案，维基百科就列举了4个支持和14个反对这一法案的组织——反对者中包含了许多企业集团（参见 http: //en. wikipedia. org/Patent_ Reform_ Act_ of_ 2009）。

第11章 提升企业水平创新能力的微观经济政策

的担忧是研发的构成可能会发生改变。如果税收激励仅仅鼓励了更多的"D"（即development，发展）——这可能是由于企业对内部的会计体系进行了轻微改动，那么研发税收激励的社会效益可能会比预期的低。尽管存在这些担忧，在研发税收激励是促进创新的有效且重要的政策这一点上仍存在广泛的一致意见。

应该清楚的是，知识产权和研发的政策只是更复杂体系的一部分。作为例子，我们讨论过专利许可和技术市场的作用。如果它们能够表现良好，允许企业以合理的成本定位并与知识产权所有者谈判，那么这将会提高知识产权制度的效率。（而且）新的技术和政策可能能够提高这些市场产生的效果。最后，第11.4节对政策中的其他领域提供了简单的讨论。正如在第4章中明确过的，真的存在一个国家创新体系，并且政策制定者必须意识到这个体系的影响。

关键词

美国专利体系的争论　授权许可与技术市场　著作权的延伸　奖励和专利收购　研发的税收动机

讨论问题

（1）近年来，专利的增长现象是如何形成的？这一现象会持续下去吗？

（2）为什么政策会影响（a）专利、（b）著作权和（c）商标体系的运转？

（3）专利制度是否应该被激励和奖金体系所替代？

（4）为什么"技术市场"是非常重要的？

（5）如何评价研发的税收激励计划？

（6）对研发进行直接补助的政策是否优于研发税收激励政策或专利？

（7）将投资直接用于研发税收扣除是否比花在培养科学家身上更优？

参考文献

[1] Abramowicz, M. 2001. Perfecting patent prizes. Working Paper 01-29, George Mason University, Land and Economics.

[2] Akerlof, G., K. Arrow, T. Bresnahan, J. Buchanan, R. Coase, L. Cohen, M. Friedman, J. Green, R. Hahn, T. Hazlett, C. Hemphill, R. Litan, R. Noll, R. Schmalensee, S. Shavell, H. Varian, and R. Zeckhauser. 2002. The Copyright Term Extension Act of 1998: an economic analysis. Amici brief filed in the case of Eldred v. Ashcroft, 20 May.

[3] Arora, A., and A. Fosfuri. 2000. The market for technology in the chemical industry: causes

and consequences. Revue d'Economie Industrielle 92: 317 – 334. Audretsch, D. B., W. J. Baumol, and A. E. Burke. 2001. Competition policy in dynamic markets. International Journal of Industrial Organization 19 (5): 613 – 634.

[4] Baudry, M., and B. Dumont. 2006. Patent renewals as options: improving the mechanism for weeding out lousy patents. Review of Industrial Organization 28: 41 – 62.

[5] Bessen, J., and M. Meurer. 2008. Patent Failure. Princeton University Press. Bloom, N., R. Griffith, and A. Klemm. 2001. Issues in the design and implementation of an R&D tax credit for UK firms. Briefing Note 15, Institute of Fiscal Studies.

[6] Boldrin, M., and D. Levine. 2002. The case against intellectual property. American Economic Review 92 (2): 209 – 212.

[7] Boyle, J. 2003. The second enclosure movement and the construction of the public domain. Law and Contemporary Problems 66: 33 – 74.

[8] Branstetter, L. 2004. Do stronger patents induce more local innovation? Journal of International Economic Law 7 (2): 359 – 370.

[9] CJA Consultants Ltd. 2003. Patent Litigation Report: A Study for the European Commission on Possible Insurance Schemes against Patent Litigation Risks. Report for the European Commission.

[10] 2006. Patent Litigation Insurance: A Study for the European Commission on the Feasibility of Possible Insurance Schemes against Patent Litigation Risks. Final Report to the European Commission.

[11] Corrigan, R., and M. Rogers. 2005. The economics of copyright. World Economics: The Journal of Current Economic Analysis and Policy 6 (3): 53 – 174.

[12] Cugnini, A. 2008. Did Oprah crash the Internet? Display Daily, March 10, 2008. Insight Media online (available at http://displaydaily.com/2008/03/10/did-oprah-crash-the-internet).

[13] David, P. A. 1995. Standardization policies for network technologies: the flux between freedom and order revisited. In The Political Economy of Standards in Natural and Technological Environments (ed. R. Hawkins, R. Mansell, and J. Skea), pp. 15 – 35. Cheltenham, U. K.: Edward Elgar.

[14] David, P. A., and W. E. Steinmueller. 1996. Standards, trade and competition in the emerging global information infrastructure environment. Telecommunications Policy 20 (10): 817 – 30.

[15] Dosi, G., L. Marengo, and C. Pasquali. 2006. How much should society fuel the greed of innovators? On the relations between appropriability, opportunities and rates of innovation. Research Policy 35 (8): 1, 110 – 121.

[16] Economides, N. 1998. Trademarks. In New Palgrave Dictionary of Economics and the Law (ed. P. Newman). New York: Palgrave.

[17] Edler, J., L. Hommen, J. Rigby, and L. Tsipouri. 2005. Innovation and Public Procure-

ment: Review of Issues at Stake. Study for the European Commission (coordinated by the Fraunhofer Institute).

[18] Encaoua, D., and A. Hollander. 2002. Competition policy and innovation. Oxford Review of Economic Policy 18 (1): 63 – 79.

[19] Encaoua, D., D. Guellec, and C. Martinez. 2006. Patent systems for encouraging innovation: lessons from economic analysis. Research Policy 35: 1, 423 – 40.

[20] Gallini, N. 2002. The economics of patents: lessons from recent U.S. patent reform. Journal of Economic Perspectives 16 (2): 131 – 154.

[21] Gans, J., S. King, and R. Lampe. 2004. Patent renewal fees and self – funding patent offices. Topics in Theoretical Economics 4 (1), Article 6, p. 1, 147.

[22] Glennerster, R., and M. Kremer. 2001. A better way to spur medical research and development. Regulation 23 (2): 34 – 39.

[23] Goolsbee, A. 1998. Does government R&D policy mainly benefit scientists and engineers? American Economic Review 88 (2): 298 – 302.

[24] Graham, S., B. Hall, D. Harhoff, and D. Mowery. 2002. Post – issue patent "quality control": a comparative study of U.S. patent reexaminations and European patent oppositions. NBER Working Paper 8807.

[25] Greenhalgh, C., and M. Rogers. 2008. Intellectual property activity by service sector and manufacturing firms in the United Kingdom, 1996 – 2000. In The Evolution of Business Knowledge (ed. H. Scarbrough). Oxford University Press.

[26] Gruber, H., and F. Verboven. 2001. The evolution of markets under entry and standards regulation—the case of global mobile telecommunications. International Journal of Industrial Organization 19: 1, 189 – 212.

[27] Guellec, D., and B. van Pottelsberghe. 2007. The Economics of the European Patent System. Oxford University Press.

[28] Hall, B. 1992. R&D tax policy during the eighties: success or failure? NBER Working Paper 4240.

[29] 2005. Exploring the patent explosion. Journal of Technology Transfer 30 (1/2): 35 – 48.

[30] 2007. Patents and patent policy. Oxford Review of Economic Policy 23 (4): 568 – 587.

[31] Hall, B., and J. Van Reenen. 2000. How effective are fiscal incentives for R&D? A review of the evidence. Research Policy 29: 449 – 469.

[32] Hall, B., and R. Ziedonis. 2001. The effects of strengthening patent rights on firms engaged in cumulative innovation: insights from the semiconductor industry. In Entrepreneurial Inputs and Outcomes: New Studies of Entrepreneurship in the United States (ed. G. Libecap). Advances in the Study of Entrepreneurship, Innovation, and Economic Growth, volume 13. Amsterdam: Elsevier Science.

[33] HM Treasury. 2006. Gowers Review of Intellectual Property. London: Her Majesty's Stationery Office.

[34] IP Australia. 2005. Review of the innovation patent. Issues Paper, September 2005 (www.ipaustralia. gov. au/pdfs/news/InnovationPatentReviewr. pdf).

[35] Jacob, R., D. Alexander, and L. Lane. 2004. A Guidebook to Intellectual Property Law. London: Sweet and Maxwell.

[36] Jaffe, A. 2002. Building programme evaluation into the design of public research support programmes. Oxford Review of Economic Policy 18 (1): 22 – 34.

[37] Jaffe, A., and J. Lerner. 2004. Innovation and Its Discontents: How Our Broken Patent System is Endangering Innovation and Progress, and What to Do About It. Princeton University Press.

[38] Jensen, P., and E. Webster. 2004. Recent patterns of trade marking activity in Australia. Australian Intellectual Property Journal 15 (2): 112 – 116.

[39] Kortum, S., and J. Lerner. 1998. Stronger protection of technological revolution: what is behind the recent surge in patenting? Carnegie – Rochester Conference Series on Public Policy 48: 247 – 304.

[40] Kremer, M. 1998. Patent buyouts: a mechanism for encouraging innovation.

[41] Quarterly Journal of Economics 113 (4): 1137 – 1167.

[42] Krohmal, B. 2007. Prominent innovation prizes and reward programs. Research Note 1, Knowledge Ecology International.

[43] Landes, W., and R. Posner. 2003. The Economic Structure of Intellectual Property Law. Boston, MA: Belknap/Harvard.

[44] Lerner, J. 1999. The government as venture capitalist: the long – run impact of the SBIR program. Journal of Business 72 (3): 285 – 318.

[45] Lessig, L. 2002. The Future of Ideas: The Fate of the Commons in a Connected World. New York: Random House.

[46] 2004. Free Culture: How Big Media Uses Technology and the Law to Lock Down Culture and Control Creativity. London: Penguin Press.

[47] Liebowitz, S. 1985. Copying and indirect appropriability: photocopying of journals. Journal of Political Economy 93 (5): 945 – 947.

[48] Loundes, J., and M. Rogers. 2003. The rise of trade marking in Australia in the 1990s. Working Paper 8/03, Melbourne Institute of Applied Economic and Social Research.

[49] Nadiri, M. 1993. Innovations and technological spillovers. NBER Working Paper 4423.

[50] Nelson, R. R. 2006. Reflections of David Teece's "Profiting from technological innovation …". Research Policy 35 (8): 1107 – 1109.

[51] NESTA. 2007. Driving innovation through public procurement. UK Government, National Endowment for Science Technology and the Arts Policy and Research Unit, Policy Briefing, February.

[52] OECD. 2002. Tax Incentives for Research and Development: Trends and Issues. Paris: Science Technology and Industry, OECD (available at www. oecd. org/dataoecd/12/27/

2498389. pdf).

[53] 2006. Government R&D Funding and Company Behaviour: Measuring Behavioural Additionality. Paris: OECD.

[54] 2008. OECD Framework for the Evaluation of SME and Entrepreneurship Policies and Programmes. Paris: OECD.

[55] Penrose, E. 1951. The Economics of the International Patent System. Baltimore, MD: Johns Hopkins University Press.

[56] Rivette, K., and D. Kline. 1999. Rembrandts in the Attic. Cambridge, MA: Harvard Business School Press.

[57] Rogers, M., C. Helmers, and C. Greenhalgh. 2007. An analysis of the characteristics of small and medium enterprises that use intellectual property. Report for UK Intellectual Property Office (available at http://users.ox.ac.uk/~manc0346/research.html).

[58] Sakakibara, M., and L. Branstetter. 1999. Do stronger patents induce more innovation? Evidence from the 1988 patent law reforms. NBER Working Paper 7066.

[59] Schmalensee, R. 1978. Entry deterrence in the ready-to-eat breakfast cereal industry. Bell Journal of Economics 9: 305-27.

[60] 2008. Standard setting, innovation specialists and competition policy. MIT Working Paper (available at http://ssrn.com/abstract=1219784).

[61] Siegel, D., R. Veugelers, and M. Wright. 2007. Technology transfer offices and commercialization of university of intellectual property: performance and policy implications. Oxford Review of Economic Policy 23 (4): 640-660.

[62] Tassey, G. 2007. Tax incentives for innovation: time to restructure the R&E tax credit. Journal of Technology Transfer 32: 605-615.

[63] Varian, H. 2006. Copyright term extension and orphan works. Industrial and Corporate Change 15 (6): 965-980.

[64] von Graevenitz, G. 2008. Which reputations does a brand owner need? Evidence from trade mark opposition. Discussion Paper 215, Governance and the Efficiency of Economic Systems (GESY), LMU München. WIPO. 2005. WIPO Magazine, May/June (www.wipo.int).

[65] Walsh, J. P., A. Arora, and W. M. Cohen. 2003. Effects of research tool patenting and licensing on biomedical innovation. InPatents in the Knowledge-Based Economy (ed. W. M. Cohen and S. A. Merrill), pp. 285-340. Washington, DC: National Academies Press.

第 *12* 章
宏观经济问题和政策

12.1 介 绍

很显然,知识产权、创新和经济增长不单单是一个国家的问题。我们在第9章讨论了创新如何与全球化相关,本章将深入讨论这一议题,并着重讨论政策问题。全球化的一个最重要和最有争议的问题是 TRIPS,TRIPS 是与贸易相关的知识产权协议。TRIPS 中涉及的法律和经济问题比较复杂,而且至今未得到充分理解。本章对这些问题进行了回顾,重点关注对 TRIPS 争论的经济问题的视角。一个主流论点是,TRIPS 通过不同的方式来影响着经济。由于少数富裕国家创造并拥有世界上的大部分知识产权,这些富裕国家便会期望 TRIPS 的引入会增加这些国家和地区的净专利费用支付,出乎意料的是,即使在其他不同国家之间,也可能由于他们的收入水平和其他特征的不同而存在不同的影响。

在对 TRIPS 进行讨论之前,第 12.2 节关注的是哪些宏观经济证据可以表明强大的知识产权有助于经济增长。有大量的经济研究在尝试着验证具有强知识产权的国家是否经历着较高的经济增长。这是一个很难回答的问题,并不仅仅是由于经济学家没有经济增长的可靠性模型(见第 8 章)。研究结果表明,有时强的知识产权可能与经济增长有正相关。❶ 尤其,为了受益于强知识产权,一个国家需要有一系列其他的引导因素。一项历史研究进一步提示了:知识产权强度可能影响一个国家创新的性质,而非水平。这项结果显示了一项微观经济证据,有时候企业可以依赖于商业秘密,其他情况下才依赖于知识产

---

❶ 此处使用"相关"一词的原因是,数据分析给出了这样的表象,但这个表象未被证明。

第12章 宏观经济问题和政策

权。第12.3节详细讨论了TRIPS，包括TRIPS如何与贸易相关、外商直接投资和技术转让。

第12.4节更密切地探讨了权利用尽和平行进口的问题。权利用尽是一个法律概念，指一个具有知识产权保护的产品被出售之后，其知识产权就耗尽了。这样它就可以在无需经过知识产权所有者许可的情况下被重新出售。这也可能适用于一种国际场景，比如，在美国销售一项专利产品可能意味着它可以被平行进口至欧洲，即使是在生产商没有批准新的分销商的进口和销售的情况下也是如此。这些是关于一个IPR持有者应当对他们的产品在自由市场上的功能有多大区别能力的问题。第12.5节讨论了盗版行为，这是一个与大规模版权侵犯相关的问题。另外，商标的伪造和侵权问题也有很强的国际意义。

从全球来看，有趣的是，似乎研发在更多的国家之间进行迁移。目前大型跨国企业（TNCS）的研发兴趣与国家通过资助的项目相关联，因为它们可以从中获取高额研发补贴。第12.6节回顾了此类再分配的证据。最终，第12.7节讨论了熟练人力资本的迁移在创新和扩散中的作用。

12.2 关于知识产权和经济增长的宏观经济证据

之前的论述已经表明，经济增长来源于创新和扩散。国家创新体系（NIS）以及在此范围之内，研发的中心作用对于产生新的经济增长非常关键。研发的作用在企业、行业和经济的不同水平上得到了实证研究的确认，这些研究显示出了研发强度和经济表现之间的积极联系。即使这样，目前我们引用的关于知识产权在宏观经济表现中精确作用的证据便更显脆弱。知识产权的积极作用，已经在企业水平上得到了实证研究的确认，尽管在行业和经济层面仍然存在关于知识产权整体影响的争论，也存在关于知识产权的忧虑——即知识产权可能仅对一些经济有利。考虑到此，分析经济层面上，知识产权和经济增长的相关性就变得非常有趣。从概念上来说，任何发现都代表着知识产权在经济活动中的纯积累效应。显然，关键的方面是控制经济增长还有很多其他决定因素（见第8.4节）。当试着深入了解知识产权和经济增长时，这是一个重要的问题，原因是经济学家对于理解经济增长的所有决定因素并不自信。在实证研究中，这导致了他们大量使用变量来尝试和建立经济增长模型（Rogers，2003；Sala-i-Martin，1997）。所以，就有了各种研究开始尝试评估知识产权和经济增长之间的关系。

Park和Ginarte（1997）进行了一项说明性研究。他们在一项关于增长的跨国回归分析中使用了PRS的一项指标（见下），该项分析是针对60个发展中国家和发达国家中每位工人 GDP 的增长的数据（20 世纪 60~90 年代）。Park 和 Ginarte 的论文使用了一个复杂的模型结构。简而言之，他们通过建立每位工人的 GDP 增长、投资在 GDP 中的占比以及研发在 GDP 中占比的模型，给出了一个系统的方程式。❷ 他们论证的结果表明，尽管更强的知识产权在发达国家中确实对于资本投资和研发有积极影响，但对增长率却没有直接影响。因此，知识产权对发明、创新和扩散进程产生了间接作用。

图 12.1 给出了为什么建立知识产权和经济增长之间联系的模型这么复杂。图中两侧概述了知识产权的作用，包括使用数量、持续时间以及执行。知识产权对于一系列所谓的直接影响因子有影响，包括投资、交易、FDI 和研发。这些都显示在"直接影响因子"下面的中心柱中。在这些因素之间存在反馈：例如提高交易水平可能鼓励国内企业申请更多的专利。然而直接影响因子可能对经济增长存在影响，尽管具体的幅度和时间间隔可能非常复杂。最后一列还包括发展的其他维度，例如健康、不平等和教育。如我们在下面所讨论的，存在知识产权可能直接产生影响的情况，主要例子是发展中国家获取专利保护下药品的使用权。最后一列中这些关系的复杂性也在第 8 章和第 9 章中进行了强调，这两个章节讨论了各种理论模型。

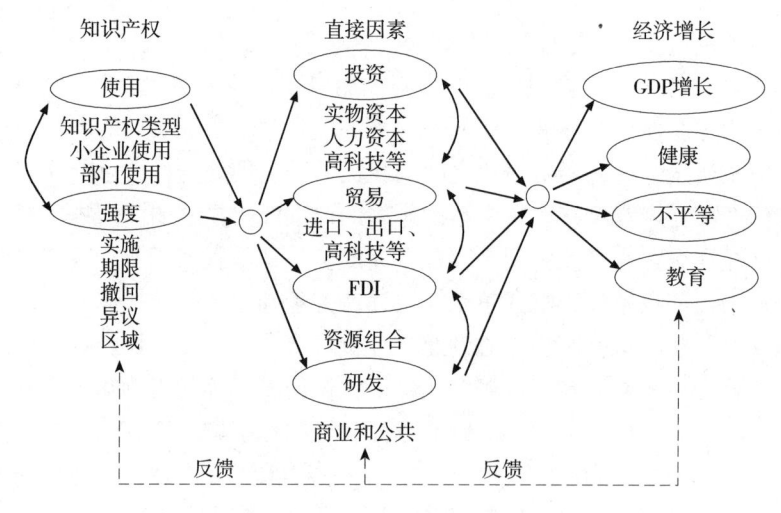

图 12.1　知识产权和经济增长

---

❷ 用计量经济学的方法分别将 3 个要素罗列成方程式，然后使用"似乎不相关回归模型"来检验。

第12章 宏观经济问题和政策

在过去三四十年中，有着大量关于知识产权的研究已经使用了跨国数据集。❸ 其主要结论是很难找出知识产权强度和经济增长的一致的正向关联。原因之一是知识产权指数并不能很好地代表知识产权的实际作用。

Park 和 Ginarte（1997）指数是专利保护五种不同维度的平均值：覆盖范围、国际专利协议的会员资格、针对保护、执行和持续损失的条款。前四个维度使用这些标准来评估；例如，专利覆盖范围的评估是通过考虑（a）是否"实用新型"在这个国家内可用（见第2.5节），（b）是否包括药用物品，以及（c）是否包括化学产品。如果满足一项标准，那么记录值为"1"，之后将这些单位价值进行求和，得到该维度的总分数。该指标的建立给出了专利保护多层面性质的指示，但是它仅评估了现行法律，而非执行强度。这意味着该指标将会存在相当大的"测量误差"，反过来会使得确认指数和经济增长之间的关系非常困难。❹

在理解知识产权和经济增长之间的关系上存在另外两个困难。第一个是因果关系。这就像是更高的人均GDP（由高经济增长引起）会导致知识产权的使用和实施的增长。在一项对于超过150年的专利法的研究中，Lerner（2002）发现更富有的国家确实拥有更多的专利保护。❺ 第二个是知识产权对于经济增长的影响的可能性，会取决于教育、研发和国际贸易水平等因素。实际上，许多研究人员已经依据人均GDP水平在知识产权影响中寻找变化。例如，Falvey等（2006）发现低收入国家受益于更强的知识产权，高收入国家也是如此。然而，基于1975～1994年对79个国家的分析，他们发现中等收入国家并未得益于更强的知识产权。为什么知识产权的效果会有所改变呢？他们认为，在中等收入国家中存在两个抵消效果的作用：由于增长的FDI和贸易导致的积极效应和由于无法模仿和使用知识的消极效应。相反，由于低收入国家在模仿方面不（尚未）积极，他们会受益于增长的FDI和贸易。在TRIPS下，对知识产权在不同国家组之间存在差异的可能进行了研究。

透彻了解知识产权和经济增长关系的另一种方式是考察历史数据。Moser（2005）通过回顾19世纪两个世界博览会上出现的创新采用了这一方法（1851年在伦敦和1876年在费城）。这些创新中的一部分获得了专利，一部分没有，这在一定程度上是由于当时并非所有国家都有专利法。这些发现表明，

---

❸ 可参考 Chen 和 Puttitanun（2005）和 Falvey 等（2006）近期的实证研究以及早些时期的一些评论。

❹ 最新的指数版本可见 Park（2008）的著作。Rapp 和 Rozek（1990）与 Ostergard（2000）给出了一些知识产权的指数以供选择，在 Ostergard 的著作中，也讨论了商标和版权的情况。

❺ 他还发现，民主制国家可能有更好的专利保护，而且其国内的法治传统也发挥着影响。

专利保护对于创新并不关键，但其确实对于创新活动的分布有很强的影响。在没有专利保护的国家里，创新会倾向于集中在保密性有效的行业中。纺织品、食品加工以及手表制造业就是这样的例子；例如瑞士等没有专利的国家就是集中在这些行业内。相反，在成本相对较低且存在有效专利保护的美国，创新则集中在制造业。荷兰在 1869 年废除了专利法，依 Moser 的观点，这导致了在食品加工等保密性非常重要的领域内创新出现了实质性的增长。

对于知识产权和经济表现的广泛研究发现一些证据，即知识产权可能在一些情况下有益。然而，如可能在问题复杂性条件下预期的一样，知识产权的任何影响都取决于一系列其他因素，包括相关国家的人均 GDP。这些发现表明允许一些国家选择它们自己的知识产权系统可能是最好的方式。Chang（2002）和 Wade（2003）等学者强烈争论着这个观点。尤其，他们指出当目前的富裕国家在发展时，它们的知识产权通常较弱，尤其对于外侨更是如此。一个用于总结这一观点的短语是富裕国家正在"拔起他们背后的梯子"。考虑这些观点，任何在国家之间协调知识产权的举动都将会存在争议，并且我们目前也正在转向于此。

12.3 知识产权贸易的相关方面

TRIPS 是最有争议的国际协议之一，许多评论员认为它对发展中国家是不利的。我们在第 9.6 节回顾了理论模型，并对一些相关问题进行了讨论。在这一节中我们将会更加充分地涉及这些问题。如第 9 章中所述，1996 年 TRIPS 协议开始了在国家之间协调知识产权保护的进程。❻ 尤其，对于 WTO 的成员来说，签署 TRIPS 也成为必要。TRIPS 针对所有国家详细叙述了知识产权保护的最低期限（专利的保护期是 20 年）。❼ 增强知识产权的最直接影响应当是增加到达知识产权产出国家的交易流。IMF 数据显示，拥有最大顺差的国家是美国，2003 年的数据为 280 亿美元。❽ 然而，很可能有一系列可以轻易衡量的间接影响，比如专利费用支付。我们通过考虑 TRIPS 对于不同国家是否有不同的影响来开始了我们的讨论。

---

❻ 尽管 TRIPS 是在 1996 年 1 月 1 日开始生效的，但是有很多发展中国家可以暂缓至 2000 年或更晚的时候完全执行该条约。

❼ 可参考 Drahos 和 Braithwaite（2002）著作中对 TRIPS 签署背景的论述。

❽ 这个剩余值是对"版税或授权费"的评估。美国于 1992 年为 15.7 亿美元。在 2003 年，英国约为 2.5 亿美元，法国为 1.5 亿美元，法国的情况略高于日本。其他大部分国家都出现赤字的问题，包括德国和中国。这些数据来自 IMF（2004）；详见 McCalman（2001）。

TRIPS 的差别影响

一些研究是依据国家是否有可能得益于 TRIPS 的引入而对它们进行排名。Lall 和 Albaladejo（2002）通过依据知识产权强保护的可能影响对国家进行分类而探索了知识产权的潜在重要性。该分类是基于技术活动和其他相关特征，样本是 87 个在 1985~1998 年具有重要工业部门的发达、发展中和转型国家。为了理解这些结果，我们将会回顾一些非常简单的模型，以分析 TRIPS 对于经济表现的各种指标的潜在影响。

关于交易量，可以期望两种不一致力量会在知识产权变强时起作用。TRIPS 可能为创新企业增加市场力，即提高价格，同时减少交易量。然而，强知识产权也可能增加该产品的市场规模，从而导致本地仿造的消除并增加出口量。强知识产权也会存在 FDI 形式的不一致影响。弱知识产权可能引发企业承担 FDI，这样专有资料的控制就会通过当地生产来维持。另外，在当地经济中，强知识产权可能看起来是做业务的先决条件。Lall 和 Albaladejo 将 87 个国家分为四组，尤其使用了一些依据如研发指标、单位资立专利、单位资本出口量以及制造品出口中高中端科技产品的份额。这种分类的结果是一个"高科技成果组"，包括日本、美国、北欧国家、瑞士、新西兰以及中国香港、新加坡、韩国和中国台湾等新兴工业化国家和地区。中等科技组包括希腊、西班牙、葡萄牙、东欧、南非、墨西哥和拉美的部分国家。低科技成果组包括北非、中东、拉美的部分国家以及包括中国和印度在内的亚洲部分国家。可忽略科技组的代表是中东的部分国家和撒哈拉以南的非洲。

Lall 和 Albaladejo（2002）认为，如我们所设想的，由于上述因素，高科技成果组从更强知识产权获得的最多。中等组会有所收获，但是仍会面临由于现有知识产权体制调整所造成的成本。低科技组会面临清晰而且重要的成本。但是如果当地经济处于或变得乐于接受外国的跨国企业，那么就可能获取长期收益。在 Lall 和 Albaladejo 的计算中，最贫穷的国家遭遇最差。这一组中的国家面临着由于保护产品和技术所造成的更高价格带来的短期和长期成本。由于该论文以一种相对粗糙的方式量化了许多不同国家的技术能力，其可能会受到一些批评，但是在强调由于现存的发展状态，国家对于 TRIPS 的回应非常不同这一方面非常有帮助。

TRIPS 和贸易

如图 12.1 所示，由于许多因素相互关联，解决 TRIPS 对于交易流的影响是一项非常重要的任务。然而，实证证据表明，交易流与知识产权保护强度正向相关。❾ 一项支持此结论的具有影响力的研究是 Maskus 和 Penurbagi (1997)，他们研究了 22 个 OECD 国家的出口，其中 17 个为高收入国家，5 个为发展中大国。进口者的样本是 25 个发展中国家，其中 17 个为大国，8 个为小国。中国香港、新加坡和韩国在这个样本中都被描述为发展中的大国和地区。作者使用处于世界价格的交易价值研究了制造商品双边流动中 28 个分类的数据。这些发现表明，发展中国家更强的专利法对于进口有很强的影响，这些影响对于大型和小型进口国家都存在。然而，进口扩张影响的规模似乎是非常小的。❿

TRIPS 和 FDI

现在来讨论 FDI，知识产权委员会（2002）注意到关于国外投资中的变化和更强专利保护之间的关系的研究也很缺乏。Maskus（2000）回顾了这个领域内的文献，并得出结论 FDI 对于知识产权体系非常敏感，由于专利改革导致的可能投资增量也许非常大。他认为对于那些短期或中期内过渡到更严格知识产权需求的国家来说，知识溢出引起的动态效益能够克服贸易方面的损失。但是由于实证规范不能建立严格的动态模型，对于这个论据就几乎没有任何企业层面数据支持。可能存在一个略微较强的案例，中等收入国家会以技术转让的形式从 FDI 处获取一些利益。⓫ 知识产权委员会（2002）指出，这可能是由于强知识产权更容易促进高级和受保护技术的转移，无论是通过国外投资还是通过许可的方式。

TRIPS 和技术转让

下面我们讨论技术转让的基本问题。技术转让有多种形式，任何技术转让的发生均需要国内经济中的补充吸收能力处于有效状态。这种吸收能力将会依赖于体系、教育和创新水平以及模仿能力（也见第 9 章）。这是一个在实证和理论工作中经常会忽视的事实，其认为知识产权在世界经济的技术转让中起着

---

❾ Maskus（2002）将这个领域的实证研究文献分为两类问题。其一是部分研究通常使用综合数据和模型，这使得将核心因素或交叉因素的作用进行区分变得困难。另一类是现有文献中，尽管证明"传播有用知识和经济增长"的动态影响是非常重要的，但是现有文献中没有明确的使用动态分析的研究和论述。

❿ 不断增加的进口商品会带来其他影响。Coe 等（1997）发现，生产力的提高是因为活跃的经济发展所带来的高科技产品进口的增加。世界银行（2002）发现，最大的影响是由巴西和阿根廷这样的国家显现的，它们有很强的模仿能力。

⓫ 详见 Lee 和 Mansfield（1996），Javorcik（2004）与 Yang 和 Maskus（2001）的著作。

第12章 宏观经济问题和政策

一定的作用。

经济理论和实例给了我们关于知识产权和技术转让的何种指导呢？理论预测处于两种极端位置，或在两种极端位置之间（Maskus，2000）。一方面，提升知识产权保护标准，提高了未授权和无补偿仿制的成本，这样更强的权利就会阻碍之前已经完成的技术转让。另一方面，强知识产权会鼓励许可，从而减少仿制成本。换句话说，即使在支付许可费之后，技术的总成本仍有可能少于进行未授权仿制的成本。这两种极端情况有效地总结了基本问题，事实上实际成本会取决于技术的具体情况以及发展中国家和技术所有人的特点。例如，有证据显示一个经济体的开放程度会影响技术转让和专利强度之间的相互作用，同时由于更强的创新能力，更多的开放经济就会获益于有效的知识产权保护（见 Braga 和 W'illmore，1991）。还有一些比较弱的经验证据显示外国技术的许可正在随着专利法律的增强而提升（见 Ferrantino，1993；I'ang 和 Maskus，2001）。Branstetter 等（2006）利用 1982~1999 年 16 个国家内美国跨国企业活动的数据，他们还分析了取得专利、版税以及研发经费在专利改革之后如何变化。所研究的国家包括中国、哥伦比亚、日本、墨西哥和韩国。他们发现，专利改革之后美国跨国企业的子企业增加了专利权转让使用费和专利授予。同时这些子企业也进行了更多的研发。Branstetter 等将这作为在跨国企业内部提高技术转让的证据。然而，他们还注意到，他们无法评估对国内企业的影响。Park 和 Ltppoldt（2008）确实尝试着获取对于国内经济整体的影响。在 1990~2005 年使用一个新的 IPR 指数，他们发现更强的知识产权保护会倾向于更高的出口以及和 FDI 联系在一起。对于发展中国家来说，他们发现更强的专利保护与高科技进口存在正相关，这表明（具体的）技术转让得到了提升。

TRIPS 有争议的方面

注意到以上 TRIPS 限制许多国家发展政策的灵活性，还必须了解 TRIPS 确实能够在发展中国家就如何引入新的知识产权保护系统上给予一定量的弹性。TRIPS 协会（2002）表示，该弹性对于一些重要领域中 TRIPS 实施所取得的进步和相关争议均作出了让步，这些领域包括药物、教育、传统知识和生物体的专利授予。

也许 TRIPS 最有争议的方面是它对药物的影响。大部分发展中国家有了针对药物的专利法，但实施该法律的国家却少之又少。[12] 执行 TRIPS 将会在世界上最穷的国家内引起药物价格的提高（见 Watal（1996）对于印度静态价格

---

[12] 当 TRIPS 条款与各国的"国家安全利益"相悖的时候，TRIPS 允许有知识产权的例外。

效应的计算），此外还考虑很多措施来改善必要药物的获取以及降低它们的价格。

也许所讨论到的问题中最突出的是使用强制许可的选项。强制许可包括一个国家的政府向药物生产商等授予许可，该许可会给它在未获得专利持有人许可的情况下制造和销售专利药品的权利。如果政府认为药价过高时可能会采取这一措施。一个重要问题是没有药物制造能力的国家如何利用强制许可。调查得到的一种方法是有类似需求的国家组合在一起，比如美国和发展中国家，现在包括对于 TRIPS 的更新，比如关于何时使用强制许可的更严厉的规则（Ross，2006）。

一些人认为对于强制许可更好的选择是保证药物企业以较低的价格向发展中国家提供药品。这项争论的一个有趣的方面是 TRIPS 与差别定价并不冲突，这样发展中国家就可以支付较少的价格来购买药品。显然，这种体系会需要一些机制来防止销售到发展中国家的药品回到发达国家，比如差别产品标签和条款限制再次出口（也见下面关于平行进口的讨论）。争论的另一个问题是富裕和贫穷国家之间关注知识产权体系和传统知识的关系（例如关于植物药物特性的当地传统知识）。发达国家的许多合作急于使用或探索传统知识，但是传统知识向知识产权提出了非常困难的问题。这样的知识具有集体财产的特征，所以所有权并不固定（世界银行，2002）。不仅传统知识的所有权不固定，它的创造时间也不固定，所以其不成文的形式会为西方知识产权系统造成独特的困难。

TRIPS 不包含任何关于此类集体财产定义和规则的条款。即使这样，对于传统知识进行保护也可以利用现行 IPR 体系或特殊的保护，尽管还有疑虑认为单一的特殊系统可能不足以满足当地需求。一个关键需求是为合理评估这样的知识和提供支付及其他奖励的方式，这样这些资源的开发就会公平、有效。为了这个目的，创建了将发展中国家传统知识编入目录的数据库，这些目录最终应当包括在 WIPO 的搜索文档中（知识产权委员会，2002）。

TRIPS 的一个关键方面与农业相关，这是由于农业是许多发展中国家的一项重要经济活动（世界银行，2002）。TRIPS 之下，国家有义务向农用化学品、一些微生物和生物领域技术发明授予专利。植物育种家的权利也可能在 TRIPS 下得到增强。也有担忧表示与发展中国家相关的农业研究在近年间得到了抑制，而且西方私有企业也不愿意直接投入适量的研究工作用于满足发展中国家的需求。

TRIPS 的实施方面

在许多发展中国家，阻碍 TRIPS 实施的一个原因，仅仅是它们不能负担一个与现代国家相同的知识产权体系的相关成本。如《经济学家》在2002年所提出，"设立严格的专利系统，并不会使安哥拉在短时间内成为生物科技研究的重点区域；因为没有汽车的话，驾驶证就一点用都没有。"国家体系需要使用稀缺资源，包括财政资源和高度熟练的工人，这在发展中国家经常处于供应不足的状态。

实施知识产权还需要广泛的、有效的和能够发挥作用的法律体系，这样才能支持来自公共的和私有主体对权利的主张。再一次说明，发展中国家可能也不会优先考虑给予这种专有权以资助。最后，在一些情况下，一个发展中国家可能会期望针对发达世界的市民、企业或政府的侵权行为索取赔偿。这花费很高并且需要专业知识。世界知识产权组织（WIPO）了解发展中国家面对的各种问题，并且承担其各种援助计划。❸

12.4 知识产权、权利用尽和平行进口

知识产权的另一个重要国际化方面是关于权利用尽的问题。一旦受到知识产权保护的产品被销售出去，相关知识产权就会权利用尽。如 WIPO 所述，除非由法律特殊说明，第三方进行的再次销售、租赁、借出或者其他商业用途形式等后续动作就不再受到创始企业的控制或反对。❹ 有学者认为在国内环境下实施这样的法律非常合理，因此所有的国家就会遵循"国内权利用尽"原则。然而，关于国际市场上一个受到知识产权保护的商品变为权利用尽的程度仍然存在争议（即国际权利用尽），这对平行进口的问题尤其重要。平行进口是指在原籍国合法生产，但是通过官方经销商之外的渠道到达其他国家的商品。因此，这种商品通常被称为"灰色商品"（健康 1999），这是由于在制造商和平行进口商之间并没有合同。因此国际权利用尽问题以这个问题为中心：知识产权所有者是否有权利反对基于制造商拥有知识产权的特殊产品的平行进口。目前，WIPO 和 TRIPS 允许每个国家自行决定采取何种制度，所以比较不同制度的优缺点的问题上，一直存有争论。有的国家对于专利和版权实施权利用尽，但是在一些情况下允许商标产品的平行进口。欧盟遵循共同体权利用尽（即在共同体内部），但是通常会禁止平行进口，同时日本允许平行进口，但在商务合同中明确禁止的情况除外（Grossman 和 Lai, 2008）。不同国家的规则和知识产权形式的差异决定了法庭对平行进口的裁决。Health（1999）报告称日

---

❸ WIPO 在 2007 年 10 月制定了一份发展议程（Development Agenda），包含了 45 项议题。

❹ 详见 www.wipo.int/sme/en/ip_business/export/international_exhaustion.htm。

本和美国法院"近期确认了在没有任何相反指示的情况下，专利产品的平行进口是合法的。"Tancer 和 Mosseri-Marlio（2004）讨论了欧盟法院和美国最高法院在两种商标纠纷意见上的不同。

关于国际权利用尽的经济影响有着许多矛盾观点。一方面，国际权利用尽减少创新活动的回报，因此决策者应对其谨慎对待。另一方面，国际权利用尽可能会增加竞争并降低价格。Szymanski（1999a）表明在这个领域内缺失实证方面研究，推断负面作用可能会超出正面作用。这些对于发展中国家的影响在一篇指南论文中有所讨论（Szymanski，1999b）。这篇论文以对国内高收入消费者和国外低收入消费者的影响的形式进行了一项国际权利用尽的福利效应分析。他的结果显示福利收益或福利损失是知识产权所有者和许可持有者之间合同形式的一项功能。如果存在产品的竞争性套利，价格就会在不同国家之间均等（即出现平行进口），明显会改善那些本应支付高价格的消费者的经济福利，并减少那些本应支付低价格的消费者的福利。所以尽管权利的国际权利用尽可能看上去有利，但是却为不同国家之间的套利（平行进口）和均等价格创造了空间。缺失价格歧视不利于穷人，因为在价格均等时他们需要支付更高的价格，但是却为富人提供了更大的福利（更高的消费者剩余），因为他们会比在有价格歧视的情况下支出较少。相反，Grossman 和 Lai（2008）演示了一个模型，在这个模型中平行进口会减少创新激励，他们得到结论称这最终会减少较贫穷国家的福利。❺

12.5 盗版和假冒

盗版是一个已经与大规模侵犯版权联系起来的词。如第 2 章中所讨论的，在一些情况下版权作品的使用是合法的（例如用于教育、新闻业或研究活动）。然而，基于非法复制的大规模侵权也可能发生，尤其是音乐、电影和软件。关于这个方面的问题是发展中国家的企业会参与美国或其他主要经济体创建的版权产品的版权侵害之中。这些活动的程度很难衡量，唱片协会国际联合会在其 2005 年的版权侵害报告中估计 2004 年销售了 15 亿张盗版 CD，按每张 CD 价值 3.05 美元测量，这就相当于损失了 4.6 亿美元的销售额。这些盗版销售额达到了合法销售量的一半。通常由创意产业自身资助的其他组织作出了盗

---

❺ 这种结果——全球范围内创新激励的下降——反映在第 9.6 节的讨论中。该节讨论了各个国家如何选择自己的知识产权制度，一种趋势是很多国家会选择"搭便车"。

版率的估计，美国贸易代表（LISTR）也使用了其中一些数据。[16] LISTR 的任务是评估那些对知识产权保护不利的国家可能受到调查，进而会遭受贸易制裁。因此，对于盗版估计可能存在相当大的争论，并且对于它们的准确性也鲜有学术研究。[17]

较富裕国家或者更具体的是大型音乐、电影和软件企业认为是较贫穷国家的行动显著影响它们的利益，并且在任何情况之下都违反了 TRIPS。相反，较贫穷的国家认为执行版权代价太高，他们的消费需要用于其他更多的优先选择。凭借 TRIPS，富裕国家的论据会倾向居于主导地位，而较贫穷的国家目前就会处于逐渐增大的压力之下，从而加强知识产权保护的实施。

假冒产品是指采用同一个商标产品的名称、设计和包装，但是却由不同企业生产的产品。这样，由于消费者不能确定他们购买商品的来源，这时假冒产品就会破坏商标的价值（见第 2.4 节）。从经济学观点来看，需要考虑两种假冒：欺诈和非欺诈。欺诈性假冒产品是指消费者或企业购买这些产品时候并没有认识到它们是假冒产品。欺诈性假冒产品可能非常危险，例如，药品以及飞机或汽车备件、零件等。在这种情况下，消费者可能会由于该产品不具备他们原本期望的质量或基本特性而受到伤害。人们普遍认为，欺诈性假冒产品应当采用法律来消除。另一种假冒产品是非欺诈性的，这需要进一步的讨论。首先，根据定义，消费者知道到他们购买的不是真品。举个特例：考虑购买一只假冒的劳力士手表（是一只劳力士手表真品价格的 1/500）。消费者认识到他们所购买的东西看上去像一只真的劳力士手表，但是它不会在很长时间骗过任何人，因为这只假冒手表很可能质量非常差。一些经济学家指出，这种假冒只是填补一种不同的价格—质量"空白"或者换句话说，他们允许消费者将"身份产品"与昂贵品牌的"质量"特性相分离（Grossma 和 Shapiro，1988）。从这个角度来看，假冒产品仅是向消费者提供更多的选择。然而，生产真实品

---

[16] 盗版产品的定价取决于不同国家的实际情况：比如，在中国的价格约为 1.12 美元，在西班牙约为 4.8 美元。另外，销售与利润不同。比如，尽管销售的下降可能是因为对新技术的非法使用，而此时，对于公司而言，成本可能也下降了，这些总和的影响让利润变得不可判断。另外，新技术的使用会有带来新的销售方式，比如手机铃声。

[17] Peiz 和 Waelbroech（2004）对各国的 CD 销售数据进行了考察。Png（2008），在名为"On the reliability of piracy statistics"的文章中认为它们的发生与其他法律指标相关联。而对数据的独立评估的研究还很少。

牌的企业可能会由于非欺诈性假冒产品损失一些销售额和目标。[18] Bosworth（2006）回顾了各种争论，并且指出了非常重要的两点：第一，过去假冒产品通常是由小型企业制作，一般是在发展中国家，但是现在已经变为一种大规模的行业，是一种有组织的犯罪。第二，对于这种活动的范围和性质几乎没有什么数据，因而无法进行评估。

12.6 全球经济中的研发

研发存在全球溢出效应吗？

之前章节的各种观点中，已经讨论了研发的知识外溢或外部效应。极端情况是一家企业的研发成果最终成了公共物品性质的知识。那么这种公共物品对于这个行业或世界内的所有企业都可用吗？第9章明确了不同国家之间知识的无成本扩散是不切实际的，并且引入了吸收能力作为制约因素这一观点。实证研究已经调查了研发外溢是否具有国际性这一问题。Coe 和 Helpman（1995）分析了 21 个 OECD 经济体（1970~1990 年）的数据，随后发现研发溢出发生在国家之间，更大的贸易开放度会增加此类溢出的强度（他们考察了研发对于总的要素生产力的影响）。其他研究已经将这项工作扩展到更多国家的数据库，并且关注了影响研发溢出的其他因素，例如教育水平，见 Engelbrecht（1997）关于 OECD 国家内的教育和 Coe 等（1997）关于较贫穷国家教育的研究，且涵盖了国营经济部门（Guellec 和 van Pottelsberghe，2004）。各种有关双向溢出的研究已经对完善大型宏观方法进行了有益补充。例如 Griffith 等（2006）认为美国制造业与英国企业之间存在实质性研发溢出，重要的是，在似乎受益最多的美国，英国企业承担了研发的工作。这意味着为了开发吸收能力，英国企业需要执行接近美国企业需求的研发工作。这项推断使推进国内研发的政策事与愿违。总体来说，这些研究表明研发溢出非常重要，尤其是在 OECD 经济体之间，但是就如人们所预期的，吸收能力非常关键。

创新过程的全球化

TRIPS 告诉人们，至少研发的一些要素可以根据核心要素的需求，在世界

---

[18] 销售的降低有可能是因为消费者转向购买仿制品，尽管有些人认为，那些购买正品的消费者是不会去购买仿制品的。仿制品确实存在损害正品"形象"的可能性，因为仿制品的出现使正品不再那么吸引人，从而导致销售的下降。基于此，也有人认为，仿制品的出现可能会使正品的需求增加。（比如，已经有相关的"论证"说明这一影响）。

上任何地方进行。此外，在许多行业内的竞争压力指的是企业，尤其是跨国企业，可能会去寻找国外研究人才同时降低成本。现代通信技术的发达也意味着企业可能会近似于分解研究过程。例如在一个低成本国家开展新产品的重复测试工作和过程。同样，通过使用全天 24 小时，世界不同时区可以用来加速研究过程。那么创新过程的全球化有多重要？

这个过程本身并不是什么新鲜事，早在 20 世纪五六十年代，美国跨国企业就已经开始在英国和欧洲设立研究机构了，然而，全球化的速度似乎在近年才呈现出迅速发展的态势。一项研究表明，美国跨国企业在海外进行的研发比例从 1995 年的 15% 增加到了 2001 年的 22%（Roberts，2001）。世界最大研发企业在一次联合国贸易暨发展会议（2005）研究发现，平均 20% 的研发在海外进行，尽管这在不同区域间存在很大的差别（欧洲企业在海外进行的研发为 41%，日本企业为 15%，美国企业为 24%）。第二点是似乎中国和印度等新兴市场正在成为该过程的一部分。例如，该评估表明美国企业在中国进行的研发从 1994 年的 700 万美元增长到了 2002 年的 54.46 亿美元（印度相同时间内的数据是 500 万美元到 5.8 亿美元（UNCTAD，2005））。方框 12.1 讨论了国外研发活动的一些例子。

方框 12.1　中国和印度的研发全球化

2004 年，中国拥有大约 700 家外国研发中心，并且几乎全都集中在北京、上海和广州。这种聚集在某种程度上反映出了大学和公共科研中心的分布。例如，在北京有 40 所大学和 130 家研究机构。一旦聚集开始成立，由于在周边存在有益的类似中心，新的中心就会倾向于选择这个位置。这些利益包括知识外溢和科学家、工程师等在内的积极劳动市场。可能还有专门服务，例如知识产权律师或风险投资家。这意味着基于研究聚集的增长倾向于呈现出自我加强的方式。IBM 首先于 1994 年将第一个科研中心建于北京，目前其在中国已经有 6096 家科研中心分别致力于信息、通信和技术。中国企业联想在 2005 年购买了 IBM 的 PC 部门，并且目前是世界上排名第三的 PC 生产商，目前联想在北京有数家科研中心，其中一个是和 Intel 合资成立（UNCTAD，2005）。Intel 拥有世界范围内的研发中心网络。2005 年在中国，它有大约 225 名研发人员，在印度的班加罗尔有大约 800 名，此外在俄罗斯还有 340 名（UNCTAD，2005）。班加罗尔周边的科研集群尤其值得注意，起初是以 IT 为中心，现在已经扩展到其他领域。Basant 和 Chandra（2007）讨论了教育和公共科研机构在吸引跨国企业和国内企业

> 上的中心作用。许多机构成立于数十年前，表明科研集群和吸引跨国企业的能力需要许多年的努力。印度的 7 个著名技术机构就可以作为例证，它们中的第一个成立于 1951 年，由于许多毕业生都移民到了美国，所以它们的存在被人们认为是支持硅谷等海外集群（Friedman，2005，第 105 页）。这种"人才外流"的形式是全球化的一个方面，它能增强集群的地理位置。

总之，全球化研发支出的进程似乎正在进行。跨国企业越来越多地寻求着将研发定位到不同经济体的机会，因为在这些经济体中可能有不同形式的比较优势。这一切都表明，该过程仍然处于发展阶段：在 2002 年，前十大研发经济体仍然占据整个研发支出的 86%（UNCTAD，2005）。Bhide（2008）考虑了研发和创新的全球化是否将会威胁美国的生活标准——担心有时会被新闻工作者和政客提到。Bhide 认为这种担忧并无依据。尤其，他将注意力投向创新的多维本质（并非所有的方面都能在国外进行）以及服务部门主导美国经济这一事实（大约占据 GDP 的 70%）。

12.7 熟练工人的国际迁移

从 17 世纪晚期开始，其他欧洲国家都喜欢学习发展于英国的冶金、纺织和蒸汽等新型生产技术。通过访问、出版物（包括专利）和反向工程可以学到很多，但是在很多情况下，新技术包含隐性知识。结果，许多英国熟练工人和工程师进入欧洲其他国家。实际上，1695～1843 年，英国制定了各种（无效）法律试图阻止人才外流（von Tunzelman，1995，第 1611 页）。熟练劳动力迁移作为一种技术转让机制的重要性在整个历史上都非常普遍。尤其是当涉及创新时，最新的技术通常都需要隐性知识。

美国硅谷是一个移民如何推进创新的相关例子。从 20 世纪 60 年代开始，硅谷就已经成为世界领先的高科技地区，惠普、苹果、思科和 3COM 企业都起源于此。硅谷成功建立于这个由大学（尤其是斯坦福大学）和帕洛阿尔托研究中心（PARC）提供的科研基地时，这个高科技区域的成功建立吸引着美国乃至全世界的企业家和熟练工人。1990 年，据估计 30% 的高科技劳动力出生在国外（Saxenian，2002），这个数字在 2000 年增加到了 50%（Economist，2007）。美国移民政策使得国外人力资源的流入成为可能，从而促进了熟练工人的移民。由于2001年9月11日的恐怖袭击和对于就业机会转移的担忧，美国已经收紧了移民政策。[19] 所以一些人认为这已经对硅谷等区域造成了技能短缺，并将会不利于创新。研究这种"人才外流"对于那些熟练工人的来源国有什么影响也是有效的。在消极方面，来源国损失了（至少暂时上是这样）一些高级熟练工人和企业家。在积极方面，这些移民可能开始一些业务，这些业务会与其来源国进行贸易或在来源国进行投资。他们也可能在学习到大量技能之后回到来源国。一些人认为这种从印度和中国等较贫穷国家到硅谷等创新集群的"流通"对于这些人才的祖国和所在国均有益处（Saxenian，2006）。

12.8 结 论

国际政策中关于创新最有争议的方面是TRIPS。在不同国家之间统一、最低标准的知识产权的创立代表着政策上的重要改变。从历史上看，国家有机会选择自己知识产权制度的许多方面来适应自身环境——目前这种机会正在急剧减少。这一章主要着眼于理解TRIPS的潜在影响。评估表明主要知识产权产出国家将会增加它们在TRIPS基础之上的净支出。技术等知识产权相关产品的净进口国面临的成本逐步增加。除了这些直接影响，还有一系列可能的间接影响。乐观主义者指出：如果强制执行，TRIPS会鼓励企业对技术进行许可。许可的增加有可能加速技术流入较穷的国家，从而产生投资和人均GDP的增长。

较强的知识产权保护也会鼓励跨国企业增加外商直接投资，这样也会有助于经济增长。TRIPS和知识产权在一些新兴市场上的发展将会促进这些国家的创新和研发。它在全球研发配置中也是一个促进因素。

说到这一点，一些评论家认为以上论点没那么重要。他们指出，TRIPS在强迫较穷国家建立一套并不适用自身的规则，就如20世纪五六十年代的日本，19世纪的美国或18世纪的英国。他们认为即使许可存在，也不会产生实质利益，并且外商直接投资会破坏当地经济。此外，他们认为大型跨国企业正在探索较穷国家的传统知识。不幸的是，经济学家没有能力准确评估这些不同论点的优点。普遍的数据缺失是一个阻碍，这是影响经济增长和发展非常复杂的一个因素。即使没有这两个阻碍，TRIPS的影响也只能在实施后，需要很多年的时间才能收集起来所需的证据。

这一章也讨论了研发的全球化。这一证据表明近年来这个过程一直在加

---

[19] 特别签发给高素质外国人的H-2B类别签证的数量从2003年的195000个减少到了2007年的65000个（Economist，2007）。

速，很大程度上是由于中国和印度的研发活动。研发全球化应当不仅加速世界的创新率，还帮助参与这一进程的国家的技术赶超。对于那些不属于这个过程的最穷的国家来说，这将会进一步增大技术差距。最终，熟练工人的国际移民一直会在驱动创新和扩散利益上起作用。跨国企业活动所引起的国际教育市场和现代化通信技术发展，这表明"流动的"熟练工人会扎下根来。

关键词

知识产权　直接因素和经济发展　与贸易有关的知识产权协定（TRIPS）　TRIPS 中的赢家和输家　平行进口　盗版　欺诈和非欺诈的假冒　国际研发溢出

讨论问题

（1）为什么强知识产权保护可能阻碍经济的发展？

（2）将 TRIPS 的潜在影响进行分类：（a）国家收入水平；（b）影响机制（如：FDI）。

（3）欺诈性的和非欺诈性的假冒产品的区别是什么？这种区分会对政策产生影响吗？

（4）就盗版和假冒问题做些研究。在美国，有哪些方面导致了主流企业销售的降低？

（5）什么原因导致了研发的全球化？它将为参与其中的国家带来哪些影响？

（6）人才从贫穷国家流向富裕国家会不会永远是一件好事情？

参考文献

[1] Basant, R., and P. Chandra. 2007. Role of educational and R&D institutions in city clusters: an exploratory study of Bangalore and Puna regions in India. World Development 35（6）: 1037 – 55.

[2] Bhide, A. 2008. The Venturesome Economy: How Innovation Sustains Prosperity in a More Connected World. Princeton University Press.

[3] Bosworth, D. 2006. Counterfeiting and piracy: the state of the art. Unpublished paper（available at www.oiprc.ox.ac.uk/EJWP0606.pdf）.

[4] Braga, H., and L. Willmore. 1991. Technological imports and technological effort: an analysis of their determinants in Brazilian firms. Journal of Industrial Economics 39（4）: 421 – 32.

[5] Branstetter, L., R. Fisman, and C. Foley. 2006. Do stronger intellectual property rights in-

crease international technology transfer? Empirical evidence from U. S. firm – level panel data. Quarterly Journal of Economics 121 (1): 321 – 349. Chang, H. J. 2002. Kicking Away the Ladder—Development Strategy in Historical Perspective. London: Anthem Press.

[6] Chen, Y., and T. Puttitanun. 2005. Intellectual property rights and innovation in developing countries. Journal of Development Economics 78 (2): 474 – 93.

[7] Coe, D., and E. Helpman. 1995. International R&D spillovers. European Economic Review 39: 859 – 87.

[8] Coe, D., E. Helpman, and A. Hoffmeister. 1997. North – south R&D spillovers. Economic Journal 107 (440): 134 – 49.

[9] Commission on IPRs. 2002. Integrating Intellectual Property Rights and Development Policy. CIPR Report (available at www. iprcommission. org/home. html). Drahos, P., and J. Braithwaite. 2002. Information Feudalism: Who Owns the Knowledge Economy? London: Earthscan.

[10] Economist. 2007. Deportation order. Economist, April 28, 2007.

[11] Engelbrecht, H. J. 1997. International R&D spillovers, human capital and productivity in OECD economies: an empirical investigation. European Economic Review 41 (8): 1, 479 – 88.

[12] Falvey, R., N. Foster, and D. Greenaway. 2006. Intellectual property rights and innovation in developing countries. Review of Development Economics 10 (4): 700 – 719.

[13] Ferrantino, M. 1993. The effect of intellectual property rights on international trade and investment. Weltwirtschaftliches Archiv 129 (2): 300 – 331.

[14] Friedman, T. 2005. The World Is Flat: A Brief History of the Globalized World in the 21st Century. London: Penguin.

[15] Griffith, R., R. Harrison, and J. Van Reenen. 2006. How special is the special relationship? Using the impact of U. S. R&D spillovers on U. K. firms as a test of technology sourcing. American Economic Review 96 (5): 1, 869 – 875.

[16] Grossman, G. M., and E. Lai. 2008. Parallel imports and price controls. Rand Journal of Economics 39 (2): 378 – 402.

[17] Grossman, G. M., and C. Shapiro. 1988. Foreign counterfeiting of status goods. Quarterly Journal of Economics 103 (1): 79 – 100.

[18] Guellec, D., and B. van Pottelsberghe. 2004. From R&D to productivity growth: do the institutional settings and the source of funds of R&D matter? Oxford Bulletin of Economics and Statistics 66 (3): 353 – 378.

[19] Heath, C. 1999. Parallel imports and international trade. Report, World Intellectual Property Organization.

[20] IMF. 2004. Balance of Payments Statistics. Washington, DC: IMF.

[21] Javorcik, B. 2004. The composition of foreign direct investment and protection of intellectual property rights: evidence from transition economies. European Economic Review 48 (1):

39 – 62.

[22] Lall, S. , and M. Albaladejo. 2002. Indicators of the relative importance of IPRs in developing countries. Working Paper QEHWPS85, University of Oxford, Queen Elizabeth House.

[23] Lee, J. , and E. Mansfield. 1996. Intellectual property protection and US foreign direct investment. Review of Economics and Statistics 78 (2): 181 – 186.

[24] Lerner, J. 2002. 150 years of patent protection. American Economic Review 92 (2): 221 – 225.

[25] Maskus, K. 2000. Intellectual Property Rights in the Global Economy. Washington, DC: Institute for International Economics.

[26] Maskus, K. , and M. Penurbarti. 1997. Patents and international trade: an empirical study. In Quiet Pioneering: Robert Stern and his International Economic Legacy (ed. K. Maskus, P. Hooper, E. Leamer, and J. D. Richardson). Ann Arbor, MI: University of Michigan Press.

[27] McCalman, P. 2001. Reaping what you sow: an empirical analysis of international patent harmonization. Journal of International Economics 55 (1): 161 – 186.

[28] Moser, P. 2005. How do patent laws influence innovation? Evidence from nineteenth – century world's fairs. American Economic Review 95 (4): 1, 214 – 236.

[29] Ostergard Jr. , R. L. 2000. The measurement of intellectual property rights protection. Journal of International Business Studies 31 (2): 349 – 360.

[30] Park, W. 2008. International patent protection: 1960 – 2005. Research Policy 37: 761 – 66.

[31] Park, W. , and J. Ginarte. 1997. Intellectual property rights and economic growth. Contemporary Economic Policy 15: 51 – 61.

[32] Park, W. , and D. Lippoldt. 2008. Technology transfer and the economic implications of the strengthening of intellectual property rights in developing countries. Working Paper 62, OECD Trade Policy.

[33] Peitz, M. , and P. Waelbroeck. 2004. The effect of internet piracy on CD sales: cross – section evidence. CESifo Working Paper 1122.

[34] Png, I. 2008. On the reliability of software piracy statistics. SSRN article (available at http://ssrn.com/abstract = 1099325). Rapp, R. , and R. Rozek. 1990. Benefits and costs of intellectual property protection in developing countries. NERA Working Paper 3.

[35] Roberts, E. 2001. Benchmarking global strategic management of technology. Research – Technology Management 44 (2): 25 – 36.

[36] Rogers, M. 2003. A survey of economic growth. Economic Record 79: 112 – 36. Rossi, F. 2006. Free trade agreements and TRIPS – plus measures. International Journal of Intellectual Property Management 1: 150 – 172.

[37] Sala – i – Martin, X. 1997. I just ran two million regressions. American Economic Review, Papers and Proceedings 87 (2): 178 – 183.

[38] Saxenian, A. 2002. Silicon Valley's new immigrant high – growth entrepreneurs. Economic Development Quarterly 16: 20 – 31.

[39] 2006. The New Argonauts: Regional Advantage in a Global Economy. Cambridge, MA: Harvard University Press.

[40] Szymanski, S. 1999a. International Exhaustion of Rights: Review of the Economic Issues. London: Intellectual Property Institute.

[41] 1999b. Some welfare implications of international exhaustion under alternative selling regimes. Manuscript, Imperial College Management School (available at www. ms. ic. ac. uk/stefan/exhaustion. pdf).

[42] Tancer, R. S., and C. Mosseri – Marlio. 2004. Intellectual property rights exhaustion – opposite viewpoints: United States/Europe. Thunderbird International Business Review 46 (1): 85 – 92.

[43] UNCTAD. 2005. World Investment Report. New York/Geneva: United Nations. von Tunzelman, G. 1995. Technology and Industrial Progress: The Foundations of Economic Growth. Cheltenham, U. K.: Edward Elgar.

[44] Wade, R. 2003. What strategies are viable for developing countries today? The WTO and the shrinking of development space. Review of International Political Economy 10 (4): 621 – 44.

[45] Watal, J. 1996. Introducing product patents in the Indian pharmaceutical sector: implications for prices and welfare. World Competition 20 (2): 5 – 21.

[46] World Bank. 2002. Intellectual property: balancing incentives with competitive access. Global Economic Prospects and the Developing Countries, 2002. Washington, DC: World Bank.

[47] Yang, G., and K. Maskus. 2001. Intellectual property rights, licensing, and innovation in an endogenous product cycle model. Journal of International Economics 53 (1): 169 – 187.

数学附录

A.1 生产函数

经济学家常常在理解世界的努力中使用数学函数。本书中的一个主要的例子是生产函数。生产函数是将生产过程的投入与产出相联系的一种方式。生产函数可以被认为代表了一个企业的活动,虽然它也被用来表示一个部门或国家的活动。

考虑下面的方程,

$$Y = f(K, L) \tag{A.1}$$

其中, Y 表示产出, K 表示资本投入, L 表示劳动投入。这一方式简单表明了产出取决于资本和劳动,或者用数学术语来讲,产出是资本和劳动的函数。在上式中,函数是通过 $f(\cdot)$ 的符号来表示。通常,括号外用任何字母都可以代表一个函数:比如, $g(\cdot)$ 或 $h(\cdot)$。

上面的函数是一个通用的形式。它没有具体指明所涉及关系的准确本质。事实上,准确的关系通常很难判明,经济学家做出了相当大的努力来估计它们。

通常情况下,会在函数中增加代表技术水平的 A,

$$Y = Af(K, L) \tag{A.2}$$

在式 A.2 中, A 被放置于 $f(\cdot)$ 的前面,这表明对于给定水平的 K 和 L, 技术能够按比例放大产出。有时也被称为希克斯中性技术 (Hicks-neutral technology)。同样地,也可以将函数写为 $f(K, AL)$,这意味着技术会增强劳动力的效用;或者写为 $f(AK, L)$,意味着技术会增强资本的效应。

让我们看一个例子。设想你有一家生产滚珠轴承的企业。资本投入是企业使用的建筑和机器,劳动投入是工人,产出是每年生产的滚珠轴承的数量。在很多情况下,产出是以货币形式测量的(也就是说,每年生产的滚珠轴承的美元价值),这明显涉及需要设定每单位产出的价格。技术水平(A)更加难以定义，但可以认为它代表的是使用的技术、机器的效率和工厂的组织。

一个普遍使用的生产函数是柯布—道格拉斯生产函数：

$$Y = AK^\alpha L^\beta, \quad \alpha > 0, \beta > 0 \tag{A.3}$$

它是很多理论和实证研究的基础，因此有许多相关的问题要解决。首先，由于 α 和 β 决定了规模经济的本质，它们的准确值是非常重要的。"规模经济"一词指的是投入和产出之间的关系。比如，如果劳动和资本都加倍，产业也加倍，那么我们说生产函数表现为规模收益不变。另外，如果当投入加倍时，产出增加高于一倍，我们将获得规模收益递增。正如可以证明的，不管是数学形式还是使用实例，规模经济与 α 和 β 之间的关系可以定义为如下形式：

$\alpha + \beta = 1,$ 规模报酬不变；

$\alpha + \beta > 1,$ 规模报酬递增；

$\alpha + \beta < 1,$ 规模报酬递减。

规模报酬不变的假设是非常常见的，因为如果没有这一假设意味着企业将变得越来越大（如果 $\alpha + \beta > 1$）或者越来越小（如果 $\alpha + \beta < 1$）。虽然经济确实是由大企业主导的，但是假定规模报酬递增意味着每个行业的经济将会被一家大企业控制。

A.2 折现值

经济学家们通常感兴趣的是计算一系列未来收入和成本的现有价值。基本问题的说明如下。考虑一下按利息率 γ 投资 1 美元（利息率为 5% 意味着 $\gamma = 0.05$）。一年后，这笔投资的价值将会是 $(1+\gamma)$，两年后为 $(1+\gamma)(1+\gamma)$ 或者 $(1+\gamma)^2$，三年后为 $(1+\gamma)^3$，等等。通常，我们 1 美元的投资 T 年后将为 $(1+\gamma)^T$。

现在考虑一下反过来的情形：如果某个人在第 T 年的时候提供给你 1 美元，那么现在它值多少？换句话说，我们是尝试找到一个值为 x 美元，当按照 γ 投资时，在第 T 年时它价值为 1 美元。从上面来看，很明显我们想通过下面的方程解出 x：

$$1 = x(1+r)^r \quad \text{或} \quad x = \frac{1}{(1+r)^r} \tag{A.4}$$

通常，如果想获得从现在开始之后第 T 年时量为 Z 的值的折现值（present discounted value，PDV），可以使用下面的公式，

$$\text{PDV} = \frac{Z}{(1+r)^T} \tag{A.5}$$

IP 创新、知识产权与经济增长

另一个有用的结果是一系列无穷多的未来报酬的折现值。设想从现在开始之后,你每年有一个为 A 的报酬,并且有无穷期。此时的折现值应为,

$$\text{PDV} = \frac{A}{1+r} + \frac{A}{(1+r)^2} + \frac{A}{(1+r)^3} + \cdots \tag{A.6}$$

可以证明,这一无穷序列有一个有限的值,为

$$\text{PDV} = \frac{A}{r} \tag{A.7}$$

A.3 导 数

函数的性质通常使用函数的导数来描述。只有一个变量的函数(比如,$y=f(x)$)的一阶导数无非是线的斜率。用语言表达,导数就是 x 变化一个单位时 y 的变化量。它通常被表达为 dy/dx,但可以写成很多的形式,包括

$$\frac{dy}{dx}, \frac{df}{dx}, \frac{df(x)}{dx}, f'(x), \quad \text{或} \quad f_x$$

图 A.2 表示了一个有正向一阶导数的函数的例子。此外,这一函数也可以被称为是"单调的"——意味着对于任意 y 值都有唯一的 x 值与之对应。

能够计算特定函数的导数是非常有用的。导数的计算被称为微分,在不同的数学书中都可以找到完整的讨论。这里我们将简单地陈述一些微分的常用法则。在接下来的部分中,c,a 和 n 都是常数。

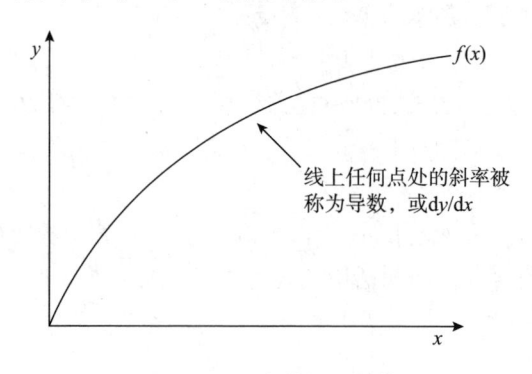

图 A.2 一个单调函数❶

---

❶ 原书此处为图 A.2,应为图 A.1。——编辑注

函数	导数法则
$y = x^n$	$\dfrac{dx}{dy} = nx^{n-1}$
$y = ax^n$	$\dfrac{dy}{dx} = nax^{n-1}$
$f(x)\ g(x)$	$\dfrac{df}{dx}g(x) + \dfrac{dg}{dx}f(x)$ （乘法法则）
$f(g(x))$	$\dfrac{df}{dg}\dfrac{dg}{dx}$ （链式法则）

当一个函数取决于两个变量时，比如 A.1 中的生产函数，我们说它有两个偏导数。简单来看，计算偏导数就是在假定另一个变量不变时使用与上面相同的法则。一些例子将在下一部分中展示。

A.4 边际产出和报酬递减

以 A.3 中使用的柯布—道格拉斯生产函数来看，劳动的边际产出 $\partial Y/\partial L$ 和资本的边际产出 $\partial Y/\partial K$ 为，

$$\frac{\partial Y}{\partial L} = \beta A L^{\beta-1} K^{\alpha} = \beta \frac{Y}{L} \tag{A.8}$$

以及

$$\frac{\partial Y}{\partial K} = \alpha A K^{\alpha-1} L^{\beta} = \alpha \frac{Y}{K} \tag{A.9}$$

假定 $\alpha + \beta = 1$，并且 A 和 K 是不变的，那么 $\partial Y/\partial L$ 会随着 L 的增加而减小。相似地，$\partial Y/\partial K$ 会随着 K 的增加而减小（A 和 L 不变）。这一结果反映了微观经济学书中所讨论的"边际报酬递减法则"。资本的边际产出不断降低也是"为什么当缺少技术进步时，Solow–Swan 增长模型会收敛于稳态"的原因。注意到，如果 $\alpha + \beta = 1$，资本的边际产出可以改写为，

$$\frac{\partial Y}{\partial K} = \alpha A K^{\alpha-1} L^{\beta} = \alpha A \left(\frac{L}{K}\right)^{\beta} \tag{A.10}$$

这也意味着，只要资本与劳动的比率是固定不变的，那么资本的边际产出也将会固定不变（假定 A 不变）。

A.5 累计方程和增长率

dY/dt 这一表达式意味着 Y 随时间的变化；相似地，dK/dt 意味着 K 随时间的变化。一个含有 dY/dt、dK/dt 等项的方程被称为微分方程。微分方程的数学运算是非常丰富的，但通常经济学家只使用了一些基本的方程和结果。这些可以通过一些思想和图表来理解。

在第 8 章中，从公式 8.4 开始，我们讨论了不同的微分方程。所分析的关键方程是公式 8.6，正文中从公式 8.4 到公式 8.6 需要一些操作处理。步骤如下：

从 $\dfrac{dK}{dt} = sy - \delta K$ 开始，除以 L 得到 $\dfrac{dK}{dt} \Big/ L = sy - \delta k$，

注意到，

$$\frac{dk}{dt} = \frac{d(K/L)}{dt} = \left[\frac{dK}{dt}L - \frac{dL}{dt}K\right]\Big/ L^2 \text{（除法法则）},$$

右端简化后可得，

$\dfrac{dK}{dt}\Big/L - \left(\dfrac{dL}{dt}\Big/L\right)\dfrac{K}{L}$ 或 $\dfrac{dK}{dt}\Big/L - nk$（$n$ 为劳动增长率，并且有 $K/L = k$）

因此有，

$$\frac{dk}{dt} + nk = \frac{dk}{dt}\Big/L = sy - \delta k$$

所以，

$$\frac{dk}{dt} = sy - (\delta + n)k$$

让我们分析一下上面的累积方程（即方程 8.6）。它是说，资本—劳动比率的变化取决于人均总储蓄（sy）减去"折旧加人口增长率（$\delta + n$）"乘以 k。由于这一模型中使用的是柯布—道格拉斯生产函数，因此我们可以把 sy 改写为 sAk^{α}。

在第 8 章中，解决这一微分方程的最好方法是以 y 为纵轴、k 为横轴的图。我们接着在图 8.2 中画出 sAk^{α} 和 $(\delta + n)k$。有 3 种有感兴趣的情形：

$sAk^{\alpha} > (\delta + n)k$，$dk/dt > 0$，$k$ 是增长的；
$sAk^{\alpha} = (\delta + n)k$，$dk/dt = 0$，$k$ 是不变的；
$sAk^{\alpha} < (\delta + n)k$，$dk/dt < 0$，$k$ 是减少的。

由于我们关注的是当 k 停止增长时，很明显，这一微分方程的解是在当 $sAk^{\alpha} = (\delta + n)k$ 时。

该例子暗含了一种解微分方程的方法。首先重新处理方程使得微分项位于方程的左端；接着看是否可以在一张图中画出方程右端的项。

A.6 对数与生产函数

经济学家在理论和应用研究中经常使用自然对数。有两个法则被证明是非常有用的，

$$\ln(xy) = \ln x + \ln y, \ln(x^n) = n\ln x \tag{A.11}$$

因此，对公式 A.3 的两端同时取对数我们可以得到，

$$\ln Y = \ln A + \ln K^\alpha + \ln L^\beta = \ln A + \alpha \ln K + \beta \ln L \tag{A.12}$$

A.7 微分方程和追赶模型

方框 9.1 概述了一个技术追赶模型。它使用了下面的方程，

$$\frac{dA}{dt}/A = \phi(.)\left[\frac{T-A}{A}\right], \tag{A.13}$$

其中，A 表示追赶国家的技术水平，T 表示领先国家的技术水平。在领先国家中，技术被假定会按固定速度 g 增长（即有 $(dt/dt)/T = g$）。

这两个方程构成一个体系——换句话说，由于 T 的增长会影响国家间的技术差距并影响追赶国家的技术 A 的增长，所以它们是相关的。这一体系可以写为，

$$\frac{dA}{dt} = \phi(.)[T-A] \tag{A.14}$$

$$\frac{dT}{dt} = gT \tag{A.15}$$

写成矩阵形式，则有

$$\begin{bmatrix} \dot{A} \\ \dot{T} \end{bmatrix} = \begin{bmatrix} -\phi & \phi \\ 0 & g \end{bmatrix} \begin{bmatrix} A \\ T \end{bmatrix} \tag{A.16}$$

其中，符号"·"用来表示对时间的导数。解决这样一个体系的数学运算包含在给经济学家的高级数学书中（比如，Lambert, 1985），这里我们并不尝试做完整解释。总之，这一系数矩阵的特征值是 $-\phi$ 和 g，对应的特征向量为 $(1, 0)$ 和 $(\phi/(\phi+g), 1)$，所得到的一个通用解为

$$\begin{bmatrix} A \\ T \end{bmatrix} = b_1 \begin{bmatrix} 1 \\ 0 \end{bmatrix} e^{-\phi t} + b_2 \begin{bmatrix} \phi/(\phi+g) \\ 1 \end{bmatrix} e^{gt} \tag{A.17}$$

令 A_0 和 T_0 为时间点 0 时的最初技术水平，可以解出常数 b_1 和 b_2，继而得到随时间变化的 A，

$$A = [A_0 - T_0(\phi/(\phi + g))]e^{-\phi t} + T_0(\phi/(\phi + g))e^{gt} \qquad (A.18)$$

因此，随着 $t \to \infty$，A 的增长率趋向于 g。A 的增长率是降低还是提高取决于 $A_0 \neq T_0(\phi/(\phi + g))$。如果 A_0 正好等于 $T_0(\phi/(\phi + g))$，那么最初时追赶国家和领先国家的技术增长率就相等。同样地，比率 $A/T = \phi/(\phi + g)$ 代表了长期稳态条件。

A.8 估计生产函数

方框 5.3 表明研究者可能想估计如下公式的生产函数，

$$\ln Y_{it} = a_1 \ln L_{it} + \alpha_2 \ln K_{it} + \beta_1 \ln(R\&D_{it}^{stock}) + \beta_2 \ln(PatentS_{it}) + \varepsilon_{it}$$

$$(A.19)$$

这一方程中增加了下标 i 和 t，其中 i 表示企业（或行业），t 表示年份（或时期）。方程中还增加了一个误差项 ε_{it}，它反映了在数据中存在"噪音"的事实。虽然可以使用简单的普通最小二乘法来估计生产函数，但这有很多潜在的问题，因而参考计量经济学教科书是必须的（参见 Greene，1993；Johnston 和 DiNardo，1997；Kennedy，2003）。此外还有很多更加高级的问题（参见 Griliches 和 Mairesse（1995）的介绍）。

在文献中，通常并不涉及研发边际报酬的估计。我们通过取式 A.19 的一阶差分来估计，

$$\Delta \ln Y_{it} = \alpha_1 \Delta \ln L_{it} + \alpha_2 \Delta \ln K_{it} + \beta_1 \Delta \ln(R\&D_{it}^{stock}) + \beta_2 \Delta \ln(Patents_{it}) + \Delta \varepsilon_{it}$$

$$(A.20)$$

其中，$R\&D_{it}^{stock}$ 是研发存量。这一方程现在变成了一个增长形式（由于两个自然对数的一阶差分近似等于增长率）。

我们继续将研发存量的一阶差分改写为如下形式，

$$\Delta \ln(R\&D_{it}^{stock}) = \ln(R\&D_{it}^{stock}) - \ln(R\&D_{i,t-1}^{stock})$$

$$= \ln\left[\frac{R\&D_{it}^{flow} + (1-\delta)R\&D_{i,t-1}^{stock}}{R\&D_{i,t-1}^{stock}}\right]$$

$$= \ln\left[\frac{R\&D_{it}^{flow}}{R\&D_{i,t-1}^{stock}} + (1-\delta)\right] \approx \frac{R\&D_{it}^{flow}}{R\&D_{i,t-1}^{stock}} \qquad (A.21)$$

其中，δ 为假定的研发折旧率。

因此，在 δ、$R\&D_{it}^{flow}/R\&D_{i,t-1}^{stock}$ 近似为 0 的假设下，$\Delta R\&D_{it}^{stock}$ 项近似等于

$R\&D_{it}^{flow}/R\&D_{i,t-1}^{stock}$。参数 β 代表研发弹性（即 $[dY/dR\&D_{it}^{stock}] \times [R\&D_{it}^{stock}/Y]$），因此式 A.20 可以改写为，

$$\Delta \ln Y_{it} = \alpha_1 \Delta \ln L_{it} + \alpha_2 \Delta \ln K_{it} + \alpha_3 \frac{R\&D_{it}^{flow}}{Y_{it}} + \beta_2 \Delta \ln(\text{patents}_{it}) + \Delta \varepsilon_{it}$$

(A.22)

其中，α_3 现在是研发的总边际报酬率。参见 Kafouros（2004）提供的一个更详细的讨论和对研发生产率研究的综述。